许振超

中共党员，现任青岛前湾集装箱码头有限责任公司固机高级经理。2003年，率先在国内沿海港口中首破集装箱装卸船世界纪录。2007年，完成了集装箱场地龙门吊油改电的集成技术创新项目，填补了世界港口在这一技术领域中的空白。在平凡的工作岗位上，建树了不平凡的业绩，成为金牌工人，当选为党的十七大代表和十一、十二届全国人大代表，全国人大常务委员会常务委员。2012年当选中华全国总会兼职副主席。他先后获得全国五一劳动奖章，全国劳动模范，全国优秀共产党员，全国敬业奉献道德模范，中华技能大奖，“100位新中国成立以来感动中国人物”和“国家时代领跑金奖”，中共中央、国务院颁发的“改革先锋”奖章，“最美奋斗者”奖章。2024年9月13日，国家主席习近平签署主席令，授予许振超“人民工匠”国家荣誉称号。

代旭升

中共党员，采油高级技师，原胜利油田首席技能大师，山东省首席技师，中国石化集团公司技能大师，中国发明协会会员。自主完成获奖创新成果107项，一项获国家科学技术进步奖二等奖，73项获得国家专利，填补了国家油井套管气回收技术领域空白，累计创效2.8亿元。被中组部、人社部等国家十部委授予“工人发明家”称号。创作编写《采油工实际操作读本》《跟着大师学创新》等专业技术书籍5本。他还主编了《大师创新的故事》。经他培养的徒弟，有3位成为全国劳动劳模、1位获得全国五一劳动奖章。创办了国家级代旭升技能大师工作室和全国示范性劳模创新工作室。先后获得全国劳动模范、国家科学技术进步奖、全国五一劳动奖章、中国高技能人才十大楷模、中华技能大奖、全国技术能手、中国十大国匠、全国最美五老志愿者等荣誉称号，享受国务院政府特殊津贴。

郝振山

中共党员，现任中海油田服务股份有限公司深圳分公司党委书记、总经理，深圳市南山区科协第五届委员会常务委员，郝振山劳模和工匠人才创新工作室领衔人。他是我国半潜式钻井平台上顶替外方司钻的第一位中国人，获得全国劳动模范、新中国“最美奋斗者”、全国优秀共产党员、中国海油“海上铁人”等荣誉称号。2017年列席党的十九大，2018年当选第十三届全国政协委员和中国工会第十七大代表。创建的工作室，年均技改技革50余项，年均创效约2000万元，年均完成修旧利废5000余项，10个项目获得国家实用新型专利授权，1个项目获得全国能源化学系统优秀职工技术优秀创新成果，培育骨干人才300余人。2022年，其工作室被命名为“中国海油示范性劳模和工匠人才创新工作室”。

郭晋龙

中共党员，原呼和浩特铁路局焊轨段高级技师、代理高级工程师，中国铁道学会材料工艺委员会委员、中国科学技术协会第九届全国委员会委员，现任呼和浩特市城市轨道交通建设管理有限责任公司地铁运营公司首席顾问。先后获得2001年全国铁路技术能手，2004年铁道部火车头奖章、全国铁路劳动模范、全国铁路优秀共产党员标兵、内蒙古自治区杰出人才，2006年全国知识型职工标兵、全国五一劳动奖章，2007年全国五一劳动奖章，2008年全国技术能手，2010年全国劳动模范，2011年全国优秀共产党员，2012年全国优秀科技工作者，2014年中华技能大奖，2017年全国创新争先奖，2019年内蒙古科学技术特别贡献奖，2020年全国关心下一代工作先进工作者，2021年北疆楷模等荣誉称号，是2023年大国工匠年度提名人物。享受国务院政府特殊津贴。

田　明

中共党员，江苏油田首席技师，中国石化集团公司技能大师，中国科学技术协会全国委员会委员，国家级技能大师工作室和全国示范性劳模和工匠人才创新工作室领办人。从事井下作业40年，先后完成革新成果100多项。研究的“试油测试技术的创新与应用”提高了复杂油气藏勘探资料的精准度，获2014年度国家科技进步奖二等奖；研究的“连续油管清焦解堵技术”，破解了全球2套、国内首套、价值30亿元的260万吨/年浆态床清焦解堵的世界性难题。近年来，带领团队用独创的连续油管技术破解了300多口页岩油气井的生产难题，为国家创造巨大效益。

曾获全国技术能手、全国五一劳动奖章、中华技能大奖及全国最美职工、全国岗位学雷锋标兵、全国劳动模范、江苏省时代楷模等荣誉称号。

高　森

中共党员，国网山东省电力公司超高压公司，网源公司设计部五级职员，国家科技进步奖二等奖获得者、高级工程师、高级技师、享受国务院特殊津贴，先后获得中华技能大奖、全国创先争优奖状、全国技术能手、全国五一劳动奖章、庆祝中华人民共和国成立70周年纪念章、山东省劳动模范、山东省首席技师、泰山产业领军人才、国家电网公司优秀党员、国家电网公司职工技术创新“突出贡献奖”等荣誉称号。扎根一线三十多年，获得发明专利授权21项，实用新型专利授权32项，带领团队参与多项科技项目攻关。以其名字命名的技能大师工作室被国家人社部授予“国家级技能大师工作室”。

齐　名

中共党员，现任金坦公司首席技师、高级技师、正高级工程师，国家级技能大师工作室和全国示范性劳模和工匠人才创新工作室的带头人。获得全国五一劳动奖章及中华技能大奖、全国劳动模范、全国优秀共产党员、全国最美职工等荣誉称号，享受国务院政府特殊津贴。被多所院校聘为客座教授。2023年受华药教育中心邀请，担任了电工技师和高级技师培训班主讲，受到好评。河北省人社厅邀请录制了20节自动化控制课程。曾获得华药优秀党务工作者称号。兼职工作：华药工会常委，冀中能源工会兼职副主席，河北省委第十届委员会候补委员、党的二十大代表，中国能源化学地质工会兼职副主席，河北省总工会兼职副主席。河北省委第九届候补委员，中共十九大代表，参加了十九届四中全会。

李万君

中共党员，中车长春轨道客车股份有限公司，转向架事业部焊接产线组，监督师班班长，中车首席技能专家。1987年参加工作，多次获得全国、省、市焊工大赛的状元。他带领团队参与完成多项填补国内空白的技术，包括“复兴号”在内的几十种高速车、城铁车、出口车转向架生产工作，总结并制定“转向架环口焊接七步操作法”等52项，技术攻关150多项，获得国家专利授权55项，利用工作室培训焊工2万多人次，助推中国高铁从追赶到领跑。他先后获得全国劳动模范、全国优秀共产党员、中华技能大奖、大国工匠、感动中国十大人物等荣誉称号，享受国务院政府特殊津贴，曾4次受到习近平总书记的接见，为党的十八大、十九大代表，兼吉林省总工会副主席、中国中车工会副主席。

刘　丽

女，中共党员，大庆油田首席技师，中国石油集团公司技能大师，享受国务院政府特殊津贴，党的二十大代表。大庆市总工会兼职副主席、大庆油田工会副主席。曾获中华技能大奖、全国五一劳动奖章及中国质量工匠、全国技术能手、全国五一巾帼标兵、全国三八红旗手、全国最美职工、全国劳动模范、大国工匠年度人物等荣誉称号。出版发表专业技术书籍33册、论文25篇，获奖成果200余项，其中获国家及省部级奖43项、市局级奖85项。“刘丽工作室”培训员工多次在省部级技能竞赛中获奖。研发成果1048项，推广成果5000余项，创效1.2亿元。工作室被评为全国示范性劳模和工匠人才创新工作室、全国职工教育培训示范点、全国三八红旗集体、国家级技能大师工作室，入选“新中国70年最具影响力班组”。

王树军

中共党员，党的二十大代表，潍柴集团首席技师，国家级技能大师工作室带头人。2020年获评享受国务院特殊津贴专家，2019年获评省泰山产业领军人才。获得中华技能大奖及全国劳动模范、全国技术能手、全国五一劳动奖章、2018大国工匠年度人物、中国质量工匠、齐鲁大工匠等荣誉称号。主要研究方向为高端装备的维修维护及生产装备的自动化智能化改造，独创的“垂直投影逆向复原法”“机械传动微调感触法”“弹性支撑替代法”等多套工作方法，打破国外厂商对精密部件的垄断维修局面。近5年来，带领团队实施重大创新项目260多项，累计创造经济效益6800多万元，成为潍柴装备智能升级、智慧转型的引领者和推动者。

张义铁

中共党员，江汉油田特级技师，中国石化集团公司采油技能大师，曾获中华技能大奖、湖北省首届“杰出人才奖”、全国五一劳动奖章、全国技术能手、全国劳动模范、全国最美青工、全国向上向善好青年等荣誉称号，国家级技能大师工作室领衔人、享受国务院政府特殊津贴。创立了江汉油田首个技师工作室，解决现场问题 300余项，其中 45 项成果获国家专利授权，21项成果在多个油田推广应用。培养出了 42 名技师、10名省部级“技术能手”。2019 年成为团中央讲师团成员，先后到北京、河北、湖南、广西等省区市职业院校、大学、军队巡回演讲报告。个人事迹先后被《工人日报》《中国青年报》《中国石化报》《中华儿女》《湖北日报》等媒体宣传报道。

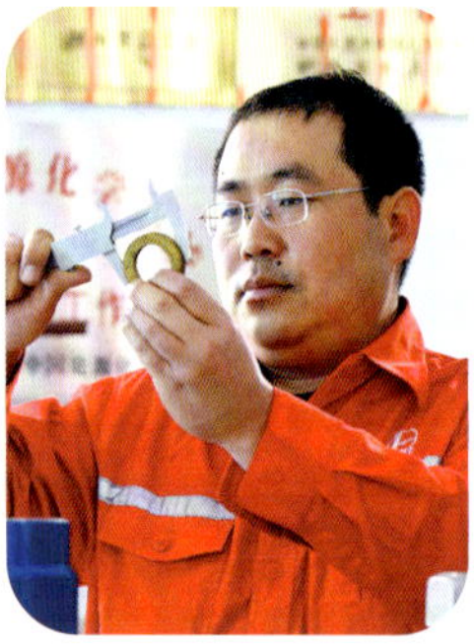

卢建强

中共党员，采油工首席技师、中国石化集团公司技能大师、中原技能大师，国家级技能大师工作室、全国示范性劳模和工匠人才创新工作室领衔人。工作以来，始终扎根一线围绕生产开展技术革新，先后获得国家专利授权107项，取得国家级创新成果8项，省部级创新成果27项，厅局级创新成果76项，有66项成果在各油田推广应用，累计创效近亿元；积极开展传帮带，编写了《技能操作标准化培训教程》等8部教材，每年授课200学时以上，先后培养出油田首席技师1名、主任技师6人，油田、省部及全国级技术能手28名，有14人摘得全国、中国石化集团、河南省技术大赛奖牌；先后获得中华技能大奖及全国劳动模范等荣誉称号，享受国务院政府特殊津贴。

赵奇峰

中共党员，中国石油辽河油田分公司采油工，集团公司技能专家、首席技师，国家级赵奇峰技能大师工作室和全国示范性劳模和工匠人才创新工作室领衔人，中共辽宁省党代表，国际MATRIZ二级工程师，中国C-TRIZ四级创新工程师，中国大学生创新方法大赛评审专家。享受国务院政府特殊津贴，先后获得第十四届中华技能大奖及全国劳动模范、全国五一劳动奖章、全国技术能手、首届中国十大杰出青年技师、全国能源化学地质系统大国工匠、辽宁省功勋高技能人才、首批辽宁工匠、中国石油特等劳动模范等荣誉称号。主编参编15部教材在石油工业出版社出版，培养出国家级、省部级以上技术能手54名。取得省部级以上创新成果奖33项、国家专利52项，96项创新发明成果在石油行业推广应用，解决油田生产难题522项，创效8600万元。

樊志勤

中共党员，高级技师、国际焊接技师、高级工程师。兼任山西省焊接协会常务理事、山西省智能焊接制造产业技术创新联盟专家委员会委员、山西省国资委联系专家、山西装备制造业产教融合专家、山西省机械电子行业专家、省属企业青年联合会会员。曾获中华技能大奖、全国五一劳动奖章及全国技术能手等荣誉称号，是国家级技能大师及全国示范性劳模和工匠人才创新工作室带头人，中组部首届“大国工匠”国情研修班学员，享受国务院政府特殊津贴。先后参与国家重大工程项目30余项，参与生产的产品有20余项获国家和省部级奖项，完成科研课题及攻关试验536项，发表论文19篇，获得研究成果和专利95项，解决产品疑难杂症1100多次，直接创造经济效益2.3亿元。独创的“低熔点合金工艺”达到国际领先水平，使产品成本降低56%，每年节约成本1300余万元。

唐守忠

中共党员，胜利油田采油工特级技师，中国石化集团公司技能大师，全国示范性劳模和工匠人才创新工作室领衔人。他扎根黄河入海口盐碱荒滩 34年，先后编著《大国工匠工作法——唐守忠工作法》等技术专著3部，自主完成获奖技术成果134项，获得国家专利 46 项、全国优秀质量管理成果一等奖3项，累计为企业降本增效超亿元，成为石油行业的发明大王。他培养行业技术能手214人，为推动石油石化行业技术提升、保障国家能源安全做出了积极贡献。获得全国五一劳动奖章及全国劳动模范、全国技术能手、石化名匠等荣誉称号，享受国务院政府特殊津贴。曾受到党和国家领导人的亲切接见，并代表亿万产业工人在北京人民大会堂做典型经验介绍。

毛谦明

中共党员，西北油田特级技师，中国石化集团公司技能大师，他 30年如一日、始终坚守生产一线，勤学苦练勇于创新，完成创新成果 70 余项，其中获国家专利 24 项，获省部级奖励20 余项，累计创效近亿元；在国家级期刊发表论文10篇。共计带徒 56名，他组织编写及拍摄的多项培训教材已作为西北油田技能竞赛、新工教育的标准和入厂学习读本。获得全国五一劳动奖章及全国劳动模范、全国技术能手、全国最美青工、自治区劳动模范、石化劳动模范等众多荣誉称号，享受国务院特殊津贴。他组建了“全国示范性劳模创新工作室”，解决现场难题 300余项，培养出2名全国技术能手，4 名中国石化集团公司技术能手，5名中国石化集团公司青年岗位能手。

杨海波

女，中共党员，中国石油天然气集团公司采油技能专家。曾获全国五一劳动奖章、全国五一巾帼奖章及全国劳动模范、全国技术能手、全国能源化学地质系统首届大国工匠等荣誉称号，国家级技能大师工作室领衔人，享受国务院政府特殊津贴。

杨海波首创“5+4”工作法，培训职工6600多人次，300多人成为技师、技术能手。研发手机软件“海波题库通”，受众包括石油石化10万多名职工，开一线操作工人研发智能软件开展指尖培训的先河。编写了30套教材，《杨海波工作法》入选“大国工匠工作法系列丛书”，《高效革新》专著填补了石油行业职工创新理论应用空白，入选中国石油集团公司“千万图书送基层、百万职工品书香”送书工程，发行近6万册，影响和带动了石油行业职工参与创新热情。

宁允展

中共党员，中车四方机车车辆股份有限公司转向架分厂车辆钳工特级技师、高级工程师，齐鲁首席技师，中车首席技能专家，中国科协第九届、十届常委。主要从事高铁转向架的研磨、组装工作，国内第一位从事高铁转向架“定位臂”研磨的工人，也是这道工序最高技能水平的代表，被同行称为“鼻祖”。先后获得第二届中国质量奖提名奖及全国五一劳动奖章、第七届山东省省长质量奖、第十四届全国职工职业道德建设标兵，全国最美职工、高铁工匠、央企楷模、全国交通行业技术能手等荣誉称号。2015年5月成为中华全国总工会和中央电视台联合推出的首届8位大国工匠人物之一，2017年11月获全国爱岗敬业道德模范称号，受到习近平总书记的亲切接见。

高兴亮

中共党员，1985年技校毕业参加工作，井下采矿工首席技师，兖矿能源集团首席技能大师。曾获全国技术能手、全国五一劳动奖章、感动中国的矿工、全国能源化学地质系统第一季“大国工匠”、全国煤炭行业技能大师、泰山产业领军人才、山东省首席技师等荣誉称号，是国家级技能大师工作室领衔人，2016年起享受国务院政府特殊津贴。带领工作室创新团队完成技术革新和创新成果300余项，获国家发明专利和实用新型专利36项、省部级创新成果奖28项。培养出首席技师2人、特级技师3人、高级技师26人、技师63人、全国技术能手3人、全国能源化学地质系统大国工匠3人，齐鲁首席技师4人。个人事迹收录到《煤海骄子》《大国工人的故事》等书籍中。

王海荣

中共党员，高级技师，延长石油（集团）原首席技师。现任延长油田“王海荣创新工作室”技术顾问。获得全国五一劳动奖章及延安地区首届劳动模范、全国技术革新能手、三秦工匠、大国工匠、新中国成立以来陕西最具影响的劳动模范等荣誉称号。事迹被多部大辞典收录。创立延长石油集团首个劳模创新工作室。加工打捞工具 4000 多套（件），处理事故井 1000 多口，创造经济价值 1.3 亿余元。50 多年来，改进技术革新项目 150 余项，获国家实用新型专利授权 41 项、发明专利授权 2 项。提取抽油杆夹爪器获得第七届中国专利新技术新产品博览会金奖。培养出能源化工地质工会大国工匠 3 人、三秦工匠 4 人、省部级技术能手 25 人、圣地英才 4 人。

程　平

华能德州电厂高级工程师、焊接高级技师，中国劳动关系学院新时代产业工人教育研究中心特聘研究员、中国职工焊接技术协会常务理事、香港焊接从业技术协会导师，成功破解多领域“卡脖子”难题。解决了深海探测、航天、国防、新能源风电焊接难题，培养港珠澳大桥香港段建设者，为我国一带一路发展做出了突出贡献，为国家挣得了荣誉。获得国家发明专利、实用新型专利授权10余项，其中4项获省部级科技创新奖，4项成果社会转化。发表国家级核心论文9篇，其中两篇被中国重要会议论文全文数据库录编。2024年9月《程平工作法：钴基60硬质合金真空水冷堆焊》一书全国发行。事迹先后被中央电视台新闻联播、中央电视台新闻频道、央视网、人民日报海外版、人民日报环球人物“大国工程师”20多家主流媒体宣传报道。曾获全国五一劳动奖章及第十五届全国技术能手、泰山产业领军人才、大国工匠、大国工程师荣誉称号，2018年获享国务院特殊津贴。2023年被中共山东省委宣传部授予“齐鲁时代楷模”称号。

孟向明

中共党员，胜利油田特级技师，中国石化集团公司采油工技能大师、山东省首席技师。参加工作30年来，始终扎根生产一线，自主完成创新成果351项，其中获国家专利76项，省部级以上成果35项；发表技术论文38篇，编写出版技术专著5部；带徒107人，其中67人晋升高级技师、技师，18人在国家级大赛中获奖，3人被授予全国技术能手，“孟向明创新工作室”被评为山东省示范性劳模工匠创新工作室。先后获全国五一劳动奖章及全国技术能手、国家技能人才培育突出贡献个人、中央企业“大国工匠”、泰山产业领军人才、齐鲁大工匠、齐鲁最美职工、山东省五一劳动奖章、中国石化劳动模范等荣誉称号。

都亚军

中共党员，中国石油化工股份有限公司中原油田分公司采油特级技师，中国石化集团公司技能大师，曾获得全国五一劳动奖章及全国技术能手等荣誉称号，享受国务院政府特殊津贴。他根植油气开发一线，破解生产难题，传承技能知识促进油田发展。先后编写了《采油(采气)危害识别与防范》《油气生产应急处置指南》《信息化设备使用手册》等著作，在石油石化行业广泛应用。自主完成技术革新成果 145 项，获实用新型专利授权35项；在石油石化行业培训员工上万人次；所带的59 名徒弟中，39人取得技师、高级技师任职资格，6人成长为河南省、集团公司技术能手，成为全国石油石化行业高技能人才的代表。

刘东章

中共党员，胜利工程首席技师，高级工程师，中国石化集团公司柴油机工技能大师。有120项创新成果获奖，其中专利90项、省部级奖30项。有100余项革新成果应用于生产，创效9000余万元。自主研制的两项成果打破进口设备“卡脖子”难题。编写教材11本、制作标准化操作视频52部，培养徒弟有36位在省部级技能大赛中摘金夺银，106人获得职级晋升。凭借出色英语能力，在波斯湾国外市场工作7年间，参与技术谈判32场，圆满完成施工项目。曾获全国五一劳动奖章及全国技术能手、泰山产业技能领军人才、山东省首席技师、山东好人、石化名匠等荣誉称号，享受国务院政府特殊津贴。创建的“刘东章创新工作室”，获评首批中国石化示范性职工创新工作室和石化名匠创新工作室。

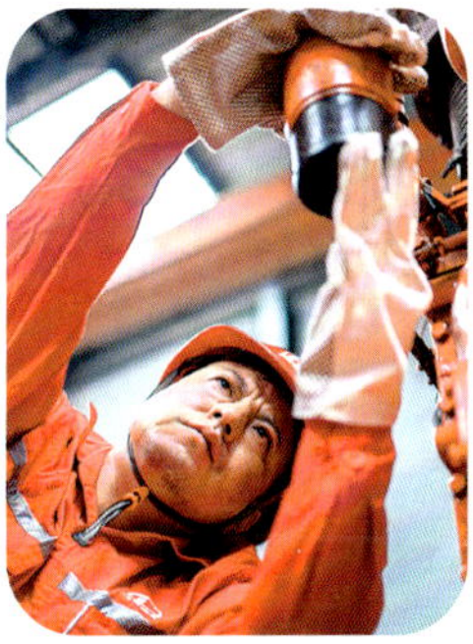

邓远平

中共党员，西南油气分公司采气特级技师，中国石化集团公司技能大师，国家级技能大师工作室带头人。立足岗位扎根采气一线 37 年，先后完成获奖技术创新成果 113 项，其中获得国家专利 36 项，局级以上奖励成果 77 项，提出合理化建议 207 条，提出技改措施 157 项。累计降本增效 1.5 亿多万元。曾获得全国五一劳动奖章及四川省首届工匠、四川省技能人才培育先进个人、四川省第十一批有突出贡献的优秀专家等荣誉称号。积极搞好传技带徒工作，为西南油气分公司培育出大批优秀采气技能人才，成为采气领域一面旗帜，为保障国家能源安全发展做出了积极贡献。

贾学志

胜利油田电焊工特技技师，中国石化集团公司技能大师，省级技能大师创新工作室带头人。他把焊接工作当成毕生的事业，不断推进自动化焊接的人工智能化替代，先后完成技术创新成果 150 余项，其中 45 项获国家实用新型专利授权，67 项获省部级以上奖励，累计创效增效 4700 余万元；累计带徒 85 人，20 名徒弟晋升为高级技师、技师，3 人在中国技能大赛中获奖，3 人被授予中石化技术能手，35 人次分别在省市和胜利油田职业技能竞赛中获奖，曾获中国石化劳动模范、山东省齐鲁首席技师、山东省突出贡献技师、山东省富民兴鲁劳动奖章、山东省创新能手、中国石化技术能手、胜利油田技能大奖等荣誉。

吴玉泉

中共党员，教授级高工，富阳区第七届政协委员、杭州富春江水电设备有限公司总工、杭州富春江水电博物馆馆长。先后获得全国技术能手及水利部大禹水利科学技术奖二等奖、浙江省钱江技能大奖、浙江省五一劳动奖章、国家级技能大师、浙江省首席技师、杭州市劳动模范、富阳十佳优秀人才等荣誉称号。20世纪80年代初，开始从事电动机、潜水泵修理工作。多年来，勇于探索和创新，努力学习与奉献，完成了从一名电影放映员到首席技师的完美蜕变，在发电机、电动机、变压器、进口电机等的技改、维修、增效扩容及延长发电机使用寿命等方面，有独到的见解和精湛的技术，相继获得国家专利授权18项。其中发明专利授权7项，参与制定国家标准1项，行业标准3项。

沈　霁

中共党员，华东油气分公司采油工特级技师、华东油气分公司首席技师、中国石化集团公司技能大师。工作22年以来，他扎根生产一线，解决现场生产难题百余项，取得创新成果40余项，获得国家发明专利授权3项、实用新型专利授权24项，省部级科技奖4项，累计创效5000余万元。他立足油气田生产实际不断创新应用前沿技术推进智慧油田建设，从一名采油工成长为“互联网+”智能化油田建设的技术领军人物，培养出大批智能化油田复合型高技能人才，推动企业从传统油田向信息化油田再到智能化油田的转变。曾获得全国技术能手、全国青年岗位能手、中央企业技术能手、江苏省劳动模范、江苏工匠等荣誉称号，享受国务院政府特殊津贴。

景天豪

中共党员，河南油田特级技师，河南油田采油工首席技师、中国石化集团公司技能大师、景天豪劳模创新工作室带头人。他扎根采油一线30年，先后完成技术成果120余项，获得国家专利授权67项，省部级创新成果25项，国家级及省部级优秀QC成果29项，累计降本增效6500多万元。他培养出全国行业及中国石化集团公司职业技能竞赛10金、8银、14铜，有2人获得全国技术能手称号，均成为采油领域新一代领军人物，为保障国家能源安全做出了积极贡献。曾获全国技术能手、第三届“感动石化”人物、中原大工匠、中央企业劳动模范等荣誉称号，享受国务院政府特殊津贴。

厉昌峰

江苏油田分公司采油工特级技师，中国石化集团公司技能大师，中国石化示范性职工创新工作室领衔人。他从事采油工作34年来，在实践中增长才干，在探索中硕果累累，成长为关键时候能“一锤定音”解决难题的操作大师。先后完成创新成果182项，其中获国家发明专利授权3项、实用新型专利授权41项，累计为企业降本增效5600万元。他先后8次担任国家和集团公司技能竞赛裁判，培养出中国技能大赛金奖权、中石化职业技能竞赛金奖、中央企业技术能手等一大批青年技术人才，书写着石油战线优秀技能人才的“工匠”精神。曾获得国家技能人才培育突出贡献个人、江苏工匠、江苏省“十佳行业工匠”、中国石化优秀共产党员等荣誉称号。

李志明

中共党员、胜利油田采气工特级技师、中国石化集团公司技能大师。立足岗位，扎根一线25年，集智聚力、锐意攻关先后完成获奖技术成果130项，其中获得国家专利授权60项，提出合理化建议110余条，查找安全隐患389项，累计降本增效6800多万元；被聘任为中国劳动关系学院产业工人教育研究中心特约研究员、中国设备工程石化行业专家、东营职业学院产业教授、日照工匠学院工创导师、胜利名师，培养出大批优秀技能人才，成为采气领域新一代领军人物，为保障国家能源安全做出了积极贡献。曾获中国石化劳动模范、中国石化技术能手、中国石化优秀共产党员、山东省五一劳动奖章等荣誉称号，享受国务院政府特殊津贴。

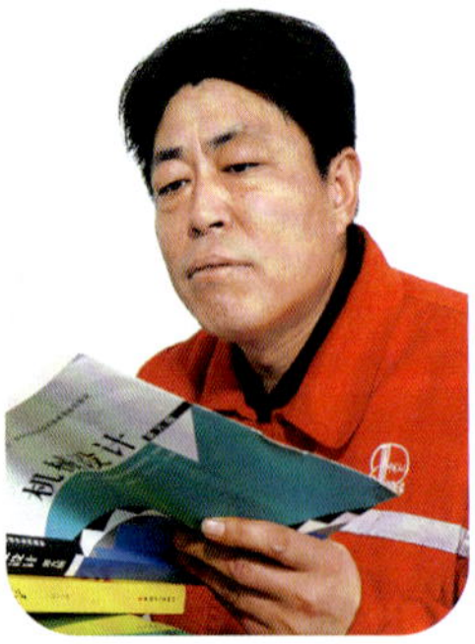

杜国栋

中共党员，胜利油田采油工特级技师、胜利油田首席技能大师。参加工作29年，扎根一线解难题，爱岗敬业搞创新，先后自主完成获奖技术成果110项，其中4项获国家发明专利授权，35项获国家实用新型专利授权，46项获局级及以上奖励。发表技术论文39篇，编写专业书籍及教材5部，参与制修订胜利油田企业标准7项，总结提炼绝招绝活及先进操作法21项。长期担任采油专业技术教练大学生实习导师，多次担任胜利油田采油工职业技能竞赛裁判，签约带徒32人，12人在油田及以上获奖，为培育人才提供了技术服务。曾获中国石化技术能手、中国石化劳动模范、山东省首席技师、山东省创新能手、富民兴鲁劳动奖章、胜利油田劳动模范等荣誉称号。

大师创新的故事

MASTER INNOVATION STORY

代旭升　孟向明　唐守忠
李志明　杜国栋
编著

中国石化出版社
·北京·

目录

CONTENTS

图书在版编目（CIP）数据

大师创新的故事 / 代旭升等编著 . -- 北京 : 中国石化出版社，2024. 10 -- ISBN 978-7-5114-7695-1

Ⅰ. F279.23

中国国家版本馆 CIP 数据核字第 2024WF0122 号

中国石化出版社出版发行
地址：北京市东城区安定门外大街58号
邮编：100011　电话：（010）57512500
发行部电话：（010）57512575
http：//www. sinopec-press. com
E-mail：press@ sinopec. com
北京科信印刷有限公司印刷
*
787 毫米 ×1092 毫米　16 开本　34 印张　彩插 16　682 千字
2024 年 10 月第 1 版　2024 年 10 月第 1 次印刷
定价：188.00 元

创新书写故事
故事彰显精神

序言

PREFACE

勇于创新者进，善于创造者胜。党的十八大以来，习近平总书记高度重视创新，把创新摆在引领发展第一动力的突出位置，发表一系列重要论述，强调“科技是第一生产力、人才是第一资源、创新是第一动力”；“主导国家发展命运的决定性因素是社会生产力发展和劳动生产率提高，只有不断推进科技创新，不断解放和发展社会生产力，不断提高劳动生产率，才能实现经济社会持续健康发展”。

人类文明的长河里，创新如同璀璨的星星，指引着我们在未知的领域里探索前行。每一项创新成果的背后，都隐藏着无数次的尝试与攻关，都凝聚着那些被尊称为“大师”的人们的智慧与汗水——他们怀揣着对未知的渴望，踏上寻找灵感与突破的旅程。在广袤无垠的创新之海，他们是勇敢的航海者，驾驶着自己的思维之舟，在风浪中航行，在迷雾中探索，寻找着那些隐藏在平凡中的非凡，用智慧和勇气创造出属于时代的奇迹。

《大师创新的故事》这本书，旨在探寻国内各行各业最具影响力的“大师”们的足迹，讲述他们如何以超凡的勇气和独特的视角，在各自的领域里开创的奇思妙想或绝招绝活。这些故事不仅是关于技术创新的艰难历程，更是关于劳动者创造精神的觉醒和升华。他们或许来自不同的背景，拥有不同的梦想，但都有一颗对创新充满热情的心，他们挑战困难，分享喜悦，共同成长，书写出平凡而伟大的创新创造诗篇。

捧读《大师创新的故事》，我们看到了那些面对困难不屈不挠、敢于挑战权威的大师们的坚守和坚持，看到了他们在逆境中寻找灵感，在失败中汲取经验、再接再厉，在困境时永不言败、执着向前的探索和追逐，看到了他们对事业的坚守、对技术的探索和攻坚克难的决心。从他们的故事里，我们看到了创新力量的激情澎湃，看到了“为美好生活加油”的豪情壮志。他们的经历告诉我们，创新不仅仅是一种技术或方法，更是一种态度和精神。

毋庸置疑，大师们创造的每一个故事背后，都隐藏着他们无数个日夜的辛勤付出和不懈努力，不畏困难，不惧挑战，始终保持了对事业的热爱和坚守；每一个故事的背后，都蕴含着他们对未知领域的勇敢尝试和不断追求，敢于突破传统，敢于挑战权威，勇于探索新的方法和思路，始终保持了创新创造的火热激情；每一个故事的背后，都彰显着他们“越是艰难越向前”和精雕细刻、精益求精的攻坚精神，面对困难和挑战时从不退缩，勇往直前，迎难而上，最终成功地攻克了一个又一个难关，始终保持了正视问题的自觉和刀刃向内的勇气。大师们展示的智慧和力量，也为我们指明了前进的方向。

其实，通过《大师创新的故事》的铺排，潜移默化中探讨了创新对于社会和人类未来的重要意义。在科技竞争日益激烈的今天，创新已经成为推动社会进步和经济发展的重要动力。通过讲述大师们的故事，我们近距离领略到大师们的风采和智慧，从中汲取到前行的力量和勇气，在无尽的探索中创造出属于我们自己的精彩人生！

当前，中国人民正在为实现中华民族伟大复兴的中国梦而奋斗，我们比以往任何时候都更加需要强大的科技创新力量。愿这本书能够成为人们人生道路上的一盏明灯，点燃更多人创新创造的热情，指引更多人理解创新、融入创新、自觉创新，在追求创新、追求超越的道路上勇毅前行，为推进中国式现代化贡献智慧和力量。

高凤林

中华全国总工会副主席

1

开拓创新是当代产业工人的必然选择

山东港口青岛港　许振超

“自主创新是国家发展战略的核心，是提高综合国力的关键。”是党和国家多年来一直实行的战略决策。那么，工人怎么创新，我觉得关键是思维创新，要实事求是，在关注和追求高精尖技术的同时，要结合岗位实际、行业特点、自己的知识结构、技能水平，关注本职工作中的难点问题，解决工作中的实际问题就是创新。

十几年之前我曾看到一篇报道：我国GDP占世界总GDP的4%，但消耗的原油、原煤、铁矿石、钢铁分别占全球消耗量的7.4%、31%、30%和40%，这些数字到现在也没有大的变化。我心里就一直在琢磨这件事：节约资源、节能减排不能光说不做，要干点儿实事，能干多少就干多少。为国家节省能源，为港口生产降低成本，这也是我们码头工人义不容辞的责任。

从2002年开始，我和我们团队里的技术工人就针对场地堆码机械耗油量大、尾气排放污染环境的缺陷，想方设法地进行技术攻关，不懂就学，不会就问。我们都是干电动机械出身的，没学过内燃机，为了降低柴油机的耗油量，我们一边自学柴油机的知识，一边邀请柴油机维护的专业人员来讲授一些最新的技术。在掌握了必要的技术知识和参数后，我们首先采用了节能新材料，这是苏联使用的军工产品，解密后一直没有得到很好推广。经过慎重的论证，我决定先试用。两台车实验运行了三个月，经国家技术监督部门检测数字对比，节油率达到10%，而且对发动机具有自修复功能，延长了发动机大修时间。对这个初步成果，我们并不满意，于是开始着手进行下一步技术升级。经过一年的统计数据分析，我们发现，轮胎吊平均每月运行508小时，空载运行近300小时，高达50%以上，算下来仅空转油耗就达到4500升，这不仅造成了大量不可再生能源消耗，而且污染了环境。我抓住轮胎吊省油这个项目，和同事们一起反复研究，采取加装辅助小型柴油发电机组的方法，在对电气控制回路做了改装，用一个开关切换，工作时用大马力柴油机，待工作时就打开小机组。一个月试验下来，在节油上收到了明显效果。一台吊车一年可节约燃油费用4万多元，公司一年可节约200多万元，还减少CO_2排放2000吨。在这个基础上，我们又产生了一个更大胆的设想，发电机组烧油是为了发电，那就干脆直接用电，不用发电机组行不行？大家一合计就干了起来。我们查阅了国内外的大量信息资料后发现，行业内的很多科技工作者也在这方面进行着不懈的探索，但还只是停留在方案设计阶段，并没有现成的经验可以借鉴。反复的挫折和失败并没有动摇我们的意志，因为我们坚信——“路是人走出来的”。作为新时期的产业工人，只要我们有“咬定青山不放松”的精神，敢于攀登，就一定能够走出一条前人没有走过的路。

接下来在长达几年的“油改电”技术创新过程中，我们集思广益，先后设计了很多方案。但对于关键技术问题一直找不到解决方法，一度使研制工作陷入了困境。这期间，国际原油价格一路飙升，人们对保护生态环境的呼声也越来越高，进一步坚定了我们攻克技术难关的决心。在集团公司领导的鼓励和支持下，我和团队的同志调整攻关思路，在学习中增长见识，在见识中增长胆识。我们比对了厂房内高架轨道天车的取电方式和城市公交无轨电车的取电方式，设计了一种新的滑轨式固定式供电排桩和随动式无动力滑行取电小车，这样就省去了复杂的驱动控制机构。又在轮胎吊和取电小车之间采用柔性电缆连接，既能可靠地从供电排桩滑轨上取电，又使轮胎吊行走时产生的纵向横向偏移不会影响取电小车的稳定运行。这个方案几经修改最终定型，又经过半年的努力，我们解决了原材料选型、土建施工安装、设备调试等问题。“功夫不负有心人”，我们想办法改措施，攻克了一道道技术难关，使轮胎吊耗油大、污染严重这一世界性的行业难题在我们手中得以破解。

通过多次的模拟试验，第一台样机于2006年下半年试制成功，取得了意想不到的效果。过去，我们装一个箱子所用柴油成本是6元，现在只要2元多一点，单箱能耗成本下降约65%。仅此一项，按吞吐量计算，港口每年可以节约费用3000多万元。2023年，我们将这项成果在一部分场地推广应用，节能达到近4000吨标煤，减少CO_2排放量1.8万吨。这从根本上解决了废气排放和噪声污染两大难题，有效地改善了司机们的工作环境，还使得新造轮胎吊省去了安装柴油机发电机组的成本30万元，节省了后续柴油机运行需要消耗的大量物资、油料。

这个集成技术创新项目获得了全国职工科技创新成果一等奖，并成为交通运输部海河港口集装箱新建码头堆场的技术标准，填补了全球集装箱码头的一项技术空白。

2

车间里走出的发明家

中铁呼局　郭晋龙

常常被许多人问："您从一名只有初中学历的技工，成长为铁路电气设备维修和钢轨焊接方面的行家里手，成为中国铁路产业工人岗位成才的一面旗帜，并成功主持完成了多个电气设备技术攻关项目，攻克了多个无缝钢轨焊接技术难题，究竟靠的是什么？"

我的答案很简单，也很坚定，就是勇于创新的精神和肯学善钻的劲头。

信念坚定，争当优秀工人

自1975年参加工作，我从呼和浩特铁路电务工程队电力工做起，一干就是六年。在日复一日的工作中，我觉得自己不能仅满足于现状，必须不断进步，并在那时就给自己设定了一个初级目标：从电力工"升级"为电工。

由于自身文化底子差，那时看似很简单的目标，但真想要实现起来也顿生出很多无力感，我深知必须在知识积累和能力上实现双提升。我毅然决然报名参加当时全国总工会组织的职工读书自学活动，并利用休息时间去电工班学习理论知识。一遍学不会，就学两遍，学习材料不够就自己购买书籍。同时，还把自家的一间屋改造成书房和电气实验室，一下班就钻进去查阅资料、拆装电器，哪怕夏天酷热难耐、冬天寒气刺骨，依然天天如此。功夫不负有心人，在1985年，我终于如愿以偿成为一名电工。

经过多年努力，随着专业技能不断提升，我很快便通过了高级技师考试，被聘为电工高级技师，并完成单位引进的瑞士钢轨焊接机的安装、调试及维修工作，还多次应邀前往全国各地抢修进口钢轨焊接机、钢轨接头精磨机、钢轨焊后除瘤机等设备故障，针对安装、调试、验收过程中遇到的故障问题和设计缺陷提出改进方案，我提出的改进方案多次被采纳并应用于新设备升级更迭中。就这样，凭着对工作的执着热爱和不懈努力，我从一名连电路图都看不懂的"门外汉"，成长为人们眼中的"蓝领专家"。

攻坚克难，勇攀科技高峰

1986年以来，我积极参与企业的技术攻关和科技研发工作，取得了丰硕的成果。

1992年，呼和浩特铁路局引进了一台瑞士产机电一体化钢轨焊接机，但厂家短期内不能提供安装服务，铁路局又希望尽快投产。我主动请缨带领技术团队尝试安装，白天装设备、盯现场，夜里查资料、算数据，用了一个月时间，新设备安装完成，保证了铁路运输生产。

2002年，我应乌鲁木齐铁路局邀请，协助验收从法国进口的长钢轨焊接设备。“洋专家们”以“高端技术，高度保密”为由，不允许中国专家靠近调试现场。规定的调试日期到了，但设备没能按时启动。为此，我研究了翻译复印的图纸，用技能排除故障，焊机最终正常启动。征服瑞典专家的经历被拍摄成微电影《白线》，受到国内外专家的一致好评。

2008年，巴西购买我国某钢轨轧制钢厂生产的钢轨因焊接质量通不过检验，他们认为是我国钢厂产品可焊性指标不符合标准，要求赔偿损失。钢厂专业技术人员带领巴西专家来呼和焊轨段，了解到我们研发的技术是钢轨焊接生产线序列设备。焊轨段无偿提供钢轨焊缝双频正火设备的工作原理和工艺设置，使巴西专家满意而归，为我国钢轨出口贸易赢得了订单。

正是骨子里不服输的精神，让我在专业的道路上大踏步前行。2011年1月，改进后的“钢轨焊缝双频正火设备及工艺”获得2010年度国家科学技术进步奖二等奖。成为中国铁路工人获此殊荣的第一人。2013年9月，投资270多亿元、总长340多千米的海南省西环线高铁线路，使用了钢轨焊接双频正火设备和工艺，正式通车后运行状况良好。

有人说：郭晋龙已成为一名远近闻名的“蓝领”技术专家了。并统计出我先后参与了100多项铁路大型技术革新项目，其中77项创新成果荣获国家、自治区、原铁道部、铁路局奖项，16项革新工艺有效解决了生产技术难题，累计为国家和企业创造直接经济效益超亿元，挽回经济损失900多万元。担纲研发的5项成果推广到全国21个省市自治区，共计133台/套。

蓦然回首，细算起来我自己也很吃惊，不经意间，已走了这么远的路，越过了数不清的难关与险峰，其实，回首这些年，风霜雨雪，就像一个攀登者，心中有无限风景，虽苦犹甜。

勇于担当，再为铁路争光

铁轨是列车运行的生命线，钢轨焊接质量是列车运行安全的重要保障。

近年来，铁路连续提速、列车牵引重量不断增加，对钢轨的质量要求越来越高，尤其是动车组列车高速运行时，钢轨上任何一点瑕疵都将是致命的隐患。通过焊接铺设无缝线路已经成为适应铁路提速、高速和重载要求的重要举措。

中国的高铁是领先了，可是焊接钢轨的设备还是外国设备。为了拥有自主知识产权的钢轨焊接机，我担任上海团队的总工程师，开展针对性研发工作。

经历了近3年的研发，我带领团队研制出“移动式全数字中频逆变直流焊轨机”和“固定式全数字中频逆变直流焊轨机”，该焊轨机参数设置简便，可焊接国内铁路现有的所有钢轨轨型。

2017年10月26日，在上海举办的“国际铁路先进装备展览会”展出了焊轨机样机的展板和视频，受到国内外同行的高度关注。这项技术研发已申请了6项发明专利、5项实用新型专利，现已有1项发明专利和4项实用新型专利获得了授权。

无私奉献，传承工匠精神

多年来，我利用国家级“郭晋龙技能大师工作室”这个平台，甘为人梯，着力打造精英团队，毫无保留地把多年的经验传授给身边的职工，帮助他们尽快成长。几年下来，我带出的徒弟遍布全国各地，有的成长为高级技师，有的荣获“全国劳动模范”称号，还有的走上领导岗位，成长为生产的中坚力量。

带领的创新团队研发的成果有100多项运用在了企业的生产中，在这些成果中有43项获得地市级以上科技奖证，有7项成果获得国家发明专利授权，11项获实用新型专利授权。研发的成果专利全部无偿奉献给了自己的企业，受到高度赞誉，为此，两次获得了中国技术市场“金桥奖”的先进个人。

为了让更多的工友掌握电工原理，提高故障处理水平，我将自己多年积累的知识和实践经验，整理编印成《中频电源原理与维修》《郭晋龙工作法：钢轨焊接机维修》，现已在全路推广应用。

我获得国家科学技术进步二等奖，成为中国铁路工人登上国家科技最高领奖台的第一人，并获得国家发明专利授权7项、实用新型专利授权11项。我还获得全国劳动模范，全国五一劳动奖章、全国“技术能手”等荣誉称号。

2018年从原呼和浩特铁路局焊轨段退休后，我利用自己的技术特长与呼铁工务机械段合作完成的技术研发，有两项成果获得实用新型专利授权。接受内蒙古自治区库布齐沙漠技术研究院的邀请，签约担任库不齐沙漠技术研究院智库专家，帮助指导水冲法植树设备和无人机飞播技术研发工作，获得一项发明专利授权。与内蒙古醇德机械设备有限公司合作研究新产品生产设备，有两项成果获得实用新型专利授权。2019年我荣获内蒙古自治区科学技术特别贡献奖。2020年获得内蒙古自治区北疆楷模荣誉称号。

退休后的我谢绝了各种高薪邀请，并退回已发到账的税后60万元的工资，选择继续留在成长和生活的这片土地——呼和浩特，尽己之能，继续发光，发热。一方面担负起了内蒙古呼和浩特市地铁运营有限公司变电维修高级工程师，兼创新工作室领衔人的工作，提升呼市地铁运营公司青年职工的维修技能和创新能力，用自己所掌握的维修技术为呼和浩特人民安全出行保驾护航；另一方面，继续发扬劳模精神、劳动精神、工匠精神为航天科工高技能人才提升、全国各地职业技术学院的学生培养以及企业青年工匠的培育进行指导。2020年获得了全国关心下一代工作先进工作者荣誉称号。虽是该享受清闲的年龄，但我依然满怀热忱，还想为呼和浩特的发展和技能强国、科技强国尽自己的一份力量。

3

努力折射太阳的光辉

国家电网　高　森

荀子曰："君子生非异也，善假于物也。"人之所以能够达到许多人难以企及的高度，主要原因不是先天禀赋的差异，而多是后天努力的结果。

这一直是我工作和人生的座右铭。同时，我还始终坚信，一滴水的能量是有限的，但持之以恒、百折不挠就能有滴水穿石的力量。

没有人能够随随便便成功

2012年，总有人对我说：高森，你火了。我不置可否地笑笑，作为一名一线工人，跟几个工友"鼓捣"出了机器人，还获得了国家科技进步二等奖，登上了国家科技最高领奖台，受到党和国家领导人的亲切接见。这些元素集合到一起，在信息化的年代，传播速度如此之快，也是常常令人始料不及的。

此番大火，颇有些平地惊雷的味道。妻子马恒艳却不这么认为，"他自己喜欢琢磨，单位又有好的氛围和平台，天道酬勤。只是获得这么高的奖项，是我没想到的。"

我自1989年9月参加工作，一直干输电线路运维。挖坑、立杆、架线、巡线、检修，线路上的活我都干过。多年的一线摸爬滚打，为日后的创新积累了丰富的经验。

说起"架空线路清障检测机器人"的研发，其艰辛和几经失败与挫折，或许是无法绕开的话题。从萌生想法，积聚研发动能，正式研发到作品面世，耗时7年，历经4代，方才破茧成蝶。

"架空线路清障检测机器人"的研发，源于500千伏淄潍线地线防振锤的位移。"淄潍线是一条老线路，地线防振锤外跑、移位很普遍，有些跑得还挺远的，通过人力滑车出线把它拉回来，费时费力还存在安全隐患，所以我们就琢磨着能不能做个工具，代替人工出线。"

当时我和吕宁在同一个班，分别担任班长、副班长。我属于敢想、敢干的行动派，吕宁比较适合闷头钻研。大家思想统一后，立即成立了QC小组，我的徒弟、电脑高手高翔也被吸收进来，我们还给自己起了个响亮的名字——Superman（超人）。

开始的时候，我们的想法还很简单，就是想做个专用工具。也仅仅是“小打小闹”，Superman正式启程。几经周折和失败，数度彷徨与探索，“架空线路清障检测机器人”的雏形“地线防振锤检修专用工具”诞生。

较高的科技含量加上独创的情景剧发布形式，让Superman真的成了超人。我们的QC成果从省公司第一到省优第一再到国优第一，一路凯歌，还收到了国际质协的发布邀请。“第一炮”打响，给了我们巨大的信心和动力。

一滴水的能量是有限的，但汇聚成河将形成滚滚洪流、势不可当。

我从来不是一个人独自攀登

2012年2月22日，在我登台领奖仅仅一个星期之后，超高压公司就正式成立了以我的名字命名的创新工作室。

“这是公司劳模选树和创新管理工作的一个里程碑，我们希望以工作室为阵地，充分发挥高森的示范效应，引导干部员工创新创效，争取更多的创新成果，培养更多的创新人才，不断提升公司的发展质量。”在工作室揭牌成立时大家纷纷讨论道。

以我的名字命名的“高森创新工作室”由研发室、研讨室、成果室组成，配备了多种研发工具。“工作室以师傅为带头人，为师傅带领大家继续创新、为我们学习进步提供了非常好的平台。”我的高徒张春波说。

工作室吸引了超高压公司大批青年才俊加盟，高森创新团队由之前的几个人迅速增加到85人，其中研究生9人、本科生47人，分为变电运维、变电检修、输电运维、管理创新4个专业工作小组。

2012年4月16日，“高森创新工作室”被命名为山东省首批“高技能人才创新工作室”。这里汇集了近50项创新成果，其中8项荣获国家级奖项、17 项获得省部级奖项。工作室承担着省公司科技项目1项，超高压公司技术革新项目4项、QC项目12项。

“一滴水的能量是有限的，但持之以恒、百折不挠就能滴水穿石；一滴水的能量是有限的，但汇聚成河将形成滚滚洪流、势不可当。这是我们在多年创新活动中总结出来的一滴水的精神。”

我始终认为，水能容纳百川，终成其大；水能百折不挠，始终向前；水能积蓄力量，实现突破。虽然工作室以自己的名字命名，其实自己只是一滴水，只有融入团队，才能汇聚成势不可当的力量。

当年，为了攻克架空线路悬挂异物处理难的难题，在没有任何经验可资借鉴的情况下，我与吕宁、张春波、高翔他们协同攻关，各司其职，查资料，找配件，做试验，测数据，外出学习请教，历经近千次试验和失败，最终攻克了机器人进入强电场的技术难关，使机器人具备了巡视、检测与清障、跨越障碍等功能，实现了机器人在超高压带电线路上的行走和清障，开创了机器人等电位作业方式。

那么大的工作量和技术挑战，光靠我一个人肯定不行。工作室成立后，创新创效课题更多了，更需要合力攻坚。

我就是有幸被太阳照射到的一滴水，得想办法折射出耀眼的光芒——

像灯塔一样照亮创新之路

“得知自己获得‘中华技能大奖’的那一刻，我的心情非常激动，可以说是终生难忘。荣誉不属于我个人，属于我们这个光荣的集体。”2014年12月，我万分荣幸地获得“中华技能大奖”，心情久久难以平静，如果不是根植于公司这片沃土，没有公司的支持和培养，我不可能取得这样的成绩、获得这些荣誉。

多年来，超高压公司坚持开展劳动竞赛、技术比武、合理化建议、“五小”、QC等活动，营造了浓厚的氛围，为优秀成果、高技能人才的脱颖而出培植了肥沃的土壤。

以“参与、分享、修炼、互助”为组织理念的高森创新工作室，已经成为超高压公司青年员工创新创效的孵化器。经过团队的共同努力，“架空线路清障检测机器人”已经进化到第五代，能够自主跨越直线塔，完成一个耐张段的行走；输电导线悬挂物激光切割专用工具、输电线路GPS巡检定位系统、复合绝缘子防冰闪大伞群等多项创新成果相继出炉。“高森创新工作室”被评为国网公司劳模创新工作室、山东省劳模创新工作室。

脑子活，点子多，会工作，爱生活；做得一手好菜，在单位里是明星级员工，也是“红事大总”。这就是高森我。生活有朝气，活得畅快；工作求创新，做得踏踏实实。是我的人生格言，工作跟做菜一样，只有用心才能色香味俱佳。

4

制药行业的电工大师

华北制药　齐　名

我出生在农村，对电感兴趣源于我小时候尝试修好了家里的拉线开关那次经历。初中毕业后就想学一门技术，当一名维修电工，所以报考了石家庄市劳动技工学校电工电子专业，成绩一直保持在年级前3名，每个学期都被评为三好学生，尤其对无线电这门课程特别感兴趣。

1991年我被分配到华北制药高压检修部参加工作，发现以前学习的知识在这里没有用武之地，要做好这个岗位的工作，就需要不断学习变配电系统相关的知识技能，也就是从那个时候开始我就把学习当作了追求。在高压检修部工作了5年，系统地掌握了工厂变配电系统的工作过程，连续三年在集团技术比赛中获得电工第一名。1996年获得石家庄市十大技术状元称号，获得河北省自学成才奖。

在调至华北制药华胜公司后，我全面参与了变配电系统的设计、施工，组建了电工组并担任组长，使我对变配电系统有了更深层次的理解，大家知道之前的国有企业分工比较细，从事高压检修一般不接触生产设备的维护维修，在华胜公司就不同了，不但要运维好变配电系统，而且要确保生产车间生产设备的稳定运行，这对我来说是极大的挑战。

首先面对的是生产车间的压滤机故障，这种像笼屉的过滤机器有5层，岗位操作人员在每层铺好滤布后由电机带动丝杠压紧，原设计是通过触碰限位开关让电机停止工作，这个限位开关一旦接触不良就会引起提前停车导致压不紧或滞后停车导致压得过紧甚至损坏设备。岗位人员经常抱怨设备总修不好影响生产，我们也尝试了多种解决方案，始终不能完美解决问题，后来我在巡检高压配电柜看到过流继电器时灵光一闪，利用过流继电器监测电机运行电流，当丝杠压到临界点时电流必然会增加，只要合理整定过流继电器电流值就能够实现任意压力的停机，当然还需要躲过启动电流，我是用时间继电器实现的，这个创新成果是1996年投入运行的，我离开华胜也20多年了，据了解目前还在继续发挥作用。

通过处理进口设备发现机械、电气、仪表结合得越来越紧密，包括百吨发酵罐的计算机控制系统。所以我并没有满足，而是下决心自学仪表测量、计算机、PLC和单片机相关的知识。

1999年华北制药金坦公司招一名电气负责人，我了解到金坦公司是当时华北制药装备最先进的，甚至生物产品中心连同厂房都是从瑞典打包定制的，是通过欧洲GMP认证的生物技术产品生产线，就报名参加了面试，10月份正式调入金坦公司一直工作到现在。

真正投入工作才知道金坦公司生产自动化程度非常高，技术资料全是英文，由于还在保修期，出了故障都是外国技术人员处理，公司的维修人员只是给外国人打打下手。其实那个时候我就在想，马上面临外方工程师回国，之后这些设备就要我们自己处理了，如果我们在设备上摆脱不了国外技术控制，就永远无法摆脱“附庸”的地位，不能让外国人牵着我们的鼻子走。唯一的办法还是通过学习，可学习哪是那么简单的事！进口设备全是英文说明书，光英语这一关就过不去。我买来了英语书和英语磁带，吃饭、走路、上洗手间都在学习，还通过成人高考进入河北大学计算机应用夜大学习，同时自学仪表自动化控制知识……“有志者，事竟成”，终于基本上能看懂说明书了。

2000年外方技术人员都走了，一台意大利进口设备出现故障，如果厂家拆走维修费用高达几十万元，还要停产一个来月，测算下来，企业至少要损失1000多万元。我经过两天两夜的拆装、测试、排查，终于找到了故障原因，仅花一角钱买了个电阻换上，就让设备重新正常运转了起来，受到了大家的交口称赞。

为了减轻动力运行值班人员的劳动强度，我学习单片机的过程中设计制作了定时记录打印装置，每个小时记录冷库温度、压缩空气压力，氮气压力，冷媒温度等，后来有人提出一个小时记录一次，如果这期间有异常怎么办，因为系统每秒都在采集显示参数，只是定时打印一条记录，为了体现其间的异常，我将程序修改为了出现异常就会打印记录，再后来学习掌握了SCADA后就用上位机替换了现场打印机，通过总线将各个设备的参数统一收集到计算机进行记录和超限报警。所以我理解的创新就是不断学习，知识储备得多了，遇到问题自然就会涌现出多种解决方案。再比如包装岗位自动装盒机偶尔会漏装一支药品，下班清点时对不上数就必须返工找出漏装的药盒。后来安排专人利用天平检查，但是人容易疲劳，不经意也经常会出错，我用单片机设计了代替人工的控制器，连入包装流水线，经过几个PDCA循环，杜绝了漏装药品的现象。

“齐名创新工作室”成立13年多来，获得河北省工人先锋号，被授予国家技能大师工作室、全国示范性劳模和工匠人才创新工作室。工作室成员坚持干中学、学中干，围绕降低成本、节能减排、技术改造、技术革新、安全生产等主题，组织开展技术攻关活动，解决了很多进口设备维修“卡脖子”难题。截至2023年底，“齐名创新工作室”共完成创新成果213项，其中7项获得国家专利授权。

我会定期抽出时间进行“整理”，包括维修关键设备的记录，故障点在哪里，采取了什么措施，相关领域的技术资料，维修中的工作经验和心得体会等放在公司的技术交流平台，供大家分享。

一个人有技术，自己有前途；一群人有技术，企业有前途；一代人有技术，国家有前途。如何能让技能薪火相传，培养更多技能人才，一直是我不断思考和实践的命题。

通过将创新工作室与职业院校嫁接，将自己多年积累的案例带进课堂，探索实训教学，提升学生的专业水平。自2014年开始，“齐名创新工作室”与河北劳动关系职业学院合作组建工作站，我担任客座教授，每周六向机电类专业师生传授技术、教授经验。新冠疫情期间作为劳模工匠受邀在中华全国总工会开设的“技能强国——全国产业工人学习平台”上与全国广大职工分享技能和经验。

这么多年来，我的愿望始终很简单，就是希望通过自己的一点努力，让越来越多的产业工人能在工匠道路上迅速成长，成为时代大潮中改革发展的主力军。

5

高铁与焊花交织的创新之路

中车长春　李万君

曾几何时，中国高铁的迅猛发展令世界瞩目与为之惊叹，作为中国高铁人，今生有幸见证了中国高铁的起步与加速度发展，并参与完成了中国高铁从跟跑到领跑的全过程。

2007年，中国铁路第六次大提速，主力车型和谐号动车组418正式运营，全国人民欢欣鼓舞——我们终于有了自己的动车。

但当时还不为人知的是：我们面临最严峻的课题是国产化低，最关键的技术我们还没完全掌握在自己手里。比如当时比较关键的转向架，而第一个转向架焊接的任务就落在了我头上。

作为首次接手高铁焊接的任务，还是有如千钧重力落在心头，压力可想而知。众所周知，转向架的结构是一个管插在一个大圆形管里，形成圆形搭接焊缝，当时我想以其运行速度之快，安全性必放在首位，自认为很满意，但外国专家鉴定后的一番话，无疑向我们浇了一瓢冷水：接头太多，在运行中很危险，还是买外国的转向架吧。

当时一听，我的脸腾地感觉到一种灼热难耐，作为号称中车长春轨道客车“第一高手”更感到羞愧难当。所以中午饭都没吃好，拿着焊枪瞄着转向架环口焊缝工作，我想他们能做到的，我们凭什么不行？

那段时间我既煎熬又憋着一股劲儿，专注力完全沉浸于此，有时会寝食难安，也会更容易发现问题所在，产生突发奇想。

经过一周的摸索，终于找出了与国外转向架存在的差别在哪儿。

成功没有捷径，对于质量的要求就是近乎苛刻。实际工作中，每次焊接大管底部时，必须要屏住呼吸，大气都不敢喘，有一次我喝了碳酸饮料，正好焊到这里打了嗝，手一哆嗦就失误了，而焊缝边缘误差要求在2毫米以内，失之毫厘，差之千里。从许多不起眼的细节中，提炼出焊接过程中的每一个环节、要点，这也是不可忽视的质量保障的核心。

当时外国专家来检查时，非常惊讶，万万没有想到中国焊工用了不到一个月时间，就完全达到了他们的技术要求。在生产过程当中，根据我们以前的经验，有些焊接方法比较有争议，所以我又从中发明了很多非常实用、提高生产效率的方法，包括转向架都是我们自主生产，非常实用。包括CO_2气体保护焊焊枪的改进，原来换新的大喷嘴，紫铜制作的成本太高，造成浪费，后来我发现损坏的永远是前面，就把它分为两半，采用螺纹连接的形式，这就会节省一半的成本。一次偶然的机会，我发现有些细小的孔焊枪大喷嘴伸不进去，于是改装了一下半径，解决了狭窄空间的焊接难题，获得了国家专利授权，还获得了中国创新大赛三等奖。从最开始的“小白”，到跟跑，再到超越，令许多人感到简直有些不可思议。这些年来，我总结并制定操作法等52项，技术攻关150多项，其中45项获得国家专利授权，还被誉为“工人院士”。

中国高铁的发展速度令人刮目相看，而对于我们中国高铁人来说，也是不断向一座座高山挑战的过程。

回首往昔，岁月如歌，深刻而难忘。2015年，国家开始紧锣密鼓设计拥有自主知识产权的中国高铁复兴号，时速可达350千米，是世界上首次以这个时速进行商业运营的高速列车。我和徒弟经过半个月的反复琢磨，总结出合理的焊接顺序——“一枪三焊”的操作法，避免枪伸进去、手伸进去导致看不到焊缝的情况，保质保量，出色地完成了复兴号转向架关键部件的批量生产。2017年“复兴号”正式在京沪线上运行，当旅客坐在崭新的“复兴号”上，看到舒适、宽敞、明亮的环境，而且还全程有Wi-fi，纷纷拿出手机自拍，每个人脸上都洋溢着满满的民族自豪感，我心里也有种说不出的喜悦和欣慰。

随着技术的不断成熟和实力的加强，中国高铁也开始走向世界。在美国纽约地铁生产的项目中，很多国家都纷纷在争取，这是打开向世界宣传的窗口，如果能拿到美国地铁许可证，就相当于为中国高铁开辟了绿色通道。

但同时它们各方面的技术要求，也是以最严格、最苛刻而著称的。当时4个转向架的材料都是由美国空运的，钢板厚度是中国高铁的4倍，焊接工艺都要按美国的标准生产。4个转向架决定由我的徒弟——全国、省、市大赛获奖的高徒来焊，在检测时，其中一个转向架的两个焊口已经修过两次了，只允许修三次，也就是仅仅剩最后一次机会了，不许第四次修补，否则视为报废。

可以说，一个转向架的焊接质量，就足以决定整个项目的成功与否。所以，最关键的时候领导找到我，却不是让我披挂上阵，而是担心稍有不慎，会影响到我的前途。

我深知领导的好意，也想到作为大国工匠，个人的前途和国家高铁的命运哪个重要？我毅然做了决定，宁愿战死在战场也不能让困难吓倒，我亲自上去焊。

以一个外行人来看，一般不会发现其内部都焊烂了，外面焊得再漂亮，清理得再干净也没有意义。决不糊弄是我们的原则，全都磨掉后重新焊接，焊到半夜两个焊缝才全都焊完了。

第二天现场检测结果全部合格，另外，一周以后美国派专家来到现场对四个构件进行检测，所有的焊缝检测合格以后，美国人很开心，说找了很多国家，哪都没有中国干得好。通过这件事情也说明了一个道理，近十年来，在党的领导下，中国高铁制造水平已迈入世界先进行列。

2017年，澳大利亚在生产部件的时候，中途改了设计工艺，造成10个部件不合格，从澳大利亚退回检修，制约了生产。当时我来到现场，发现并提出设计工艺有问题。当时澳方表现得有些傲慢，也充满了不信任。

事实证明焊了两天都没有一件合格产品，我据理力争，按照我们的要求焊接，焊了一个就合格了。澳方专家经过论证终于信服了，并完全按照我给的标准把设计工艺改了过来。通过这个事情说明一个道理，我们的产品在走向世界的同时，中国的标准也陆陆续续成为世界的标准。

到目前为止，我们的产品已经走向世界112个国家，世界各国领导来到我们中国时，第一个感受到的是中国高铁的速度与舒适度，并赞不绝口，这是作为中国高铁人，觉得最为荣耀和幸福的时刻。

多年来，我先后参与填补国内空白的几十种城铁车、动车组转向架的首件试制焊接工作，总结并制定操作法等52项，技术攻关150多项，其中45项获得国家专利授权。培训焊工2万多人次；参与完成了中国高铁从追赶到领跑的全过程，为我国高铁高质量发展作出了突出贡献，被誉为“工人院士”。荣获全国劳动模范、全国优秀共产党员、中华技能大奖、五一劳动奖章、全国技术能手、感动中国十大人物、吉林省特等劳动模范、大国工匠年度人物等荣誉称号，享受国务院政府特殊津贴。

6

从钻工到海上铁人

中国海油　郝振山

30多年前，中国无论技术、装备还是资金、人才都非常薄弱，与西方发达国家存在巨大差距。

1989年，20岁的郝振山从石油技校毕业加入中国海油，成为南海六号钻井平台的一名甲板工。当时，中国海洋石油开发还处于起步阶段，许多油田区块采取合同招标、与外国公司合作打井的方式。南海六号是当时国内最先进的半潜式钻井平台，关键岗位都是花重金聘请外国专家来负责，中方员工只能打下手。尤其是被誉为海上钻井平台“权杖”的刹把，更是被牢牢攥在外方司钻手里。

“为什么外国人能干的事情中国人就不能干？”在石油大院长大的郝振山心里憋着一股劲儿，下决心要改变这种状态。

每天，他干完除锈、刷漆和打扫卫生等体力活后，开始见缝插针地“偷师学艺”。同时瞄准关键技术刻苦钻研，仅3个月就掌握了1600多个专业英文单词，并逐步熟悉了大大小小300多台设备和工具，跨越了海上钻井关键技术的门槛。从甲板工到钻工、井架工，一路踏踏实实走过来。4年后，郝振山被提升为副司钻，协助外国专家莫里斯组织现场作业。

一次作业中，数据显示泥浆泵压不稳，却不知问题出在哪里。莫里斯担心如果是井下出现状况就必须停钻，这将造成数百万美元损失。

他赶紧派外方副司钻查找原因，但两三个小时过去了，一无所获。一筹莫展之际，莫里斯抱着试试看的想法找到了郝振山。郝振山马上根据泵压不稳的数值，结合这些年记录的泵压数值进行对比分析，判断是泥浆循环系统“上水滤网”出了问题。

一检查，果然如此，整个处理过程仅用了半个小时。

1994年，由于聘请外国司钻人力成本太高，公司拟在内部选拔司钻。25岁的郝振山凭借过硬的起下钻速度和井控检测等技术，得到了外籍高级队长和中方总监的高度认可，成为“南海六号”半潜式钻井平台上顶替外方司钻的第一个中国人。

“共产党员第一个上”

海洋石油开采是个高科技、高风险、高投入的“三高”行业。扎根海上一线20载，郝振山曾经历过许多惊心动魄的时刻，面临过生死攸关的考验。

1998年秋的一天，南海六号停留在海口马村锚地接受船级社检查时，突遇台风。“强对流”来得突然，没有办法按照正常程序撤离。时任高级队长的郝振山带着10多名留守人员坚守在平台上。

但是，接受检验时打开的船体外浮箱和密封舱室的盖子没有全部及时盖上，发现时，密封舱里的海水已经涨到齐腰深了。如果再不盖上，钻井船就会因灌满海水而沉没，留守人员全部都会有生命危险。

怎么办？情况紧急，不能犹豫，必须当机立断，冒险一搏。

台风肆虐，郝振山对大家说：“我是共产党员，我第一个上。”他把缆绳绑在腰上，带着大家，一个串一个，把全部浮箱和密封舱盖都盖上。3个小时，180分钟，郝振山和同事们全身被冰冷的海水浸透，每个人的脸都冻得铁青。

台风过后，大家知道了郝振山他们的拼死一搏，都非常感动。“如果没有一颗为国找油找气的赤子之心，谁敢用血肉之躯一跃而下，对抗怒吼的大海和刺骨的海水？”

平台经理黄少华心疼地责怪他说：“真有能耐，竟然能那样干！真有点像当年的王铁人！”他嘿嘿一乐：“这不是危急关头临时想出来的办法嘛！不管怎样，只要国家财产和人员没受损失就行。”

2005年底，郝振山迎来了人生的又一次挑战。为实施中国海洋石油国际化发展战略，他受命率领南海二号出征缅甸，开拓东南亚海上油田服务市场。这是中国半潜式钻井平台第一次在国外亮相。

出征前，郝振山特意嘱咐，定制了绣上五星红旗和中国海油标识的工装，他要让员工时时刻刻记住：在海外，他们就代表中国海油！代表中国！

外方作业者给南海二号执行的是一加一再加一的合同，也就是说，第一口井干得好，让你干第二口井，第二口井也干得好，再让你干第三口井，潜台词就是试试看再说，而给另一条外国钻井船的则是三加二的合同，租金也比南海二号高出很多。这明摆着是对南海二号的实力有怀疑。

孟加拉湾的作业海域紧靠赤道，气温常年在35摄氏度以上，工作条件十分艰苦。

南海二号开钻后又遇到了地层松软，易于垮塌，高温气井风险很大等困难。甲方请来了加拿大人比尔来当作业经理。一天，比尔把一份作业方案交给郝振山执行。在仔细查看后，郝振山发现作业程序存在严重问题，如果按这个方案干，很可能导致钻井中断。于是郝振山找到比尔商量调整方案。但这位60多岁的加拿大人摇摇头，就说了一个字“No”。井钻到一半，果然出现了问题，比尔这下慌了。郝振山把早已写好的应对方案送到比尔手上，实施后，作业恢复正常。比尔心服口服地称赞：“郝振山，好样的，中国人，好样的！”

2006年2月22日，是南海二号扬眉吐气的日子。平台提前10多天高质量完成钻井计划，打出了缅甸第一口海上高产气井，紧接着打的两口井也获得高产油气流，改写了缅甸油气工业的历史，南海二号的图片和简介因此被收藏进缅甸国家历史博物馆。当时的缅甸能源部长伦西塔在视察平台时说：“我看南海二号的‘2’应该改成‘1’，你们就是孟加拉湾的NO.1 ！”而在附近作业的那艘外国钻井船，因为接连打出两口干井，并发生了井下事故，使甲方损失了2000多万美元，被解除合同。这时，甲方来找南海二号接手。郝振山说：“合同可以接，但租费必须提高。优质必须优价。”就这样，南海二号的租金从每天7万美元提到10万美元，最后涨到了15万美元，不仅赢得了平等待遇，而且极大地提升了中国海油专业技术服务队伍的国际声誉和价值。

孟加拉湾一炮打响后，印尼的钻井合同主动送上门来。南海二号再接再厉，从缅甸转战印尼，在国外连续作业17个月，圆满完成缅甸和印尼的3个钻井合同。2006年，南海二号作业天数高达360天，日租金涨到20万美金，实现年产值3.6亿元，利润2.3亿元，刷新了我国钻井平台日费率和年收入等多项纪录。更重要的是，南海二号凭借首次海外作业的出色表现，为公司赢得了第一个海外一体化服务合同，敲开了国际油田整体化服务市场的大门。

在创造一流业绩的同时，他们在海外也展示了中国人的真诚友谊和宽广胸怀。海外作业时，南海二号雇用了一些当地员工，郝振山对他们说：“不管黑皮肤黄皮肤，到了南海二号都是自家好兄弟。”

他毫无保留地向他们传授作业经验，同时，平台建立外方员工岗位评比栏，及时评选优秀员工给予奖励；印尼员工的儿子结婚，郝振山按当地风俗穿上民族服装去参加婚礼。作业结束时，外籍雇员都恋恋不舍，从心里说出：“南海二号好，中国朋友好。”在海外，南海二号不仅弘扬了石油人的优良传统，还传播了海油的包容文化。

5年间，南海二号驰骋在中国的南海、东海及印度洋海域，共钻井57口，总进尺14.5万米。

为加快中国南海油气资源开发，2012年，海洋石油人将目光聚焦在通过购置、干租半潜式钻井平台完善海上大型装备结构上。郝振山先后参与了新购置的“南海八号”钻井平台接修船，以及干租的“南海七号”钻井平台接船项目组。

南海七号的前身是某国际知名钻井承包商的一艘半潜式钻井平台，远在西非纳米比亚。通过前期详细勘验，中海油服决定干租这艘平台，并安排接船项目组于2012年12月6日启程，接平台回国。

到达纳米比亚后，由于非洲物资匮乏，而且当地圣诞节前后放假，外方由此断言他们节前无法起航。但驳船已经到达好多天了，一天就要支付约6万美金，拖到圣诞后，损失可想而知。分析形势后，他们决定“回家过圣诞”，也就是将圣诞节前起航作为目标。大局意识激发出责任潜能，他们与相关方团结协作，各司其职，找资源，练操作，使南海七号终于在12月22日上了干驳，实现了圣诞前起航的目标。如此高效，也让原船东的外方作业经理惊叹不已。

在纳米比亚的日子，他们身上的皮肤被晒得脱了皮，却依然坚持每天工作十五六个小时；虽然对设备情况不熟悉，但是仅用2天便脱离外方，完全独立操作运转所有设备；虽然资源匮乏，但他们自力更生，克服重重困难，硬是凭着一股韧劲，让南海七号在圣诞节前坐上了“回家”的驳船。

2013年2月1日，“南海七号”航行万里抵达国内，随即进坞恢复性修理。在短短39天时间里，共完成修理项目135项，提前6天完成恢复工程，达到作业运营条件。

中海油服CEO兼总裁、党委书记在参加“南海七号”交付仪式时说：“南海七号从交割到达到作业条件，仅仅耗时三个月，这个效率在全世界都是绝无仅有的。”

2012年6月8日，郝振山率队前往马来西亚勘察南海八号。在勘察过程中，他们必须勘察仔细，看船体是否存在重大缺陷问题，为是否购买该船做决策提供准确的基础资料。所以，头顶着COSL，是一种荣誉，也是一种责任。当时所有勘察队员都这样理解头顶“COSL”LOGO的真正内涵。

随行的中国海事局官员当时看到他们的工作场景，由衷地感叹道：“我所接触过的所有国企中，中海油服的团队是最有责任心的。”

2012年10月6日，是新购置的南海八号平台升级改造的第一个重大时间节点——进干坞。而能否按时顺利进入干坞的关键就在于要确保防喷器按时拆除。来自平台前运营公司Transocean的一名国外同行专家就曾坦言，仅是让南海八号恢复动力和作业能力，有经验的团队也至少需要七个月时间，对于没有任何经验的中国人来说，可能一年时间都很难顺利完成。

困难再大，也要保证按照时间节点完成任务！紧要关头，郝振山和项目组其他成员一道，首先根据图纸和说明书制定了详细的方案，从早到晚坚守在现场。为了节约宝贵时间，他们从食堂打包盒饭到现场，席地而坐，分批次倒班吃饭。从项目经理到甲板工，都是如此。这也成了现场一道特殊的风景线。大家匆匆吃完后又投入了紧张的工作中，最终使防喷器得以按时拆除。

在五个月的时间里，项目组的主要干将们每天工作15个小时以上，南海八号全体将士更是把“平台不离港、人员不下岛”作为自己的励志词，在深圳蛇口孖洲岛上日夜奋战。2012年12月5日，在大家的齐心协力之下，仅仅用了68天时间就安全、优质、高效地完成了南海八号一期功能性恢复任务，顺利投入生产之中！创造了公司装备购置、大修的新纪录，赢得了国家相关部门、中国海洋石油总公司领导及独立董事、船厂、承包商乃至原船东的高度肯定，完成了一件国际同行认为不可能完成的任务。

2016年，是南海八号落户中国的第四个年头，也注定是它最不平凡的一年。南海八号一路争分夺秒，在87天的时间内超前超额完成了坞修，缔造了孖州岛坞修奇迹。6月13日，南海八号整装齐备，“如约”抵达俄罗斯远东作业井位，首赴俄罗斯极寒海域，便代表中国钻井力量先后斩获海域内最深完钻井深和7in（1in=2.54厘米）尾管成功下入两项纪录，突破极寒海域浅层气钻进等三项技术难点，并帮助甲方钻得数据可观的工业油气储量，其间一举收获了9封作业者表扬信，获得了各方的一致认可，并成功促成了COSL与GGR未来数年更深更广的市场战略合作。这次亮剑远东，成功叩开了俄罗斯市场的大门。

很多人问郝振山，一支队伍如何才能具备这样的战斗力？郝振山思考后认为：首先，我们有明确的目标——提前完成平台修理任务挺进南海，加入海洋石油深水编队！此外，我们把公司使命、发展目标、企业理念、企业精神、员工准则与日常工作紧密地联系在一起；我们有高度的荣誉感和使命感，有把知识转变成技能的能力，有把指令转变成行动的能力！团结奋进，方能无往不胜！

正是石油精神，靠着几代海油人的艰苦奋斗、拼搏奉献，中国海油成功建成“海上大庆油田”，用30年时间，走完了西方发达国家的百年历程。为此，习近平总书记等中央领导同志作出重要批示，对中国海油取得的辉煌成就给予充分肯定，这让郝振山深受鼓舞，倍感振奋。

2017年10月18日至10月24日，中国共产党第十九次全国代表大会在北京召开。党的十九大，是在全面建成小康社会决胜阶段、中国特色社会主义进入新时代的关键时期召开的一次十分重要的大会。报告回顾总结了过去5年党中央团结带领全党全国各族人民坚持和发展中国特色社会主义的辉煌成就和宝贵经验，对决胜全面建成小康社会、夺取新时代中国特色社会主义伟大胜利做了全面部署。作为一名海洋石油工人，有机会在现场聆听习近平总书记作报告，郝振山万分激动，备受鼓舞。

十八大以来，成果累累，中国力量、中国方案和中国速度肯定了国企的贡献和力量，党和国家事业发生了深层次的、根本性的历史性变革，取得了全方位的、开创性的历史性成就，国家解决了许多长期想解决而没有解决的难题，办成了许多过去想办而没有办成的大事，给他们带来了新的希望和信心。

特别是回顾近年来中国海油的发展成就，郝振山深深感到在低油价寒冬中这些成绩的来之不易。因此，在小组讨论期间，郝振山跟大家分享中国海油积极投身"海洋强国"建设、大力实施深水油气开发战略，自主设计、建造了以"五型六舰"为主体、作业能力达到3000米水深的作业船队，装备总量突破了万亿资产，油服钻井装备也增加到62艘，跻身世界第一；在与代表们交流时，郝振山讲中国海油的科技创新，讲海油人自主研发的"贪吃蛇"随钻测井和旋转导向系统一举打破国外垄断；在大会组织参会代表参观"砥砺奋进的五年"大型成就展时，看到海洋石油的钻井船和工程船，郝振山就主动当起了讲解员。后来有代表拍着郝振山的肩膀说："你们在海里找油真是不容易。"

这是郝振山第二次到人民大会堂开会，距离上一次已经过去了七年。2010年，郝振山被授予全国劳动模范称号，第一次走进人民大会堂接受表彰。

两次到人民大会堂参会，感受大不一样。第一次是作为海洋石油人的代表接受表彰，郝振山感到无上光荣。这次参加党的十九大，在备受鼓舞的同时感受更多的是沉甸甸的责任。这份责任一方面来自郝振山想在参会期间抓住机会，让更多的代表了解中国海油，展现海洋石油人战天斗海、砥砺奋进的风采；另一方面，郝振山觉得，既然有幸参会就应该带头学习十九大精神，并有责任把自己的所见所闻所感分享给更多人。

从2018年担任全国政协委员开始，郝振山一直在推动国家海洋"蓝色国土"的保护和开发工作。在2019年的全国两会上，郝振山提出了"和谐用海"的提案。这些年，郝振山不断通过"啃资料"、下基层等方式，把推动湛江交通融入粤港澳大湾区、与海南相向而行等发展战略写进提案，为湛江的发展争取更强的支持和更多的助力。

石油工人队伍中，还有这样一个特殊的群体，那就是退伍军人。摘贫油国帽子、石油大会战时，一大批石油工人都是来源于部队。石油工人和军人有着血脉的联系，他们都有着不畏艰难、能吃苦、敢吃苦的精神内核，军人的特质也往往让他们在工作中表现更加优异。在郝振山曾经工作过的南海二号钻井平台，就有这样一个班组，7人里面有5人是退伍军人。我将他们命名为"军旅雄鹰班"。该班组凭借其过硬的工作作风和突出的工作表现，荣获中央企业红旗班组称号。在政协委员履职工作中，郝振山非常重视退伍军人的团结工作，关心他们的工作、生活状态，每逢建军节前都常态化开展节日慰问和座谈，鼓励将人民军队艰苦奋斗的优良作风、百折不挠的拼搏精神与石油精神、铁人精神融合起来，用青春和热血铸就"海油铁军"风采。

除了关心一线工人的工作、生活状态，郝振山同时也注重他们的成长成才和职业发展。郝振山牵头成立了劳模创新工作室，召集青年骨干员工大力开展科技攻关、技改技革，聚焦海洋石油钻井行业职工技术创新、管理创新、科技、QC和青年创新创效等方面进行重点攻关。工作室平均每年开展内部培训超150期，平均年覆盖员工超2000人次；平均每年完成技术革新15项，降本301.26万元；平均每年征集金点子141项，产生效益547万元。工作室曾多次成功协助工信部完成国产水下井口系统、国内首套国产水下采油树、水下应急封井装置、防台风隔水管软悬挂装置等国家重点科研项目海试任务，共5个项目获得国家实用新型专利授权，一大批青年技术骨干从工作室走向了更高岗位。郝振山时常用自己曾经的经历勉励他们勤学技能，铸就工匠精神，肩负起新一代石油人走向国际一流的责任与使命。

与时俱进，开拓创新的精神是刻在郝振山同志骨子里的，在担任中海油服深圳分公司总经理期间，郝振山同志深受习近平总书记重要讲话精神感染，更加深刻地认识到走向深水，自主能源开发的重要性和紧迫感，更加深刻认识科技创新对生产和发展的推动作用，他紧紧围绕公司"技术驱动"战略，充分发挥深圳改革创新沃土优势，以"目标导向、需求导向"为原则，聚焦勘探、开发、生产、钻完井四大领域，深入调研发掘客户技术需求，积极搭建与客户沟通交流平台，组织大型综合性专业技术交流会，打破专业壁垒，形成技术合力，推动永置式光纤产液剖面监测、自研新型OPUS、多层压裂充填等新技术、新工具在片区实现首次应用，有力地推动了南海东部增储上产，将习近平总书记重要讲话精神转化为生动的工作实践。

"海上铁人"这个荣誉称号是中国海油集团公司颁给郝振山的，但郝振山一直认为，他只是海洋石油产业工人中的一员、海油铁军中的一分子。之于国家，唯有攥指成拳，广泛深入团结广大石油产业工人，传承石油精神、铁人精神，凝聚磅礴力量，才能为建设海洋强国，加快深海油气资源勘探开发，捍卫国家能源安全贡献更为强大的力量。

7

转口红“转”出灵感

大庆油田　刘　丽

我生在大庆、长在油田，从小听着铁人的故事长大，大庆精神、铁人精神早已融入我的血脉中。1993年我从技校毕业，被分配到油田的老标杆队——采油48队，当上了一名采油工。

工作中，19岁的我和老师傅们一样，就从这些最普通的活儿练起，加盘根、换皮带，起早贪黑奋战在井场上，很快，我就把队里所有岗位都干了个遍，练就了“一摸工具就能知道规格型号，一看电流就能判断井下状况，一听声音就能辨别机械故障”的绝活儿，成为一专多能的“岗位通”。

有了过硬的技能本领作支撑，我开始尝试着用小改小革解决生产难题，努力把活儿干得巧一点、快一点、好一点。

2000年，我担任洗井工，负责全队50多口水井的洗井工作，洗井所需工具又多又笨重，不便携带、操作烦琐，为了省劲，我反复琢磨，想出了把撬杠、管钳、扳手和螺丝刀合为一体的办法。于是，一件轻便实用的洗井专用组合工具应运而生。一次，我去现场时碰到一位洗井工，他以为我是厂里的技术人员，对我滔滔不绝地讲起了洗井专用组合工具的好处，还由衷地赞叹，真是干了件好事，不仅帮大家节约了不少时间，省下了不少力气！这份肯定更让我感受到了技术革新带来的成就感和满足感，从此，我一发不可收拾。

2001年，油田聚驱开发后，我发现聚驱抽油机井口总是“脏兮兮”的，光杆易腐蚀，盘根漏油现象频繁，井口都成了油葫芦。同事们一

听说换盘根，个个都很头疼。我看在眼里急在心上，那段时间，真是愁坏了，干啥都没精神，躺在床上也睡不着。有时蹲在井上，看着盘根盒就想：这盘根自己能出来就好了！一天，我拿起口红，转动口红底部，看着唇膏慢慢从上面露了出来，立刻有了灵感。于是我买来一堆口红，一支支拆解，弄清里面的结构，设计图纸、加工，很快一个新型“上下可调式盘根盒”就制作好，安装到了井上。我连续几天跑到井上观察效果，白天围着井口转，夜里又拉着爱人陪我一起观察，没想到，第三天井口又漏油了。

经过排查，我发现问题出在密封圈材质上。为了寻找合适的材质，爱人带我跑遍了大庆市所有的五金商店、材料市场，用了一年多的时间，找到一种尼龙棒，经过切割、抠形之后制作出了合适的密封圈，终于解决了漏油问题。“上下可调式盘根盒”创新成功，经现场试用效果好、安全系数高，不仅延长了盘根的使用寿命，还减轻了一线员工的劳动强度，得到了他们的一致好评，并于2002年获得了国家专利授权。

铁人说过，“宁要一个过得硬，不要九十九个过得去！”我清楚地认识到，这项革新需要完善。为此，我反复研究琢磨，为了让盘根盒适配不同型号的井口采油树，我反复修改尺寸大小；为了增强它的结构强度，我将内外双层螺纹改为梯形螺纹；为进一步节约能耗，我将盘根盒压盖替换为带有润滑功能的特殊材质……18年来，我先后进行了200多次现场试验，进行了五代改进，最终使密封圈更换时间从过去的40分钟缩短到目前的10分钟，使用寿命延长了6倍，还使每口井日节电11千瓦时。

这项成果先后荣获大庆油田有史以来首次授予的技术革新成果特等奖、中国石油首届一线创新成果一等奖、第六届全国职工创新成果奖。2019年和2020年，我两次带着它分别走进央视《大国工匠》栏目和国务院新闻办公室发布会，向全国人民展示石油人的创新成果。

30年来，我共研发各类成果200余项，其中获国家和省部级奖项38项、国家专利及知识产权45项。另有“螺杆泵井新型封井器装置”等一批成果填补了行业技术空白。

多年的工作经历，让我深深体会到，一个人能做到的贡献是微小的，只有将自己的专业知识与技能播撒出去，辐射带动更多的石油人共同提高、全员创效，打造一支技术过硬、思想过硬、作风过硬的工匠团队，才能真正凝聚出一往无前的巨大合力，汇聚成振兴发展的强劲动能。

2011年8月，在油田领导的关怀和帮助下，以我名字命名的“刘丽工作室”正式成立了，这是我工作历程中一个重要的里程碑，作为工作室的领头人，我有了一个新“战场”。

工作室从两名采油工起家，开始只能做简单的小改小革，逐渐扩大到涵盖35个工种，拥有531名成员的创效集团军。我们在工作室建立了1个创新创效基地，设立了2个成果示范区，成立了3D打印实验室，划分了4个专业化工作区域，打造了一个集研发、生产、应用于一体化的“革新梦工厂”。我们以提产量、创效益为目标，聚焦生产难题，全力革新攻关，探索形成了“研产用”一体化创新模式。定期组织开展“一线巡诊、专家坐诊、难题会诊”活动，面向基层征集生产难题，组建不同岗位、不同工种的联合攻关组，一同头脑风暴，只要脑海中有了成型的想法，就马上行动，制图、加工，样品出炉后直接在试验井上试验，试验成功后即刻投放到革新成果示范区，等待各生产单位下订单。专家技师各司其职，协同配合，革新成果转化效率大大提高。“我们革新梦工厂”有1000多件革新成果、200多个专利证书、5000多件推广产品，共创1.2亿元经济效益，这是我和我的团队，用智慧和汗水交上的创新答卷。

我们工作室也相继被评为全国示范性劳模和工匠人才创新工作室、全国职工教育培训示范点、全国三八红旗集体，入选新中国70年最具影响力班组。

8

在创新中成长

潍柴集团　王树军

我叫王树军，出生于1974年，从小在潍柴家属院长大，那时咱们国家处于计划经济年代，工人是当之无愧的社会老大哥，社会地位与经济收入都很高。因此，工人老大哥思想在我心中根深蒂固。再加上我的父亲就是一名潍柴工人，受家庭和环境的影响，让我从小就对工厂十分感兴趣。所以，进潍柴当工人就是我小时候的梦想，1990年我初中毕业以后，直接报考了潍柴技工学校，当一名工人。

俗话说，三百六十行，行行出状元，但在从事维修工作的初期，我从来没想过这一行工作可以和创新联系起来，我眼中的维修，无非是设备坏了就更换零件，将设备恢复到原样就可以的一份工作。但在从业之后，师傅兢兢业业的态度，勤于思考的工作方式给了我很大的触动，同时随着修理工作的增多，我对维修这项工作有了新的想法，不能仅限于修，那样多累，怎么让设备少坏甚至不坏成为我的思考，再之后，也渐渐明白维修工作的真正价值，维修不仅在于修理，更在于维护，两者的出发点都是为了提高设备运行性能，增强设备可靠性。正是有了思维方式的转变，我的第一次创新也就此萌发。

我从业后的第一次创新是在1994年下半年，这是一段至今回想起来仍让我感觉很自豪的事情。当时车间的老大难问题是缸盖自动生产线线体的排屑链条经常断，频率高而且每次维修时间都很长，非常耽误生产。每次遇到这个问题，我们都十分头痛，于是我就想，这么大的故障，能不能通过做一些前期工作不让它发生呢？按照这个思路，我在现场认真观察思索，针对这个频发故障，我创新性地提出了“随时检查随时焊修”的预防性维修方法，在检修口安装排屑链启停按钮，蹲点跟踪，在不耽误生产线正常工作的前提下，利用目测法发现故障隐患，随时启停排屑链对故障点进行焊修，在事故发生之前就将隐患排除掉，就这样彻底解决了这个老大难的问题。虽然这种方法现在看起来是个原始的笨方法，但对于当时来说，却是一种创新性的突破，摆脱了繁重的事后维修工作，将维修工作前置，提高了设备运行的可靠性和稳定性。这次经历不仅让我收获了车间领导、师傅和同事们的认可，对于我自己而言，更重要的收获是明白了维修工作不是照葫芦画瓢地修修补补，更需要思考，只要是以提高设备性能，提高生产效率为目标导向，都可以去试一试、搞一搞，办法总比困难多。

在我入职后，我第一次见到加工中心这种高端装备，那时，这类设备还比较少，我们整个分厂一共有4台，一直当宝贝使用，连维修维护任务都是专门成立的高精组负责，没我们维修组什么事，高精组的成员都是经验丰富的老维修工，都是真正的大师傅，技术水平是我这样的小学员可望而不可即的。所以，那个时候，自己也梦想加入高精组，学习一下加工中心这类高端装备的修理。但是，这一类高端装备的相关知识我从没学习过，为了打基础，我在入职后的第二年，也就是1994年，我自费报了一个数控培训班，业余学习数控知识，经过半年的努力，对数控编程，数控加工等相关知识进行了大致的了解掌握。再之后，我用了三个月的业余时间，把半年多所学的数控知识总结汇编，规整地写到一张近4米长的大纸上，空闲时就拿出来看两眼，对当时学过的内容不断地温习。

2001年4月，为了提升自己的技能技艺与相关理论水平，我在单位的推荐下，再次回到母校，参加了为期两年半的工长技师班半脱产式的业余培训，将三年的技校学习与八年的工厂实践再次回炉淬炼，从理论与实践层面对自己再提升；除了这些时间较长的专业培训，短时间的兴趣班我也是争取参加。可以说，直至今日，我的工作就是一边干活一边学习，在工作中发现问题，再在学习中将问题解决，通过不断更新自己的知识体系，弥补自己的知识短板。

我们都知道一句话，叫“没有金刚钻，别揽瓷器活”。对于一线工人来说，技能水平便是工作中的金刚钻。有多大的本事，干多大的活儿。在工作之中，为了能担当重任，锤炼自身的本领，不断提升技能是必经之路。也只有工作能力提升了，才能为自己和为工人群体赢得真正的尊重。对此，我深有感触。

在2004年，潍柴引入了一条德国公司加工中心的柔性生产线，在生产线安装时，部分德国专家故意干扰我们学习生产线知识。更有人每次在调试设备前在工作区域拉上警戒线，一旦有不相干的人进入，他扭头就走，更不用说向他请教问题了。我们可以想象一下，这条生产线是潍柴花大价钱引入的，之后也是要交付给潍柴使用的，却在安装调试期间屡次被禁止进入，我心里十分憋屈。但无奈，当时技术有限，面对故意的刁难和歧视，只能暂时忍下这口气。

事情的转机出现在投产之后，德国专家因为无法成功调试齿轮室上平面的平面度，最后选择放弃调试商务解决，导致这道工序的废品率一直高达10%。这些产品都是在制作毛坯时需要工人师傅们在高温的铸造车间里一个一个浇铸出来，再经过近20道工序加工才最终成型，这么高的废品率，浪费了大家的劳动和心血，给企业造成重大损失。我看着也很心疼，便开始对照图纸认真研究，想要找出问题的症结，看看能不能改进一下设备。经过前后两个月的努力，我成功找到了问题所在，并设计了自制件，取代设备中原有的零件，解决了问题，将产品废品率成功控制在0.1%之内。而在四个月后，德国公司回访，发现我们中国人成功啃下了他们啃不动的硬骨头，之前一直故意阻碍我们的德国专家也为我们竖起了大拇指。两个月的努力，不仅让我们独立解决了高端装备故障，锻炼了能力，更为我们中国工人赢得了尊重。由此我也发现，其实我们的能力并不比外国专家差，只要肯学习，肯钻研，任何复杂的问题我们都是可以解决的。

随着自己能力的不断提升，组织上也给予了我很多荣誉，我更是深感责任重大。“勇于创新”不仅是我对自己的要求，也是我培养年轻技术工人队伍的努力方向。说到鼓励创新、培育创新型人才，我就不得不夸奖一下我们集团。早在2004年，潍柴就斥资2亿多元购置了两条最先进的进口加工中心生产线，并鼓励产业工人对这些先进装备进行深入研究，得益于这样的条件和机会，培养出了一批批技术过硬的产业工人。从2013年起，针对产业工人队伍中的高技能人才，公司成立了创新工作室，鼓励大家进行创新研究，那个时候，我们的创新思路已经延伸到自己设计制造设备解决生产现场瓶颈问题，记得我们公司的第一个一线员工自动化改造创新项目组，就是我们的4人创新小组。在没有任何经验的情况下，是靠现场蹲点、观察揣摩、头脑风暴、手绘图纸的笨办法一点一点拼凑起来最终成型的。几个项目之后，为了改变二维设计造成的项目安装时部分元件的干涉问题，我们开始自学三维制图，通过仿真模拟，提高各零部件设计的准确度，同时各种新兴的工业技术，如视觉、机器人、物流AGV也逐步应用于项目之中，更便于参与者对新兴工业装备的工作原理进行进一步的理解与领会；为了激励一线工人创新，公司从2017年开始将技术工人创新成果纳入潍柴两年一度的科技创新大会进行表彰，让我们的创新热情更加高涨，公司内部涌现出了一批“创新达人”，我们近一半的维修人员已经实现了从修设备到改设备再到造设备的华丽蜕变，现在走在潍柴的生产车间里，处处都有以员工命名的设备单元，这都是鼓励员工创新的最好证明。

在创新中成长，在成长中创新。我是1993年参加工作的，一直到现在，30年的时间里都是从事设备维修工作，在2012年前，我们维修一直采用的是事后维修体制，

就是设备坏了才修，一旦设备损坏，我们的第一要务就是最短时间恢复生产，因此，碰到大的设备故障，连续工作16个小时以上是家常便饭，而且处理故障时很多时候都要钻到设备“肚子”里，蜷缩着干活。维修工作的状态用两个字就可以形容，就是脏和累。再加上那时我年轻，火气比较旺，碰上连续作业经常会流鼻血，遇到这种情况，也没有时间处理，只能用卫生纸先堵上，要是还止不住，就用凉水浸浸再堵上，手里的活儿不能停，还是继续干。2012年后，设备的维修体制转变为预防性维修，我针对高端装备制定了“日常、定期循环作业维保法”运行一段时间后切实起到了“治未病”的效果，加上创作的几项操作法彻底打破了国外高端装备精密部件厂家垄断维修的局面，主管领导建议我转岗从事较为轻松的设备管理工作。说实话，起初听到这个提议，我确实动心过，但是冷静下来，想想自己曾经为了解决光栅尺频繁损坏故障，六月天里，整整两天蜷缩在狭小的机床内部，逐根理顺管路时浑身湿透的场景，想想之前为了破除国外厂家对于精密部件的维修垄断，为完整无损地拆解一个零部件苦思冥想一天仍无从下手，睡觉时都能从拆废的噩梦中惊醒的经历。这些过程虽然辛苦，但做的工作都是我所热爱的，完成工作带来的满足感和成就感更是让我甘之如饴。所以我还是觉得一线维修岗位更适合我，不仅可以近距离接触先进装备技术，充分发挥自己的作用，更能将劳模精神、工匠精神在这里传承下去，所以我坚守一线维修至今，让身边所有的人都信任了我，认可了我。

这些年虽然很苦很累，但我也获得了巨大的荣誉。我是二十大党代表、全国劳模，也是大国工匠年度人物、中华技能大奖获得者，我知道，这些荣誉离不开国家和公司对我的培养，也有我个人持之以恒的坚持和努力。很多人说我身具劳模精神和工匠精神，对于这两种精神，我个人是这样理解的，在工作中要坚守岗位，创新学习，扎实工作，树立一辈子干好一件事的信念。其中最核心的要义就是坚持不懈，不忘初心使命。

9

精于工匠于心品于行

辽河油田　赵奇峰

我是土生土长的辽宁省盘锦市人，地地道道的农村娃，从我记事儿起，我们村儿周围就开始有大卡车轰隆隆地跑，到处是热闹的石油大会战场面。看到石油工人穿着道道服，操纵着巍峨的塔架，我觉着石油工人很威武强大，于是就有一个梦想，长大了当一名石油工人。

1990年我初中毕业，正赶上油田技校招人，当时给地方的名额100多个，报名的3000多人，竞争挺激烈的，我就拼命学习，最终如愿以偿考上了油田技校。上了技校开始接受石油传统教育，学习为国争光、为民族争气的大庆精神、铁人精神，看老电影《创业》，那时候觉得石油人都是钢筋铁骨、一身精湛高超的技艺、能操作大机器，所以我就暗想，我也要练好本领，当一名最好的石油工人。1993年技校毕业第一天上班，穿上崭新的工服，感觉可精神了，可新鲜没一会儿，第一天取样就喷了自己满身油，同事看见我就笑，那眼神仿佛在说，采油工不是那么好当的。当时我特别难堪，觉得书本理论和实际干活不一样，觉得自己缺经验、缺技术，差得很远。

从那以后，我就下定决心：要么不干，要干就得干好。我的绝大部分时间都花在了学习请教和琢磨油井上，有一回，我自己试着改造了一套生产流程，效果很好，队长非常高兴，奖励了我200块钱，没过几天他还宣布让我当站长。就这样，从刚上班喷满身油，到当上站长，也就三个月。这是我上班以来第一次尝到了“创新”的甜头。

这之后我就拼命学，研究油井练习操作，别人不爱干的活儿我干，脏活苦活我冲在前头。这样下来，我活儿越干越好，技能越练越高，舞台也越来越大。从1995年开始，我多次参加技术比赛，从厂里到局里，从局里到集团公司再到全国竞赛赛场，从采油技术状元，到全国技术能手，还有首届中国十大技师、全国劳动模范、全国五一劳动奖章以及中华技能大奖等重大的荣誉也都幸运地落到了我头上。

荣誉是鼓励也是鞭策，作为有这么多荣誉的石油人，自己的言行必须配得上获得的荣誉才行。2007年，我担任欢采采油五区生产组组长。刚接手生产组工作时，作业区有将近200吨的输差无法落实，之前查了两个月没找到原因。产量关乎采油厂效益；往大了说，关乎百万石油人生存、国家能源安全。到我这儿，不能就这样算了。于是我一口井一口井地落实产量，一个站一个站地跟踪调查，还是没查出问题。我心想："自己已经尽力了，把问题上交吗？如果是那样，那这个组长当得太打脸了。"经过一番思考，我调整了思路。把怀疑的目光投向了最不该怀疑的地方——两台刚刚投产不久的高科技产品"电子自动量油系统"上，的确，切入点对了，是机器软件运算出了问题，200吨输差的"罪魁"浮出水面，重新编程校准后，产量数据全对上了。就这一件事让我明白了，"创新"不是某项"新发明"，而是经得起实践、时间共同检验的东西。

2012年，我所在的稠油区块随着长时间开采，地下情况日趋复杂，各种矛盾日益突出，区块年产油由初期的14.5万吨下降到7.8万吨，所以我下决心破解这个生产难题。我查找全区油井气窜史和地质参数，摸索到了其中的规律，通过数据对比和反向分析，我大胆提出全新理念，将井组合到一起，联合注汽的方案。实施过后，注汽减量了，产量增加了，组合注汽见到了预期效果，区块年产量又跃升到10万吨的台阶。"组合注汽法"现已成为辽河油田稠油井开发重要的管理方法。

近些年，我国原油对外依存度越来越高，国家曾有3次被外国"卡脖子"的历史教训，国家油气剩余资源总量大，动用好这部分储量，不仅是保障国家能源安全的基础，更是一名岗位工人不可推卸的责任。我所在的辽河油田是以稠油、高凝油为主，兼顾稀油油藏的混合型油田，但采油工分析油井的资料一直没有针对我们这一类型油田的。为此，我就想把自己多年的经验技巧整合到一起，出一本适合稠油的指导书。我利用2年时间，编写了95万字的《油水井分析入门与提高》，并在石油工业出版社出版，一举解决了石油行业分析油井无专业指导书的难题，获辽宁省自然科学学术成果二等奖。后来我又相继主编出版岗位技术专著6部，参编集团公司培训教材9部，总字数超300万字，解决了岗位培训、操作指导、技能提升等多方面的问题。有人问我，费心费力出书有啥用？我就觉得一本书的作用要比一个赵奇峰的作用大得多，它能承载更多、传播更广。我还连续担任8届全国和集团公司职业技能竞赛总教练，培养出国家级、省部级以上技术能手54名。

我个人的技能专家工作室获得油田公司授牌命名后，2012年又被命名为辽宁省技能大师工作站，2016年晋级国家级技能大师工作室，2020年获评全国示范性劳模和工匠人才创新工作室。工作室的运行得到了公司各级领导的大力支持，每年都有稳定的经费投入，我推行TRIZ创新体系，催生了大批技术革新成果并得到推广应用。在辽河油田中深层稠油蒸汽驱开发先导试验过程中进行33次现场试验和8次工艺改造，成功改进脱硫剂配方在辽河油田推广，脱硫后的气体达到了国家排放标准，我提出把混合气集中处理回收再利用，年均创效1000万元。研发的高效调整抽油机平衡专用工具在集团公司技术创新成果评比中获得一等奖，隔热管密封节取出装置获得全国能源化学地质系统创新成果一等奖。截至2022年底，我带领工作室成员累计完成技术革新126项，获得省部级以上成果奖36项，油田公司级成果奖94项，取得国家专利授权55项，有96项创新发明成果在辽河油田及中国石油系统内推广应用，累计创效7500万元。

我们都生逢一个伟大的时代，作为一名产业工人，我有责任、有义务努力成为一名更优秀的石油工匠，不忘初心、牢记使命，精于工、匠于心、品于行，为保障国家能源安全贡献自己的技能力量。

10

助考“神器”

大庆油田　杨海波

2012年，以我名字命名的“杨海波工作室”正式成立了，工作室占地3000㎡，室内建有研讨室、电教室等功能性建筑24间，室外建设基本功训练场、机泵训练场、抽油机训练场，由40名高技能人才组成了我们的创新团队。工作室主要功能定位是“三个面向”，即：面向职工素质提升、面向创新人才培养、面向一线攻关解难。

工作室的首要任务就是做好职工技能培训。成立之初，我带领工作室的团队承担了当时第一油矿的全员竞赛工作。技能竞赛，当时给我们带来的最繁重的工作就是要不停地出题、组卷、印刷、批改、记录成绩，这些占据了我们的大部分时间和精力。那段时间，我几乎每天都加班到凌晨。最重要的是员工学习时遇到了困难，纸质书籍不仅携带不方便，还难以实现自测，学习效率极低。如何能改变这种局面呢？我带领工作室的成员集思广益，并展开讨论。

“既然驾校考试有‘驾校一点通’，我们能不能也做题库通呢，在手机上就可以刷题了！”“这是个好主意呀，当然可以啦，就叫海波题库通吧。”在争论中我们有了初步的想法。

结构如何搭建、功能如何划分……“我背题时按顺序能记得住，打乱后就记不住，应该增加随机练习功能”“最好还能有个错题本，这样能有针对性地练习”，我带着大家继续讨论着设计方案，已经记不清这是我们修改的第几十稿了，为了能让这项成果更实用，我们团队在不断地完善优化。经过了一年多的研究开发，“海波题库通”终于完美诞生！

"海波题库通"是一款针对油田14个技术工种的手机App自助学习软件，涵盖了各个难度级别的学习内容，集输工、采油工、电焊工……只要下载App，你就可以随时随地看题、答题，不用带着厚厚的参考书，一部手机就能随时随地学习！最棒的是它还能模拟测验和强化练习，考试前测测自己能打多少分，还能反复做做错题、难题，相当方便，超好用！各种记不住的公式这里也做成了大集合，绝对全方位、多角度满足小伙伴们的学习考试需要，从此学习变得简单容易随心所欲！

"每一个刚刚步入岗位的新生都会天真地认为，上班再也不用背题了，然而工作的第一年就先后经历了理论测试、技能鉴定、劳动竞赛、知识竞赛……练不完的实际操作，背不尽的理论知识，捧着厚厚的参考书在寂静深夜中默默背题的时候才恍然大悟，考试，从来就不会少！学习，一刻都不能停！幸好我们在咱们油田有个考试神器，有了它，技能考试不用怕！""海波题库通"已经成为职工眼中的考试神器，用过的小伙伴都说好用、方便、真实在！这样的工具让考试不再困难！大家都说，杨海波工作室里有一个强大的智囊团，几大智囊凑在一起什么难题都难不倒他们，他们技术硬还善于钻研、精于培训。

海波题库通因其实用性一传十，十传百，迅速在职工中得到推广。"海波题库通，学习更轻松"，这是职工给予我们的广告词，我们也被亲切地称为指尖上的培训师。有了广大职工的认可和鼓励，我们更加努力，不断地进行改进完善。开发1.0版时，因考虑当时上网费用原因，版本只是单机版，不需要流量。随着时间的推移，使用人数的不断增多，也暴露出一些缺点：一是离线的数据库更新不及时，每次更新都需要重新安装App；二是手机系统不兼容，基于团队的技术能力，IOS版本的App一直未能上线，如何实现系统全覆盖，成为我们新的课题。进入3G、4G时代，H5应用逐渐流行，我们工作室顺应潮流，2016年在1.0版本上升级成2.0版。该版本实现了用户全覆盖、更新更及时、功能更实用、使用更便利，扫一扫二维码就能在线使用。通过各级工会组织开展的群众性技术交流活动，海波题库通开始走出大庆油田，在石油石化系统各大油田得到逐步应用，同时也暴露出功能上的缺陷，在技能竞赛中考试时间、试题类型、试题数量、抽取工种等方面已无法满足个性组合要求。为此，2019年团队对海波题库通进行了第三次改进升级，称为海波题库通3.0版本。这一版本主要对组织技能竞赛功能进行完善，加入各种灵活配置比赛的功能，使得组织专业技能考试更方便快捷，完全满足各类理论竞赛的要求。

海波题库通不仅取得国家软件著作权专利授权，还获得全国网上练兵、网上劳动和技能竞赛优秀平台，代表黑龙江省参展国家创新创业博览会和首届大国工匠成果展。

通过这件事，让我明白了遇到问题要积极想办法去解决。这几年，我带领团队首创“5+4”培训法，开办培训班152期，培训职工6630人次，签订师徒对子272对，培养各级技术能手277人，高技能人才145名。我还积极参与编写培训教材达到30余部，其中《杨海波工作法》入选大国工匠工作法系列丛书，《高效革新》专著填补了石油行业群众性技术创新理论空白，出版发行51600册。另外，我还带领团队以《高效革新》为核心教材，面对油田革新爱好者，举办创新方法培训班、有效助推创新方法在大庆油田落地生根，为油田培养了一大批创新人才。

工作室成立十一年来，得到了各级组织和领导的大力支持，先后获得了全国首批示范性劳模创新工作室、国家技能大师工作室、黑龙江省劳模创新工作室、黑龙江省技能大师工作室、中国石油铁人先锋号等多项荣誉。我也获得了全国劳动模范、全国五一劳动奖章、全国五一巾帼奖，以及全国技术能手、全国能源化学地质系统大国工匠等荣誉，并享受国务院政府特殊津贴。

11

创新，屡次从失败的废墟上站起来

太重集团　樊志勤

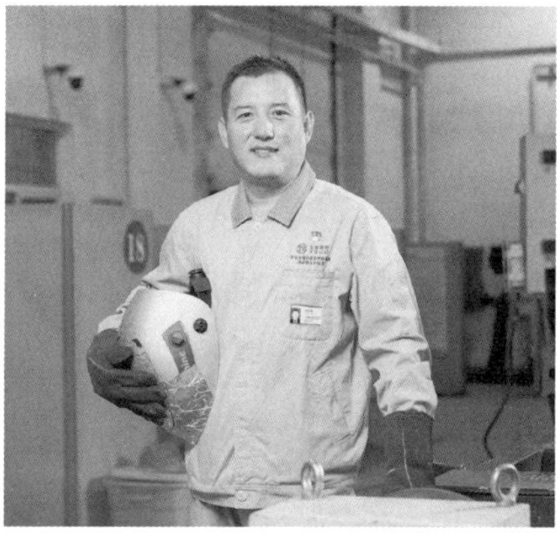

提起太原重型机械集团有限公司（以下简称太重集团），就不得不说一说我们生产的引以为豪的几个世界之最。

世界最大的75立方米挖掘机，重达2000多吨，高度有8层楼那么高，如此庞然大物，竟然用5G技术就能实现远程操作；世界最大的1300吨桥式起重机，在我国三峡工程大建设中发挥了巨大作用；世界最大的550吨铸造起重机，在全国首创“一键操作”。

成绩的取得从来不是一蹴而就的，是几代太重人艰苦卓绝，奋勇拼搏的结果。都说失败是成功之母，没有失败的反复打压，激不起太重人反弹的力量。这一点我深有感触。

太重有“某”中国名牌产品，因早先生产工艺落后，造成材料严重浪费，最终导致成本居高不下，直接影响了产品的市场竞争力和所带来的经济效益。工艺改进势在必行。怎么改？

有人提出，学习国外先进技术，用以改进我们原有的老技术。理想很丰满，现实很骨感。国外企业一听我们是来自中国的太重，大门紧闭，别说学，看都不让看。

大伙儿心里憋着一股劲，咱们自己干。我们工作室主动承担起了这一难题的攻关任务。刚开始做试验，做一次失败一次。大伙儿就有点泄气。以往，我进行工艺试验的合格率一般在96%以上，通常一试验就成功，或者失败一两次后就能找到方法。但这个试验我们进行了两年多，用的方法不计其数，但结果只有一个——失败！失败带来的失落感像阴霾一样笼罩在每一个人身上。中国人就比不上外国人？外国人能干的事我们就干不成？凭着一股不服输的劲，我们一次次从失败中站起来。

失败让我们清醒。经过反复论证，我们提出了新的连接工艺方法。由于产品中合金厚度非常薄，对工艺知识和操作技术要求非常高，角度、速度、温度等，必须保持恒定，才能得出可靠的数据。

那段时间，大伙儿谁都没睡过一个囫囵觉，半夜十一二点被叫到现场处理问题是家常便饭。脸部因长时间被弧光照射，眼睛流泪，脸上一层一层蜕皮。有一回，我在现场盯了好几天，不小心被弧光晃了眼。师傅调侃我："老焊工还能晃着眼……"没过几天，师傅说他好像也被弧光晃了，洗脸时一层层往下蜕皮。我笑他说："老工艺人员还能烤了脸……"在场的人都笑了。多苦多难，没有一个人退缩，大伙儿心里只有一个念头，早一天攻克难题。

一次次失败，一次次从失败的废墟上站起来，终于，我们独创的合金技术取得了成功。改进后的工艺攻克了低熔点合金新型连接的关键核心技术，不仅填补了国内技术空白，还达到了国际领先水平，结合强度一下提升了30%，成本降低了56%左右，每年可为企业节约成本1300余万元，累计节约合金成本1.5亿元。该工艺使太重的油膜轴承市场占有率达到90%，成为全球最大的油膜轴承生产企业。大家都特别自豪，觉得我们为民族工业争了一口气！

请原谅，这项技术目前我只能用"某"来代替，因为国外的公司也想着法向我们"学习"。

中部槽是刮板运输机的一个重要部件，中部槽一节一节连接起来，通过上面的链条和刮板传送，把煤从井下工作面输送出来。中部槽的产品质量直接影响着刮板运输机的正常使用。中部槽生产中，通常是按照下料、组对装配、焊接等工序进行，在中部槽装配组对过程中，因气割下料精度和装配误差，中部槽底板和槽帮出现了3~7毫米不等的间隙。传统的焊接方法是焊工站到中间的底板上，进行水平焊接。这样的焊接方法很容易造成焊缝背部出现焊瘤和焊漏现象，零件焊接生产制造操作困难、效率低，直接影响下一道工序的正常生产和产品质量。这一难题始终困扰着我们。

我和工作室成员多次到生产一线，对整个生产流程进行全程跟踪，摸透了该产品的特点，最终决定对中部槽封底焊采用调整焊接位置的工艺法来解决问题。即中部槽装配点固焊后，由过去平躺着水平位置焊接，改为把中部槽中板、底板立起来，放在专用工装上，进行横焊封底焊接，使原来K型水平对接接头改为K型横对接接头型式，封底焊接完成后再采用悬臂自动化设备进行填充和盖面焊。

改进的调整中部槽封底焊位置的操作法，解决了K型接头因间隙过大造成根部焊缝出现焊瘤和焊漏的现象，产品质量提高了30%，生产效率提高了15%，每年可节约成本246万元，该工艺法已在同行业中广泛推广。

工作室自成立以来先后完成科研及技术攻关200余项，其中1项每年可节约成本1300余万元，另20多项获国家发明和实用新型专利授权，50多项在国家、省、市获奖，并在国家期刊发表论文30余篇；解决生产难题数千项，累计挽回经济损失数亿元，成为装备制造业首屈一指的技术攻关先锋队。工作室现已与太原科技大学合作，成为“研究生教育创新中心”共建单位。

在太重领导的大力支持下，我先后参与国家重大工程项目30余项，参与生产的产品有20余项获国家和省部级奖项，完成科研课题及攻关试验536项，发表论文19篇，获得研究成果和专利授权95项，解决产品疑难杂症1100多次，直接创造经济效益2.3亿元。独创的“低熔点合金工艺”使产品成本降低56%，每年节约成本1300余万元。我曾荣获中华技能大奖、全国五一劳动奖章、全国技术能手、全国事迹特别感人的百姓学习之星、全国机械冶金建材行业岗位能手、中国重型机械行业大工匠、中国好人榜等荣誉称号。享受国务院和山西省政府特殊津贴。

创新无处不在，创新有大有小，创新不分岗位，人人皆可创新。新时代需要有锐意进取精神的创新型人才。太重集团的创新永远在路上。

12

攻关“利器”就是把细节做到极致

中铁四方机厂　宁允展

从现场匆匆赶回来，我马上拿起鼠标将电脑上自己设计的工装图纸一个零件尺寸改成最新试验的数据。这份图纸我已经改了十多次，仍不满足，总觉得还有细节需要改进。一阵手机铃声打断了我的思考。“好，我马上就去。”我边说边带上工具出门，直奔另一个厂区。

来到检修C4厂区实验班，工段长于军焦急地指着放在交车试验台上一台转向架对我说：“快看，螺纹钢套螺纹坏了。”我二话不说，立马钻进地沟，查看车底。螺纹已经彻底损坏，没有修复的可能，只能取出来换新的。但是，螺纹孔壁太薄，只能磨掉螺套中心部分后再将螺纹部分取出。螺纹为牙高0.7毫米牙形很薄的非标螺纹，打磨时必须全神贯注，特别小心仔细，假如一不留神造成螺纹损伤，转向架就要分解抬车，损失很大。

由于孔径太小，打磨时看不到砂轮头和打磨面，我只能凭细微手感一丝一丝打磨。每一个步骤我都聚精会神，不敢有丝毫马虎。时间一分一秒流逝，汗水顺着头发流到脸上，我顾不得擦，也没有心思擦，所有注意力都在磨掉螺套中心部位上。

取螺纹也是需小心谨慎的技术活。铝合金结构箱体材质较软，为防止损伤，我把螺套前端磨成像丝攻切削刃一样角度，拧上螺栓螺帽，轻轻沿着齿轮箱螺孔漏出的螺纹部分使用扳手往里拧，感觉比较紧就退出螺套，用划针挑起一段螺纹进行清理。这样反复操作多次，终于将残余螺纹全部取出，耗时六个多小时。好在，被取出的小螺套的箱体螺纹没有损坏，我悬着的一颗心这才放下来。

我叫宁允展，是中车青岛四方机车车辆股份有限公司车辆钳工特级技师，高级工程师、中车首席技能专家，中国科协第九、十届常委、中华全国总工会第十七届执委会执委。我用在生产攻关中的“利器”貌似神秘，实则简单，就是把细节做到极致。

有段时间，公司一大批技术加改项目要落地。其中，“齿轮箱回油孔加改项目”是所有项目里的重中之重。项目开始前，我对生产难点进行详尽分析，认为加改难点首先是在齿轮箱端面不垂直的两个方向、不同空间角度上钻出内径仅有5毫米的注油孔，这项加工技术难度非常高。比这更难的是，因为转向架提供动力的齿轮箱箱体内浸泡着润滑油，如果注油孔位置稍有偏差，或与小轴端盖回油孔位置不重合，就会使齿轮箱报废，给公司带来难以挽回的损失。

两个难点像两座大山压在我肩上。压力也是动力，压力多大，激发的能量就有多大。经过反复试验取得成功后，我对齿轮箱回油孔进行首件试钻。为进一步提升钻孔质量，我追着细节不撒手，一连试验测量角度几十次，确保齿轮箱回油孔的角度精确。

工作中，我是一个追求完美的人。为避免在做工艺验证时报废新的齿轮箱，我对齿轮箱进行扩孔攻丝加装*M*12螺纹堵。如此一来，不仅节约了生产成本，还实现了对操作人员多次培训，缩短了培训周期。目前，这个加改项目已进入批量生产阶段。

日常生产中，我刻意寻找细节上的缺陷，近乎“鸡蛋里挑骨头”，继而提出解决方案，达到改善目的。

有一天，我在小件预组班里发现牵引拉杆体研装过程中会对节点外圆柱接触面造成划伤，一旦划伤深度超差时，节点就要报废，造成极大成本浪费。

我想找出问题根源，就在班组里认真观察压装过程。我发现，节点第一次压装多数情况下会发生旋转，使两工件错位，需退出再进行压装。反复观察后我发现，第一次退出工件时接触表面都会被划出多道垂直浅痕，二次压装时旋转现象就很轻微。这到底是什么原因造成的呢？苦思冥想很久，我突然想到枪支膛线。子弹由于膛线导向作用，使飞出的弹道轨迹稳定精度高。

查清病根，对症下药。我开始绘图设计工装，主要解决的问题是定位、夹紧和在压装过程中对节点外圈进行约束。压装主要形式是双头同时压装，同时约束。由于轴向约束力的作用使节点外圈不发生旋转，无须将节点退出重新压装，消除工件表面划痕提高工作效率。

由于我始终追着细节不放，导致这项发明从课题提出到绘图制造试制，用时特别长。2017年完成图纸绘制后，在生产试制过程的四年时间里反复调试修改后才制造完成牵引拉杆体压装装置，并获得国家发明专利授权。

2020年，我参加劳动关系学院劳模本科班的学习。在学习期间，我常常在走路时不经意抬头看着天空，我想，现代化城市交通如此拥挤，我们的交通能不能向地下、地面、空中立体发展？经过思考，我便有了一个想法——建设空中智能立体交通

网络。

我设想的空中智能立体交通网络规模可小可大。要想实现小规模化，可以连接工厂厂区、楼宇之间、居民小区、学校校区等场地；要想大规模布置，可以将城市与城市连接起来，形成庞大的城市交通网络群。

营运方式也可灵活选择，可以是载客方式，也可以是载货方式，还可以用于旅游观光；可以是分区方式的私人企业营运，也可以是集群式的国家营运，最终目的是要打造一种低成本、低耗能、智能化、点对点的出行方式。目前，我和青岛工程学院一起成立了研发团队，想通过努力实现这一设想，为人们提供一个全新的出行方式。

我创新的“风动砂轮手工研磨操作法”，破解了制约高速动车组转向架生产“卡脖子”难题。在中国高铁生产第一年里，由于贡献突出，我获得公司年度生产质量标兵的荣誉称号。我先后获得第十四届全国职工职业道德建设标兵、全国道德模范、第二届中国质量奖提名奖、全国“最美职工”、全国五一劳动奖章、央企楷模、第七届山东省省长质量奖、全国交通行业技术能手等荣誉称号。2015年5月，我成为中华全国总工会和中央电视台联合推出的首届8位大国工匠人物之一。2017年11月，获全国爱岗敬业道德模范称号，并受到习近平总书记的亲切接见。

我是国内第一个从事高铁转向架“定位臂”研磨的工人。同行们称我为这道工序最高技能水平的代表。这不仅是莫大的奖项和赞誉，更是激励我不断从创新走向创新的动力。

13

当好煤矿守“枪”人

兖矿能源　高兴亮

兖矿能源的矿工们最常说的一句话是，“煤矿的综采设备好比战士手中的枪，枪不好使，战士就会被动挨打。我们矿之所以有这么多突出的成绩，正是因为有了这杆好使唤的‘枪’。”我从参加工作的那天起，就立志做这杆“枪”的守护人。

为守护好这把工人眼中的“枪”，让它始终锋利无比，我在一线从事采煤设备的维修、调试、改造及故障处理工作整整三十八年。我用自己的方式践行守“枪”人的职责，为兖矿能源贡献力量。

已是深秋时节，一连几天都在下雨。我停下手里的工作走到窗前，看着窗外沥沥的细雨，思绪又飘回几个月前。

一天，矿领导神情严肃地对我说：“老高啊，你看咱们工作室能不能弄个课题，想办法把胶轮车在井下掉头问题攻克一下。”

在煤矿井下，普遍应用胶轮车运输，在井下巷道内掉头时，需较大的转变半径。受井下条件所限，需每间隔一段距离就施工一个长5米、深4米的专用掉头硐室。每个硐室工程费用约6万元，并且在扩刷硐室工序中存在各种安全风险。安全压力、成本压力齐头并进，让领导们很头疼。

要攻克这项难题并非易事，需要投入大量精力。我没多想，就把担子接过来了。只要能提高设备运转效率，减少时间消耗和不必要的费用支出，提高生产质量，再难我也不能拒绝。

我通过对井下现场进行多次调研后，开始设计“胶轮车原地快速掉头装置”。主体构架采用焊接可旋转平台。平台分上下两层，下层为固定座，安装驱动装置和传动齿轮；中间设置大齿轮和回转轴承；上层为可旋转的停车平台，并设置停车限位器。当胶轮车到达平台停稳刹车后，司机下车按动驱动装置的操作旋钮，驱动上层平台旋转，实现车辆原地掉头。

为确定最佳驱动方式，我们先后试验了多套方案。

第一套方案，利用电动机驱动齿轮。这需要铺设专用电缆和专用开关。后来在试验中发现一个问题，由于电动机转速高、扭矩小，导致闷车和转动过快，不利于安全操作和定位。安全大于天，第一套方案很快就被我们毙掉了。

第二套方案，利用液压马达驱动齿轮。这套方案也有一个问题，在检修或移机拆卸液压油管的时候，所产生的溢油会对环境造成污染，并且外置的液压泵站体积较大，在井下巷道内布置该系统会比较困难，挪移不仅费时，还费力。

两套方案都没通过，大伙心里有点失落，自信心也受到打击，但没有一个人选择放弃。调整心态和思路再出发。很快，第三套方案设计出来了。利用低速大扭矩风动马达驱动齿轮。这样，就能输出稳定的转速和扭矩，定位准确。由于井下巷道中敷设有压风管道，解决了动力源取用问题。

最终我们的试验成果是：以矿用压风为动力，利用风动马达实现动能转换，通过齿轮传动实现降速运转。单人1分钟内即可完成车辆原地掉头。该掉头装置移动灵活，可根据工作面的推进随时挪动安装，循环使用。制作成本每套在1万元左右。一个工作面每年按移动6次计算，可节约成本36万元，节约人工600个，达到了减员提效的目的。群情激昂，喜悦和自豪感在每一个研发者的内心激荡。

秋雨霏霏，窗外越来越暗沉。这样的天气最容易使人产生对旧事的怀想。那一次，我也是顶着空前的压力接下领导交给的重担。

最近几年，国煤矿胶带输送机伤人事故在全国各地频繁发生。人员防坠落保护装置大多采用“机械式防坠落保护”。就是在皮带机头巷道顶板处安装钢丝绳，遇险人员需要拉动钢丝绳，触发保护开关才能实现停机。这套装置的问题在于，一是可靠性不高，煤流系统大块煤矸或杂物极易造成误动作；二是遇险人员只有在意识清醒的状态下，才能抓住钢丝绳，实现保护停机。通常遇到险境，绝大部分人既紧张又恐惧，很难做到意识清醒。

从安全角度出发，我们展开研究和攻关。

创新路上从来都是遍布荆棘，屡次试验，屡次失败。有一天，我突然对着矿工帽子上的定位仪出神。“定位仪！对，是定位仪！”我从定位仪上找到了灵感，顾不得回应那些诧异的目光，赶紧召集工作室成员研究讨论。

利用下井人员定位系统原理，在胶带输送机机头加高段处安装一组电子围栏传感器。信号接入胶带输送机控制系统，一旦人员被皮带运送至该区域，该电子围栏传感器就会接收到人员定位仪信号，立即停机闭锁并报警。无论遇险人员是否意识清醒，都能实现自动停机并报警。这样一来，在传统机械式防坠落保护这第一道防护后面，我们又设下了第二道防护。双保险保证人身安全。

“哈哈，莫道创新路艰险，得来全不费工夫！”那一刻，我的幸福感油然而生。这个项目在2022年12月举行的全国能源化学地质系统优秀职工技术创新成果评选中荣获二等奖。

2023年7月，“胶轮车原地快速掉头装置”和“电子围栏防坠落保护装置”两项成果代表中国能源化学地质工会和山东能源集团参加了全国总工会、北京市举办的“第二届大国工匠创新交流大会暨大国工匠论坛”创新成果交流展。

独木难成林，在我的带领和影响下，公司先后有16人次获得全国技术能手、大国工匠、全国煤炭行业技能大师、山东省技术能手、齐鲁首席技师、山能工匠、兖矿工匠等称号。我个人荣获全国技术能手、全国五一劳动奖章、大国工匠、全国煤炭行业技能大师、感动中国的矿工、山东省劳动模范、泰山产业领军人才等荣誉称号。2016年享受国务院特殊津贴。2023年获评山东省首批“首席技师”。现为兖矿能源兴隆庄煤矿技师协会会长、国家级技能大师工作室领衔人。

如今，越来越多的青年职工加入我们。我引以为荣的守“枪”人团队在新的血液的滋养下，正日益蓬勃壮大起来。

14

黄土地走出的“土专家”

延长油田　王海荣

1958年9月，我出生在山西高平市大野川村一个穷苦人家。祖祖辈辈都是地道的农民。我只上了三年半小学就辍学了，家里太穷，供不起。字没识几个，简单的加减乘除也算不明白。但我有一个同龄孩子没有的特点，酷爱电子和机械类的东西。

家里买不起收音机，我就从外边捡别人扔掉的废弃的漆包线、磁铁和铁皮，把铁皮在石头上磨薄做成小喇叭，接在邻居家广播线上，再在自己家埋根地线用盐水浇灌进去，这样在自己家里就可以听广播了。

刚满16岁，我就到陕西延长罗子山社办厂当木工了。先从拉大锯学起，三个月后，师傅问我：“小王，划线下料能干不？”这属于技术活，我心想，有啥难的。

不久之后，我就可以独自上门给人家做门窗、沙发、家具了。虽说是新手，但从没出过错，老师傅们都稀罕我。我手闲不着，脑子也好动，经常给邻居、朋友家做凳子、椅子、案板之类的家具。大伙儿都说我小小年纪聪明好学，话少、厚道，能受得了苦、吃得下亏，是个难得的好小伙。

1978年，延安市开始筹建贯屯煤矿，由于我表现突出，县领导推荐我去报名参加正式招工。第二年春天，我成为一名煤矿工人。那天，我对自己说，干就干出个样子，不能辜负领导的厚爱，更要对得起自己的良心。我每天第一个上班，最后一个下班，业余时间就给同事家做木工活。很多同事家的手表、缝纫机、收音机坏了没人修，我就打起了它们的主意。

手表的配件都很精小，如何打开坏表我都不知道。我自己掏钱拿着坏表去延安找修表店，观察师傅用啥工具，咋打开表，咋修理。每一个步骤我都暗暗记在心里。回到家顾不上吃饭就忙活上了。先用铁皮做工具，再自己掏钱买配件。这些年，经我手的手表和无线电设备不计其数，也不知贴进去了多少材料钱。

1984年，我从贯屯煤矿调入甘谷驿油矿，被分配到修井大队。每天的任务就是反复下管子、拔管子，下捞矛、提捞矛，下捞筒、提捞筒，工作简单，周而复始。那时候的油井打捞工具只有简单的公锥、母锥、卡簧捞筒，经常下在井里就被卡住，绞车一拔又容易扯坏，日积月累攒了上百口复杂事故井，这些事故井成了我的心病。

高度的责任感和倔强的性格激起了我强烈的主人翁意识，我觉得我有义务有责任解决这个问题。我开始留心观察每一道作业工序，分析每件工具存在什么缺陷，落物在井下的形态、井下空间的形状及大小等。

1985年11月的一天，李家湾3022井压裂之后封割器不收缩，封割器卡在井内拔不动，处理问题时油管又被拔断掉进井内，抽油机没法安装，井口不停喷油。我们尝试用了多种传统工具，十多天过去了，一无所获。后来，在井口管上安装弯头接到储油罐上。因为井压过高导致弯头损坏不起作用，原油直接流到附近老乡的田里。矿长急了，召集干部到事故井场，用铁锨、铁勺等工具往储油罐里回收外喷原油。尽可能减少老乡的损失，也减少我们自己的损失。

看到工人辛苦打出的原油白白流失，我心里很不是滋味。我咬咬牙，忽地站起来说："给我三天时间，我设计一个打捞工具把油管打捞上来。"大伙都被惊呆了，一时面面相觑。谁也想不到，一个大字不识几个，来油矿才一年多的毛头小伙竟敢当众夸下海口。

事实上，经过一段时间的观察和琢磨，我心里并非没有胜算。当天晚上，我把自己关在工房里，画了很多打捞工具草图。第二天一上班，我拿着草图去找机修车间的师傅帮忙加工。看着我画的草图，师傅直摇头："看不懂，实在看不懂。"我急得直跺脚。没法子，我用萝卜和土豆雕刻出工具模子，然后自己捣鼓着做。我用电焊、钢锯昼夜加工。经过三天三夜不停赶工，终于做成了一套新型的"卡瓦捞筒"。第四天一大早，我带着自制的工具，匆忙赶到事故井场。两个多小时后，在领导和工友们惊奇的目光中，井下落物被打捞上来了。

围观的工友见状都围上来大声叫好，掌声响了很久，领导更是激动地握住了我的手。我几乎站不住了，连续几天熬夜加班把身体透支得很厉害。

一次成功，为我打开了工艺改进的大门。我自费购买了机械制图、机械设计类书籍，每天下班后独自一人在工房看书学习，研究琢磨，遇到不认识的字就回家问妻子、孩子，向他们学习汉语拼音、学习查字典。功夫不负有心人，我逐渐学会了画

图。同时，我改进的工具也越来越多，工艺也越来越复杂，不光有打捞工具，还有汽车配件。我把设计的工具雕刻成模型，再按尺寸比例做成自己想要的实用工具。

仅用一年多时间，我就学会了焊、钻、刨、磨的本领，先后革新打捞工具20套（件），很快就把矿上遗留的事故井处理完了。

在一次修井作业中，绞车吊钩保险装置突然松脱，导致正在作业的工友头部受伤，缝了54针。看到病床上痛苦的工友我心里非常难受。就像跟谁赌气似的，我把吊钩带回家。经过认真研究、反复琢磨，最终制作出一种新型安全系数很高的保险吊钩。那一刻，我有说不出来的满足感和成就感。

由于我设计发明和改造的工具实用又安全，多次被邀请参与大型设备改造。在参与XJ—15D型东风车15吨修井机操作台上设备改造设计期间，我将手动支腿改为液压支腿、升降式修井车架改为自动化收缩、操作室单气门控制改为双气门控制。改良后的修井车采用正反转两个离合器绞车滚筒装置，配以轻便可靠的刹车系统，使这台针对油田浅层油井能源开发而设计的修井作业特殊机械设备的性能，相比同类产品得到大幅提高。工人们都叫我“土专家”。

40多年来，我累计加工各种打捞工具4000多套（件），处理各种事故井1000多余口，创造经济价值1.3亿余元。累计完成技术革新项目150余项，国家发明专利授权2项，国家实用新型专利授权38项。其中，抽油杆连接夹头、提取抽油杆夹抓器分别荣获第七届中国专利新技术新产品博览会金奖、银奖。我先后获得全国技术革新能手、全国五一劳动奖章、全国能源化工系统大国工匠、三秦工匠、陕西省十大杰出工人、新中国成立以来陕西省最具影响的劳动模范等荣誉。

一个人可以没有文凭，但一定要有文化，要时刻保持学习的劲头。“干一行，爱一行，精一行。”就是我的座右铭。

15

焊枪人生

华能德州电厂　程　平

悠悠岁月，犹如白驹，转瞬飞逝，不知不觉间，从部队到企业，从技术门外汉到全国技术能手，我已在电力焊接领域深耕27年之久。一路走来，有汗水也有收获、有痛苦也有喜悦，希望我和团队的创新故事，为中国的“工匠”精神增添一抹亮丽的色彩。

1997年，我从部队转业进入德州电厂，分配到锅炉队从事焊接工作。很多人说我是放下钢枪，拿起了焊枪。其实对我而言，放下钢枪是不舍，拿起焊枪却是尴尬。由于对焊接一窍不通，我面临着诸多的困难和质疑，军人的倔强使我不会就此退缩，我暗自下定决心：“在军营要做勇敢的军人，在电厂要当行业的尖兵。”此后，焊接练功房成为我正常工作之外的“驻扎点”，我每天起早贪黑，不放过任何学习机会，深入研究焊接技术，仔细比对碳素钢、合金钢、不锈钢、异种钢等材质差异……算起来，我每日的工作时长超过了10小时，每月的工作时长接近280小时。尽管很苦很累，但是每一次技术的提升，每一次焊接的成功，都给我带来自我价值实现的满足感。在与焊接长达十年的“较劲”中，我不仅拿到了I类焊接合格证，还在2008年中国华能技能大赛获得第六名的优异成绩，持有上海市焊接技师等级证书，从初入焊接领域，到苦练成为行业“尖兵”，我完成了自己转业后的第一个阶段性目标。

正所谓“十年磨一剑”，随着焊接技艺的提高与精进，我对焊接工作的认知也发生了变化。我认为，焊接技艺就是用来奉献企业、回报社会的。因此，用创新引领发展，为电厂提质增效，就自然而然成为我的第二个阶段性目标。多年来，我创新思维，革新工艺，接连攻克了20多项焊接技术难题。首创“司太立硬质合金真空水冷堆焊修复工艺”技术，使高压阀门结合面修复较传统工艺增加使用寿命3倍；在超困难位置运用镜面焊方法，在迎峰度夏用电高峰期成功缩短抢修时间；采用冷焊等工艺，焊接断裂循泵大轴等，各项技改举措累计为企业降本增效2200万元。

2020年春节，恰逢疫情突袭，各地交通管控，施工人员无法到厂，工业供汽技术改造无法实施，导致山东省重点项目——华鲁恒升126亿元绿色化工项目的工业用汽无法得到保障。我第一时间响应厂党委号召，带领三名突击队员，经过五个昼夜的连续奋战，用掉焊条240公斤，6号中压工业供汽管道则顺利贯通，提前一天完成了既定任务。

2017年，作为中国华能集团首届工匠创新工作室之一的“程平创新工作室”挂牌成立。我深刻认识到，一把焊枪既能在紫铜锅炉里“修补缝纫”，也能给大型装备“问诊把脉”。我不再局限于电力焊接工作，而是把眼光聚焦到全国甚至全世界的焊接技术。因此，跨越行业领域，成就“大国工匠”，成为我的第三个阶段目标。2021年，我带领团队创新了航天朱雀二号火箭发动机后摇摆软管焊接工艺，成功解决后摇摆软管焊接件承压难题；攻克了国家深海探测重点项目PB160钛合金定子焊接难题，并对新型舰船PB250永磁激光转子焊接工艺进行指导，为国家航天、深海事业的发展贡献智慧与力量。2022年，我带领团队发明创造折叠式焊渣防火伞、弧光收集再利用面罩，入选“首届大国工匠展示会”，受到国内制造行业重点关注，实现了集团公司创新与社会转化零的突破。目前，团队已完成技术创新15项，获得省部级职工创新一等奖2项、三等奖3项，受理国际发明专利1项、国家发明专利3项、授权实用新型专利6项、发表国家级核心刊期论文6篇。

随着我在国内国际焊接领域不断获奖，邀请我带队参赛、担任教练的机会多了起来。从2014年至今，我带队参加比赛接近10余次，包括团体金奖1次、团体银奖2次等。其中首创“高压阀门结合面堆焊修复”项目荣获国际焊接大赛创新表演赛金奖，发明的手工氩弧焊自动送丝器荣获国际焊接大赛创新表演赛特等奖。俄罗斯、乌克兰、斯洛文尼亚国外专家、领队找到我，试图花重金购买此产品核心技术，被我婉言拒绝。

行业尖兵也好，大国工匠也好，这些都不是我的终极目标。对于焊接事业，我的终极理想是薪火接续、工匠传承。在各种比赛训练和日常工作中，我为集团、社会培养高技能青年人才50多人，其中全国技术能手1人、中央企业技术能手、青年岗位能手12人、集团公司技术能手30多人，省市技术能手、工匠多人。同时，我与香港金属焊接协会建立了良好的合作关系，数次开展高合金耐热钢等焊接技术交流，两次到香港进行授课，培养港珠澳大桥建设者30多名，为国家“一带一路”发展献力献策。

如果说，军营给了我生命的荣耀，焊花则给了我生命的辉煌，每次焊条在我手中点燃的那一瞬，就如同点燃了我的信念，点燃了我的激情，那些脏和累也随之被我抛在脑后。技艺磨炼需要苦干，技能提升需要创新，从“钢枪”到“焊枪”，从“兵哥”到“焊将”，27年电焊路，我始终守着自己的初心，未来的岁月，我将继续用信念支撑起创新的动力，用“焊花”照亮人生的路途。

16

垒百石而成高山　汇千流而成汪洋

华能德州电厂　程　平

我叫程平，现任华能德州电厂检修部锅炉队焊工班班长，我的故事有点传奇，如果你感兴趣，请听我讲述。

1995年，我从部队转业，成为华能德州电厂的一名检修工人。每天的工作是检查、维护设备和更换零件。虽然看似简单，但我认真对待，赢得了同事们的赞赏。转折点发生在工作两年后，那天我看到焊工师傅作业，对电焊产生了浓厚兴趣。尽管之前从未接触过，但我决定挑战这个极具挑战性的工作。为了成为一名优秀的焊工，我设定了“三个十年”的目标。

我的焊工生涯始于1995年，当时我从一名退伍侦察兵转业到电厂工作。两年后，我开始接触焊接工作，并爱上了这个极具挑战性的工种。

自2014年起，我连续七届担任国际焊接大赛华能代表队的裁判和教练工作。2015年，我作为华能集团选派的中国一队教练参加匈牙利焊工国际大赛，获得团体第二名和个人手工焊单项银奖。2017年，我的“高压阀门结合面堆焊修复”项目获得“一带一路”金砖国家技能发展与技术创新大赛暨第五届国际焊接大赛创新表演赛金奖，得到了金砖国家十四部委专家的高度评价。2019年，在第七届嘉克杯国际焊接大赛中，我发明的手工氩弧焊自动送丝器填补了国际焊接的一项空白，并一举夺得新设备创新表演赛特等奖。俄罗斯、乌克兰、斯洛文尼亚等国的专家和领队曾找到我，希望购买此产品核心技术，但被我婉拒。

此外，香港金属焊接协会也曾慕名而来，在我创新工作室进行了高合金耐热钢焊接技术交流。我还两次赴港指导培训参与港珠澳大桥建设的香港焊接人员30余名，获得了港方建设人员的高度评价，并被聘请为大湾区首届技能大赛的特聘裁判员。这些经历都为我的焊工传奇增添了光彩。

我在25年的职业生涯中，带领自己的创新团队完成了30多项电力焊接技术攻关。

我自主创新的“司太立硬质合金真空水冷堆焊修复工艺”新技术，使高压阀门结合面的使用寿命比传统工艺增加3倍，每年大约节约成本费50万元。

我还采用冷焊等工艺，成功修复了断裂循泵大轴、二次滤网蜗壳大件铸铁受力螺丝孔洞，改进了300兆瓦机组高加内漏堵管工艺，以及风机卡钳修复，为企业增效1200万元。2021年3月，我在风电机舱狭小空间内连续奋战50个小时，成功修复风机刹车卡钳球墨铸铁底座，一次性为企业节约资金50多万元。同时，我还利用精湛的技术，在我国先进舰艇甲板底层机座焊接工艺提升上作出了突出贡献。

我认为：“创新，让你我都出彩。”我的创新工作室攻克了20多项焊接难题，包括火力发电厂调门阀芯及精密部件钴基60硬质合金真空冷焊修复等难度系数超高的工作。通过长时间的练习，我能够精准地将堆焊层面厚度均匀控制在0.5毫米，解决了国外进口阀门结合面损坏不能修复的问题，为火力发电厂高温、高压调门修复作出了巨大贡献。

另外，我改进的火力发电厂EH油管高频震动下超级不锈钢焊接新工艺也经过多年的检验，设备始终稳定运行，没有发生过一次裂纹、渗油、断裂造成停机事故。

2017年，我的创新工作室在中国华能集团首届工匠创新工作室中挂牌成立，标志着我的创新之路正式开启。在接下来的时间里，我和我的团队不断创新，完成了技术创新15项，获得了省部级职工创新一等奖2项、三等奖3项，受理国际发明专利1项、国家发明专利3项、授权实用新型专利6项，并发表国家级核心刊期论文6篇。

其中，折叠式焊渣防火伞和弧光收集再利用面罩两项发明更是入选首届大国工匠展示会，在联合国第八届世界青年技能日启动仪式上进行参展，并于近日完成签约面向全社会转化，实现了集团公司创新与社会转化零的突破。

我不仅在国内赢得了广泛的赞誉，也引起了国际同行的关注。近年来，我获得发明专利及实用新型专利授权12项，获得省部级职工创新奖4项，发表国家级论文7篇，并获国际焊接技术论文大赛三等奖。

我还作为特聘专家在中国电力科技网进行论文讲述答疑，引起了国内专家的高度关注。

2021年7月1日，华能德州电厂收到了航天航空合作伙伴的一封感谢信，表示成功解决了航天朱雀2号发动机后摇摆软管焊接件承压难题，为国家航天事业做出了贡献。同年12月9日，JG合作单位公司领导专程到华能德州电厂送感谢信，对我用精湛的焊接技艺帮助公司攻克了钛合金T4定子焊接难题，为国家深海重点项目立了一大功表示衷心感谢。

2021年12月，我面对风机机舱内空间狭小、高空晃动等困难，在连续工作15小时后成功修复了新能源风力发电机组的减速机法兰铸铁底座。当国防工会向我求助时，我通过模拟练习一周制定两套工艺，并经过三天技术攻关解决了精密实验仪器的焊接问题。

此外，我还在2023年第一季度通过科技创新完成了首创电缆焊压结合一体机的研发，目前正在实验阶段。在德州市公路巡查中心举办的首期“传承榜样精神，凝聚奋进力量”主题宣传活动中，我作为嘉宾分享了工作经验和成长历程。

我对自己严格要求，保持匠心，坚守初心。从退伍军人到焊工再到发明专家，我的经历诠释了一部新时代从“兵哥”到“焊将”的精彩传奇。

作为中国华能二届一次、三次优秀职工代表、二届四次主席团成员和“一带一路”金砖国家技能发展与技术创新大赛专家，我曾获得多项荣誉，包括“一带一路国际焊接大赛创新赛金牌”“匈牙利国际焊接大赛银牌”“齐鲁金牌职工”“齐鲁大工匠”“山东省劳动模范”“中国电力百名工匠”“中央企业大国工匠”等，并在2018年获批享受国务院特殊津贴。

17

我的技能强国梦

新疆油田　肖　刚

1995年，我从学校毕业后，分配到新疆油田油气储运公司彩南站工作，彩南站地处沙漠腹地，方圆几十千米人烟稀少，在这样的地方工作，需要克服精神的孤寂，才能适应荒漠的环境。因此，我告诫自己，尽可能把注意力投入与工作相关的专业领域，我希望自己能够在这平凡的沙漠深处，成就一番不平凡的事业。

1998年开始，我带领班组员工探索性地开展压缩机自主维修工作，从工作原理、工艺装配、间隙配合、自动控制等方面对进口设备进行深入研究，开展进口配件国产化技术改造，并把自主维修的范围延伸到输油泵、调节阀、加热炉、电动执行器等油气田生产主要设备，使设备的运行不再被“原装”“进口”而“卡脖子”。为提高设备维修工作效率，我先后发明了连杆瓦拆卸工具、活塞环快速安装工具、双层连续工作液压油储罐等多种工具，取得25项国家发明和实用新型专利授权，使设备维修工作效率提高了30%以上。2011年，我带领的班组成为新疆油田公司第一批命名班组“肖刚班”，成为新疆油田公司自主维修的代名词。在解决现场实际问题的同时，我还把这些实践经验进行总结推广，先后在国家核心期刊发表论文7篇，全国各类普通期刊发表论文36篇，编写出版专业书籍5本，企业标准3项，取得了25项国家技术专利授权，4项成果获得自治区劳模创新优秀成果奖，21项成果获得自治区五小优秀成果奖，14项成果在中石油集团和全国能源化学系统获奖，25项成果在新疆油田公司获奖，这些成果在生产实践中得到了很好的应用，促进了油田的安全生产和健康发展。

当我看到单位从事现场设备维修的人越来越少时，心里不禁感到难过。设备一旦出现故障，更多的是委托厂家或代理商进行维修，不仅维修时间长、成本高，还影响了正常工作。为了改变这种被动局面，我放弃了聘干机会，拒绝了外企的重金邀请和私人公司入股的丰厚诱惑，坚持扎根坚守生产一线，从事设备设施现场维护，一边琢磨如何提高生产效率，一边积累完善自己对进口设备的维修经验和技术，逐步用实力证明了自己的价值。

2010年春节前夕，新疆油田石西作业区一台往复压缩机投产时出现烧“十字头”的故障，我受厂家邀请前来技术支援，在了解了工况条件后，我判断出是低温导致润滑油不起作用，并现场修复了机组的磨损部件，压缩机在除夕前夜顺利投产。2013年8月，新疆油田采气一厂五三东气站安装压缩机，我受公司委派担任技术总指挥，严格把控每个环节的技术要求，仅用二十天时间完成了机组的基础浇筑、现场安装调试等全过程，并一次试车成功。2016年，我带领工作室成员开展《压缩机大修》项目，实现了进口压缩机由“依赖第三方大修”到“自主大修”的转变，该项目获得了新疆维吾尔自治区科技进步奖（工人农民组），我也作为工人代表在自治区科技创新大会上做了汇报。2017年，我接手了新疆油田人事处安排的培训土库曼斯坦阿姆河气田操作员工的任务，独立编写了约14万字的《压缩机培训教材》，并在2个俄文翻译的协助下，完成了相关内容的授课和答疑解惑，展现了新疆油田进军周边国家油田发展的实力和面对中亚油田认真负责的态度。2021年，我主持的“压缩机运行优化”获得了全国第六届职工成果奖，该项目代表自治区参加在深圳举办的全国首届大国工匠成果展。2022年，我承担集团公司基金项目《ORBIT轨道球阀失效原因分析及处理方法》，在充分掌握轨道球阀工作原理的基础上，分析阀门密封组件材质，并对配件加工工艺进行改进和国产化替代，使关键配件的维修成本下降70%，并总结经验编制了《轨道球阀安装技术要求》技术标准，进一步提升轨道球阀的使用寿命。

2012年，新疆油田成立首个技能专家工作室，作为领头人，我带领工作室成员不断提高维修技能，在大家的共同努力下，2013年工作室被国家人社部命名为“肖刚技能大师工作室”。目前，工作室有来自生产一线的技能人才15名，解决油气生产限产技术难题64项，实现修旧利废降本增效6000万元。2020年疫情，在缺少技术外援的情况下，我带领工作室成员发挥技术特长，及时发现处理设备急难险情，自主完成701油库、红浅输油站、乌尔禾增压站等主力油气输送设备的大修工作，为新疆油田增产上储后路畅通发挥着积极的作用。我带领工作室成员积极参与《输油工多媒体培训课件》的编写及审核，使课件更加贴近油气储运的生产实际，满足员工培训需求。编写了《输油工技能大赛习题集锦》《新疆油田公司石油工人技能培训系列丛书——输油工》《输气工技能大赛习题集锦》；参与开展《降低污水池潜水泵故障率》《降低储油罐泡沫发生器故障频次》《降低综合计量工化验操作失误率》等12项QC研制。

工作室的建设在员工中起到了示范和辐射作用，调动了一线员工学习技能的积极性，为操作员工的成才提供了一条便捷之路。经过不懈努力和奋斗，“肖刚工作室”已成为克拉玛依市油气集输技能人才孵化的基地，技能成果推广的平台，油气储运技能操作规程规范的示范窗口，技能项目的攻关先锋，为克拉玛依市乃至自治区的技能专家工作室建设提供了借鉴经验。我个人也先后获得开发建设新疆奖章、新疆维吾尔自治区劳动模范、新疆维吾尔自治区有突出贡献优秀专家、自治区优秀共产党员、自治区“新疆工匠”、国家能源化学系统“大国工匠”、中国石油集团公司劳动模范、“石油名匠”等荣誉，享受国务院政府特殊津贴和自治区有突出贡献优秀专家津贴。多年来，我一直致力于团结中国石油集团公司高技能人才和有关专家学者，促进新技术的普及和推广，“技能强国”是我的梦想，我希望用自己的成长经历，激励更多技术工人掀起学习技能的热情和决心，为西部大开发和我国迈入制造强国作出自己的贡献。

18

浴火重生　我的创业与技术传承

浙江富春江集团　吴玉泉

1955年的农历九月十七，我在富阳东洲的浮沙村呱呱坠地。作为家中的长子，我的出生给这个用篱笆作墙、稻草当瓦的简陋草舍带来了喜悦和希望。父母给我取名为吴玉泉，寓意我像滔滔不息的富春江一样充满希望，永远生机盎然。

出生于农耕社会的我，深知家庭生活的艰辛。在困苦中度过的孩提时代，尽管天天脚踩黄土的父母尽了他们最大的努力支持我学习，但我依然深深地感受到了生活的不易。幸运的是，我高中毕业才踏上社会，在当时的农村算是高等学历的我，先后从事过农技植保员、民办教师、电影放映员等职务。

在担任放映员期间，我对放映机的核心部分——马达产生了浓厚的兴趣。于是，我购买相关书籍自学马达结构、电路知识以及电动机维修技术，并将理论应用于实践。经过不懈地努力，我终于掌握了修理技术，可以独立维修电动机了。这个消息在邻里乡亲间传开后，大家纷纷把自己家中出故障的收音机、电风扇、打稻机、水泵等拿来让我修理。尽管当时我还只是一个初生牛犊不怕虎的年轻人，但凭借着对电动机行业的热爱和执着，我乐呵呵地接下了这些任务，拆开机器一顿捣鼓，竟然还真被我修好了。看着乡亲们乐滋滋地从我手里接过修好的机器，听着他们对我的赞叹，我想，就是从这时起，喜欢电动机这个行业在我心里萌了芽。

但生活不可能一帆风顺，总是充满着各种困难。面对困难，我也始终坚信："困难对于弱者是难以逾越的高山，但对于强者，却是砥砺意志的磨刀石。"因此，无论遇到多大的挑战，我都从未放弃过对电动机行业的追求和热爱。

我也一直明白，一旦有了想法，就要集中精力把它实现，而不是到处闲逛，一路空想。乘着改革开放的春风，我一边有体面的工作，一边在家里偷偷办起了制作电器配件的家庭作坊。原本以为风平浪静，岁月静好，可命运之神并非时时眷顾。

1984年端午节后的第二天，一场突如其来的大火向我袭来。那晚停电，放映电影的工作也因此搁浅，我赶回家帮着赶制产品。不料，因停电而点燃的煤油灯突然倒翻，我手疾眼快地去扶，却忙中出错，勾翻了一桶绝缘油漆。油漆倒翻，大火迅速蔓延。我摔倒在地，只穿着汗衫短裤、全身沾满了油漆成了一个火人。逃出火场后，我跳入旁边的池塘里，才浇灭了身上的火。精疲力尽的我也昏死在池塘边……

家园被毁，工场被毁，我全身烧伤面积高达80%。在邻居的帮助下，我被送到杭州救治。经过无数次与死神赛跑，历经多次手术植皮，住院长达3个月，倾家荡产负债累累才最终捡回了一条命。

这场火给我的身体带来了严重伤害，不仅仅是身上布满永久性的伤疤，更是让我的免疫功能受损，很多正常人轻而易举做到的事情，对我来说却是困难重重。

经历艰难的康复训练，我终于可以活动了，我也开始思考后面的路应该怎么走。大家都劝我："办厂风险太大，千万不要再去做这种行当了！"他们说凭我的脑筋找点轻便活儿做也不是难事，照样可以过上舒坦的生活，难道非要不撞南墙不回头？我纠结了，我迷惘了，我犹豫了，我该何去何从？

难以入眠的夜晚，清冷的阵阵江风让我豁然清醒：凤凰涅槃，浴火重生，我要东山再起——继续我的电机维修路。我知道，"有志者自有千方百计，无志者只感千难万难"。所以，即使面临重重困难，我也要坚持走下去，因为我相信，只有这样，才能实现自己的梦想。

为了更好地发展，我毅然决定离开熟悉的沙洲，来到富阳城区开办了电机修理部。人生地不熟的异地他乡，新开店铺困难重重。为了解决这个问题，我选择了修好后客户先用，满意后再付款的方式。凭借精湛的技术和合理的收费，我逐渐在业界树立了良好的口碑，吸引了越来越多的客户。

最让我印象深刻的是1989年10月，富春江第一大桥开始建造，我的修理部与大桥工地近在咫尺。造桥时需要建桥墩，浇灌水泥浆时必须把里面的水抽干。有时突然遇到潮水，挟带泥沙，潜水泵常常因此罢工影响施工进程。他们找到我，我也总是迅速响应，凭借自己的技术解决他们的燃眉之急。有时潜水泵半夜三更坏了，只要接到电话，我都把它当作紧急任务，带上工具立即赶去。如果问题严重，就把故障机带回店铺，叫醒徒弟一起抢修。将近3年的时间里，我承担了大桥建造期间电动机和水泵的维修任务，在竣工时还收到了大桥指挥部的感谢信，这对我而言是最大的褒奖，也是我继续前行的巨大动力。

有梦想需要尽力而为，半途而废永无成就。正是这样的信念支撑着我一路走来，不断克服困难，实现了自我价值。

1988年上半年，我带领两位技术人员远赴上海先锋电机厂学习JZS2三相整流子换向器电动机的修理和调试技术。这个技术难度很高，上海的师傅直截了当地对我们说："这项技术要求高，你们不可能在这里学个一年半载，十天半月是学不会的。"我就偏不信这个邪，暗暗发誓，不学会技术就不回家。

我们老老实实地做起了学徒，下班了，把车间打扫得干干净净，工具归类放置好，每天天一亮就起床，早早来到车间，烧好开水。等到师傅来上班，一切准备工作全部就绪。"精诚所至，金石为开"，师傅们被我们感动了，毫无保留地把技术传授给我们。我们跟着师傅的步伐，夜里学理论，白天实践操作，理论联系实践，终于掌握了这个高难度的技术，也受到了师傅们的啧啧称赞。

白驹过隙，时光荏苒，进入21世纪，我领导的企业跟我一样，也实现了从维修到制造的转型升级。而我的身份，也从技术精湛的"吴师傅"转型到好好学习的"吴同学"，从富春江水电设备有限公司的"董事长"转型到富春江水电博物馆的"馆长""讲解员""老师"，无论身份怎么变，我的初心一直没有变。

回首过去的岁月，我发现困难对于弱者是难以逾越的高山，但对于强者来说却是砥砺意志的磨刀石。只要有梦想就尽力去实现，半途而废永无成就。山涧的泉水只有经过曲折才能唱出美妙的歌。我的人生就如同这首歌，经历了挫折和痛苦，但也充满了希望和活力。希望我的经历能够激励更多的人勇往直前，不怕困难，不断进取。我相信，只要我们有信心，有毅力，就一定能够实现自己的梦想。

19

我的第一次尝试

胜利油田　代旭升

人这一辈子说起来也很短，从呱呱落地到深埋土地，总共加起来也就是几十年的工夫，“十年磨一剑”有几个十年能用来挥霍呢？从20世纪70年代中期到80年代中期，我从一名学徒工到一名正式工，再从班长到技术员，最后成长为一名采油队的队长。这期间的喜怒哀乐又有谁能够理解呢？1987年，我完成了自己人生中的第一个真正意义上的发明革新，这项革新被东辛采油厂写进了厂志，被胜利油田列入了重点技术革新。我们现在返回历史可以感觉到它的分量沉重。

我的工作记录本里记录了这样一件事：1987年5月23日，雨，“辛68-2井链条式抽油机加机油的齿轮泵又不打油了，打开泵一看齿轮磨损所致，虽然天降小雨，但储油包缺油，如果不及时添加就要停机关井，其一影响油井产量，其二造成集油管线的堵塞，我们队上采油工小李在给这口井链条机补油时不慎摔伤，我决定要对这个补油系统动个手术”。

给补油系统加油确实是一件很麻烦的事，采油工必须一手提着机油桶，一手抓着焊在链条机机架外壳的爬梯，不时还要用提着机油桶的手辅助地向上爬，圆形钢筋蹬沾上机油，雨水又落在上面，湿滑程度是很大的，一不留神就会连人带油桶摔下来。在此之前，这样的事故不是一次两次了，为了同事们的安全，我做了一个改变人生的决定——改造加油包。

有了想法就要立即实施，但是回头一想，设计者采用机械式加油一定有这么设计的理由，如果擅自更改会不会产生别的影响呢？这种链条式抽油机，1987年3月25日刚刚获得国家发明专利授权，一个工人来改进能行吗？

我带着疑问和设想骑上自行车来到10千米外的采油院，找到链条式抽油机发明人顾心怿说明了情况，没想顾高工（后来成为中国工程院院士）相当支持，语重心长地和我交谈了起来："小代，你只要有想法就可以大胆地试，不试试怎么知道行不行呢？而且，要勇于挑战人们的固有思维。哪有人生下来脑门上就写着成功二字啊？你大胆地改吧，不成功也没关系，需要我帮忙你就说一声，这样才能使链条式抽油机更加完美啊。"

得到授权的我异常兴奋，同时感觉压力也更加大了。那些日子，白天在井上观察，晚上就在家里翻阅各种资料，详细了解平衡系统和储油包的工艺流程、结构原理。由于没有现成的模式可以借鉴，设计很大程度上靠想象，一直没有找到各项结构参数的最佳组合，一连100多个日日夜夜，没有进展，心急如焚。

一开始我想，怎样解决一手提桶，一手抓梯子这个问题。在安装天车轮的平台上装一个定滑轮，用绳子先将机油桶拉至储油包处，人空手爬上去就行。这个最初想法看来还是太浅显了，经过试验下来还是没有解决根本问题。手套上有机油摸到梯子蹬在圆铁棍上，脚一踩还是滑，再者每次向储油包加油还要将玻璃棒式液位计卸下来，从直径50毫米的圆口向里倒油，稍不留神就会倒到储油包外面，即使擦干净了，大风一刮也会满机身都是土，虽然这样加油时不用提着桶向上爬了，但并不是我想要的结果。

回过头来，我开始研究整个链条机的各部工作原理和相互关联的关系，看看能不能在它自己身上打开一条路子。我重新调整思路，反复推敲修改图纸，又是几十个日日夜夜，我将各系统相互的关联研究透彻，发现该机是采用气压式平衡，有一台空气压缩机给它补气，有充足的气源，气压高达2.5兆帕，能不能将齿轮泵去掉，由机械式加油改为气压式加油？

"眼是埋汰神，手是好家伙"，你眼睛看到的事，千头万绪愁死人了，这怎么办？动手做，一动手，这个事情慢慢就解决了。光用脑子想有一万个不可能，只有动手干梦想才能变现实。然而，真正付诸实施，却完全没有想象的那么简单。

气压式加油包感觉挺简单的，但是一上手改造却不是那么回事。从腹稿到图纸，从图纸到加工，我和维修班的同志们经过反复试验，一个加油包的雏形制作完成，装上水关好控制闸门，用打气筒向油包内打气，打开出口控制闸门，包内清水喷射而出。

维修班长钱茂胜一看扔下打气筒高兴得跳了起来，"这回没问题，你的这种想法肯定可行。"

我们又立即分头行动，骑上自行车有的到6千米外的油建六大队找管子，有的到8千米外的预制厂买蝶形封头，还有的到商业街买铜管，天黑前总算将Φ325毫

米 ×0.5 米的钢管和蝶形封头弄回队上，主要材料有了，明天可以动手干了。

在维修大队维修队车工班的帮助下，经过3天的努力，气压式加油包终于制作完成。几个人连拉带扛，立即在添加机油比较频繁的辛68–9井链条式抽油机上安装试用。连接好出油管线，再连接好进气管线，打开加油漏斗控制闸门，向加油包里加机油20公斤，关闭加油漏斗控制闸门，打开储油包进油闸门，缓慢打开加油包进气闸门。当加油包上的压力表显示包内压力为2.0兆帕后，缓慢打开加油包出油闸门。

我们几个人眼巴巴地看着液位计，一分钟，两分钟，三分钟……时间一分一分地过去，人们脸上兴奋的表情也一点一点消失。三十分钟后从加油包上的液位计看到包内机油只压出了一半，剩下的就再也没动静了，几经努力反复调整还是不行。

这次试验算是没有成功，加油速度太慢，根本没有达到预期的效果。看着我“不切实际”的想法，有人背后吹来冷风，让我的心情到了冰点。“小代，别灰心，做成一件事哪能这么容易，坚持到底一定能成功！”“燕雀安知鸿鹄之志，只要你自己干了，别管嫉妒你的人怎么说。”

在一些好心的老师傅们鼓励下，我又振作起来。重新调整设计思路，方案做了十几个，图纸画了上百张……经过反复试验，找出了加油慢的原因，原因找到后我按照新设计重新加工了第二代气压式加油包。再次来到辛68–9井链条式抽油机上试验，20公斤机油只用10分钟就加完了，试验获得成功。

随后，采油2队在10台链条式抽油机上安装试用30天效果都良好，我给顾高工打电话报喜，第二天他就带着采油院机械所的应所长等六名高工到现场给予了鉴定，他们认为，结构合理，原理可行，弥补了链条机加油装置的缺陷，值得推广应用。

1988年，采油2队在链条式抽油机使用和管理上受到油田和东辛采油厂领导的表扬和奖励。采油工艺研究院也同时在5 台链条机上进行了使用验证，同样获得了很好的效果。1988年6月胜利油田采油工艺研究院将LCJ1250型链条式抽油机补油装置制作图进行了完善，将原机械式加油装置设计改为气压式加油包。该成果1987年12月获东辛采油厂技术改进一等奖，1990年获管理局技术改进四等奖，并很快在全油田推广应用。油田还给我记了三等功一次。两年内300多台链条式抽油机采用了气压式加油包，台台使用良好、次次加油正常，年创经济效益约50万元，累计100多万元。

通过这次革新，我觉得一个人搞革新努力了不一定成功，但不努力永远不会成功。我就是因为这次的努力尝到了革新甜头，影响了我的一生。

20

只要努力梦想就会成真

胜利油田　代旭升

2008年3月的一个傍晚，七点钟的北京正是晚高峰时刻，万家灯火次第亮起，来回穿梭的车辆，行色匆匆的行人，给这乍暖还寒的季节平添了几许暖意。

刚刚参加完中华全国总工会举办的全国职工节能减排创新成果发布会，我的心里仿佛揣了一团火，脚步也变得格外轻盈。会上，一共发布了十七项成果，我的创新成果《移动式套管气回收装置》在获奖的同时，还得到了专家的高度关注和认可。会后，中国中央电视台的记者还对我进行了采访。

“老代，你上中央电视台《新闻联播》了。你向全国人民展示了我们胜利油田石油工人的风采，为咱胜利争光了！”手机铃声响起，电话里传来油田领导李书记亲切的问候。

放下手机，我激动的心久久不能平静，思绪追溯到2000年。

那是一个清晨，我刚到单位，矿上的生产调度小王就急切地找到了我：辛109-9电泵井欠载停机导致油井停产。这是一口高产井，日产油量50吨，平时供液很充足，怎么会停机呢？我带着疑问赶到现场，发现套管闸门被人为关闭，套管气在井内憋压压迫液面下降，供液不足出现了欠载停机。

由于技术条件的限制，对于套管压力高的油井，为了降低套压对泵效和油井产量的影响，我国各油田采取的都是打开套管闸门，让天然气直接排入大气的措施。全国各油田上万口油井套管气的排放，不但造成了天然气资源的浪费，还污染了环境，对人民身体健康造成了伤害。而胜利油田地处东营市，油区和生活区相互交叉，这个矛盾也更加突出。

解决这个大难题，把不可再生的天然气资源回收起来，让人民呼吸到新鲜空气！作为采油高级技师的我，暗暗给自己制定了目标。

理想是丰满的，现实是骨感的。我最初的想法是，用压缩机将套管气吸出，增压打入地面集油干线。为此，我到五金店买了台小型空气压缩机，把它安装到了井口上。一试验，井口出现“砰砰”的放炮声，吓得我赶紧按下停止按钮。通过向石油大学机械室周教授请教，我才明白：天然气压缩后容易积碳发生爆炸，空气压缩机是不能压缩天然气的。

空气压缩机不能用，那就用电冰箱压缩机、电冰柜压缩机，我试验了无数个方法，都以失败告终。这时，我意识到，不能低着头创新。为此，我敲开了周教授的家门。周教授说：“把油井套管气回收起来倒是一个可行的办法，据我所知目前还没有这种设备，唯一的办法是自己研制。”说干就干，周教授立即叫来五位学机械的研究生，八个人、三个月，一起动手、集思广益，我们终于设计出了符合油井现场实际的天然气压缩装置的全套图纸。

图纸出来了，我和工友李清泉开上车，当天下午就动身赶往机械制造之乡——江苏泰州。吃住工厂30天，经过充分的沟通交流、数据实验。五个月后，一台具有自主知识产权的新型压缩机安装到了辛86-3井上，一次试运成功。

然而，好事注定多磨。十多天后，排气量开始慢慢下降，后来直接不排气了。我拿起电话向远在600多千米的厂家说明情况，厂家反馈，需要把缸体打开查明原因。我的徒弟小唐说：“别等厂家来人了，那样太慢了，咱自己动手吧。”滴水成冰的季节，我们几个在野外开始拆设备，手僵硬得拿不住零件，但我们还是咬牙坚持着，缸盖打开了。我们发现，缸套的内壁、活塞表面都是麻点，活塞连杆断成两段。

我再次联系厂家：“王厂长你用的什么材料，设备运转了十多天，缸体、活塞就出现麻点，活塞连杆断成两段。”

“具体原因需要送到厂里来检测。”厂家愧疚地说。事不宜迟，徒弟小孟找来车辆，装车出发。徒弟们怕我鞍马劳顿，建议我在家指挥。但是我想，到底是材料问题，还是设计问题，必须亲自到场才能掌握第一手资料。

经过大半天的跋涉，我们来到工厂。王厂长看到我们疲倦的样子，感动地说：“真没想到你们来得这么快，你们石油工人干事情真是不过夜啊。”组织人员鉴定，设计没问题，可能是材料。“我们用最好的材料重新给你们做一台。”王厂长说。

又过了五个月，新的天然气压缩机又安装在了辛86-3井上。这次运行了13天，设备又趴窝了。打开缸盖，同样的情况映入眼帘。我再次把周教授和专家们请到现场，经过仔细查看分析，专家们推断是天然气惹的祸，气中含硫造成金属表面腐蚀，金属变脆造成拉杆断裂。周教授说，要想解决这个问题，只能到压缩机制造之都安徽蚌埠。我们又马不停蹄地赶往蚌埠中国压缩机制造总厂。

400多个日夜，无论是夏日的蚊叮虫咬，还是冬日的刺骨寒风，无论白天黑夜，还是骤雨狂风，都不能阻挡我们革新的脚步。四次往返蚌埠—东营，30天车间蹲守，终于获得了出厂合格证。

2003年5月6日，具有六项创新的《移动式套管气回收装置》首次在胜利油田东辛采油厂辛50-X14井上安装使用，日回收天然气858立方米，累计回收气134万立方米。

6月15日，在辛11-C21等四口井安装使用，累计回收天然气310万立方米。

7月8日，胜利石油管理局在东辛采油厂召开现场鉴定会，油田主要领导参加了会议。油田专家组一致认为，该技术是目前国内外在套管气回收方面的一种较为先进的设备和技术，有很高推广应用价值。

2004年获国家实用新型专利授权，并确定为胜利石油管理局10项岗位工人专利技术实施推广项目。2009年1月获国家科学技术进步二等奖。我也成了全国第三个，山东省和石油、石化系统第一个获此殊荣的一线工人。

这次革新，是我匠心逐梦的真实写照，也为我日后能完成上百项获奖成果，成为工人发明家，为获得全国技术能手、中华技能大奖、中国高技能人才十大楷模、全国五一劳动奖章、全国劳动模范、国务院政府特殊津贴等荣誉称号奠定了坚实的基础。

21

奋斗的青春最美丽

江汉油田　张义铁

铁人王进喜是我们石油人学习的榜样。我小的时候，常听父亲给我讲铁人的故事。在父亲的熏陶下，我慢慢热爱起了石油。父亲是江汉油田第一批建设者，“有条件要上，没有条件创造条件也要上。”是他们那代人艰苦奋斗的写照。这句话也深深地印在我幼小的心里。我立志要成为王进喜那样的人。

1997年，我从江汉技校毕业，成为采油24队的一名职工。我学的专业是“万能钳工”，现在当起了与所学专业关联性不大的采油工。从钳工专业的佼佼者，突然变成采油专业的门外汉，心里甭提多失落，每天郁郁寡欢，不知道接下来该做什么。

工作一段时间之后，我单纯地以为采油工不过是每天重复巡查、打扫卫生，做一些简单的工作，跟钳工比起来，没什么“含金量”。

一次巡井时，我自作主张启动了一口停抽的油井。回队里向班长报告，本想得到几句表扬，没想到却被狠狠批评了一顿。班长气得满脸通红：“这是间歇性生产的油井，你懂吗？你小子随便开井，要是堵了流程，憋坏了设备，你负得了责吗？”当时我很不以为然，认为班长“小题大做”。看我不服气的样子，班长就把我带到了现场。我一看，立刻傻眼了，井口已经跑渗出黑压压一地原油。我知道自己闯祸了。不是采油工作简单，而是我只懂个皮毛。师傅们不放心把重要的工作交给我，只让我干简单的工作。

那件事对我触动很大，一个工人要有真才实学的本领才能立得住脚，否则，要成为王进喜的理想就是一句空谈。我下定决心，一定要学好技术，成为一名真正懂油

井、爱油井的“油二代”。我为自己立下军令状——30岁前成为技师。

从那之后，白天我积极主动向老师傅请教问题，夜里就在宿舍里读书自学。当理论与实践真正结合在一起的时候，我的生活变得充实起来。我逐渐掌握了采油工基本技能，又先后自学了集输工艺、稠油开采、设备安装等新知识，并取得了采油、输油、测试等6个岗位操作资格证，很快成为技术上的“多面手”，并在2002年成为队里最年轻的班长。

2007年，中国石化举办全系统技术大比武，我通过层层选拔成为江汉油田的参赛选手。中国石化有员工百万，要想取得名次可不是一件容易的事。

面对巨大压力，我不断用“奋斗的青春最美丽！”来激励自己。为了强化制图水平，我每天比别人提前一个半小时到教室练习机械制图。一个箭头一个线条去练，既要画得好还要画得快，就这样我画了近千张图纸。为了练好实操，我每天进行铰板套扣和阀门安装操作训练10个小时以上，练到手拿筷子都会发抖。有一次，妻子心疼地问我：“集训是不是很苦呀？”我笑着说：“苦是苦点，这不是有你在背后支持吗，再苦再累我也能坚持，我想拿金牌，想成为一名真正的技师。”

经过4轮残酷的淘汰赛，我最终取得第一名的好成绩，这也是江汉油田在集团公司竞赛场上取得的首块金牌，并成为“80后”高级技师。那一年，我27岁，实现了“30岁前成为技师”的目标。

第一个人生目标实现后，我开始迷惘，不知接下来的路该怎么走。父亲语重心长对我说：“你还这么年轻，人生才刚刚开始，不要让金牌成了绊脚石，你得把它当作你人生路上的奠基石。赛场上拿金牌固然光荣，生产中作出贡献才是更大的光荣。”父亲的话，让我瞬间找到方向。我很快投入解决生产实际问题的技术创新中。

有一次，单位迎接设备大检查，我管理的一台抽油机因为减速箱漏油受到批评。减速箱漏油是抽油机的通病，我通过技术攻关，反复研究和试验，最终设计了一个盖板，解决了困扰单位已久的疑难杂症。这项技术在全厂推广后受到领导的大力表扬和职工们的普遍认可。

江汉油田已经开发建设50年，算得上是个老油田了。随着原油产量不断递减，生产工艺和管理面临很多难题需要解决，这为我提供了广阔的创新空间。我相信，青春惟有奋斗才最美丽。

22

成为最好的自己

江汉油田　张义铁

2005年，我所在的采油队成立了清河采油厂第一个攻关小组，把班长和动手能力强的工人集合起来，以修旧利废、降本增效为目的开展技术攻关。

几位经验丰富的老师傅手把手教我维修设备。我发现，自己对研究设备构造及技术攻关有着浓厚的兴趣。仅仅一年时间，攻关小组修好172个闸门，降本增效成果显著。

我正准备在技术创新路上大展拳脚的时候，接连荣获中石化技术能手、中央企业青年岗位能手等一系列荣誉，这意味着转干改行的机会来了。说实话，我很纠结，也很犹豫。走上领导干部岗位，从此摆脱一线生产，是很多一线工人一生追求的目标。经过反复衡量，我认为自己的优势在技术创新，我离不开一线队伍，只有在这里，我才能实现人生的最大价值。

2009年，由我牵头将江汉油田的技师骨干组织起来，成立了油田第一个技师工作室，专门研究解决采油现实问题和技术攻关。

第一个难题很快摆在我们面前：油井阀门铜套如损坏，维修起来耗时耗力，严重影响产量。更换一个阀门至少要4个熟练工人相互配合，维修操作空间非常狭小，需要停井3个多小时。我仔细研究了阀门的结构，经过两个多月的试验和4次改进后，自行设计了一款新型铜套用来修复闸门。

这项看似简单的小发明，不仅避免了长时间停井造成的产量损失，而且大大降低了操作人员的劳动强度，现在1个人10分钟就能轻松完成维修任务。这项成果在全厂推广应用后，每年可给厂里创造经济价值200多万元。

成绩赢得了掌声和信任，也加快了我创新的步伐。

2013年，由于油气资源不断减少，为完成原油生产任务，给国家战略资源提供保障，江汉油田启用了非常难开采的稠油区块。熟悉油田的人都知道，原油黏度大，开采难度就会成倍增加，需要在采出液中加入降黏剂，这就像人的血液里血脂高了要吃降脂、降压药一样。而给油井加药可并不简单。2014年我大胆提出“点滴式”自动加药的想法。啥意思呢？就是人生病了，需要打点滴来治疗。那么，我们的油井“生病了”，产不出油，是不是也可以用“输液”的方法来治疗？

我要实现的目标是，把一天里一次性加入的稠油降黏剂，均匀多次加入油井管线中。为尽快理出头绪，完成核心部件——自动加药泵的设计，我随身携带笔记本，并随时记下突然想到的设计灵感。3个多月过去了，一点进展都没有，急得我满嘴起泡，喝水嘴巴都疼。有一天，我给汽车轮胎打气时突然想，气体能密封，那液体也应该可以。顺着这条思路进行研究，我终于加工出了加药泵。烈日当头，近四十摄氏度的高温下，我带着加药泵去井上实验。连续在井上待了一星期，皮肤晒得又黑又红，最后褪了一层皮。但我不觉得苦，也不觉得累，完全沉浸在创新的快乐中。

经过近一千个日夜对阀芯、柱塞等重要部件10余次改进后，立式高压井口自动加药泵终于研制成功，应用在清河的难管井、稠油井等特殊井上，解决了稠油井开采难、回压高的问题，当年就增油700吨，为企业创造经济价值140多万元。该项成果2007年在全国能源化工系统的职工技术创新成果评选中获得了一等奖，并获得国家专利授权。目前，像这样的专利证书我已经取得40多张，而且每年还在不断增加。以我名字命名的技师工作室在2019年被评为国家级技能大师工作室。能为企业带来效益，我发自内心高兴，也感觉自己的工作特别有价值。

这些年，我结合自己的工作经验，编写了近150万字培训教材，牵头开展了“技术课堂进井站”活动，让基层的工友们不出门就能学到技术。

我深知工人有技术才更有力量的道理，每年，通过工作室这个平台开展青工拔尖班培训和导师带徒活动。我所带的徒弟中，有28名在省部级以上业务竞赛中获奖，26人在局级技术比赛中获奖，他们有的已成为中石化技术能手，有的获得湖北省五一劳动奖章，还有多人获得江汉工匠的称号。看到他们取得好成绩，我无比欣慰，比自己得奖牌还高兴。

无论是技术创新还是带徒授艺，都是我为自己人生设定的目标。人生最大的意义莫过于不断实现目标，成为最好的自己。

23

破茧

胜利油田　唐守忠

2014年10月，秋高气爽，天高云淡。

在渤海之滨胜利油田孤岛采油厂的技能培训练兵场上，四个年轻力壮的小伙子爬上了抽油机，举起重达5千克的大锤，抡圆了胳膊，轮番锤击着曲柄销子，千余下之后，还没有将销子从曲柄孔中砸出。紧接着，一位工人扛着一套工具单独上阵，熟练地组接安装好，开始用滑锤锤击曲柄销子，一锤、两锤、三锤……五十锤，销子“啪”的一声弹了出来，现场爆发出了热烈的掌声。

这是我主持的一次技能创新成果现场试验，是一项油田技能创新集成优化成果。如果说一个人搞创新是单打独斗，那技能创新集成优化成果就是博采众家之长，汇聚革新洪流的群体创新。

时间追溯到2013年，国际油价下跌，低油价成为新常态，胜利油田的干部员工们寻找着一切可挖掘的潜力点。当时，技能人才队伍针对生产现场疑难问题，研制出了许多技能创新成果。但由于受生产工作环境的局限和信息沟通不畅等因素影响，或多或少存在交叉重复设计、制作，适用范围小等问题，造成了人力、物力和财力的浪费。面对这一问题，油田要求技能人才打破常规，倡导团队创新、集体创新，避免成果重复撞车。

同年5月，我的师傅——中国石化集团公司技能大师代旭升，率先打造“工作室1+*N*”版，组织油田的五位技能大师、三位首席技师和两位主任技师成立项目组，强强联合，携手攻关，掀开了油田技能创新成果“集成与优化”工作的帷幕，吹响了技能人才提质增效升级的号角。在师傅的引导下，一项名为“卸游梁式抽油机曲柄销子专用工具集成与优化”项目，沉甸甸地压在了我的肩头。

为此，我做了详细的调研，胜利油田在用的游梁式抽油机有一万余台，是原油生产的主要设备。传统卸游梁式抽油机曲柄销子的方法，是采用上平备帽或垫上大锤后进行锤击，需要两个人一起配合进行。因为长期在野外，销子锈蚀，不仅拆卸的时间长，还存在很大的安全隐患。更让人棘手的是，经常发生销子取不出来的现象，或者即使取出来也会伤害丝扣，造成销子报废。更别说维护操作耗时长导致油井停井时间过长，造成的产量损失了。

当时油田各开发单位有很多技能人才针对这个问题进行了攻关创新，也研制了很多曲柄销子取出装置，但是在使用过程中还是存在着很多问题。

我做的第一件事，是在代师傅的引领下组织技能创新成果集成优化交流会，孤东采油厂、桩西采油厂、东辛采油厂等9家单位的技能人才参加了会议。交流会的气氛特别热烈，大家聚集在孤岛采油厂的练兵场上，一边介绍自己的工具，一边进行操作演示。我和项目组成员们认真地观摩，探讨技术改进相关问题，交流心得，分享经验，思想的碰撞不时激发出灵感的火花……

如果说理论是动力的源泉，那实践则是检验真理的唯一标准。为了了解每项工具的情况，找出最佳集成方案，我们在现场挨个进行了试验，详细记录下每一个成果的优缺点，琢磨哪些要保留，哪些要摒弃。经过反复推敲，推理论证，最终我们确定了一个方案：集成内衬组合撞击式曲柄销子取出装置，采用内衬式套筒、整体式滑锤，内部安装滚珠，利用滑锤撞击原理取出销子。

工具很快加工出来，我们兴冲冲地在现河采油厂的一台抽油机上进行了试验。一开始安装，就发现了问题：因为整体滑锤太重，一个人根本没有办法站在减速箱上进行安装。几个人费了九牛二虎之力安装好了工具，开始撞击取销子，撞击了没几下，滚珠就从滚珠架子中散落出来。

第一次试验以失败告终，大家回到工作室，心情都有些沉重。“咱们搞创新，哪有一次成功的，胜败乃兵家常事，继续改进就好了，我看好你们！”师傅拍着我的肩膀语重心长地说，望着师傅睿智鼓励的目光，我们又觉得浑身充满了力量。

就这样，不知道度过了多少个难以成眠的夜晚，多少次顶着严寒酷暑在荒芜的井场奔波，半年多的时间，经过九次大的改进、上百次的修正，一个集“百家之所长”的内衬式套筒、插接式滑锤轴向撞击工具——“卸游梁式抽油机曲柄销子专用工具”破茧而出。

这是一个组合装置，汲取了油田各开发单位9项卸曲柄销子工具的优点。改变了原来的卸、上冕形螺母套筒工具单爪的形式以及垫铜棒或垫大锤取出销子本体方式，卸、上冕型螺母与备帽工具因增加了定位与固定螺栓，将原先两人以上配合操作变为

一人操作，销子本体取出工具的设计改变了原来大锤锤击的点接触，取消了原操作中的垫铜棒与大锤操作，面接触撞击既保护了销子，又提高了操作的安全性。

这项专用工具，我们先后在孤岛、现河、东辛、桩西、石油开发中心等单位的120多台8—14型抽油机上试用获得成功。2015年7月在胜利油田集成优化成果展示会上获得了油田领导与专家的认可，被确定为油田技能创新成果集成优化推广项目。2016年、2017年，在胜利油田技能人才创新成果孵化基地加工了65套，在全油田推广应用，年创经济效益220多万元。

在这个项目的辐射带动下，我们一鼓作气，又持续完成了《油罐清砂“机器人”》《油田生产现场智能巡检与控制关键技术研究应用》等4项集成优化成果，为企业降本增效600多万元。

团队创新活动成为当时的主旋律，一大批效果好、见效快，深受基层广大员工欢迎的技能创新成果如雨后春笋般应运而生，彻底改变了过去技能人才单枪匹马搞革新的局面，形成了多工种联合作战、团队创新的新格局。

24

基层的难点就是创新的起点

胜利油田　唐守忠

七月流火，八月萑苇。2020年8月，虽然已是初秋，天气依然炎热。树上的知了仿佛知道生命终将流逝，卖力地鸣叫着，与抽油机低沉的轰鸣声交织在一起，给寂静的井场平添了几许生动。在孤岛采油厂采油管理三区的井场上，我带着高技能团队的几名骨干正在现场安装实验一项创新装置。

2017年，胜利油田以势不可当的姿态踏入了国企改革的洪流。我工作的单位孤岛采油厂作为试点单位，率先开启了油藏经营管理改革的新模式。从摸着石头过河到扛旗争先，历经三年的时间，到2020年终于初见成效。然而，随着信息化技术和“四新”技术的全面发展壮大，一些问题也随之慢慢凸显了出来：基层员工承接能力不足，解决问题能力欠缺……

为了解决基层一线生产问题，2020年初，采油厂组建了“传技答疑、攻坚创效”服务团队，目的就是充分发挥高技能人员传授技艺、攻坚克难的作用。作为企业培养了多年的高技能人员，我一直把“基层的难点、堵点就是我工作的起点”当作自己工作的目标，每个月我都带领团队下基层服务，解决生产疑难问题，并进行创新指导。

“唐大师，又发明了什么好东西啊？”突然，一个声音打断了我们正在进行的实验。我抬头一看，原来是基层员工巡井到了井场。

“呵呵，上次下基层的时候你们不是提出井口漏油的问题吗？我们研制了一个防漏装置，再改进下就可以使用了，估计能帮你们解决一下井口漏油问题。”

“那可太好了，又给我们解决了一个大难题！”巡线员工一边开心地说着，一边

吃力地从电动三轮上往下搬一个大桶，我赶紧上前两步给他搭了把手。

“谢谢大师。取了一上午样，排污桶都快放满了，实在太沉了。”员工和我唠起了辛苦经。

在油田，原油含水化验是油井生产管理和油藏动态分析所需的重要资料，每口油井平均三天就要取样一次。采油工们每天清晨的第一项工作，就是在所管辖的油区上奔波，巡井巡线、油井取样。油井的取样闸门是焊接在采油树立导管上的，取样的时候打开，取完油样后关闭。于是在取样闸门和连接短节处，留存了一部液体，因为静止不流动，就形成了“死油”。为了保证油样录取的准确性，采油工每次取油样时需要多携带一个排污桶，先放掉管线和接头内的死油，见到新鲜原油后才能取样。以前，岗位上的员工比较多，还能胜任工作。随着油藏经营改革的深入，信息化解放了劳动力，岗位精减压缩人员，一名员工每天需要取二三十口井的油样，一个上午下来，50多斤的排污桶装得满满当当，提起来吃力，露天放置，还造成环境污染，增加了处理成本。

回到工作室，我的思绪久久不能平静。巡线员工满脸的汗水和油渍，以及期盼的目光，在我眼前浮动着。“怎么解决这个问题呢？”我陷入了沉思。

“换一种排污装置？不行，那样还是存在着后期处理和环境污染问题，要从源头上解决。”我在记录本上重重地写下了“源头”两个字。一个又一个思路在我的脑海里闪过，又被我一一否定。突然，我灵机一动：“能不能设计一种取样装置，直接不放空就可以取出新鲜油样？”

突然豁然开朗，如醍醐灌顶。所有的创新思路一定不会无中生有，必须有理论的支持。我打开电脑，开始查阅资料。油田行业井口取样标准要求、目前现场井口取样方式、取样阀门的构造……我认真地查阅着、思考着。时间一分一秒地流逝，我的思路越来越清晰，想法越来越坚定，这个办法可行！看一下表，已经是中午12点了，我理了理思绪，拿起电话：“所有工作室核心成员，下午2点开会。”

会议是意料之中的热烈，经过一番激烈的碰撞，我们达成了共识，集全员之力，全力研制开发新型免放空取样装置。

创新从来不是一蹴而就的。白天查资料、跑现场、搞实验，晚上开碰头会、谈思路、绘图纸，我的工作室夜夜灯火通明。我和团队成员们热烈讨论着，一个方案接一个方案地提出，一次又一次论证推演……思想激烈地碰撞。

终于，一个方案在无数次碰撞后鲜明了起来：借鉴医用注射器活塞抽吸与针型阀快速开关的原理，设计制作一种“抽油井新型免放空取样装置”，改变原有取样闸门的结构和安装方式，将取样闸门本体设计为锥度柱塞式。取完样以后，在关闭阀门的同时像注射器一样把阀门处的剩余油推到管线里，让“死油”无处容身，下次取样时，打开闸门无须放空，就能取到新鲜的油样。

“设计图纸，联系外协厂家，尽快开始加工。”我果断地下达指令。“好嘞，没问题！”大家伙精神抖擞，斗志昂扬，爽朗的笑声打破了夜的寂静，惊起了不知名的鸟雀振翅高飞。

一种新型抽油井免放空取样装置诞生了。经过三次改进定型，在油田现场推广应用，工作效率提高了50%以上，年节约人工成本、车辆燃料与污油处理费用17.4万元。2021年荣获胜利油田群众性优秀技术创新成果二等奖、胜利油田优秀质量管理成果（QC）二等奖，同年获得全国能源化学地质系统优秀职工技术创新成果一等奖，并授权国家实用新型专利。

25

凌晨3点的电话铃声……

西北油田　毛谦明

2018年4月的一天，凌晨3点，正在熟睡的我，突然接到 4–1站值岗人员打来的电话，电话非常急切。他说，进站压力突然升高，造成站内缓冲罐、除油器安全起跳，阀组间法兰刺漏。接到这个电话后，我就突然想到了昨天刚起抽的TK234井，该井是注气起抽井，肯定是由于它抽喷起压造成的，随即我启动了采油厂级应急预案。

我和安全主任快速乘车赶往井场，在距井场一千米多，就听到刺耳的尖啸声，在距井场200米的地方，油气弥漫，看不到现场，我带领赶过来的两名巡检人员依据经验，冲进雾中的采油树下进行关井操作，经过近半个小时的作业，我们终于关闭了手动防喷器及油套两侧阀门。衣服、鞋子、安全帽从上到下从里到外全是原油，出来时，我的两只手和胳膊紧张得不停地打战。尽管又累又惊险，但是我心里很满足，因为我们避免了油井发生更大安全事故的可能。

塔河油田的注气井、自喷井转抽后，在机采阶段容易出现抽喷现象，这些油井多为无人值守，一旦抽喷后停机不及时，压力升高会造成井口设备管线刺漏，影响井站系统平稳运行，形成井控安全风险，所以需要定期巡检。而采油一厂注气三采井占比高，井距远且比较分散，以前视频监控发现某井压力异常升高，需要巡检人员前往处理，尤其是夜间抢修人员、特种车辆协调相对滞后，给安全环保带来挑战。

这次事件发生后，采油厂立即召开事故分析会，会后要求技师团队依据现场设备设施，设计一款能及时阻止油井异常起压造成的井口井控事故和集输系统事

故发生的装置。

这个重担压到了我的肩上，我立即带领技师团队进行集中攻关。我们小组成员白天忙现场，晚上挑灯夜战，我们画了近百幅设计草图，围绕安全、可靠、稳定的设计思路，小组成员把方案细化成液压刹车系统、液压防喷器系统、液压控制柜系统三个部分，并从技改材质优选、液压部件可靠性、程控井口压力传输处理，整体连锁控制等诸多方面，进行了多轮次的实验、论证、改进，用6个多月确定了最佳方案。

一切都是不容易的。开始实施的过程中碰到这样那样的困难，技改过程波折不断。最初计划防喷器内腔室使用弹簧，靠弹力打开闸板，但试验5次，仅打开3次，最终采用液压方式解决了问题。其间发生防喷器关闭不严，液压柜漏油，打压泵失灵等一系列问题。因地处偏远，零件加工、运输都极为不便，为此特建立了视频联络组，所有加工件都是加工厂和现场进行视频沟通，尺寸现场视频量取，从而保障精准率，减少了试错成本。在各种配件和软件都相互验证没问题的状况下，终于，第一套"抽油机井井控自动控制系统"正式出炉，且在现场使用正常。然而，2018年11月21日冷空气突然入侵，当天晚上试验井突然发生压力升高，集输系统再次发生压力异常状况，经过再次分析发现该套装置在环境温度过低时，自动刹车装置弹簧的行程过短，直接造成刹车杆拉断，抽油机未及时停止，造成防喷器半封闸板磨损，未起到密封作用，井口压力持续上升；根据此情况，我们再次展开攻关，采取合适材质及调整

刹车行程，并对整套系统重新梳理，进行高温、低温及风沙等自然环境对设备的影响测试，终于在TK485试验成功。机抽井TK485是一口注气受效高产井，2至3天就会形成一次抽喷，压力会迅速上升4~8兆帕。安装井控自动控制系统后，井口完全受控。

该成果的创新点是根据井口油压变化实现了停机、刹车和防喷器等一系列自动化操作。将原有手动防喷器改造成液压防喷器，在原有手动刹车连杆的位置，加装液压控制装置，同时加装有线压力传感器，实时监测油压，实现了用油压控制井口，达到自动化操作的目的。

现场应用显示，抽油机生产过程中，一旦井口压力（油压）达到预设值时，液控系统PLC执行抽油机远程自动停机，随之抽油机液控刹车启动，关闭井口防喷器。油压、套压、回压变送器采用有线方式，整体联动控制由液控柜配套系统完成，具有自动化程度高、结构安全耐用的特性。

《抽油机井井控自动控制系统》的发明，填补了采油井控技术的空白，并获得了国家实用新型专利授权。该成果是通过信息智能化手段实现对机采井的远程实时监控管理，异常起压时能够快速自动停机、刹车、关防喷器，解决压力异常升高造成井控风险难题，减少了停井周期和应急处理时间，降低了后续井控处理成本，提高了油气井管理水平，年节约费用500多万元。

26

热爱是最好的坚守

江苏油田　田　明

屈指算来，我从事井下作业工作已38年个年头了，2013年我光荣地当选为中国石化集团公司技能大师，并先后获得全国技术能手，中华技能大奖，国家科技进步奖等荣誉。回顾自己的成长历程，每取得一点成长进步都凝结了各级组织、领导的悉心培养和鼎力支持，更离不开身边同事的全力帮助。

所有的坚持都是为心中的理想，所有的坚守无不是难舍那份热爱。

打造时代蓝领，岗位创新成就最美职工

1985年，我从油田技校毕业，分到采油厂当了一名测试工，由于工作中经常要对封隔器进行保养，每次保养，都得三四个小伙子齐上阵才能完成，费时费力。当时我就想：这活儿要能改进下，干起来轻松点就好了。我经过反复琢磨，利用杠杆原理做了一个小工具，一个人就可以轻松完成拆装，同事们使用后，纷纷赞不绝口，我也觉得很有成就感。后来，工作中一碰到生产难题，我就尝试着捣鼓捣鼓，改进改进。不知不觉，几年间就搞出了十来项小成果。

2009年，针对射孔测试联作工艺的缺陷，我研制了压力过载保护器；2010年，针对探井高压取样合格率低，研制了智能取样器；2013年，针对水平井大斜度管柱切割的难题，我又研制了连续油管切割技术等，多年来，我先后完成这样的革新成果100项，获得国家专利授权32项。

生产现场这个大舞台给了我无限施展自己的机会，平凡的工作岗位成为我持续创

新的不竭源泉。每成功一次，我对创新的热情就会增添十分，对岗位的热爱就会增加百倍。我深深地体会到：现场是最好的舞台，梦想是创新的源泉。

传承石油精神，刻苦钻研诠释成才真谛

回顾刚开始搞革新，也听到很多不理解的声音，有人说："一个小工人把班上好就得了，整天瞎捣鼓啥？"也有人说："一个技校生，真不知自己几斤几两？"每当听到这些议论，我只是淡然一笑。我这个人有个犟脾气，别人越是认为不可能的事，我就越想闯一闯、试一试。

20世纪80年代，试油测试使用的仪器设备大多是国外进口的。一开始，我连一些基础的技术资料都看不懂。怎么办？"学"！白天忙里偷闲学、晚上挑灯夜读学、上井跟着师傅学，先后自学了科学试油系统工程、试井资料解释方法、机电一体化等课程，并完成了大专、本科学历教育。1994年，我参加石油部举办的测试仪器培训班，被聘为计时器维修顾问，当时整个石油系统只有4人获此荣誉。

技术革新总是伴随着无数的失败和挫折，对于我来说也不例外，失败的次数远大于成功。记得第一次上井录取数据，就交了个"白卷"；第一次看图纸就像读"天书"；第一次爬井架双腿就直抖。其实想想每一次坎坷之路，又无不是向上的台阶。直至我研究的"试油测试技术的创新与应用"获得2014年度国家科技进步二等奖，项目涉及射孔、测试、抽汲、取样四大环节、18项专利授权和28个技术成果，从第一项到最后一项历经了30年时间，每一项成果的取得，都付出了很多的艰辛和努力。

30多年来，在技术革新的道路上遇到了多少困难，我自己也记不清，但有一点我是清楚的：为了掌握高压超深井的测试技术，我在新疆沙漠腹地一干就是5年；为了解决水平井连续油管拖动压裂问题，我用了3年多时间研制了拖动压裂封隔器；为了解决稠油井的取样难题，我用了9年多时间才研制出高压取样技术。

是一次次挫折让我学会了坚持，并积累了经验，提升了技能，从而一步一步成长为技师、高级技师、油田首席技师和中国石化集团公司技能大师，最终迈上了国家科技进步二等奖的崇高领奖台。从中我深切地体会到：困难是最好的磨炼，实干是追梦的路径。

厚植爱企情怀，团队协作助力企业发展

48年前我随父母来到油田，48年后我从一名普通员工成长为中国石化集团公司技能大师、全国劳模，登上国家科学技术最高领奖台。这些成果和荣誉，离不开油田这片沃土，是各级组织培养了我，是企业大舞台成就了我，是各级领导和同事关心支持着我，才使我一路走来，心无旁骛。

一枝独秀不是春，百花齐放春满园。2010年油田给我成立了创新工作室，我积极发挥传帮带作用，与32人签订师徒或导师协定，带领工作室成员完成创新成果80多项，申请专利22项。如今，工作室成员中2人成为中央企业技术能手，3人成为中石化技术能手，4人分别在中石化作业技能大赛中获得金奖。工作室也先后荣获国家级技能大师工作室和全国示范性劳模和工匠人才创新工作室荣誉。

2015年，油田发展遇到了前所未有的“极寒期”，怀揣着对石油事业的热爱和对油田的深厚情感，我决心用自己的技术外闯市场，助力企业扭亏脱困。8年来，我和团队行程十多万千米，一井一策，破解行业难题30多项，叩开了渤海钻探、川庆公司、吉林、大庆等原已饱和的外部市场，年施工近百井次，为企业和国家创效数亿元。2022年油田开启了页岩油开发新征程，我和团队利用外创市场累积的经验和技术在油田二次创业的新征程上助力助效。

这些拼搏的历程，让我深深地感受到：热爱是最好的坚守，奉献是最大的快乐。

我是吃油田饭长大的，我的根在这里，伴我成长、进步，我为自己是石油人而感到由衷的骄傲。再过2年我就要退休了，我希望退休前能为油田再多解决一些现场难题，多培养一些年轻人，油田好就是我的真诚祝愿！无论是现在还是将来，我都会始终牢记“产油报国”的初心使命，扎根油田，兢兢业业，继续为“端牢能源的饭碗”，为油田的高质量发展贡献自己的绵薄之力。

27

我的创新梦

中原油田　卢建强

1975年6月，我出生在中国石油工业的摇篮——玉门油田。我的父亲是一位老石油，在河南濮阳这块沃土上奋斗了20年，利用一技之长发明革新，解决了很多现场生产难题，成为原国家劳动人事部授予的第一代采油高级技师。在我的眼里，父亲如同一座山，巍峨挺拔，我儿时的愿望就是：长大了要成为一名“油二代”，像父亲那样，勾画自己的石油梦。

1994年7月16日，我穿上崭新的“石油红”工作服，成为中原油田采油四厂的一名采油工。我从倒流程、填报表、加盘根、换皮带等“基本功”一步步学起，虚心向老师傅学习请教，短时间内让自己的工作技能迅速提升。那时候，每天晚上我都把自己关在小书房里看图纸、查资料。

邻居问我妻子：“你家小卢是个‘网迷’吧？我每天晚上睡醒一觉，都能看到你家小屋亮着灯。”妻子笑着说：“我家卢建强在书里找他的黄金屋呢。”

对于技术书籍我有一种狂热的喜爱。有一次，我在书店里看到了一套《机械设计手册》，对我的学习有很大的帮助，书费需要2000多块钱，相当于我当时三四个月的工资，确实有点承受不起。我就利用休息日到书店去抄书，里面有大量的图纸，画起来复杂、费时，我就借了个照相机把需要的部分拍下来，回家慢慢整理。

通过坚持不懈地学习，我的理论水平和实际操作水平都得到明显提高，先后取得采油工、注水泵工、采油地质工、水质化验工等5个工种的职业资格证书。取得安全工程大专与本科学历，四次蝉联采油厂工人技术比武注水泵工第一名。2006年获中原油田第八届工人技术比武注水泵工第一名，2008年10月获集团公司技术能手，2010

年11月获全国技术能手。成绩的取得，让我明白了一个道理：知识是接近梦想的阶梯，一步一个台阶，努力着、努力着，就能接近自己的梦想。

当努力成为习惯，成长就会如约而至。说起创新，要追溯到十多年前了，那是我第一次涉足创新这个领域。

2002年7月的一天，一名注水女工在上夜班时，发现3号泵温度异常。为了防止烧泵事故，她忍着90分贝的噪声，夏夜泵房内的高温和蚊虫叮咬，在泵房里整整蹲守了一个夜晚。听说了这件事，我在感动之余萌发了一个念头：如果有一种装置，在泵温超过规定的时候，自动报警和停泵就好了。

回家后，我把这个想法和身为电气工程师的哥哥进行交流。当时，哥哥正在制作一个温度控制器，可以对温度进行自动控制。我的灵感来了，将这个温度控制器运用到高压柱塞泵温度监控系统，再连接一个报警装置，当温度达到危险值时就可以进行自动报警和停机。我兴冲冲地开始动手研发，很快就研制了出来。装到注水泵站一用，效果非常理想，职工们再也不用在泵房内苦苦蹲守了。这项成果获得当年油田职工经济技术创新三等奖。从那以后，在工作中遇到问题，我总要先问自己几个“为什么”，然后再想“怎么办”。

从踏入创新路径到现在，我先后主持、参与完成处级以上技术革新成果150余项，提出合理化建议300余条，解决现场技术难题420余项；获得国家专利授权106项，取得国家级创新成果8项，省部级创新成果24项，局级创新成果67项，有60余项成果在各油田推广应用，年创效4000余万元。

一人进百步，不如百人进一步。2010年初，我提出并创建了中国石化首家技师工作站，把更多的职工吸引到技术创新中来。13年来，技师工作站先后解决现场技术难题2100项，取得厂级及以上技术创新成果920余项，获得国家专利授权182项。目前，我们采油厂的技师工作站管理运行模式在中原油田及中国石化集团公司逐步推广；我的工作站先后被授予全国示范性劳模和工匠人才创新工作室、国家级技能大师工作室、全国能源化学系统职工创新工作室、河南省职工学习工作室示范点。

劳动光荣，创造伟大。把能源的饭碗端在自己手中，保障国家能源安全，实现中华民族伟大复兴的中国梦，需要一支信念坚定、技能高超、担当作为的高技能人才队伍。咱们工人有技术才能更有力量，善创新才能更有作为。只有永怀追求突破、追求革新的匠心品质，用技术驱寒，用创新破冰，用知识、用智慧、用技能为企业创造更多效益，做出更大贡献，才能在平凡的岗位谱写不平凡的人生。

28

冷却方式变身记

胜利油田　刘东章

20世纪80年代，胜利油田拉开了向大海要油的序幕，围海建堤，快速建成我国第一个200万吨级浅海大油田，实现了从陆地到海洋的跨越。

由于桩西海域浅滩面积广、海床松软，中国工程院院士顾心怿设计了极浅海步行座底式钻井平台，填补了国内外空白。但是平台投入生产之后，在现场管理上出现了一个问题：每到夏季，当平台柴油机组功率发挥到50%左右时，冷却液就会沸腾，严重影响了生产。作为一名中国石化集团公司技能大师，解决困扰生产的疑难问题是我不可推卸的责任，于是，我立即全系统地进行了排查，发现是由于柴油机冷却液散热不良导致的。

当时，平台柴油机组是由6部风扇，采用风冷的方式给冷却液降温。风扇安装在平台内外体之间，前后都有遮挡物，风扇吹出的风形成环流无法顺利排出，导致冷却液的温度居高不下。柴油机组的零部件长期处于高温环境，大大缩短了使用寿命，每年光更换零件的费用就高达5万美元。

怎么解决这个问题呢？我辗转反侧，尝试了很多的方法，都不尽如人意。

有一天，刚刚尝试了一个新的办法，但是还是失败了。我走向平台，凭栏遥望大海，想平复一下心情。海面上波澜壮阔，蔚蓝的海水浩浩荡荡，一直漫延到天的尽头，突然一丝灵感在我的脑海中闪现：平台位于浩瀚的大海之中，周围的海水取之不尽、用之不竭，而且海水温度低，即使在炎热的夏季温度也不过20℃左右，能不能利用海水来代替空气进行冷却？

我向平台经理汇报了我的想法，经理说，以前也论证过这个方案，但是平台大多时间是在浅水区域作业，受潮汐影响，不适用海水冷却。

出师不利，一腔的热血瞬间降到冰点，但我并没有放弃。我仔细地分析了海水冷却的原理，发现可能是我的表达出现了问题，于是我决定用更形象的方式汇报。接下来几天，我用CAXA软件绘制了系统原理布置图，并编写了详细的改造方案。

海水冷却的原理与风扇冷却的原理是相同的，只是将原来的风扇和散热水箱改为海水泵和海水热交换器，将冷却液的热量交换介质由空气改为海水。

由于胜利二号平台作业区域经常在浅滩，退潮时可能无法取水，同时考虑平台起浮、座底时压载泵因素，我设计了内、外循环两条冷却水回路。一路从内体海水主管线取水，经柴油机冷却器后直接返回海中。另一路分别从内体左右7、8、9号压载舱取水，经柴油机冷却器后再返回压载舱。左右压载仓海水冷却系统自成体系，既可独立使用，又可并联工作。当遇到退潮或舱内海水脏的时候，左右舱冷却系统还可以交替使用，保证多种工况下柴油机的及时冷却。同时，选用铜质泵体、叶轮和热镀锌管线，在柴油机冷却器内设置防腐锌棒减缓海水腐蚀，提高冷却系统的使用寿命。

完成图纸绘制和方案编写后，我趁经理不在的时候悄悄放到了他的办公桌上。两个小时后，平台广播响起："刘东章到经理室来一趟。"听到广播，我心中很是忐忑：经理同意我的方案了吗？我一步一步缓慢地走向经理室，在门口，我敲门的手都有些颤抖。

"小刘来了，快坐下。"经理的笑容让我的忐忑一扫而空。

"小伙子挺执拗嘛！年轻人就得有股韧劲儿。你的方案我看过了，不错，可行，改造就交给你全权负责了，一定要保质保量完成改造任务啊。"经理的认可鼓舞了我的斗志，我兴冲冲地开始了海水冷却系统的改造。

虽然早就有了思想准备，但是改造的过程依然艰难地超出了我的想象。

在泵舱内安装海水泵、海水管路和相应附件，在机舱内安装海水热交换器，这都是改造过程中最具难度和挑战性的工作。为了确保在无法使用海水直接冷却时，可以利用压载舱内的水实现冷却，海水泵、海水管路及其相应附件必须要安装到平台底部的压载舱内。但是，压载舱的高度只有1.2米，我们只能采用半蹲的姿势进行安装。长时间的劳作，让我开始出现腰疼、腿疼、膝盖疼的症状。开弓没有回头箭，为了不延误工

期，贴贴膏药、做做理疗接着干。

那时正值盛夏，室外温度都达到了35摄氏度以上，压载舱内温度更高了，加上空气不流通，舱内就像一个大蒸笼，工作的时候就像是进行桑拿浴。于是，我和同事们开始布置防暑降温措施，排风扇、绿豆汤、藿香正气水……，所有平台上能用上的防护措施都用上了，就这样，我们一股劲儿地钻进压载舱内开始了“车轮战”。

然而，随着问题一个接着一个地出现，我开始变得有点急躁了。经理洞察到我的状态，耐心地开导我：“小刘，别着急，静下心来慢慢干，泰山是一步一步爬上去的，问题解决了就不是问题了……”是啊，俗话说得好，“兵来将挡，水来土掩”，只要改造的方向是对的，问题一定会解决。

经过20余天的昼夜奋战，我们终于完成了胜利二号平台海水冷却系统的改造，经过现场试验，应用效果良好，大大改善了柴油机冷却效果，再未出现温度过高的现象。即使在浅滩海水退潮时，交替利用压载舱中的海水循环冷却，也能满足柴油机的冷却需要，各受热零部件的使用寿命明显提高，每年可节约费用约3万美元。

同时，改海水循环冷却后，4台海水泵取代了原来的6台风扇，节约功率226千瓦，每年节约燃油150吨，创效60多万元。

如今在平台上，风扇那震耳欲聋的“嗡嗡”声彻底成为历史，冷却方式实现了华丽的蜕变。

29

创新无大小，能解决问题最重要

胜利油田　孟向明

说起来大家可能不信，我搞技术创新最初是因为孤独和寂寞。

技校毕业后我到了乐安油田，成为一名采油工，开始驻平台。驻平台就是每天24个小时看管油井。白天和同事们一起维修保养设备、搞三标。晚上，除了按时巡检、处理设备故障，没别的事干。一闲下来难免感到孤独和寂寞，我就萌生了学习技术的想法。

那段时间我读了不少书，掌握了不少技术知识。领导见我工作认真、肯学习，就把我安排到油井一班当班长。

我所在的班组管理着草南2号、3号、20号3个平台的17口油井和3座计量站。计量站的量油分离器总出问题，我就琢磨，能不能彻底解决这个问题？我的创新之路就这样开始了。

先是弄明白了分离器的结构原理，又经过两个月不断摸索，找到了问题的根源。原油沿着底水包进入玻璃管，造成玻璃管被堵。之前的解决方法比较简单，就是清洗玻璃管，但洗完很快又堵，而且每次拆卸玻璃管步骤都很复杂。油井的真实液量无法落实，给油井管理和动态分析带来了巨大困难。

分离器是压力容器，底水包也无法拆开清洗，如何快速把底水包和玻璃管中的原油清理干净呢？用汽油或柴油可不行，用热水行不行？用高温高含水油井的产出液行不行？抱着试试看的想法，我投入工作中。用高温高含水油井产出液循环分离器几小时，用高温水将底水包、分水包进行彻底浸泡，这样，底水包和分水包中的原油就彻底漂浮起来，然后关闭分离器出油闸门，打开气平衡闸门，将分离器灌满，倒入旁通，关闭玻璃管上、下流闸门，从玻璃管下流闸门处放空，将漂浮在分水包中的原油放出，利用分离器中的高温水将分水包和玻璃管下流管线中的死油彻底排净，然后再清洗玻璃管，最后恢复原流程。

这样一来，彻底打破了对分离器进行解剖式的维修模式，维修流程变得简单、耗时短。工作量减少了，能够时时掌握油井的真实液量。那一刻我觉得所有付出和努力都是值得的。一次成功，让我从创新中尝到甜头，越发坚定了将这条路走下去的决心。

当时有一项比较累的工作——维修抽油机。由于油井投产早，设备老化严重，抽油机经常断链条。链条一断，生产就得停，要调用吊车、电气焊以及10多个小伙子半天才能接上。近1吨重的链条需要用撬杠一节一节向上撬，劳动强度大不说，工作效率还低。后来，用倒链代替了吊车，但用人没有减少。我就想，怎么能快速又节约人力把链条接起来呢？

之前都是在抽油机中间大门的位置接链条，如果把链条绕着上链轮向下拽会不会省时省力？在抽油机底部接链条行不行？带着这些疑问我开始不断摸索、试验。试验的最初的结果是操作人员减少到3个，但还是费时、费力。能不能借用其他工具或设备呢？其间用倒链、滑轮等工具进行了多次试验，都没有成功。

那段时间我像是走火入魔，没事就盯着抽油机看。有一天，我突然意识到减速箱不就是减速增力的现成设备吗？我立刻就坐不住了，理顺思路、制定方案、进行现场试验。最后，利用抽油机减速箱成功替代了人工拽链条。创新后的结果是，1个人仅用1个小时就能完成接链条的工作。

创新没有止境。对我来说，每一次成功都是激发我继续探索的动力。

2000年，我被调到草西油区。草西油区地质层系多，稠油井、稀油井、出砂井、结蜡井都有，有游梁式抽油机、链条式抽油机，也有螺杆泵采油，是一个小而全的石油大观园。

一天，我们维修好草13-771井的电气故障，刚刚把井开起来，突然听到抽油机“吱吱”地叫起来，原来是传动皮带冒烟了，马上停机检查。原来，该井有过出砂历史，这次是井卡了。出砂严重的抽油井如果停井位置不合适就容易发生卡泵，如果解卡不成功就要上作业检修，不但影响油井产量，还会花费巨额的作业维修费用。这时，我的大脑开始飞速运转。如何确保故障停井和因突然停电造成的停井能停在上死点而不发生砂卡抽油泵呢？（出砂油井只要正常停就会停在上死点，再开井就不容易发生砂卡抽油泵）

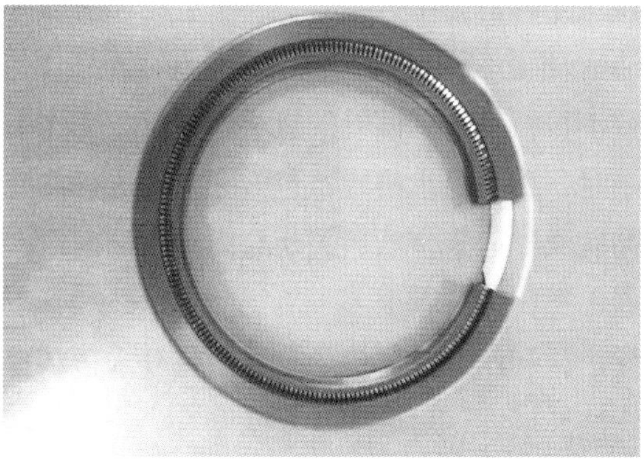

有一天，在调抽油机平衡时我突然想，假如把抽油机平衡调得重一点，

就能轻松解决故障停机和停电再开井时的砂卡问题。我立刻向厂里提合理化建议。这条建议后来被采油厂命名为“过平衡防砂卡”，在全厂推广。这样一来，出砂井非人为停井造成的卡泵问题就解决了，节约了大量作业费用，减少了产量损失。

我的创新虽说都比较简单，但能解决实际问题，我认为，这样的创新是有效的。我始终相信，多干工作勤动脑不吃亏，不仅能学到更多知识，积累更多经验，还能打开眼界开阔思路，更好地实现人生的价值。

30

大讨论打通团队创新的任督二脉

胜利油田　孟向明

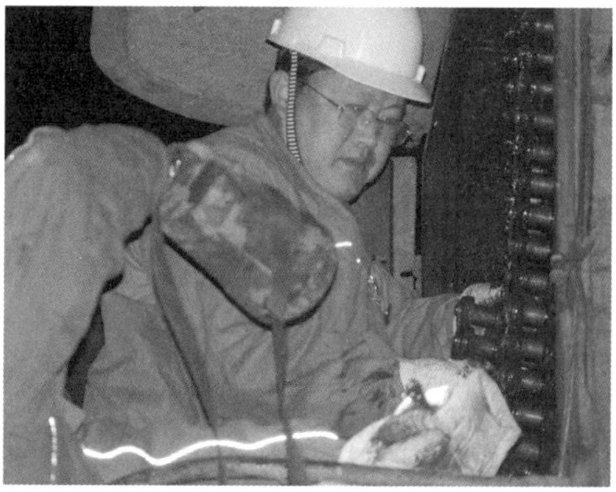

2020年，胜利油田成立了攻关团队，要解决减速箱输入轴渗漏机油的问题。

事情是这样的。工人们反映，由高原公司生产的皮带式抽油机在运转三四年后，减速箱输入轴普遍开始不同程度地渗漏机油。要解决这个问题只能频繁更换油封。可是更换新的油封后，用不了多久又开始出现渗漏。更换油封的工作很繁重，也很烦琐，至少需要两个人，最短要两个小时才能完成。更换过程中操作人员很容易被碰伤和挤伤。

我被任命为攻关项目的负责人。那一刻，我感到空前的压力，同时又有些兴奋。团队协作就要充分发挥每个人的主观能动性，把所有的好想法和好点子都调动出来。

第一次开攻关讨论会，大伙儿兴致都很高。唐守忠认为漏油的主要原因是润滑不到位造成的油封磨损过快。杜国栋认为，除了这个原因，有可能是员工把传动皮带紧得过紧，输入轴受皮带拉力过大，使油封受力不均、磨损过快，造成输入轴漏油。

灯不拨不亮，理不辩不明，我们团队成员都是各单位的技术骨干，都有自己独特的见解和认知，讨论自始至终都很热烈。

"油道堵塞造成润滑不到位，磨损轴或油封，回油道堵塞后润滑油不能流回减速箱，只能流向轴承外侧。"

"冲次过慢，机油飞溅不起来造成润滑不到位，干磨致使油封磨损。"

"输入轴密封部位磨损，加剧了油封磨损，造成漏油。"

"解决漏油不只要解决润滑问题，还要掌握减速箱齿轮、轴承、油道等部位的工作状况，能不能搞一台类似内窥镜的仪器。”

“油道堵塞后需要疏通，如何简单、快速疏通呢？”

“能不能不用拆卸大皮带轮、移动电动机就能更换油封呢？”

“输入轴密封部位磨损后，更换轴和齿轮成本高、耗时长、劳动强度大，能不能对轴的磨损部位进行修复呢？”

……

大家讨论了半天，我们确立了攻关方向——从减速箱内部可视诊断、快速更换油封、轴磨损后的快速修复、铁屑吸附预防油道堵塞、疏通和解决低转速润滑不到位引起的磨损等方面入手。

“有没有主动请缨的？”我这一问，会上炸了锅。

“我们负责减速箱内部可视诊断和油道疏通方面的攻关。”

“我们负责快速更换油封的攻关。”

“我们负责轴磨损后的快速修复攻关。”

“我们负责低冲次抽油机减速箱润滑不到位的问题。”

这些“烫手山芋”一时间成了抢手货。大伙儿知道，无论哪项攻关都很难，可谁也不想落于人后。

会后，我带着怀文、陈庆卫、李彬、耿曙光等十几个人去了兴达机修公司的抽油机维修现场。

我认为，我们要从如何快速更换油封，实现不移动电机、不拆卸减速箱皮带轮上入手。

“把油封开个口，直接套到轴上。”

“油封开了口，密封效果会不会变差？密封寿命会不会缩短？”

“在轴上加一套密封函，密封函内填加密封材料实现密封。”

“加装密封函时需要移动电机、拆卸减速箱皮带轮，之后更换填料就不再需要移动电机和拆皮带轮了。”

“把密封函加工成两个半圆形的密封函，是不是就不用移动电机，也不用拆卸大皮带轮了？”

“加工成分体的密封函，能不能保证密封效果呢？”

经过不断地讨论、试验、改进，分体式密封函研发成功了。

唐守忠、杜国栋带着苗一清、燕楹三、张峰、郭海涛、吴涛、侯卫山等十几人在“唐守忠工作室”，针对减速箱内部可视诊断、油道疏通和低冲次抽油机减速箱润滑不到位等问题展开讨论。

“可视诊断可以利用内窥镜的原理，采用钢丝加手柄可以控制摄像头的旋转。”

“摄像头都可以无线连接手机了，内窥镜能不能也无线连接手机？”

“疏通油道可以借鉴疏通下水道的原理。”

“疏通油道能不能用气体吹扫？”

“低冲次转速慢，机油无法飞溅润滑轴承，能不能采用刮油、引流的方式润滑轴承和油封？”

常学义带着许宁、贾岩、米世超、孙翔等在“常学义工作室”，针对减速箱输入轴磨损后的快速修复等问题展开了热烈讨论。

“对磨损部位进行研磨，恢复轴表面的精度和光洁度，延长油封寿命。”

“研磨只能修复轻微的磨损，而且需要较长的时间，会严重影响油井的运行时率和原油产量。”

“能不能运用特殊的材料对磨损部位进行修复，比如类似AB胶的材料。”

“新材料的研发需要大量的时间和经费，目前咱们油田还不具备这个条件。”

“能不能在磨损部位加一个精度较高的轴套替代密封部位，然后对原密封端盖的油封位置进行扩孔，安装一个直径较大的油封呢？”

在不断讨论中，我们确立了攻关方向，随之展开大量试验和不断改进工作。

半年后，由我们创新团队研发的减速箱内部可视装置、油道疏通装置、开口式骨架油封、分体式密封函、替代轴磨损部位的组合密封装置、刮油润滑装置等成功了。这些装置既能快速诊断减速箱内部故障，又能快速解决各类减速箱渗漏机油的问题。

31

我的第一个发明专利

胜利油田　张春荣

1992年，技校毕业的我怀揣着儿时的向往和梦想，追随着老一辈石油人的脚步，来到胜利油田开始跟石油打上了交道。刚上班那会儿，我的工作性质是“四班三倒”，简单而重复。一天，站上来了几个技术员模样的人，帮助解决了好几个困扰我们很久的生产难题，他们自信、认真、熟练的操作让我惊叹不已。于是萌发了趁着年轻学点专业知识的念头。

1994年，我毅然报考了石油学校油气储运中专函授，上班的车上、下班的路上都成了我向同事求教的课堂。不懂就问，不会就学。为掌握操作要领，我借着储运中专做毕业设计的机会，跟着技术员盯施工现场，学习集输工艺流程、设备结构原理、地下管网走向等，不到半年时间，就把油气水处理工艺熟悉了遍，并绘制出了全站的工艺流程图，快速胜任了郝现联合站的8个岗位。接下来利用10年时间又自学完成了大专和本科的全部课程，并一举夺得中国石化技能竞赛集输工种的金奖，站到了中国石化技能竞赛最高领奖台上。

回到单位的我，心里只有一个念头：“技能只有服务生产才有意义，知识创造效益方显价值。”2012年的一件事，带给我思想很大的触动，也使我深深体会到了胜利石油人的艰苦，更切实感受到了创新的价值和快乐。油气集输系统里有个叫过滤器的设备，又大又重，需要定期拆开清洗，平日里都是男同事们干。一次我当班期间，正在分离岗对分

离器各上传数据进行例行检查，当检查到3#分离器的时候，发现质量流量计瞬时流量由原来的9立方米/小时降为6立方米/小时，油腔液位上升，我首先将气动阀由自动转为手动控制，油腔液位并无下降趋势，接着又打开质量流量计旁通试验，液位迅速下降。经缜密的分析判断，得出为过滤器堵塞所致。

当时，男同事们都去外输线上处理穿孔去了，如果不及时对过滤器进行清理，将影响整个集输系统正常运行。十万火急，刻不容缓，为使质量流量计尽快恢复精准计量，我义不容辞带着3名女同志冲上阵，开始对过滤器进行清理。倒旁通流程，关过滤器进出口阀门，放空泄压，拆卸过滤器大盖螺栓，取出过滤网，清洗滤网、腔体，安装，投运，这一套工作下来，四个人整整干了一个多小时，衣服湿透了，汗珠顺着脸颊淌下来，姐妹们都累得瘫坐在地上，久久不愿站起来……这时我暗下决心，一定要进行技术革新，提高生产环节中的智能化、先进化水平。

下来后，这个问题就始终在我脑海里久久萦绕：有没有一种免拆卸、快速除渣过滤器，实现自动除渣，以减轻同事们的工作强度呢？通过上网检索，也未发现想要的相关技术。在接下来的很长一段时间内，都没有找到合适的解决方案。一次，在进行污水精细过滤罐自动反冲洗时，使我眼前一亮，脑洞大开，可以利用旋流原理，密度不同的物质产生离心力的大小，设计一种旋流式两相过滤器，解决滤渣自清洗的难题。

说干就干，我带领工作室成员开始对现场使用的过滤器情况开展调查，并选取系统压力0.2～0.25 兆帕，日处理液量90吨，杂质含量≤0.03%，液体密度0.8630千克/立方米的分离器质量流量计前端安装的过滤器进行核算，经计算，容器壁厚5.95毫米就能满足强度条件。故选取Φ406毫米，壁厚10毫米的20#钢管符合壳体制作要求。

为实现液体旋流功能，决定采用低进高出切线进液方式，并在过滤器内壁沿进口螺旋状向上依次安装3片导叶，实现液体旋流和两相物质的有效去除。为了解决低进高出结构方式导致现场安装费时费力的弊端，确定了进、出口法兰在同一直线上的进口结构优化方案。

滤网结构的不同，去除絮状物的效果也差别较大，为了有效地去除絮状物，通过对锥形滤网和平底形滤网两种结构进行室内模拟实验，发现锥形滤网结构更接近旋流路径，利于絮状物质在液流中间聚集。为了减缓腐蚀和结垢，决定选择304不锈钢锥形滤网。在不影响过滤器正常运行状况下，快速清理底部沉积物，同时避免高压造成的危险因素，又在过滤器底部设计*DN*100，长200毫米沉砂段，两端依靠双重阀门控制，实现不停产清渣。

经过专家对以上过滤器设计图纸进行审核、论证，确定了旋流式两相过滤器的设计最终方案。在单位相关部门的支持下，申请到7000元创新经费，经过数次试验、改进、再试验，终于成功研制出了旋流式自清洗两相过滤器，以往三四名男同志花费半小时完成的工作，如今一名女同志3分钟就可完成自动清理滤渣，系统实现了无差压运行，避免因分离器压力升高引起采油井回压升高，导致油井采收率的降低；不停产清砂装置使过滤器的运行时率提高了6%，同时为准确盘库提供了第一手现场资料；减少了因过滤器失效导致的质量流量计损坏，而且更加安全稳定高效。因此，我申请和拥有了第一个国家发明专利——一种旋流式两相过滤器。

2016年，在胜利油田的大力支持下，作为组长的我，组织了4个工作室5个工种10人的团队，对现场在用的过滤器进行了集成优化，提出利用花洒原理，由过滤器上部端盖中央钻Φ25毫米的圆孔，安装*DN*25截止阀控制钢制喷头，实现滤网自清洗，自此，旋流式自清洗两相过滤器诞生了，并已在胜利油田推广应用155套，累计创效200余万元。该过滤器可以安装在各种泵类、流量计等设备的前端，为油气集输站场实现无人值守奠定了基础。

“问题在哪里，创新的方向就在哪里。”这是我扎根基层，踔力笃行，以一己微弱之光，展石油芳华，奉献中绽放绚烂，在不断突破自我和探索之路上的深深感悟。

32

给方卡子“安牙”

中原油田　都亚军

在工作中遇到什么难题时，我并不急于动手干，而是先静下来思考：为什么会出现这样的情况？有什么地方需要完善改进？有什么地方可以去革新？有几种解决的方法？哪种方法最安全、最节约成本、最能减小劳动强度。多问几个为什么后，你也会逐渐地养成思考解决的方法习惯，而当你平时留心，善于钻研和思考时，你就会不知不觉地激发出更多的创新活力。

东濮凹陷油藏具有“三高一低”特点（即：高温、高压、高矿化度、低渗），开发生产表现为油井结盐严重、洗盐周期短、日常维护工作量大、车辆劳务高。为延长洗盐周期，技术人员采用泵车、水罐车，从井口套管掺水或连接掺水管线进行套管掺水。这些方法由于排量难以控制，排量大时影响油井产量，排量小时不能实现连续掺水，溶盐效果较差，造成洗盐周期延长不明显。为解决这一技术难题，我运用自动化控制技术，采用微电脑精准控制柱塞泵排量，实现小排量连续定时、定量向套管自动加水，在保障掺水量供排平衡的情况下达到最佳溶盐效果。设计的在线防盐装置应用后平均洗盐周期延长了15天，该装置在中原油田推广应用200余井次，为油田取得了良好的经济效益。

攻关就不要怕失败，即使创新不成功也能积累经验。经过无数次失败，经过不断地完善，就能搞出质量较高的成果，在创新中得到锻炼。比如说我的第一次创新，是在2005年。那时我还是一名计量站站长，有一天我所管理的14–侧20井，光杆断脱掉落入井筒内，造成产出液外喷，外喷原油污染了周围环境，并且光杆掉入井内，需作业打捞，严重影响油井生产。当时我就想："能不能研制一种工具，当光杆发生断脱时，保障光杆不掉入井内，这样就不仅可以减少污染，还能节省大量作业费用。"也就是从这天开始，每天除了干活，其余的时间我就把自己关在大班的工具房里，外面的人不知道我在干什么，只听到工具房里时而会传出叮叮当当的敲打声。半个月后的一天，我手里举着一个黑色的铁疙瘩，兴奋地对大家喊道："这是我的发明，专为抽油机井量身定做的'光杆防掉器——方卡子'"。

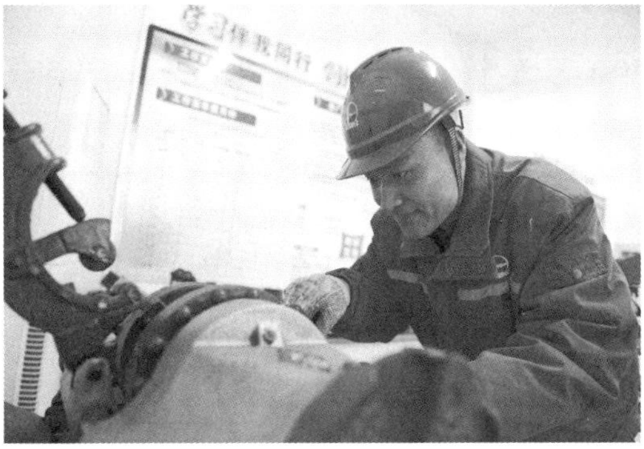

该装置应用后，虽然起到了防掉落的作用，但长时间应用后，发现增加的"方卡子"又在光杆上增加了一处应力集中处。怎么能把这个弊端给消除，我一直找不到合适的解决方法。后来在胜利油田一次学习中，遇到了中国工程院院士顾心怿，在和他的交流中我把这个困扰我几年的问题与之探讨，顾院士告诉我说："你可以突破思维定式，从方卡子结构进行改进；不要想着在现有方卡子的基础上进行改进，可以只将方卡子卡牙与光杆接触而不是卡在光杆上，从而消除应用集中的问题。"听到他的一席话后，我的思路豁然开朗，我对现有的方卡子进行了改进，制作成为带锥度的筒式卡牙。改进后的"防光杆掉落装置"获得了中原油田2011年"五小"成果一等奖，也被国家知识产权局授权为国家实用新型专利。

"防光杆掉落装置"从最初的2005年构思到2011年的完善推广，经历了5年多的时间，其中，我有过失败、有过困惑、也有过痛苦。是的，我们在创新的道路上不会一帆风顺，会经历许多波折困难，但只要咬牙坚持，打破固有思维，利用一切可以创新的知识力求改变，就会有柳暗花明的时候，就会取得新的突破。只要我们结合实际，刻苦钻研，我们就会有更多的奇思妙想，创新不在大小，关键在于实用，能有效解决现场生产难题，起到提高安全、减轻劳动强度、增效创效的作用，就是最好的创新成果。"防光杆掉落装置"的发明，就充分说明了这一点。

33

责任

西南油田　邓远平

我在川西平原工作，在这片美丽富饶的土地上，蕴藏着丰富的天然气资源。为保障能源安全，数以万计的石油人从祖国的四面八方来到这片热土，兢兢业业、无私奉献。参加工作37年，我先后从事过钻井工和采气工，在工作中，遇见过很多疑难问题，其中有一个问题让我至今难忘。

1995年9月18日的早晨，我刚担任川孝135井站站长不足3个月，就接到值班人员汇报：川孝135井生产发生异常，油压从正常的19.2兆帕降到9.5兆帕，产气量从每天4.5万立方米万方降至5000立方米。我立即赶到了气井现场，仔细向值班人员了解情况。原来，昨天晚上9点，值班人员发现，油压开始缓慢下降，产气量也随之下降。通过巡井巡线没有发现异常，他就开始调整可调式节流阀后，调解后产量有一定升高，但很快又出现了油压下降、产量下降的情况。听到这里，我和值班人员说："压力这么高，不能无限制开大节流阀，一旦堵塞通开，就会造成高压气流无法控制。还是要查找堵塞是什么原因造成的，不能盲目地采取措施。"

接着我开始一边巡查设备情况，一边开始分析：从现场状况来看，是堵塞，但不像是异物堵塞。如果是异物堵塞，产气量虽然也会下降，但油压应该上升。只有产层堵塞或是井内油管堵塞才会出现压力、产量同时下降。既然通过活动可调式节流阀，产量和压力在短时间内能恢复，就排除了产层和油管堵的情况。

突然，我发现节流阀和节流前后管线有露珠出现，我用手摸了摸，发现温度明显低于外界温度。难道是这几天气温下降，在节流处形成了水合物堵塞？通过现场分析，发现真的是节流阀水合物堵塞。天然气中大量的凝析水在节流阀处降压，气体膨胀吸收大量的热量；水套加热炉采用两级节流，因为一级节流过高，又没有加热设备，在一级节流处产生水合物，形成堵塞。

原因找到了，我们马上对一级节流进行解堵。用热水浇淋节流阀和前后管线，活动一、二级节流阀……通过一阵解堵工作，产气量和油压很快恢复到正常状态。运行了几个小时以后，又出现同样情况，没有办法，我们只能采用相同办法再次进行处理。

这口井是一口高产井，一旦出现异常，每天就会减少4万余立方米的气。为了保证生产，就只能不断地解堵，不断地取热水浇淋，要跑几百趟来回取热水，一个班上下来，员工疲惫不堪。看着员工疲惫的样子，我就想，能不能有一个好的方法解决这个问题？

首先，我考虑用加热炉的热水，浇淋节流阀前端管线进行加热，防止水合物的生成。我们马上找来水管线连接加热炉，让水管线和生产管线并行，在水管线上钻一定数量的小孔对生产管线进行伴生加热，情况得到了改善。

可是好景不长，运行了一段时间，又回到原来的情况。我开始感到情况不对，不单纯是节流前后管线形成水合物堵塞这么简单，必须重新分析。于是，我从该井的钻井资料、测试资料和开井至今的生产资料上进行查找分析，发现这口井开井生产后每年的9月18日前后就会出现这种现象。从各方面分析，我觉得蜡堵的可能性很大，堵塞点应该就在采油树上。为了验证自己的想法，我马上对采油树进行加热。先用热水浇淋，效果不理想，我就拿来棉被包裹采油树，还是不理想。

保温问题仿佛成了一个魔咒，充满了我的脑海，搅得我睡不好吃不香。有一天下了班，我打算冲一个热水澡缓解一下疲惫，在洗浴的时候看到了浴池，我不由眼前一亮：为什么不用水浴的方法呢？

于是，我设计了一个采油树专用的“浴池”。几天后“浴池”加工好了，装上一试效果很好，产量、压力稳定。半个月以后，值班人员跑来告诉我，这口井现在产液量很高，而且液体发黄。我立马装了一桶液体，准备拿去化验，第二天起床一看，满满一桶白色的东西。这不就是析出的蜡吗？原因找到了，问题解决了。

后来，这种加热方法在川西气田40余口井上进行了推广，收到良好的效果，每年可增加效益800余万元。我给这个装置命名为“水浴保温”，获得国家实用新型专利授权。

“水浴保温装置”虽然应用效果好，但是在水源缺乏的气井上却没有“用武之地”，我开始考虑继续对这个装置进行改进。冬天大家都在使用电热毯取暖，有没有像电热毯一样的东西用来给采油树保温呢？

带着这个思路，我查阅了很多资料，终于查到江苏有一家生产电加热带的厂家。我和厂家进行了联系，由于是气井上的采油树，所以要求很高，既要保温又要防爆。厂家根据我的要求为我设计增加了安全防爆装置。新的装置很快加工完成，拿到现场一试验，效果特别好，完全符合现场要求。

新的保温装置开始在现场进行大量推广应用，我感到特别的开心。每当有人问我：“冬季井堵是常事，你为什么这样认真呢？”我总是微微一笑：“维护气井正常生产是我应尽的责任。”

34

听出来的问题

中原油田　李红星

油气混输泵是在输油干线上安装的油气增压输送装置，它的作用是降低泵进口方向集输管线的压力从而降低油井井口回压，达到增大油井生产压差提高产量的目的。

我在单位负责设备管理工作，经常到各个生产现场对设备进行巡检。2011年8月，一天上午，我来到文留采油厂文南采油管理二区28号注采站现场巡查，进门就碰到了该站的负责人郭师傅。

“郭师傅，咱们站生产是不是正常，有没有什么事呀？”

“哦，红星啊，我们站现在一切正常，你来有事吗？”

“没什么事，就是过来正常看看咱们的设备运转情况，再看站上有没有需要帮助解决的问题。”

简单询问后，郭师傅陪着我对站内设备进行检查。

28号注采站是南二干线上的一座枢纽站，安装有一台单螺杆油气混输泵、三台注水高压柱塞泵、外输分离器等相关设备。其中，混输泵负责对进口方向的两条输油支线进行抽送降压，降低该线上的几十口油井的井口回压。

巡查到混输泵时，该泵进口压力表显示0.3兆帕，出口压力表显示0.9兆帕，压力处于正常范围，混输泵的变速箱、泵盘根等部位也没有渗漏现象，混输泵处于正常状态。继续巡查其他设备，三台高压柱塞泵也保持在完好状态。但在检查过程中，听着混输泵的运转声音，总感觉哪里有些不对，和平时有些差别。到底是哪里不对呢？我在脑子里不断回忆和思索，终于有了发现，原来是今天混输泵的声音过于平稳了，和平时忽高忽低、忽大忽小的声音不一样。由于是油气混输泵，它在运转的时候会将泵进口方向管道内的流体一同抽送到出口管道，而进口管道内流体中的气液比不是固定的，当进口流体中的气液比例不同时混输泵转子受到的阻力会有差别，正常情况下，电机的运转声音应该有一定的变化和波动，但今天它的声音过于平稳了。

我赶紧喊郭师傅一起回到混输泵的位置，仔细对混输泵进行详查，进口压力、出口压力、转速、温度等运转指标还是正常，从表象上看没有问题。

郭师傅说："所有数据和平时是一致的，应该没事吧？"

难道是我判断错了？我心里仍有疑问和顾虑，所以并未马上离开，而是继续站在混输泵旁，倾听着混输泵和电机的运转声音，可是我想听到的那种声音的变化和波动，始终没有传到我的耳中。这时，我已经作出了自己的判断，混输泵一定是出现了问题。

南二集输干线上只有这一台混输泵，可想而知，它对集输系统的影响有多大。对它进行启停操作，需要向上级申请汇报，征得区部调度室和主管领导同意后，我和郭师傅开始对混输泵进行故障排查。我们先让工人按操作规程停泵，以便观察泵惰转情况和混输泵进出口压力在停泵后的变化。

停泵后发现，电机和变速箱部位运转了较长时间才停止。正常情况下，由于混输泵转子在输送流体中转动有很大的阻力，停泵后应该很快就会停止运转，惰转时间一般都很短，如果惰转时间长就不对了，说明转子没有受到应有的流体阻力。具体原因可能有两种，一种是泵内抽空没有流体，一种是泵内有流体但泵的转子没有转动。

由于该混输泵连接有两条集输支线的几十口油井，第一种没有流体的情况可以排除，那么问题出在第二种，也就是泵的转子没有转动。为了进一步明确故障，我又让郭师傅找来了盘泵工具，我们一起从混输泵联轴器的位置开始盘泵。原本混输泵的联轴器是很难盘动的，而现在混输泵一个人就能轻松地转动。根据经验，我认为是混输泵连杆部位出现了断脱，造成混输泵的转子无法转动，泵运转时只是电机带动变速箱转动，使得其运转声音特别平稳。

那么，这种情况下，为什么泵的进出口压力还存在正常的压差呢？我们又对混输泵进出口方向的压力表一块一块地排查。利用落零法进行校表，所有压力表都是落零的。接下来，继续排查每一块压力表的表补芯和控制阀门，最后发现是进口压力表阀门发生了堵塞。解除堵塞后，重新安装压力表测量，这时混输泵的进出口压力比较一致了，压力已经上升到1.0兆帕，也就是说井口回压升高了0.7兆帕。压力的变化，则进一步说明，混输泵就是出现了连杆部位断脱，造成转子不转。眼看着压力已经回升到1.0兆帕了，如果不及时恢复混输泵的运转，南二线的集输压力会继续上升，线上的几十口油井，将因回压升高、生产压差减小而影响到原油产量，同时还存在管线穿孔泄漏污染环境的风险。

确定了设备故障的原因，我立刻向区部和厂业务部门汇报，并组织人员抢修。经过紧张的拆卸、吊装、更换，一直忙到晚上九点，混输泵恢复了正常运转。这次故障排除后，我们更新了混输泵检查内容，总结了听、看、测的检查方法：听泵运转声音是否正常，有无大小变化；看压力是否正常，同时检查进口压力表上流位置的压力表；测取泵运转电流，对电流较正常时差别大和半小时内电流无变化的，及时汇报和排查原因。通过新检查方法的应用，又在2024年5月发现和排除了混输泵转子脱落的故障，为油田挽回了损失，也及时消除了安全隐患。

35

工作中创新

胜利油田　孙汉军

说起我的创新故事，要追溯到20世纪90年代临南会战的时候，一次偶然的机会，让我和创新结下了不解之缘。

1993年的一个夏天，我所在的临盘采油厂作业一大队作业十四队在夏32断块新投产的一口油井上，进行作业施工。夏32断块属于临南油田，因为刚投入开发，所以地层能量充足，原油基本不含水，且伴生大量的天然气。

晚上十点左右，作为技术员的我开始组织起油管传输射孔管柱。当时，作业队伍的工具用具比较简陋，配套设施也不是很全，起下油管时主要是靠人力。在起出第200根油管时，出现了惊险的一幕：油管滑道起火了。我放下手里的工作，冲到值班室里，取出现场配备的灭火器，和另一个员工一起迅速将蔓延了油管桥大部分的明火扑灭，避免了一起重大火灾事故的发生。事后经过调查，发现起火的原因是司钻在下放单根时，布满原油的油管突然在滑道上停止不动，井口的员工用管钳敲击了一下油管，油管迅速下滑，擦出了火花，瞬间将油管桥点燃。

抹了一把额头上的冷汗，我开始犯难。工期不等人，但是继续施工，还可能发生这种情况，怎么办呢？我不禁锁紧了眉头。后来，我想了一个办法：把铁锹的把柄去掉，用铁锹头制作了一个简易的“油管小滑车”，将铁锹头凹面朝上，放置在由两根油管组成的滑道上，这样就组成了圆面与圆面相对运动，从始至终，下放油管单根都没有出现滑不动的现象，安全顺利地将射孔管柱起完。

通过这件事情，我对创新产生了浓厚的兴趣。在以后的工作中，我用越来越多的想法解决了现场很多的实际问题，先后取得了28项职务专利授权和40余项非职务专利授权，发明专利授权4项。其中，让我记忆最深刻的，就是我的第一项创新成果，抽油杆可锁式固定扳手解决了普通管钳上卸抽油杆时容易伤人的问题。

那是一次施工作业，两名员工配合给抽油杆上扣，由于管钳磨损严重，管钳甩落，甩到了一名员工的小腿上，当时腿就破了，伤口周围青紫一大片，疼得这名员工眼泪都下来了。这样的事情在作业施工中屡见不鲜。怎么研发一种上卸抽油杆的专用工具，杜绝管钳伤人的安全隐患呢？我动起了脑筋。

我仔细分析了抽油杆的结构特点和搭扣工具方位的尺寸，经过10多个日夜的反复思考，借鉴门锁原理，研制出了专用工具。

抽油杆上卸扣时工具搭扣的部位是方形，我把工具的钳头部位设计成整体式结构，钳口为长方形，尺寸大小比抽油杆方形尺寸略大，便于抽油杆顺利进入工具钳口；钳柄采用伸缩式结构，在必要的时候可以加长力臂，对丝扣较紧的抽油杆卸扣。为了保证操作时工具不会从抽油杆上甩下来，我又在钳口加装了类似门锁锁销结构的保险装置。在压缩弹簧的作用下，锁销保持关闭状态，搭扣抽油杆时不需要拉动锁销，直接就可以将工具搭扣在抽油杆方棱上，到位后锁销在弹簧作用下恢复原状，进行卸扣操作，完成后拉动锁销手柄，退出工具。

工具加工完成后，在现场进行了试验，效果非常好，在基层员工中获得了很大的赞誉。2002年这项成果获得了临盘采油厂技术革新三等奖，2010年获得国家实用新型专利授权。

这次革新成功后，我仿佛开了“挂”，以往视而不见的各类隐患问题，在我的眼前突然变得鲜明起来。我的脑海里总是被这样那样的想法灌满，一个又一个革新方案涌现了出来。

在井下作业过程中，经常遇到下管柱时油管、套管同时返液的情况。套管返液还好处理，但是油管返液很难控制，井液喷洒造成污染，操作人员脚底打滑，出现人身伤害事故。传统的解决方法，是在管柱的底部加装一个单流阀，导致油套环空与油管内腔压差过大，增加油管内灌液工作量。而且带有单流阀的管柱只能正洗井，无法进行反洗施工，存在施工的局限性。

为了解决这个难题，我废寝忘食地投入了钻研中。经过反复修改方案，模拟实验，最后决定在油套环空和油管内腔之间人为增加一个压差值，使油套环空的压力始终高于油管内腔的压力，就能避免油管在下放途中喷洒井液，同时也杜绝了单流阀油管被挤扁或挤毁的现象。根据这一思路，我设计了一个带有球阀的工具，球杆的球体与内套的内圆柱面配合实现密封，利用压缩弹簧，使球体在一定的压差下脱离密封段，达到上下贯通的目的。

工具加工完成后，在生产现场进行了推广，广泛应用于各个作业区，累计应用超过3000井次，取得了良好的经济效益和社会效益，被确定为油气井下作业中心十大核心技术之一，2014年获得国家实用新型专利授权，2016年获国家发明专利授权。

创新是企业进步的源泉，也是个人成长的阶梯，自从和创新结下不解之缘，我的眼前仿佛推开了一扇窗，窗外有鲜花遍地，有阳光灿烂。

36

练就“河东狮吼”功

江苏油田　杨　莲

2022年2月的一个清晨，我和往常一样坐在去单位的班车上，微闭了眼眸，思索着今天将要开展的工作。突然，有人使劲戳了戳我，我抬眼一看是我的同事张宏，周宋采油班站的HSE监督员，同时也是我们劳模创新工作室的骨干。

“昨天，咱们在周41联合站安装的远程报警仪试用成功，我把现场视频发到了厂安全环保群，没想到引来了好多Fans。他们都在问，能不能把这个远程报警仪推广移植到自己的站库使用……”她凑到我跟前兴奋地说着。

她的一番话，把我的思绪带回了几个月之前。

周41联合站的原油外输码头是采油一厂在用的2个码头之一，属于中级环境风险等级。平时是通过码头上的手摇式报警仪来进行预警。手摇报警仪是由人力转动摇柄，通过齿轮箱传动逐级加速，再经过传动块带动鸣轮高速运转产生鸣响，转速越高，声音就越大。报警仪的悬挂位置离着值班室有四五百米的距离。因为距离远，再加上鸣声比较发散，哪怕是最大等级的报警声，岗位上的员工也听不到。一旦码头发生泄漏、火灾等突发事故，无法第一时间进行应急处置。为此，地方、油田的领导和专家们都提出了限时整改的意见。

作为一名高技能岗位的工人，我和工作室成员主动请缨，接过了这个“烫手山芋”。

怎么能让这个报警仪的声音再响一点呢？我们几个碰了个头，大家在会上激烈地讨论着，进行头脑风暴。就在大家讨论来讨论去，一筹莫展的时候，周41联合站吴班长的一句话提醒了我。

“我是这个站里面力气最大的一个，也是半天摇不来一个人，何况这个岗都是女同志呢。要是我在码头这边摇，声音能在值班室那边响就好了。”他说。

“你这么一说，倒让我想到了医院的护士铃。病人在病房里一按，护士站就能即刻发出提示铃声。”我一边思索一边说。

“对啊，现在都是信息化爆炸的时代了，我们咋还在守着老黄历抓耳挠腮呢……”大家的思路被打开了。

经过激烈讨论，我们把思路定格在“网络远程报警”这个方案上。

兵贵神速，接下来就是分头行动。我们开始翻阅相关技术和资料，上网查找相关实物，评估方案可行性。因为这次的创新首次涉及了信息技术，为此，我们还邀请到了采油厂专门从事信息技术维护的专家前来坐镇指导。

在这个过程中遇到很多的问题。比如说，信号传输问题。因为周41联合站安全风险等级高，不能私自、随意设置有线或者无线网络。原本以为这个创新方向要夭折了，后来，我们一次次对输油码头现场进行反复考察和论证，和厂安全环保室、信息中心相结合，最终确定了“利用码头枪机视频网络直接将报警信号传送到值班室”这个方案。这个课题任务也正式迈出了第一步。

2022年2月15日，恰逢中国传统的节日——元宵佳节。经过一个月的筹备，远程报警仪所有相关的设施、设备全部到位。我兴冲冲地把这个消息告知了工作室成员，并通知他们节后第一天开工。不承想，刚到下班的时间，他们几个人忙完手头的工作，纷纷从真武采油班站、富民采油班站来到了我们周41联合站。

测量、接线、入网、钻孔、安装……大家全神贯注地进行着手里的工作。正是初春时节，太阳很快落了下去，当夕阳收起了最后一抹余晖，河面上的风开始肆无忌惮起来，裹着湿冷的水汽直往我们的棉衣里钻，刺骨的冷。专家说，视频网络的接收盒因为在室外，都是防水防爆的，操作时要万分当心，既不能干扰现有的网络线，也不能损坏外壳的密封圈，建议最好能一次完工，尽量减少盒盖的开合次数。

老实说，这个活儿并不算特别复杂，细心加耐心加上体力充沛足矣。因为除了触发器，其余的部件要么安装在2.5米高的墙上，要么就在码头围墙外的电线杆上，全程都是在梯子爬上爬下，墙里墙外的翻进翻出。大约5个小时的时间，到了晚上9点30分，我们终于完成了最后的安装和测试工作。按下触发器的那一刻，我们站在码头上，听到一声尖锐响亮的警笛声响彻了全站，在荒原里久久回荡。

耀眼的手电光里，是大伙儿冻得红彤彤的脸颊和兴奋的笑容，那一刻我的眼睛湿润了，这不是今宵最响的爆竹声和最美的烟花吗？

第二天一早，我和张宏又去了一趟联合站，在岗位员工不知情的情况，按下了报警仪的触发器。40秒钟后，全站8名员工全部飞奔到了现场。

那天，张宏激动地对我说：我从不相信有超级英雄，我们站在一起，就是一个英雄的团队。

2022年5月，码头迎来了第一批地方港口局的检查人员，在亲自体验了一回远程报警仪的效果后，他们不约而同地竖起了大拇指，连连说：这个创新点子“有点意思”，因地制宜，巧妙实用，最大限度规避了码头溢油风险，守牢了水乡油田绿色生产底色，值得借鉴。

后来，这个成果在我们采油厂4个班站十几个站库进行了推广使用。

很多人都说，我们这个团队在创新路上昂首阔步，在汇报席上滔滔不绝，在领奖台上光鲜耀眼。我说不是，这世上没有什么平白无故的横空出世，每一件好东西，都是以付出为前提，是血，是汗，是大把大把美好的时光。而时光，不会辜负每一个付出努力的人。

37

甲烷回收之路

胜利油田　毕新忠

2020年，在油田大师下基层解疑释惑活动中，我随代旭升大师一行到东胜公司进行交流，交流过程中，东胜的员工提出了桩23区块气量高，导致混输泵气蚀能耗高、维修成本高的问题。会后，代旭升大师组织创新团队唐守忠、毕新忠、杜国栋、王刚、李志明等进行了桩西油区的实地考察，桩23块油井套管伴生气量大，进入外输系统是导致混输泵气蚀的主要原因，怎样消化掉这些套管伴生气成为团队研发的方向。代老师指出，随着油田碳中和、零排放的管理提升，此类问题将会逐步显现和加剧。

这个生产问题成了代老师的心病，他组建了由集团公司大师、油田首席技师、采油、集输、电力、电焊大师及采油厂首席技师等行业8个创新工作室23位成员组成的项目组，安排我担任组长，组织大家围绕问题查资料、想办法。经过多次论证，我们形成了“改输为用”的攻关方向，就是将油井套管气收集、输送向就地高效利用，从源头消除油井套管气憋压，制约生产的难题，彻底解决伴生气受流程管网、设备设施不匹配造成的管理难、高能耗、易污染的问题。

2021年6月初，中国石化集团公司、胜利油田分公司在胜利职业学院举办了中国石化大国工匠学习班，代老师带领我们参观了北京石油设备装备展，在展会上我们发现了用沼气发电的新技术——微燃机。团队多次与微燃机厂家交流，把油田天然气的组分特征与燃气轮机技术要求进行对接论证，论证结果是伴生气和沼气成分相近，相关技术具有一致性，给项目的探索找到了新路径。

然而，技术的一致性和差异性并存，要想取得彻底突破还是相当困难。微型燃气轮机主要使用沼气，沼气中含50%至80%甲

烷，而天然气的甲烷含量高达90%以上，且油井套管气存在组分差异较大，气量不稳定等特点。特别是油井都是在野外，如何让结构复杂、精细的微燃机适应我们的作业环境，是需要攻克的难点。因此，在现场试验中，适应性调整和配套性完善尤为重要。

代老师亲自绘制图纸设计了分离与干燥、过滤与减压组合式伴生气处理装置，在桩23区23-X435VF区块5井组单井设计分离回流装置，实现一级燃气净化，通过DN50支管线接入*DN*50母管，*DN*50母管接入气包实现二级分离，再进入自行设计的梯度式干燥器进行多通道净化，同时对微燃机运行软件系统进行改进，全方位防爆设计改造和智能化升级，拓宽了燃气机可燃介质的边界，适应于高燃值套管气运行。

传统的微燃机组只重视发电，简单循环发电效率仅为15%~17%，高温烟气处于外排浪费状态，为此，团队自主设计研发了余热利用系统，把外排高温烟气热量应用于油井外输加温，通过配套设计综合效率达到80%，真正实现了"转废为宝"。

经过240天千辛万苦的试验和论证，代旭升创新团队发明了一套新的移动式套管气回收再利用新技术，形成了5万多字的试验记录，收集了大量的试验照片和视频，实现了改"耗能为供能"，将油井套管气转化为油井设备运行需要的清洁能源——电能和热能，从源头消除了油井套管气、伴生气受流程管网、设备设施不匹配造成的管理难、高能耗、易污染的问题。

伴生气发电发热装置的试验过程，是一个联智联力联合创新的过程，桩西采油厂、东辛采油厂的联合攻关，电力公司、维修中心、东胜公司等多个单位多名行业的油田大师参与研发制造，大家共同克服环境制约，历经烈日炎炎的夏季和大雪纷飞的冬季，跟踪恶劣天气，积累了大量参数，从而持续改进升级，蹚出了技术革新的道路。《移动式套管气回收装置》，提高了油井产量，实现了天然气的有效回收利用，消除了套管气排放造成的环境污染，获得国家科学技术进步二等奖，实现了油田员工个人在国家科技成果领域的突破。

多年来，代旭升团队从效益最大化和绿色环保生产的角度，发现问题，收集难题，从套管气治理到伴生气管理，从最初的套管气回收入系统到今天的甲烷发电发热再利用……随着油田高质量发展要求的进步升级，团队不断经验积累，不断寻求突破。作为代旭升工作室成员之一，我荣幸地见证了团队系列技术成果的诞生过程，进一步认识到一名石油人强烈的责任感、使命感。

38

智慧之手织密安全防护网

华东油气分公司　沈　霁

每当走过明媚阳光洒落的美丽泰东河畔，微风徐徐中你若仔细观察，会在泰东河水面上看到一条红色的围油栏，随水流起伏上下波动，在自动驾驶船的牵引下飞快向河对岸的收船装置驶去。

众所周知，华东油气分公司泰州采油厂管辖的开发区块处于苏中里下河地区，水网密布，管网集输穿越点多且有穿越泰东河等重点水域，存在较大的环境污染风险。虽然在长输流程穿越的河道重点区安装了视频监控和异常预警报警，能及时报警预警，但现有的应急处置方式一旦遇到过河管线原油泄漏等情况，现场巡检班值班人员将牵引船、围油栏运至泄漏现场，再由人员驾驶牵引船，将河岸边的围油栏拖至原油泄漏区域，一整套流程总共需要30~40分钟，而且最少需要四五人参加，应急响应速度慢。

作为中国石化集团公司技能大师、创新工作室负责人，我们创新团队的宗旨就是生产一线哪里有难点，哪里有需要，我们就第一时间与现场对接，以现场生产需求为导向开展创新攻关，力争从“信息+智能”的方向为企业高质量发展贡献力量。

工作22年以来，我遇到过各种各样的“疑难杂症”，但这个河道自动拦油装置，是我遇到的最难、最棘手的项目，主要是之前没有接触过这类涉及精准定位、自动驾驶等复杂控制的项目，其中的不确定因素太多了。

“每次开展穿越河道管线原油泄漏应急预案演练都要来回收拉围油栏，效率低、还累人，什么时候能实现自动化操作就好了”……收集到现场巡检班员工的这些“吐槽”，让我逐渐萌生了自主研制河道自动拦油装置的想法。有了这个想法，我跟徒弟杨阳首先是通过查阅相关资料，设想了用河底索引、无人机牵引围油栏等好几种方案，但因其他方案中存在不可调节控制的问题，经过综合考虑，最后选择最难实现也是最可靠的无人船牵引的方案。

方案确定后，无人船的定位就成了首先要解决的难题，刚开始我选择了三网卫星定位模块，作为民用简单的定位是可以的，但是测试后发现无法满足我们无人船的高精度定位要求。之后的一段时间每晚我躺在床上都是辗转反侧，脑子里全是怎么才能解决问题。后来我在网上找到中国的北斗定位，并通过电信、移动公司了解到它们与北斗公司都有“5G+北斗”合作的技术后，我立马与北斗公司联系并进行了深入沟通交流，我确信这就是解决现场定位难题的一把钥匙。

我们带着定位模块马不停蹄地跑现场，通过在市区以及井场陆地上更换不同的交通工具，在不同的天气情况下模拟各类环境条件下反复做试验，用软件收集、监测每次试验的经纬度误差值数据……为了将定位系统的误差值降到最低，我们光是设计稿就修改了3版。最终历时3个月，我们终于通过北斗“基站+移动”的双重定位方式解决了精准定位这个最大难题。

定位系统解决后，新的“拦路虎”出现了——船的自动驾驶系统。刚开始试验时，我们先在附近的鱼塘或者没有大船经过的小河里做试验，船在河里受风速和水流的影响，经纬度不停地变化，自动航行路径很难控制，船就像只“无头的苍蝇”到处乱转。我们通过不断试验，记录不同天气各个方位的试验数据，不断调整无人船自动驾驶系统模拟数据。经过2个多月数十次反复论证和测试，终于达到了我们的最初设计要求。

之前设计时以船体轻便为主，随着试验过程中船上增加的传感器和控制器越加越多，船身吃水深度又增加了，再考虑到拉力过大导致船体变形撕裂的风险。我们又对船体进行加固，在船尾加装平衡浮筒等方式，避免船体焊缝受力，尽量让船处于整体受力的状态。同时，我们也集思广益在岸边加装废旧轮胎，减轻船靠岸时码头与船体的撞击力……经过反复的试验、调整，河道自动拦油装置终于研制成功。

根据河道具体流向，我们将

整个装置设置于集输管线穿越泰东河下游500米处，并将装置关联至PCS（生产指挥系统）上展示。生产指挥中心的员工通过监控一旦发现原油泄漏，立刻通过远程控制系统启动牵引船，根据预先设置好的对接点经纬度坐标，牵引船拖动围油栏自动行驶至对接点，3~4分钟就可以在河面上展开进行拦油，并用收船装置将牵引船进行固定，大大提升整体应急管理的效率。

2023年6月25日，在厂级穿越河道原油泄漏水体污染演练中，我们自主研制的河道自动拦油装置成功应用了。只要通过远程一键启动，便可快速对水体中的原油进行拦截，将扩散范围控制到最小。今年9月，我带领团队依据现场使用情况不断对该装置进行优化，我们采用磁吸充电的方式对该装置的电池系统进行改进升级，并在PCS后台设置电池低电量报警，既能保障无人控制船实时保持充足的电量，又能减轻现场值班员工经常巡检和检查电量的工作量。

我们瞄准的就是基层员工关心关注的热点、难点问题，以提高工作效率和提升现场本质安全水平为目标开展创新攻关。工作室经常到基层员工工作岗位上开展“头脑风暴”，自主创新项目30余项，许多像油井智能控制柜、自动加药装置等创新项目被一一推广应用到生产中。

创新的过程往往是你没有参与，你就不会知道什么是峰回路转、柳暗花明般的豁然开朗；创新的过程是你没有投入，你就不会知道其中的精益求精和精彩纷呈是如此多彩；创新过程的苦累往往是痛并快乐着，如果你没有执着追求，就体会不到其中的任重而道远，这就是我们工作室的创新成长之路。

39

快乐“鼓捣” 执着创新

河南油田 景天豪

在大家眼里，我是一个爱“鼓捣”的人。小时候家里的闹钟被我拆坏过，为此经常挨家长的训，因为爱“捣鼓”，也曾带给自己一次次小小的成就感。

参加工作30年来，我一直在生产一线乐此不疲地“鼓捣”着。累计解决生产现场技术难题200余项，被“感动石化”评委会誉为“让更多匠心之作刻上石化创造的发光体”。先后获得国家专利授权67项，国家级及省部级质量管理成果29项，省部级技术创新成果25项。“景天豪劳模创新工作室”于2011年获得河南省职工学习工作室示范点称号，2019年被评选为河南省示范性劳模和工匠人才创新工作室，2021年被评选为中国石化示范性职工创新工作室。

记得刚上班不久，有次站长对我说：“螺杆泵加油孔堵头坏了，你画个图纸加工几个吧。”下班后，我按照自己的理解画了一张图纸。第二天不无得意地交给技术员，技术员看后一头雾水地问我：“螺距1.4是什么意思？带锥度的螺纹标注大径是不是不对？”一连串问号把我窘得面红耳赤。

这件事也让倔强不服输的我暗暗发誓：一定要刻苦学习，尽快掌握过硬技能，真正成为一个对企业有用的人。我紧跟师傅，不懂的东西打破砂锅问到底。利用业余点滴时间自学了《采油工艺》《井下作业》等专业知识，几年下来光读书笔记就记了厚厚十几本。付出总有回报，我于2005年获得高级技师职业资格，2009年获得长江大学采油工程本科学历。先后荣获厂技术状元、油田技术状元、中石化技术能手、河南省技术能手、中央企业技术能手、全国技术能手。2015年被聘为河南油田采油

工首席技能大师，2019年被聘为中国石化集团公司采油工技能大师。

2002年，我参加了在大庆油田举办的全国石油行业技能竞赛，120名参赛选手，我仅排名61，作为油田技术状元，内心的愧疚无以言表。比赛归来我暗下决心，再忙再累必须坚持学习。2005年，我在中国石化集团公司第一届采油工技能竞赛中获得了第6名。2006年，在参加中央企业职工技能大赛前的集训中，我除了吃饭和每天7个小时的睡眠外，其余时间都用在了学习上。集训班地点离家不远，可在将近5个月的学习中，我回家的次数屈指可数。前来授课的长江大学一位教授很是感动，由衷地说："已经参加工作多年的景天豪学习用功程度，即使在校大学生中也没有多少人能比过"，最终获得决赛银奖。通过不断地学习和积累，不仅解开了工作中遇到的疑惑，而且更让我拥有了创新的信心和勇气。

最初的一次"鼓捣"是研制盘根切割刀。采油工加盘根之前，要用锯弓将盘根锯开口。操作时，有人用脚踩，有人用手按，一不小心就会锯坏工鞋，甚至还会锯伤手指。我暗下决心，一定要想办法消除同事鞋上、手上的伤痕。经过反复琢磨，2006年我研制出了盘根切割刀，这个工具像铡刀，操作方便、安全、省时，锯盘根成了轻而易举的事。从此，采油工技术比武不再进行锯盘根考试。这件事让我尝到了"鼓捣"的成就和快乐。

记忆最深的一次"鼓捣"，当属研制移动抽油机千斤顶底座。当时调整抽油机时，都是把千斤顶斜放在抽油机的水泥基础上，结果是一打压，千斤顶就向后"出溜"，一口井往往折腾大半天，也见不到成效。我想，如果能发明一个专用工具就好了。那些天，从早到晚我都在琢磨这个事儿，晚上回到家，无论做什么，不知不觉就进入了"痴呆状态"。终于在一天晚上睡觉前灵光乍现，一个专用工具的雏形出现在了大脑中，兴奋得我彻夜难眠。第二天，我便带着图纸到维修队找人加工。现场试验一次成功，几分钟就能把抽油机移动到位。我激动地拉着维修班的同志到现场看我一遍遍地演示，队领导也闻讯赶来庆贺。这项成果很快便在全油矿推广应用，并获得了部级质量管理成果三等奖。

技术革新的路上总是伴随着无数的失败和挫折，但我始终坚信，只要敢于探索，不畏险阻，任何难题总有解决的办法。在采油一线，高架罐原油被盗的现象时有发生，看着大家辛辛苦苦采出的原油被不法分子偷盗，内心很不是滋味，也想做些力所能及的事，杜绝此类事件发生，那时中午一有时间就跑到现场，琢磨高架罐的阀门结构，回到办公室又在网上查资料。一天，忽然想到了库房里废弃的保险箱，心想，如果将保险箱的原理应用到高架罐的阀门上，岂不能防盗？想到就做，拧、拆、卸，一气完成。摸清了保险箱密码锁原理，接着就是搞设计、做模型。整整一个多月时间，我设计的图纸一大堆，模型做了十几个。实验、失败、改进，再实验、再失败、再改

进。同事们说，“每个油田都存在这个问题，人家都没办法，你就别在这里死‘杠’了。”我就不信这个邪，这件事像耗去了我无数的夜晚和节假日，整整折磨了我近10年时间，终于研制出了磁性密码防盗阀门。该阀门利用磁极和密码的原理进行防盗，没有磁性密码钥匙或不知道密码，就无法对阀门进行开关操作。这项成果，获得了河南省2011年职工优秀技术创新成果奖，并作为石油行业唯一一项成果参加了全国第33届优秀质量管理成果发布会。

2015年，我被抽调到哈萨克斯坦Sagiz油区工作。其间，帮助他们解决了自喷井生产长期存在的疑难问题。研制的“6”字形清蜡刮蜡片，现场应用后，一次清蜡操作时间由3.7小时降低至2.5小时，哈方技术员及清蜡班员工纷纷竖起了大拇指。该项目于2016年获得国家专利授权，2017年获全国能源化学地质系统优秀职工技术创新成果三等奖。

多年来，我围绕采油生产中遇到的难题，“鼓捣”出了100多项专家想不到、厂家不生产、市场买不到、生产很需要的革新发明。这些成果推广应用后，不仅消除了安全风险、降低了劳动强度，而且大大提高了生产效率。看到发明、改进的工具被职工争抢，看到领导、同事们信任和敬佩的目光，看到越来越多的同事自愿跟着我学技术，我实实在在感受到了“鼓捣”的价值和意义。

作为一名采油工技能大师，是企业给了我创新的空间和施展才华的舞台，我必须带出更多的创新能手，服务企业的发展，回报企业的培育之恩。一声师傅，一生传承。我就一个想法：“带一个，就要成一个。”2019年以来，所带徒弟共获得中国技能大赛及中石化集团公司职业技能竞赛8金、8银、11铜。有2人次获全国技术能手，4人次获中石化技术能手，2人次获河南油田技术状元、7人次获河南油田技术能手。

无论是现在还是将来，我的舞台永远在生产一线，我的使命永远是解决生产难题，我的责任永远是传承工匠精神。我会和我的同事们，继续快乐“鼓捣”，执着创新，争取更大的成绩，回报组织的关爱和企业的培养。

40

从拆解自家的燃气灶开始

胜利油田　李志明

有人说，创新这条路很苦，走进去就得苦煎苦熬一辈子，流汗流泪步履维艰；有人说，创新这条路很甜，融进去就是甜蜜的事业。而我，却义无反顾地选择了后者。

我是一名转岗职工。2017年7月，胜利油田推进专业化管理，我所从事的采气序列划归采油厂管理，同时我也迎来了一次选择，一面是早已熟悉的技能岗位，一面是从未接触过、更具有挑战的采油行业。为了能够学到更多的技术，我毫不犹豫地选择了采油。

来到我的新单位东辛采油厂后，我从一线班组填写报表、油井巡护等日常工作干起，从紧盘根、换皮带等油井维护起步，就像一个小学生一样，向身边的师傅们请教，很快就掌握了采油班组的流程工艺。

三个月后，我看到维修班既能承担急难险重，又能处理一些现场技术问题，便主动请缨到维修班的岗位，跟着练碰泵、热洗，跟着学参数调整、功图分析，有活主动干、抢着干，很快融入了新的团队，并成为采油技术的行家里手。

我是一个善于思考，善于总结的人。我结合岗位收获，从油的角度看采气，从气的视角看采油，撰写了《东辛气田开采动态分析》技术论文，获得油田技师协会优秀论文一等奖；提出《关于研制皮带式抽油机定位保护装置提高示功图量油准确性的建议》等9项合理化建议，均被采纳应用，破解了油气井信息化设备与现场生产工况不匹配等制约生产运行的系列问题；研制的《油气井防盗箱气体浓度检测报警装置》先后获2项国家实用新型专利授权，中国石化集团公司优秀质量管理成果二等奖，胜利油田优秀质量管理成果一等奖，胜利油田改善经营管理建议一等奖，胜利油田技师协会优秀合理化建议一等奖，在东辛、河口推广应用，年创经济效益83万元，实现了我从采气到采油的华丽转身。

在油气开发行业，水套加热炉是降低原油黏度、防止采出液结蜡、降低油气井回压的常规设备，然而运行达不到工况要求，轻则会冻堵集油气管线，导致管线“灌肠”停井抢修，重则往往因关井引起病变，致使油气井停井歇业。我看在眼里、急在心里，决心一定要攻克这一难题。

2018年6月份的一段时间，我逐个拜访油区内的水套炉设备，记录每口井的生产参数，观察烟道进风口的朝向，研究不同时间段、不同风力风向对水套炉的影响。发现风力在三级以上，风向在西风、北风或西北风时，水套炉的炉火就会熄灭。我仔细观察、认真分析，还发现受安装朝向的影响，许多水套炉的烟道进风方向正对西北侧，而胜利油区冬季往往会刮西北风，导致水套炉炉火经常熄灭。

找到了问题的症结，就等于找到了突破的方向。能不能像诸葛亮那样去“借东风”，能不能把借来的风为我所用，我陷入了深深的思考。是前置配风，还是后置配风？是侧面配风，还是底部配风？我反复琢磨、仔细推敲，并在网络上查找配风方式，当天晚上一夜无眠。

第二天，我一大早就赶到胜利发电厂请教燃煤锅炉配风方式，接着又到胜利石油化工总厂，求教大型升温锅炉配风模式，形成了变正面配风为侧面配风的思路，炉膛内加装上风量弱化板，制作出水套炉侧面配风装置，由此，单井水套炉炉火熄灭月均58次降低到3次，突破了配风方向的难题。

可是，新装置使用后，虽然炉火不再熄灭，但加热温度始终提不起来。对此，我反复对比分析，发现油田使用的水套炉火管大部分是自制的，就是把15英寸的管子一端封堵，一端用锯弓锯出几道槽口用于燃烧，火焰呈弱黄色、冒黑烟、易堵塞烟道。工友们为了给水套炉提温，经常会开大阀门增加气量，燃气未充分燃烧就被水套炉的烟囱抽走，不仅造成燃气浪费，还增加了氮氧化合物排放。

一次，我在做饭时，看到家用燃气灶吐出的火苗蓝光荧荧、燃烧非常充分，这让我灵光一现，拆解开自家的燃气灶观察，并与生产厂家联系取得产品参数，上网查询其工作原理，发现是一个射吸嘴解决了燃烧问题。

为此，我随即用三维立体绘图软件，绘制出带射吸嘴的火管，并加工成成品投入现场实验，虽然节约燃气40%以上，但燃烧时还会冒黑烟。同事看我反复折腾也没有个好结果，就劝我说："志明，咱搭功夫耗精力的，连家都顾不上，到底图个啥？咱就别瞎折腾了！"

其实，有时候实在累得慌，我也有打退堂鼓的心思，可又想想："啥事能轻松就能实现，既然让咱当大师，就要有精益求精的工匠范儿！"

于是，我重新翻阅积累的资料，对技术参数一遍遍复核分析，一次射吸不够，两次。我在火管内加装一个支架，将原射吸嘴装在支架上，利用支架的镂空进行二次射吸，又在火管前端加上导风罩，并在导风罩前端开出有角度的槽，既能和配风系统相呼应，又能旋流配风增强燃烧，彻底解决了冒黑烟的问题。

8月份"温比亚"台风期间，为验证火管燃烧质量，我冒着台风与暴雨的侵袭，坚持在现场调试火嘴，记录温度、压力、流量等数据，暴雨打湿了我的全身，台风吹痛了我的脸颊，可我心中始终燃烧着成功的火苗。功夫不负有心人，经技术部门鉴定，该装置单井节能41%，加热温度上升22%，加热炉热效率高达85.71%，优于国标23.71%，氮氧化合物排放每立方米仅23毫克，优于国标88.1%。

目前，该装置先后在东辛采油厂、河口采油厂、孤岛采油厂、孤东采油厂、鲁明公司、东胜公司推广应用43套，年创经济效益375万元，获胜利油田为民技术创新成果一等奖、山东省设备管理创新成果一等奖、中国石油和化学工业协会优秀科研成果二等奖。

25年来，我始终把"为国争气"作为人生信条，扎根基层一线，苦练技能技术，致力于推动价值创造，逐步成长为油气开发的"技能大师"。我知道，在保障国家能源安全的征程上，在油气开采过程的全链条上，还有很多"腊子口""娄山关"需要攻克，我要像大国工匠那样矢志创新勇攀登、为国"争"气终不悔。

41

手动变自动，焊出人生精彩

胜利油田　贾学志

我工作的单位在地面工程维修中心，是一家以保障油气开发为使命的专业化单位，承担着石油管道的维修任务。如果说石油是工业的血液，那么石油管道则是运输血液的血管，对国家经济发挥着至关重要的作用。

胜利油田每年在建石油管道约3000千米，我们单位每年维修更换1500多千米，动火频次高达1.5万次/年。传统的管线维修方式是人工组对焊接，“闻着烟、拧着劲、捂着脸、烫着肉”是地面工程维修人的真实写照。打破这种现状，实现油田管道自动化焊接，是我从业以来的最大梦想。

经过网上资料查询和多方面调研，我了解到，在国际和国内的焊接行业中，因为社会对能源管网高效建设运行需要，从事大口径长输管道自动焊设备研究的企业和研究院所非常多。而油田开发中的小口径管道，因为规格型号和材质复杂，焊接位置变化快导致焊接温度场瞬息万变，自动焊工艺复杂难以控制，加之单道焊口经济价值不高，导致自动焊不能广泛研究推广。因此，油田用小口径管道自动焊技术一直处于空白状态。

社会上没有，就自己研发，破除万难，一定要啃下这块“硬骨头”。2021年，我满怀着憧憬和梦想，组织高技能人员成立了项目组，踏上了自动化焊接技术创新的道路。

它山之石，可以攻玉。研发方向确定之后，为了开阔视野，我先后多次去往南方进行考察调研。走过了一个又一个地方，拜访了一家又一家厂商，去艾森国际焊接展览会学习交流……，通过不懈努力，我们最终确定了：以国产高性能数字化焊机作为试验产品，采用熔化极混合气体保护焊的全位置焊接技术方法。

就这样，项目攻关研发正式拉开了帷幕。

时光荏苒，两年的时光在繁忙的研发工作中匆匆流逝。在这两年多的时间里，我们经历了意想不到的困难。

因为新冠疫情的影响，工厂实验室和科研院所设置疫情防控关卡，联系业务程序复杂；设备零件加工和装配试验始终不能按期完成。将近10个月的时间，研究工作推进缓慢，主要设备全位置卡钳机头和焊机装配研究试验成为最大的研究难题。

为了解决这些问题，我们坚持每周两次召开视频会议，进行研讨运行。自动焊装备不仅要有智能化的焊接电源和精细的焊枪机构，还要有一套科学可靠的焊接工艺操作规程和完整的工艺配套技术。因此，我们提前进行设备性能试验。

焊接是金属材料熔化再结晶的冶金反应重塑过程，焊接的液态金属再结晶在瞬间完成，各种因素导致小口径管道的自动化焊接问题成为焊接行业公认的难题。

"既然不能改变自然界对自动焊熔池的影响力，那就从操作工艺和控制轨道上寻求改变。"我通过自动焊熔池控制技术，在国内率先提出"熔滴矢量控制"理念，在实验中起到了关键的作用。

2023年1月12日，首套小口径金属管道自动焊装备正式进入调试阶段。虽然天气寒冷，但是我们每一个人都热情高涨地投入了这次调试。七八天过去了，调试卡在了89*8规格管道焊接参数部分，不是局部焊道高低不规则，就是接头缩孔夹渣。

按照分工，参数调试的主要数据由我负责。经过几天细致的试验观察，我总结出了"时间到秒、质量到克、全位置360+"的调试工法，用人脑规划路线，用电脑执行轨迹，所有调试焊道几何尺寸精细测量、层间温度区域控制。同时，为了更好地研究工艺数据，我把每次试验数据全部记录在写字板上，每天晚上10：00以后开始复盘研究分析数据。

团队成员激情加拼命，全力以赴攻克自动焊装备调试中的每一项困难。一共总结了几十余种不同规格的管道焊接工艺参数，形成了胜利油田第一份自动焊工艺数据。

自动焊技术终于完成了研发。接下来就是现场试验，这是检验其适用性的最重要的一个环节。我们先后在东辛、孤岛、河口等地区的多种管道上进行了焊接试验，在试验过程中发现了20余项问题和不足。其中，最困难的是装备的运输。重达150公斤的装备在工地进行搬运，最少需要4个人抬进现场，这违背了我们降低劳动强度、自动化减人的目标。为此，我们前后设计制作了11款自动焊搭载小车，一次次的设计，一次次的否定，始终达不到理想的效果。

一天夜晚，我们完成了当天的试验，拖着疲惫的身躯回到家。因为这些问题的困

扰，我辗转难眠。凌晨一点多，我收到同样无法入眠的团队成员的信息，他给我发了一个海南岛果农在山上采摘水果用的电动载货遥控车的视频。我瞬间意识到这个搭载自动焊的设备有眉目了。次日，我带领团队成员驱车1000多千米，前往河北与电动载货遥控车生产厂家进行交流，经过多次修改和试验，最终设计出了一款能适应野外特殊地形、防震、防倾翻，能够集成整个焊接装备的搭载平台。从实验场到施工现场，实现了“0搬运+远程遥控”的工作模式。

之后，我们一鼓作气，又配套完成了小口径金属管道自动焊焊接工艺评定，发布自动焊调试报告，编撰自动焊培训教材，培养了21名自动焊机操作工。接下来将有100名工人取证并达到射线探伤自动焊操作要求，有更多的非焊接操作人员加入石油管道的自动化智能化焊接中。相信在几年之后，我们将自豪地看到具有胜利人知识产权的高性能小口径金属管道自动焊整套装备，在祖国的各类管道建设中留下美丽的身影。

42

“五字”诀

江苏油田　厉昌峰

抽油机减速箱的漏油问题，真是个大问题，它一直困扰着管理油井人员。1992年我的班组管理的苏61井抽油机减速箱刹车轴处渗漏不止，抽油机周围机油满地，多次维修无效，只有更换抽油机减速箱，真132井抽油机减速箱输出轴处渗漏，专业队伍维修1个月后又出现漏油。我在不同场所听到江苏油田采油厂的许多采油工，提到抽油机减速箱漏油，都感到是“老大难”问题。

2008年7月，我在参加中国石化集团公司采油拔尖人才培训班时，各油田的同学也提出抽油机减速箱漏油难解决的普遍性。这个问题一直萦绕在我的脑海里，挥之不去。2009年2月，我牵头成立了技能创新工作室，将抽油机减速箱漏油问题解决作为团队三年攻关项目。我们攻关团队历经网上资料查阅、维修车间解剖、外出考察学习，通过不断地现场分析和外查内访，经过四年的刻苦攻关，终于在2013年全面系统地总结出“疏、堵、通、除、滤”五字维护操作法，攻克了这项生产难题，授权国家实用新型专利。

所谓“疏”，指的是我们将容易堵塞的输入轴两侧润滑油回油孔道进行了改造，使其变得更加畅通。

抽油机减速箱内机油分别润滑输出轴承、中间轴承和输入轴承后，经过两侧回油孔道流回箱体内。我们通过对多种机型减速箱结构分析，发现输入轴回油孔道是“丁”字形结构，外侧用$M16$的平头螺柱进行封堵，其水平方向的回油孔

道易被机油中杂质堵塞，使减速箱密封部位发生渗漏，所以堵塞回油孔道必须及时清理。在清理刹车轮侧时就必须要先拆下刹车连杆、刹车箍、刹车轮、油封盖板、轴承盖板、M16平头螺柱，整个拆装疏通过程至少要3名专业的维修人员配合，3小时以上才能完成。如何做到操作便捷，效果良好呢？我们发现只要卸出平头螺柱就能从侧面清洗回油道，能不能不用烦琐地拆卸众多配件和盖板就可以卸下M16平头螺柱？为此，我们对轴承盖板精心测量和计算，发现在不影响轴端密封的前提下，在轴承盖板上钻制一个Φ20毫米的通孔，使其与后面的平头螺柱相通就能实现。可是，一般台式钻床钻头最大尺寸是13毫米，显然不能满足现场打孔改造的方法，如果将盖板拿到大型钻床钻孔，就要远距离运送并要提前联系好加工车间，浪费大量时间，影响油井开井时率。为此，这个难题让我们困惑了很长时间，在工作室操作小能手——朱国强建议下，经过问询和市场调查，发现有一种体积小巧的磁座钻可钻Φ28毫米以下多种尺寸的孔，我们发现这种磁座钻非常适合现场盖板打孔改造，于是立即购置磁座钻，并加工制作了安装打孔盖板和固定磁座钻的一体平台。这样在轴承盖板上钻制一个Φ20毫米的通孔后，在疏通时可以直接用起子卸下螺柱，再用毛刷将回油孔道清理干净即可，全部操作10分钟就能完成，大大提高了工作效率，减少油井停产时间。

所谓的“除”，是指通过三步法清除减速箱内部的油泥。

抽油机减速箱在长时间运转后，由于机油降解、灰尘进入、齿轮磨损、机油乳化等原因，使机油品质降低，产生油污泥，并沉积在箱体底部。因油污泥的黏滞性强，所以下部放油口并不能将其排出。针对这种情况，我们先将减速箱内的机油放出备用，然后分三步清除油污泥：先从减速箱上盖看窗处加入降黏剂，分解油污泥，使其降低黏度，提高流动性；然后用多孔抽汲管连接自吸泵从放油口将其抽汲出减速箱；最后再加入清洗剂清洁减速箱，清洁完毕后再加注机油。

所谓的“堵”，则是指采用了新的轴端密封套和密封材料来防止泄漏。

长期的运转和油品品质变差是造成减速箱轴端密封套磨损、腐蚀和油封、密封填料损坏的主要原因。由于输入轴密封是依靠轴端密封套和油封配合完成，轴端密封套存在拆装费时费力且无配件进行更换等问题。我们改进了轴端密封套的尺寸和结构，将内径为直孔改为阶梯孔，在阶梯孔内设计了两个“O”形密封圈槽，使其密封性更好。另外，轴端密封套材质由原来的45号碳素钢改为具有耐腐蚀、耐磨损的35CrMo合金钢，同时采用密封性能更好、密封材质更优的双唇骨架油封。抽油机输出轴密封由于有曲柄和平衡块的阻挡，现场只能采用分割组合密封方式，通过多种材料优选验证和多次组合方法试验，最终设计出“油润双层组合叠加油封”，具有安装快捷，耐磨性强，密封性高的特点，推广应用后密封效果好，更换安装时间快。

抽油机减速箱“五字”维护法实施后，当年完成236台减速箱不合格机油的过滤再使用，维护治理漏油减速箱128台。设备完好率由90%升至95%。目前这项研究成果除了应用于江苏油田，还先后被集团公司的多家油田借鉴，应用于上千口油井，创效近千万元，取得了很好的效果。

43

考虑一千次，不如实践一次

胜利油田　杜国栋

2018年1月份，隆冬时节。大雪过后的桩西油区，一片繁忙景象。拖拉机、农用车在公路上奔驰着，油区里、井场上，身穿红色工衣的身影在忙忙碌碌。当时，我也在这忙碌的人群中处理一个生产问题，突然接到了我的师傅代旭升的电话："小杜，忙完手里的工作，请抓紧时间来趟东营，我在工作室等你，有重要任务。"

处理完手里的工作，我连工衣都没来得及换，驱车80多千米来到了师傅的工作室。推开门，屋里正在热烈地讨论着什么。

师傅介绍道：前几天，油田组织技能大师竞聘，在答辩环节中，有位答辩选手设计了井口盘根盒压帽固定装置，评委组张组长说："更换抽油机井井口密封盘根需要停产操作，一来影响采油时率；二来操作烦琐，存在盘根压盖坠落伤手的风险。近年来，油田针对该技术虽然进行了部分改进，但还未能实现突破性的改变，作为企业的技能大师要把工作的重心向企业需求聚焦，向制约生产的难点聚焦。"他提出了一个设想：发明一种装置，实现不停产更换抽油机井井口密封盘根。

"今天叫你们来就是策划不停产更换抽油机井井口密封盘根的研发工作的，经过多方面的考虑，决定成立项目创新团队，小杜你来担任组长，把这项工作具体抓起来。"师傅斩钉截铁地下达了指令。

说实话，那时候对于能否干好这项突破性工作，我是一点信心都没有，感觉压力特别大。师傅看出了我的顾虑，主动找我谈心："小杜，不要有思想顾虑。什么创新都是困难重重，没有迎难而上的决心，我们什么都做不好。你放心大胆地干，我全力以赴支持你！"

师傅的一番话鼓舞了我的斗志，激起了我骨子里潜藏的不服输的劲头。饭要一口一口吃，事要一步一步做，从那天起，我白天奔波在井场，调研油井生产和井口密封方式情况，晚上回到工作室，进行分类汇总分析原因，上网查询相关资料。

经过多次调研和思想碰撞，特别是受项目组成员小张提出的“油井管线穿孔能够实现带压堵漏不用停产”的启发，一个方案初步成型：借鉴不停输带压管线补漏技术的原理，研发一种不停产直接向井口盘根盒内注入填料，实现井口密封的装置。

明确了研发方向，我和团队成员立即进行密封压力与井筒压力的关系论证。通过密封原理和材料的适应条件进行理论分析，我们发现密封填料与光杆之间压力大于井筒内压力时，可保障井内液体不溢出，根据现场调研数据，得知密封填料从压力、温度等参数到达设计要求就能够实现油井密封。

说干就干，我们立刻动手改进井口密封函，在原有密封函内上端、底端加密封件、储能弹簧，并开*DN*15的圆孔，加装高压球阀，一个新型的密封函成型了。与此同时，我们还设计加工了一个专用注料工具，由10吨液压千斤顶、填料仓、*DN*15连接管组成，通过千斤顶打压，采用液压注入动力推动活塞将填料注入密封函内。

装置研制出来了，加什么样的填料又成了困扰我们的难题。当时我们购进了球形颗粒填料，通过试验，球形填料规则性太好，造成密封孔隙较大密封压力达不到设计要求。我们得出结论：规则型球形颗粒填料不适用于该密封装置。于是我就安排项目组小侯用手工将旧皮带剪成方形、三角形等形状的不规则颗粒，经测试达到了井口密封效果，填料制作方向解决了，大家都非常开心，但新的问题是，“手工操作效率低，不符合当前油田高质高效的生产要求。”

创新在这里出现了瓶颈。一直关注项目进展的代大师来到了项目组，他给了我们一个资讯，设备展览会上有一种皮带粉碎机，该机器能够将皮带粉碎为不规则颗粒。代大师的提醒恰似一场甘霖从天而降，我们立即开始联系加工，终于解决了填料问题，皮带是使用过的废旧品，既保证了原材料的供应，又解决了环境污染，可谓是一举两得。

2019年2月25日，在桩西采油厂的桩8-P1井上进行安装试验。代旭升、毕新忠、唐守忠等3名油田大师全程参与，此时距离项目研发已经过去了整整一年的时

间。我和项目组成员又激动又紧张，我们娴熟地安装着，展示着，虽然春寒料峭，但是我们每个人的脸上都沁出了细细密密的汗珠。

在现场，只听见工具的叮当声，劳动的号子声，此起彼伏……随着最后一道工序的完成，装置成功地安装在井口上。得到了几位油田大师的赞许和认可，但他们也提出了几个问题：如注料工具操作烦琐，注料过程存在焊口损坏的隐患；再就是井口密封函的填料闸门连接方式需进一步优化。

经过一番改进，一个月后，项目组与胜利职业学院的教授在孵化基地对该技术原理进行了专项讨论，认为该技术具有较好的先进性、推广性，具有较好的研发价值，并给它取了个好听的名字——新型填充式密封装置。

千淘万漉虽辛苦，吹尽狂沙始到金。“新型填充式密封装置”先后有油田信息化管理中心、桩西采油厂、胜利职业学院孵化基地等6家单位30余名专家、大师、岗位员工参与论证，进行了18次改进，终于实现了不停产加注盘根的目的，消除停产造成的设备、油井故障，消除了操作中盘根盒压帽坠落砸手风险，提高了采油时率。2019年12月获胜利油田职工技术创新成果一等奖，同年获中国石油化工集团有限公司QC成果二等奖，2019—2022年该技术授权两项发明专利和两项实用新型专利。

这次创新经历让我深刻认识到创新需要有坚定的信念和勇气，需要敢于直面困难和挑战，勇于尝试和探索，也让我收获了“考虑一千次，不如去做一次，犹豫一千次，不如实践一次”的人生体验。

参加工作扎根采油一线二十九年来，我以此为人生经验，通过技术创新，解决了一个又一个生产难题，我的思想更加丰富，信心也更加坚定。

44

破与立

胜利油田　杜国栋

也许是因为“偷懒”的心理，从踏上工作岗位开始，我就醉心于创新，不管干什么活，我想的都是怎样才能让工作再简单一点、再省力一点。这种“偷懒”让我在创新的路上越走越有劲，越走越远。对于创新，让我感悟最深的——那一定是破与立的关系。

在我们的人生长河中，有很多人都有一些可圈可点，让人为之敬佩的绝活，我的同事老程就是其中一位。

老程的绝活是给井口保温。每次作业井完工后，老程就推上小推车，带上他的工具，材料是就地取材的土和芦苇秆，他把芦苇秆打碎混进土里，加水和成泥，用瓦刀把它们砌到井口上，再徒手抹平，这俗称为内层；而外层则是需要裹上毛毡和玻璃丝布，最后再刷上漆。通过这样辛辛苦苦劳作一天，光秃秃的井口就会呈现出一个水滴形状的保温井口。且不说保温效果如何，那完美的流线堪比工艺品。

然而，我的一次创新，让老程的绝活无处施展，不知道老程记不记恨我。

2018年11月22日，油田组织开展了职工优秀创新成果展示推介会。会议上，领导提出油田的高质量发展需要开发新技术、新工艺、新材料。按照会议精神要求，会后不到一周时间，代旭升大师就组织我们创新工作室成员，成立了油田生产井口管网流程保温防腐新材料研发项目组，并任命我担任组长。

我们对目前的保温材料进行了调查。通过调查发现，传统保温材料有两种，一种是岩棉与玻璃棉的

组合，另一种是聚酯类与外壳组合。它们共同的特点是依靠工人手工进行保温，使用过程中容易导致热桥效应、保温不均匀，抗冲力极差，经常出现开裂、发霉、渗水等问题。一旦保温外壳破损，雨水进入保温层内部，储存于保温材料内与管线、罐体等长期接触造成腐蚀，影响设备设施使用寿命。最让人烦恼的是，当油井需要施工的时候，就必须拆除保温设备，而拆除后无法进行重复利用，大大浪费了生产成本。

于是，一个研究方向在我的脑海渐渐清晰起来：研究一种施工便捷、拆装后可快速恢复且使用寿命长的井口保温防腐材料。

一开始，我们设计制作了各种材质的保温罩，塑料的、橡胶的、不锈钢的……在井口安装试验时发现，保温罩可以重复应用，保温效果也不错，但安装起来太复杂，最重要的就是成本高，不适合大范围进行推广。

于是我们重新调整了方向，把研发重心向材质上倾斜。经过查询、交流和实地考察，筛选出来一系列新型保温材料。通过与淄博大学教授和防腐保温材料厂家进行深度沟通，我们把视线锁定在陶瓷微粒水性防腐保温材料上。

2020年5月，我们带着激动的心情在东辛采油厂辛14X7电泵井井口进行了陶瓷微粒水性防腐保温材料的现场试验，3个人用时4小时完成了井口保温。该井井口温度74℃，保温后仪器测31.3℃，环境温度22.5℃，保温效果良好。

面对着一组组数据，我们高兴地击掌相贺。但是问题也是显而易见的，保温方式依然要靠人力涂抹，而且是多人同时作业，施工效率低，厚度不均匀且美观程度不高，后期修复工作量大。

细节决定成败，做就要做到最佳。我们按捺下成功研制出材料的喜悦，放空大脑，以空杯心态投入研发工作中。我们每个人似乎都进入了一种狂热的状态。

那是一个晴朗的夏日，我正在查阅资料，喷涂两个字突然跃入眼帘。“喷涂！”就是它。将手工涂抹改为喷涂模式，一人就可完成，而且喷涂效果均匀美观。

在喷涂试验过程中，我们又陆陆续续发现一些问题，比如涂料的浓度选择困难、喷枪的续航短等。但功夫不负有心人，我们在桩西采油厂练兵场多次进行了喷涂施工改良试验和技术改进升级。最终通过提高微粒含量和调整空心微粒数量，确定了用料与成本的最佳平衡点，摸索出了针对此保温材料的一种有效喷涂施工方案。形成50℃以下井口专用材料和施工厚度，70℃以下的井口保温材料和施工方法。

遇到一个问题就解决一个问

题。凭着逢山开路，遇水搭桥的精神，历经两年，新型保温材料终于顺利研发出来。采用复合陶瓷微粒做主填料，加上助剂配制而成的绿色环保水性涂料，具有绝热、防腐、环保等多重功效，可直接在低于80℃物体表面施工，无须关闭系统，避免停止运行造成的损失。稳定的陶瓷微粒和致密的涂层可使被保护管道、罐体等不受外来酸、碱、气的侵蚀。该技术在桩106-22X12、桩106-21X13等生产井进行了实际保温应用，保温效果良好，目前已在东辛、桩西、滨南、孤岛河口等单位推广应用40口井。提高了劳动效率和施工质量，实现保温、防腐一体化，延长了井口流程寿命。

我们在桩西进行这种新型保温材料测试时，恰好碰见老程在一旁看热闹，当时他一脸不置可否。

时隔不久，这项技术就在生产现场进行了推广。每口井作业完后都喷涂这种保温材料，看到一个人半小时就把老程一天的活干完，而且不用再忍受缠绕玻璃丝布的浑身刺挠，老程彻底服了。“还是这个好！”他真诚地对我说。我说：“不好意思啊老程，让你的手艺没有用武之地了。”他撇撇嘴：“那不值一提！照你这么说社会还不进步了，不破不立嘛！”

再后来每当有井口保温工作，老程二话不说背上压力喷枪就冲上去，他成了新型保温材料的忠实粉丝。

45

小改进解决大问题

胜利油田　程　强

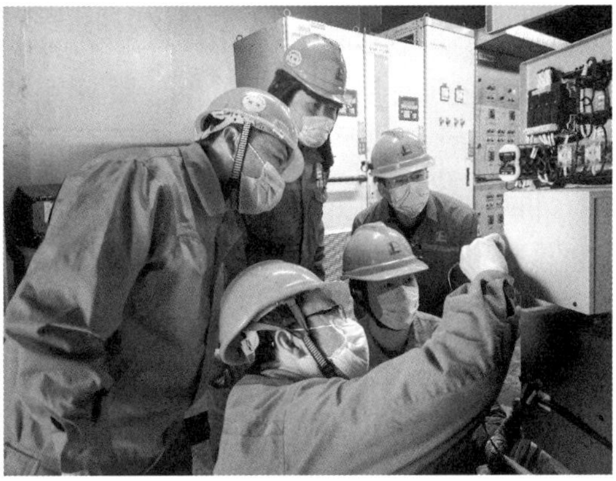

在胜利海上，矗立着星罗棋布的采油平台和400多口潜油电泵井。这是一个庞大而复杂的系统，任何设备或部件的问题都可能影响正常生产。作为海洋采油工技能大师，我有责任深入剖析问题原因，改进生产流程以提高产量和效益。

在30年的职业生涯中，我遇到了许多难题，但其中有一个问题让我印象深刻。那是2020年10月12日上午，海洋采油厂海二采油管理区的采油工王磊乘船来到埕北251A平台，检查埕北251A-5井的新型油嘴。经过仔细检查，他发现油嘴安然无恙，一切都正常，而且这口井已经连续平稳生产了178天。然而，在半年前，这口井却是一个“困难户”，因为油嘴一个月就需要更换3次。

埕北251A-5井是一口高产井，日产液量高达117.2吨，但由于压力高，以前经常出现油嘴刺大的问题。油嘴是安装在井口控制油井出液量的重要部件，一旦刺大，哪怕仅仅0.1毫米，也会造成油压波动，产量、电流和含水都会受到影响，甚至还会缩短井下电潜泵的使用寿命，导致躺井。

为了保持平稳生产，王磊只能依靠频繁检查和更换新油嘴来维持。这项长期重复的低效操作耗费了他大量的时间和精力，让他身心俱疲，深感无奈。就在这个时候，王磊成了我的徒弟，并与我签订了导师带徒合同。只要有空，他就会到创客工作室，和我交流日常工作中的遇到的难题。他向我详细讲述了埕北251A-5这口井的生产情况，听了他的描述，我也犯了难。我想这可是个大问题，如果不能解决，平台员工的工作量会越来越大，而且油井的寿命肯定会受到影响，一旦躺井那就是极大的损失。怎样才能从根本上解决油嘴问题呢？

在那之后的几个晚上，我都难以入睡，脑子里全是怎么才能解决问题。后来我带着油嘴四处求教，想尽了各种办法，甚至问遍了身边的“大师圈”，却依然没有丝毫突破。在那之后相当长一段时间，我和创客工作室的团队成员们都被这个问题困扰着。我也曾尝试从原材料方面寻找解决方法，选择耐磨耐蚀的材料制作油嘴。为此，我咨询了许多国内供应商，并试验了一些新型材料，但结果都不尽如人意。

转机出现在2021年3月，我受邀参加北京石油装备设备展览会时，一家公司展示的新型材料引起了我的注意。这种材料是一种碳化钨加镍的合金，具有有效削减高压高速流体冲蚀磨损的特点。我与该公司负责人深入沟通后，确信这款新材料就是解决困扰我们已久的问题的关键。我们现场签订了合作协议，带回了一些新型材料。

回到海洋采油厂后，我迫不及待地召集海油创客工作室团队的骨干们开始制作新型材料油嘴。经过数十次反复论证和测试，我们在2021年4月18日将第一批6枚新型油嘴安装在了频繁发生油嘴刺大的6口高压油井上。

自从新型油嘴装到这些油井上之后，我每天都关注着它们的生产情况，每天早上都会跑到管理区油藏经营管理部询问油井的生产参数。

新型油嘴在6口高压井上安装后的表现令人欣喜。10天、30天，甚至120天后，

生产仍然保持稳定，平均日产油量增加了2.4吨。这一成果让我和整个团队都感到兴奋不已。

实验成功后，我粗略计算了一下，现在海上一口油井的作业费高达400多万元，不躺井就是效益。现在这6口井生产状态良好，检泵周期大幅延长，相当于节省了一大笔作业费用。因此，新型材料油嘴具有很大的推广价值。

新型油嘴的成功应用也让王磊成为受益者。他告诉我，以前换一次油嘴至少需要1个小时，而现在6口井就可以省出6个小时，而且他已经3个多月没有换过油嘴了。长期重复的低效操作得以避免，工作效率也大大提高。

虽然油嘴的成本不高，更换起来也不算麻烦，但频繁更换会影响工作效率。采油厂不可能花费大量人力物力去解决这类问题，常常造成类似问题解决起来拖沓滞后。我和我的创客工作室成员正是瞄准这类基层员工关心关注的难题，围绕工作中的热点、难点、关键问题开展技术创新，提高工作效率。

这些年来，工作室已经成为深受职工喜爱的活动阵地。越来越多的职工喜欢聚在这里进行头脑风暴，许多像新型油嘴一样的小改进被应用到生产中，解决了大问题。这些创新为提质增效注入动力，给我们带来惊喜，激励我在创新道路上坚定前行，以满腔的热忱聚智创新，为海上油田高质量发展作出应有贡献。

46

新技术助力员工素质提升

胜利油田　程　强

“叮铃铃……”，刺耳的手机铃声将正在熟睡的我吵醒，看了一下墙上的钟表，凌晨1点50分，这个点谁给打电话，是不是油井出现问题了？我拿起手机一看，是徒弟白志强打来的。

“师傅，有一口井的控制柜出现故障，油井开不起来啦。”“别着急，慢慢说，柜子有电吗？保护中心检查了吗？”我详细询问了现场检查的情况，并根据电泵控制柜故障状态，指导白志强对可能存在的问题逐一排查。经过1个多小时的排查，最终发现2号真空接触器回路线接触不良，造成电泵控制柜无法启动，通过对故障点进行处理，油井顺利地开起来了。

放下电话，我躺在床上，辗转反侧，简单的故障可以通过手机沟通就能解决，复杂的怎么办？如何让每个员工都能具有排除电泵控制柜故障的能力呢？

潜油电泵是海上油气生产工作中最主要的生产设施，在海洋采油厂有400多台，保障其正常运行的是电泵控制柜，除了用于控制电泵机组的启动和停止，还具有短路、过载、欠载保护等功能，它的正常运转是油气生产的直接保障，但在过去的很长一段时间，它却并不能让海洋人省心，反而还常常让大家费心费力。

受气象因素、海洋环境以及季风影响，潜油电泵控制柜一旦产生故障将直接造成停井，在气象条件好的时候，故障排查人员需要立即乘船赶赴现场处理，一来一去就要花费大量时间，遇到天气不好，故障排查人员无法及时赶到，就只能停井停产干着急。

在技师分会工作例会上，我把这个问题提了出来，工作室的许多会员都对此感同身受，纷纷讨论起自己在海上遇到的控制柜故障及解决办法，感觉现在我们运行维护人员故障处理能力已不能满足海上油气生产的需要，采油厂也邀请专业人员现场授课、开展控制柜专项培训，各种类别的培训都开展过，但是培训效果不佳。

我认为解决日常难题是技师分会的专长，攻关卡脖子难题更是技师分会的重点工作，我们瞄准的就是一线生产难题，并且绝不是头疼医头，脚疼医脚，而是注重从根源上解决问题，从根本上消除隐患。近年来，胜利海上油田投入持续增长，建设速度逐步提高，针对高效稳定运行的需求，其日常管理、运维水平，故障排查能力的高低与油井生产效率息息相关，培养高素质、高水平的运维人员是目前海洋采油厂提质增效工作的重中之重。

电泵控制柜内部元器件多、线路布置密集，属于电气专业，对研究地下油藏、地面流程的采油工如何能跨越专业壁垒，由一岗通向多岗精的转变，我觉得要用最简单的方法、最直观的手段让员工快速掌握电泵控制柜检维修技术，这个想法一直在我脑海中盘旋，经常让我彻夜难眠。

2021年我带队参加中国海油举办的石油开采工职业技能竞赛，在集训中，看到了电工比赛使用一种电气设备故障设置装置，该装置可以通过对电气设备线路、元器件进行模拟故障设置，以此考核选手的故障排除能力。

比赛结束后，我立即组织分会成员开展技术攻关，开发一种适合我们的电气故障设置装置，经过分会成员不懈努力，我们建成了“潜油电泵控制柜模拟故障诊断训练场”，通过对几年来潜油电泵控制柜故障中的119次故障现象和排除情况进行统计，归纳梳理出潜油电泵控制柜常见的21种故障和57种其他故障。利用可编程控制器进行故障程序开发，通过实际生产运行中常见的四类故障现象再细化，在常现故障元器件设置了行程开关故障、变压器故障、保护中心故障、转换开关故障、软起动器故障、真空接触器故障等与现场完全相符的故障类型，实现了故障排查训练的最佳状态。利用互联网通信建立通信工具进行信息交换，在海洋采油厂培训基地进行了训练场的改造和技术推广应用，围绕海上400余口潜油电泵井，以提高海上故障排查效率，降低开发成本为目标，按照技术方案进行训练场的建设和应用，通过建设调试达到了设计要求。

装置研发出来了，效果怎么样？我们组织开展了潜油电泵控制柜模拟故障诊断专项培训，从每个管理区抽选5名技术骨干进行培训，通过故障模拟排查，让每名学员弄懂了控制柜的工作原理、保护逻辑、故障排查思路及部分元器件的更换方法，新装置让原来高深复杂的电路变得直观简单，每个学员讲解起控制柜都是滔滔不绝，纷纷表示电泵控制柜也没那么难修嘛，大家的信心得到很大提升。2022年在胜利油田职业技能竞赛海洋采油工比赛和技师、高级技师职业资格等级认定考核中，将电泵控制柜故障诊断列为必考项，把员工故障处置能力作为素质提升的重要检验标准。

“潜油电泵控制柜模拟故障诊断训练场”的成功开发，实现了潜油电泵控制柜故障诊断从海上搬到陆地，从生产现场搬进训练场，在解决了控制柜故障诊断技术提升的同时，也节省了包括船机费、人工费等大量的生产成本，营造出优质高效的海上油气生产技术环境，年创造直接经济效益达365.7万元。

47

当好油井医生

胜利油田　程卫星

1988年，初中毕业后，我被分配到孤岛采油厂采油五队，成为一名采油工。当时，工作的采油小站既偏远又简陋，没有如今的柏油路和舒适的环境，满目芦苇地，遍地盐碱滩，风起三尺土，张口一嘴沙。在日复一日地抄录数据、巡井、擦油、挖坑等平凡琐碎的事务中，我不知不觉地一干就是三十多年。

我并未觉得这样的日子很枯燥，相反，我总觉得自己既是一名拥有三十年工龄的老采油工，同时也是一名对与油井相关的事物永葆孩童般好奇的“新”采油工，或许我天性里的好奇心和探索精神，正是我能够在工作上有所创新的重要原因。

油田部分早期投产的单井管线老化、腐蚀严重，时常发生管线穿孔的故障，为此要进行单井管线换管的操作。在一次管线施工结束后，维修班的同事在卸氧气、乙炔时连声抱怨，“今天就不顺，快齐活了乙炔没了，又跑了一趟，心里又着急，口又切得不齐，返了一遍工，浪费太多时间了。”

我在一旁听到后，脑海中反复出现工人们换管操作施工的场面，他们抱怨的这些问题，难道就没有一个既治标又治本的解决办法吗？我找来徒弟邵峰，一番合计，决定成立QC小组，开展“降低单井管线换管操作耗时”的课题公关。经过对单井管线换管操作耗时做了大量的统计分析，我们得出结论，耗时的主要原因在于管线切割这道工序。

那么，到底如何才能改进切割方法？结合平日观察，经过思索后，我决定从改造切割工具上

入手，设计出一种让工人们用起来趁手，不再耗时耗力的专用工具。我利用砂轮机，通过两片卡瓦固定在底板上，令砂轮机可以灵活摆动着对管线进行切割。一段时间的钻研和实验，一套管线切割的专用工具出炉了，我们率先将它应用在GD2-30-308井，实际的使用效果，验证了这套工具的诸多优势，工人们不再需要携带笨重的气割设备，劳动强度大大减轻，劳动时长缩短了近40分钟。

有人说，采油工不就是干些不用费脑子的体力活和琐碎事吗，哪谈得上什么创新？我从来都不赞同这种说法。创新首先在于你有没有创新的意识和劲头。技术革新并不是标新立异，而是要用心发现和解决生产过程中出现的各种疑难问题。因此，“生产难题就是我们的研究课题”，是我常挂在嘴边的一句话。油田开采需要打油井，架设备，井场设备不可能永远不出问题，一旦出了问题，我希望自己能够像医生治疗病人那样，能给那些油井设备看病治病。换句话说，我其实非常渴望成为一个名副其实的“油井医生”，用我的知识和技能解决井场出现的疑难杂症。

保养抽油机是采油工最日常的工作之一，工人们用黄油枪进行维护保养时，装填黄油困难，费时费力，往往是六七个人近一小时才完成一台抽油机的保养工作。有没有更便捷、更高效的黄油填注方法，从而提高抽油机的保养时效？问题既然提出来了，必须立即行动起来。我组织团队成员，找来旧工具和几种老式黄油填注设备，经

过一年多的摸索、分析、测试，最终确定了改进方案，以地面驱动为动力，以压缩空气驱动空气泵作往复运动，经高压出油管输出润滑油脂，气动式抽油机保养装置就这样诞生了。随后在采油管理区推广应用23台，抽油机润滑保养时间，由原来的一小时缩短至二十分钟，两三个人就能替代以往六七个人的工作量。目前，已累计保养抽油机5000余台次，年创造效益100万余元。

这些年，我主导的《气动式抽油机保养工具》《远程调控移动洗井装置》《无动力套管加药装置》等多项革新成果获奖，实现了技术创新、降本增效、提高劳动生产率的目的，这并非我一个人的成绩，而是团队合作的结果，希望有更多的人，加入更多的创新团队中去，为我国的石油事业创造出更大的价值。

我记得，胜利油田技能大师代旭升曾对我说过，“一个人哪怕浑身是铁，也捻不了几根钉。如果你能够带动更多的一线工人自觉创新，就会形成百面红旗迎风飘展的局面”。我决心像代大师一样，不仅自己发光发热，还要当好“引路人”和“铺路石”，带动更多的年轻人一起练技术、搞革新。在“2+1”带徒模式、阶梯式教学法、培训到井场、基本功大比拼等活动中，我先后为5000余名员工进行了技能培训，带徒60余人，有20余人次在厂级竞赛中获奖，有18人次在油田以上竞赛中获奖，涌现出了米世超、张海涛、许宁等多名拔尖人才，还有一大批青工成为单位骨干。

聚是一团火，散是满天星。如今，我最想做的就是，把自己积累的经验分享给更多的年轻人，将工匠精神的“接力棒”毫无保留地传递给更多的采油工。

48

一朵忽变先　百花皆后香

胜利油田　郝洪峰

我叫郝洪峰。1988年从河口技校毕业参加工作，1992年至1995年在油田职工大学脱产学习三年。生产需要什么，就去琢磨什么。2000年，我担任孤东采油5队副队长，当时，最让我头疼的就是油井输油干线隔三岔五地穿孔。治理管线穿孔，最快捷的办法是打卡子。每次管线打卡子前，首先要去除管线外层的沥青防腐层。每次带领职工用镰刀、菜刀、铁锨费劲地去除防腐层，我就感觉不爽，觉得这种干活方法既费劲巴力又效率低下。我就琢磨：能不能发明个干活儿省劲又便于使用的工具呢？经过多次试验、修改，最终，我的第一个创新项目——T形剖刀诞生了。

这个工具能铲、能推、能割、能撬，虽然看起来不算精致，但快捷实用，职工们再也不用为去除防腐层而头疼了，而且受到职工的普遍好评。

能为职工减轻劳动强度，我非常开心，继续琢磨其他遇到的生产难题。调平衡是采油现场的常见工作，过去调平衡时，两名男职工在机上操作，一人晃动平衡块，一人撬动平衡块，易伤手，工作量很大，效率却很低。能否设计个工具，让职工轻轻松松地调平衡呢？

2003年，我担任采油7队队长，晚上回到家查阅资料，设计画图。一段时间下来，我的第二个创新成果诞生了——抽油机平衡块移动器。之后，我结合井上使用情况，不断完善修改，越改越好用，越改越实用。2013年我参加了我的师傅代旭升大师组织的平衡块移动工具集成优化小组，深受启发，从移动平衡块的工具到固定移动两用的组合锁块，再到防坠落扳手、地面操作的长柄敲击工具、

安装平衡块辅助工具、游梁辅助平衡装置，一项项成果陆续定型得到应用。截至目前，这组工具推广100余套，应用4000多井次，累计创经济效益1000多万元。

还有一些小工具，像“卡箍渗漏治理工具”，不但能止漏还能预防漏失，提高工效。该工用具的钢圈护套已加工应用3000余只。类似的灵活好用、经济高效小工具，还有组合搅棒、井口对中仪、外开房门固定装置等二十余种。

这些年我一直把“生产急需就是创新的方向”作为创新目标。注聚油井在生产过程中，带有腐蚀性成分的产出液会导致光杆的腐蚀。我从直角流道有关涡流理论得到启发，搞清楚了油井盘根下光杆严重腐蚀段的成因，对光杆通过涡流区的腐蚀现象加深了认识。能不能给油井光杆通过涡流区时“穿个马甲”？2016年，我设计的井下光杆密封护套在孤东油田得到应用，已累计安装50多口井，延长了光杆使用寿命，减少了井口污染。

从成果诞生，到普及应用，往往不会一帆风顺。我研制的井口防喷装置，从2000年试验，直到2009年投入应用，整整用了十年，但不是每口井都能安装。又一个十年过去了，问题终于彻底解决。这两个“十年磨剑”的成果，获得了7项国家实用新型专利授权。

油井在生产期间，光杆上部方卡子下端面应力集中，容易出现光杆断故障。事故一旦发生，轻则油井停井，重则原油外喷，造成环境污染。在注采站，这一直是困扰生产的难题。我设计了一种新型卡子，把这种新型卡子打在悬绳器上下盘之间，光杆断故障发生时，载荷自动落到这个备用卡子上，实现光杆断裂后油井连续生产。有些井悬绳器上安装受限，我又从井口打起了主意，已有的井口防喷装置就像“六脉神剑”时灵时不灵，我不断积累、不断观察、不断分析，直到2020年研制出了快速反应型井口密封防污装置，才彻底解决了这一问题。随着囊氏盘根密封器的推广，配套的强制防喷装置也已研制成功。

在研制抽油机皮带激光校准仪时，我切实感受到了创新的苦与乐。这个长相好似手电筒的校准仪，从第一代开始，一直到第四代才真正定型。每一代产品设计出来，我都是先让采油工试用。职工不爱用或者感觉不好用就接着修改设计。寒来暑往，历经五年，我的第一项发明专利终于诞生了，重新定义了“四点一线”，检查调整抽

油机“四点一线”，从凭经验到量化，向前迈进了一大步。

二十多年来，我创新的脚步就从未停下。先后取得国家发明专利授权5项，实用新型专利授权56项，获得局级以上创新成果76项、厂级创新成果206项，综合效益超过6000万元。

作为洪峰创新工作室负责人，我不仅带头攻坚克难，还积极发挥好传帮带作用，提升员工素质。近年来，我主编参编了《注采站应急标准化操作规程》《采油工（信息化）培训教材》《采油工（信息化）试题库》《三问题库》等6本专著，规范了标准化操作。以采油现场问题“为什么、怎么判断、怎么办”为主要内容的采油工“三问”技能素质培训项目，作为基本功训练的内容得到了持续开展。

我带的徒弟中已有57人取得技师、高级技师资格，多人在局、厂级以上技能竞赛中获奖。孤东采油管理三区注采309站员工卞兴红从2006年开始跟着我学习，技能水平和创新能力也得到不断提高。现在卞兴红已经是采油管理三区的主任技师，自己也带了徒弟，在刚刚结束的油田动态分析比赛中获得了第六名。

孤东采油管理三区高级工程师徐慧星，大学一毕业就与我签订了师徒结对合同，十多年来，我们师徒俩不断切磋，共同创新，他已有3项成果申报了发明专利，成长为信息化生产管理的专家，编写的多项软件应用于生产。

49

技术革新让我明白工作的价值

江汉油田　洪　河

诗人罗伯特·弗罗斯特曾说过："黄色的森林里分出两条路，而我选择了人迹罕至的一条，从此决定了我一生的路。"这是我最喜爱的一首诗，每当工作室的工作出现瓶颈时，我都会用它来激励自己。我常常边读诗篇边回望我的工作之路并且回味着当初那个赤诚而热烈的自己。每个人生来都会走很多条路，我觉得我很幸运地选择了自己喜爱的一条创新创效之路，并且把自己的研究成果运用到整个油田。

在年轻的时候，我经常反问自己："每天拼命工作的意义到底是什么？"那时候的我一直没办法回答这个问题，我只是在不停地画着设计图稿并且马不停蹄地解决着一个又一个前线工人提出的生产难题。1984年，我分配到江汉油田石油化工厂常减压车间，我先后任泵工、司炉工、分馏操作工、车间安全员。我一直清楚前线工人生产的艰辛与企业改革创新的不易。因此，我在努力工作的同时没有放弃过任何学习深造的机会，只为以后能够当一位能为企业做出更大贡献的人。

工作之余，我经常会回忆和工作室小组成员一起并肩作战的场景，更一遍又一遍地回味了为曾经前线工人们解决生产难题后内心的喜悦。随着我的工作经验的积累和能力的提升，我带出了一批又一批优秀的徒弟，并且利用自己的专利技术和团队力量帮助企业高效地完成了一个又一个生产项目。尤其是当我研制了玻璃管温度计弹簧式护罩和组织油田卤水提锂制备锂电池原材料的生产之后，我才更加发现了自己的工作价值：为社会节约资源，为企业创造效能。让我们现在时光倒流来更

真切地感受研制护罩和提锂生产时的工作场景。

时间来到2013年，我每天四点就起床，开启了我一天的工作。我的小组成员总对我说："洪老师，要注意身体呀，不要天天熬夜想设计图纸的问题，你要多休息，你怎么能又加班还这么早就到，您的精力怎么够用啊！"我其实一点也不觉得累，相反这么早起床是因为工作有盼头。我认为早点上班就可以早一点解决问题从而让油田的生产效率和经济效益能更快速地提高。我每天都会骑着自行车来到每一个采油工、注水泵工或者是采气工的一线生产地来实地询问大家生产过程中碰到的疑惑并且把它们都分类记录下来。

我记得有一次，有一位石油技术人员和我说；"洪师傅，玻璃管温度计断入金属测温套管之后，总是难以取出，这让我们的工具使用效率极其不高，你能帮我们解决一下吗？"这件事情虽然很小，但是只要是技术工人遇到的问题，对于我来说就是头等大事。当时，正值寒冬，我听到后立马裹起棉大衣和小组成员一起去找各个站点的负责人询问这件事。经过一天的实地考察，我们的确发现有的站点的测温套管几乎全被断入的玻璃管温度计堵死。

从那以后，我带领工作室成员成天泡在站点，反复琢磨，仅仅设计图就反复修改了数十次，在经历了试验失败再试验再失败后，工作室终于设计出防止玻璃管温度计被撞破和断落的弹簧护罩，填补了国内这一应用领域的技术空白，并在江汉油田推广应用，捧回了海峡职工创新成果金奖。后来那个采油师傅还特地打电话感谢我："洪老师，多亏你设计出了这个东西，我们现在干活比以前更加顺畅了！"我现在回忆起来，我想说的是我应该谢谢这些一线工人，是他们把实际的生产难题告诉我们，我们才有了这份工作存在的价值。

转眼间，到了2021年，在双碳背景之下，各大传统电力能源企业正加速清洁能源转型进程，中国石油集团更是如此。我每天都在关注江汉油田的石油新闻，然后我发现"金属锂的提取给环境造成极大的污染，但是生产处的锂电池又能使生产设备高效且绿色地运行。"这种自相矛盾的局面一直都在困扰着我们企业的生产。2021年，中国石油首次把油气与新能源并举列在四大业务板块之首，可见其发展新能源业务的决心。另外，通过我每天去站点的实地走访，我们工作室了解到：采油区此前大多采用柴油供电。我利用下班时间查找官网资料发现：这种模式在中国石油集团终端用能的碳排放中占有较大比重，因而油区的清洁供能需求成了中国石油关注的重点方向。针对这些企业面临的实际能源问题，我经过深思熟虑和与小组成员商讨之后，决心要跳出自己的创新舒适圈并且进攻提锂的工艺中。

我承担了油田卤水提锂制备锂电池原材料的生产指挥运行任务。为了能够更好地研究提锂，我先后学习了SW、3DMAX等三维软件，从而在实践中不断改进我的提锂设备。在此期间，我连续8个月没有休息一天，而且每次都是最后一个去食堂吃晚饭。在那一年里，食堂大妈都认出我来了："洪老师，你怎么每天晚上都忙到这么晚啊，现在连食堂都要下班了，来来来，我给你多打点饭，你可是要给咱们企业创新创效的主力军啊!"我笑着回答道："好好好，谢谢了，我一定好好吃饭来让自己有力气干活。咱们争取顺利进展提锂项目！"经过翻阅了上百本资料和询问了众多专业领域的专家，我们的提锂项目在一次又一次的失败中不断改进。我们的工作室都有自己的队歌，每天早上，我们都相互唱歌来给彼此加油打气。虽然，我们的项目推进会遇到很多未知的阻碍，但我始终认为自己永远不是孤军奋战，并且我的背后有一个凝聚力极强的中国石油中国石化团队在给予我一股奋进的力量。在所有的领导和小组成员的帮助下，我终于先后解决了吸附塔结构不合理的问题、吸脱附工艺流程不合理的问题以及吸脱段自动化控制的改造，等等十多个难题，为油田新材料、新能源建设作出了巨大贡献。

我坚持扎根生产一线37年，完成创新成果121项，累计获得国家专利51项，发明专利2项，填补了国内多个领域的空白，累计为企业创效8000多万元。当你现在再次问我工作的价值时，我会毫不犹豫地回答："为单位员工解决工作困难、为企业突破生产瓶颈、为石油事业贡献力量！"以后，我会在江汉油田这片土地上一直走下去，迈着创新的步伐走遍每一个工作站点，带着创新的头脑深钻每一个工程项目，以实现自我价值为目的去挥洒汗水与热血！

50

变聪明的“呆扳手”

胜利油田 贾鲁斌

2018年10月27日，现河采油厂草西管理区G127井上，三个人正在忙碌地进行抽油机调平衡操作：停机、拉刹车、将抽油机曲柄停在接近水平的位置、侧身拉闸断电……。“戴好绝缘手套拉闸断电”“注意侧身操作”“高空作业系好安全带”，作为监护人的油田技能大师孟向明的声音不时响起。

我佩戴好安全带登上减速箱，挂好安全带，到松开平衡块锁紧螺母环节，孟大师也及时提醒，“注意拿好扶稳，防止扳手掉落伤人。”作为经常调平衡的老手，我轻松地说，“放心吧，师傅。”

平衡块第一组锁紧螺母和紧固螺母很快卸开了，在卸第二组锁紧螺母和紧固螺母时却不顺利，上面的锁紧螺母很紧固，我接连砸了几下都没有松开，内心不免急躁，用足了力气，对着呆扳手猛地一下砸了过去。“快闪开，呆扳手掉了！”孟大师着急地说。话音未落，“咣当”一声呆扳手划着优美的弧线从平衡块上掉了下来，差点砸着在一旁协助操作的张师傅。在一旁监护的油田技能大师孟向明严肃地说：“干活不能心浮气躁，小失误能造成大事故。”我尴尬地低下头，低声说：“这呆扳手太呆了，一点也不听话。”

原来在游梁式抽油机调平衡时，平衡块两条固定螺栓都是由锁紧螺母和紧固螺母组成，必须得卸松平衡块锁紧螺母和紧固螺母，平衡块才可以在曲柄上移动，实现调整抽油机平衡率的目的。操作过程中需要人员站在2米多高的减速箱上部操作，位置小又是高空作业，操作十分不便，并且需要人员一手扶着呆扳手，一手抡锤操作，锁紧螺母在紧固螺母上面，呆扳手套入锁紧螺母后，上下没有支撑点，只有依靠操作人

拿好扶稳，手扶不好、锤击方向不正都很容易造成呆扳手击飞伤人，对操作人员的技术素质要求很高。

孟大师捡起呆扳手，拿着扳手装到锁紧螺母上，取下扳手翻来覆去地看了一会儿，若有所思地对我说："扳手是呆的，但人是活的，你就不会让呆扳手听话点？"我边沉思边应声道："对啊，怎么才能不把扳手击飞呢？""你让它自己长上手不就行了？"已经想出办法的孟大师及时点拨说，我接过扳手，一边砸着一边想，恍然大悟，高兴地说："在呆扳手下面加个垫圈，操作时更加稳固，不就等于给呆扳手加了只手吗？"孟大师微笑着点了下头。

忐忑地调完G127井平衡，回到队上，我迫不及待地画起图来，扳手的尺寸规格我一清二楚，改进方案的尺寸我也了然于胸，很快就把改进扳手的零件图画了出来。我兴冲冲地跑到维修班，找到张师傅，没学过制图的张师傅却一脸茫然。"看不懂，你咋说，我就咋干，材料都有。"我拿起呆扳手说："就是在扳手六方部位的下面加个垫圈，垫圈的高度与平衡块固定螺母的高度相等，在卸锁紧螺母时，扳手不再是悬空放置，更容易拿好扶稳。""对呀，这样扳手有牢固支撑，就不会被击飞了。"干活麻利的张师傅边说边干起来，割管焊接，不到半小时，改进的呆扳手就焊接完成了。

第二天一早，我们拿着扳手来到了井上，对改进的扳手进行试验。实践是检验成果的唯一标准，把呆扳手放置在平衡块锁紧螺母上，感觉呆扳手一下子变得灵动起来，再也不像原来那样看起来呆头呆脑的。随着大锤的一次次敲击，呆扳手发出清脆的"当、当"声，像纤夫拉纤时的劳动号子一样自然高亢、浑厚，富有力度，充满节奏感，好像在给我鼓劲加油。卸平衡块锁紧螺母时，呆扳手下面垫圈套入紧固螺母，起到固定支撑作用；卸平衡块紧固螺母时，把呆扳手反向放置，垫圈套入上面已松开的锁紧螺母，同样使扳手下面有牢固支撑，操作人员只需稍微扶正即可。因为操作顺手，我们索性把安排调平衡的10口井一鼓作气调整完成，呆扳手再也没有被击飞过，不仅保证了操作的安全，就连原来计划三天的工作量我们一天就完成了，大幅度地提高了工作效率。

到了向明工作室召开月度工作例会时，我做了典型发言，我从扳手创新的技术背景、改进方案和实用效果三个方面作了汇报。一是扳手的创新改进虽然很简单，但实用效果很好，这才是接地气、有实效的创新；二是技能人才就是要聚集生产现场的生产难题，立足岗位创新，把解决生产难题作为创新工作的出发点和落脚点，才不会跑偏走弯路；三是把扳手的技术资料整理好，我联系有资质的加工厂家，先加工100套，在采油厂层面推广，以后还要在油田层面推广。在场的领导和同事们给予我很高的评价和赞扬，也给予我很大的支持和帮助。幽默的毛师傅提议：“我们的呆扳手再也不呆了，可以把它命名为‘聪明扳手’，因为它真的让我们的工作变得更聪明了。”这一建议得到了大家的热烈响应和认可，孟大师说：“不是它变聪明了，而是我们把它变聪明了，干工作时得多想想办法，多动动脑子，办法总比困难多。”这次创新的经历，使我们意识到，只有通过不断地思考和创新，才能找到更好的方法来解决生产中遇到的各种问题，才可以更高效和安全地完成日常生产任务。

目前，改进后的“聪明扳手”在胜利油田各个采油厂已经推广应用了600余套。我们向明工作室的团队也已经取得不菲的成绩，结出了累累硕果，但创新工作永远在路上，我们依然在努力……

51

吓出来的“润滑器”

胜利油田　贾鲁斌

2015年10月17日早上，现河采油厂草西管理区注采一站，魏站长开完班前5分钟晨会，正在安排今天的工作任务，“老贾，你带着张勇、李彬两个人，今天上午对C13-51站的8口游梁式抽油机毛辫绳进行保养作业，作业过程中有高空作业，系好安全带，开好高空作业施工单，做好风险辨识，注意安全。”

我们三人带好工具来到作业地点，李彬说：“贾师傅，昨天我的脚扭了，我不能登高。”张勇一听立刻说：“师傅，你知道我有恐高症，我一上高空腿就哆嗦。”我说：“看来只有师傅我上了。”李彬一看，着急地说：“师傅，还是我来吧！”张勇在一旁不好意思地嘟囔了一句：“咱就不能不登高作业吗？”我说：“不登高作业毛辫绳保养就不全面，会给设备带来安全隐患，我们也没有合适的工具呀！”

我边说边系好安全带顺着抽油机扶梯向上爬去，爬到游梁上，也是感觉到害怕，赶紧挂好安全带，两手使劲地抓紧游梁，脚也有些发软，骑在游梁上大口地喘着粗气，眼睛紧张地向四周张望，登高望远，稍微缓解了我的紧张情绪。

风景确实美，一片片刚刚出土的麦苗就像给大地铺上了绿色的地毯，白墙红瓦的村落点缀其中，远处的抽油机在朝阳的照耀下展现着机械的力量与美感，处处是一幅生机勃勃的画面……

忽然我看到村里一户人家正在盖新房，老乡拿着“滚子”正在涂刷外墙漆，随着“滚子”的上下舞动，一面墙很快就变白了。我突然来了灵感：难道我们不能用“滚子”保养毛辫绳吗？我沉思了一会儿，有了办法，高兴地摘下安全带，爬了下来。

两个徒弟满脸疑惑地问：“师傅怎么了？”

我说："咱们有新工具了，今天咱们不干了，去找站长去。"到了站上，我和站长说："我们想制作一个保养毛辫绳的专用工具，在一个长杆子上装上一个内贮式滚轮，像刷墙一样保养毛辫绳，接着把具体思路和结构大体画了一下"，旁边的李彬和张勇很快明白了过来，拍手叫好，魏站长仔细看了一下，也竖起大拇指说："这个办法不错，我给你联系维修一站的加工制作。"

经过一个下午的买料加工，滚轮储存式抽油机毛辫绳润滑器新鲜出炉了。第二天刚一上班，我们三个人就早早地赶到井上，李彬、张勇拿着润滑器就像拿着新式武器一样："我先来试试。""不，今天我先来操作。"很快，新式武器大显神威，不到一个小时八口抽油机毛辫绳保养完毕，毛辫绳闪着油亮的光。张勇高兴地说："师傅，你太厉害了，原先我们最少得用一上午4个小时才能完成的活，有了它，仅用了1个小时就完成了，我再也不用登高作业了！"我会心地笑了笑，心里说：我也有恐高症啊！

过了一段时间，我正在画着图，想把润滑器的资料整理出来。时间一长，不免有些头昏脑涨，便想着走出去呼吸呼吸新鲜空气。刚出门就听到了外面传来"嗞嗞"的声响，仔细一看，不远处的果农在给果树喷药。看到这，我想着：打农药能把农药喷到果树上，我们也可以把润滑油喷到毛辫绳上，实现电动喷油，润滑效果更好。但转念一想，润滑油的黏度比农药高得多，喷嘴的效果好不好还得进行实验，还有喷管的长度得改进……一万次地想不如一次行动。我来到农资店，买了一款最新的电动喷雾器，拿到站上加入润滑油，开机试验起来："喷嘴的效果不好""把喷嘴拧下来试试""喷出的油太多了浪费，也有污染""软管和喷管的长度得加长到6米"，在场的同事你一言我一语纷纷发表自己的意见。

到了下午，我们到向明工作室一起开了个"诸葛亮会"。先把想法和思路向大家交代了一下，又把电动喷雾器拿到会议桌上，把上午试验的结果和需要改进之处给大家逐一说明。电工耿师傅说："可以给喷雾器加个调压器，控制泵的压力和排量，这个我可以办了"；张勇自告奋勇："我大学里学过三维制图软件，我来绘制加工零件图和三维模型图"；张师傅说："加工专用喷嘴和加长喷管需要专业的厂家，我认识一家公司，技术力量和加工能力都很强，我去联系加工制作"；工作室领头人孟大师对这个成果也提出了中肯的建议并加以肯定和赞许："加长管的长度要测量准确，材质的选择要在满足强度的要

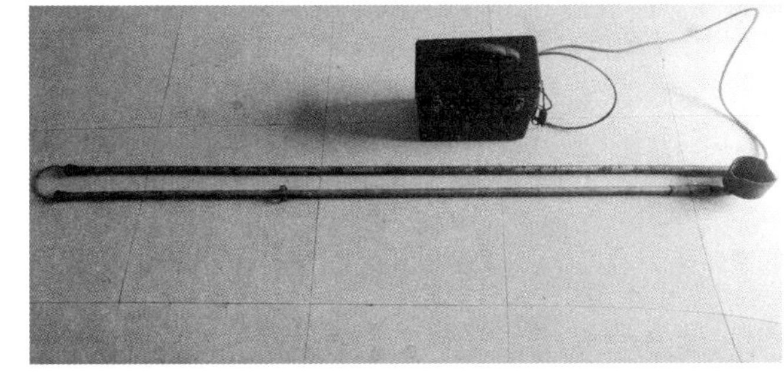

求下尽可能地减小重量。大家就是要从自己岗位出发，善于发现工作中存在的难点、痛点的问题，进行改进和解决。这个成果虽小，但实用性好，避免了高空作业，提高了工作效率。”经过大家集思广益，最终定型了电动喷雾润滑器的改进思路。

拿到制作完成的电动喷雾润滑器，我们迫不及待地到现场进行实验。加入润滑油，连接加长杆，打开开关，调整排量，对毛辫绳进行保养。我记录了一下操作用时7分26秒，与原来的操作方式相比节省了半个多小时，而且保养效果比原来的还要好。可以在油井不停机的情况下进行保养，减少了油井产量损失，保障了油井正常生产。我们掩饰不住高兴的心情，拿着润滑器跑到C13–77计量站和C13–P3计量站，一鼓作气把两个计量站16口游梁式抽油机毛辫绳保养完毕。

太阳马上就要落山了，我们才拖着疲惫的身体回到站上，每个人脸上都洋溢着比阳光还灿烂的笑容，就像打了一场胜仗一样。把电动喷雾润滑器放进库房，正好和第一代润滑器放在一起，张勇诙谐地说：“看来有恐高症也有好处，这两代不断改进的润滑器，都是‘它’吓出来的呀。”现场的大伙不约而同地笑了起来。

52

创新让我的人生得以蜕变

胜利油田　刘同玲

1995年技校毕业后，我成为胜利油田一名采出水处理工。回首28年的工作生涯，感触良多，其中，体会最深、收获最多的就是在我创新领域的成长，是创新改变了我，让我的人生得以蜕变。

刚上班那会儿，我的想法和工作目标非常简单，就是练好技能，完成好自己的本职工作。几年后，有一件事情深深地影响了我，让我认识到，单纯地练好技能不是最终目的，善于总结技巧和方法，坚持创新性地开展工作，为单位提质创效才是我的长远目标。

记得那是2003年12月份的一个冬天，我从采出水处理工调整到原油化验岗，第一次拿着四个取样桶登上13米高的原油罐取样，这对于患有恐高症的我来说，是一个巨大的心理挑战。我拿着取样桶，哆哆嗦嗦地开始爬罐，还没爬到一半，我就心慌、气短、腿软得不行，那时候心里想着，要是取样不用再爬罐该多好啊！要么换工作，要么想办法解决眼前遇到的困难，这是摆在我面前的两个选择。我拿着取样桶，强迫自己稳住心神，一步一步地往罐顶爬着，终于完成取样工作后，我一身大汗淋漓地瘫坐在地上。也就是从这时刻起，我暗自下定决心，一定要多学知识，苦练技能，用丰富的知识创新性地解决工作中的难题。

集输站库计量盘库能核实标定生产产量，真实反映油田区块生产状况，是油田生产的必要环节。胜利油田共有60多个联合站，300多座油罐，大部分站库由于传统计量仪表误差大而仍沿用人工计量方式，存在测量数据误差大、职工劳动强度高、登高作业和罐顶硫化氢中毒的安全隐患，尤其是恶劣天气无法上罐造成计量滞后，会严重影响生产指导。到底怎样解决这个问题？盘库工作很重要，不盘不行，盘不准还不行，看着同事们每天如此繁重地工作，其中的艰辛和不易我感同身受，我捏紧拳头，默默地对自己说："一定要啃下这块硬骨头。"

可是，怎么找创新点呢？思路在哪里？如何寻找解决办法？虽然我明白，创新的关键在于找准自己的技能优势与实际工作的结合点和突破口，但具体到实践一直不得其法。一天，我走进了站领导的办公室，讲出了我的想法和困惑，站领导鼓励我说："要相信自己，你一定能把集输工都挠头的这个大难题解决了，需要我们提供支持的，我们一定全力以赴。"

站领导的话给了我信心和力量，我开始组建团队，每天带着团队成员跑现场调研数据，查阅各类资料，利用周末时间去各二级单位的集输站库观摩取经，向油田其他大师工作室学习求教。回到站上，我加班加点，对收集的资料逐条梳理总结提炼，整理出厚厚2大本翔实可用的学习材料。

创新的过程，苦并快乐着。团队组建2个月，我们的课题依旧没有突破性进展，在一次翻阅网上资料时，一个成员有点着急地说，"到现在都没有好的办法和思路，我感觉咱们缺乏理论支撑。"很显然，理论的不足，加上生产现场的种种问题，增加了创新的困难，大家付出的时间和辛劳，没有取得对等的成果，那种着急的心情可以理解。我的内心同样着急，但我不能流露出自己的焦虑，更不能萌发一丁点退缩妥协的思想，越难才越有挑战，尽管课题暂时没有突破，但在攻关的过程中，我们的知识水平和创新经验却得到了积累和充盈，这同样是重要的收获，也是下一步创新攻关的基础。

在我们感觉艰难的"瓶颈"时刻，各级领导为我们送来了"催化剂"，为我们的项目指定了技术指导老师，主动协调各种服务支持，还给我们搭建了通海天蓝科技技术有限公司、济南大学三方共同合作平台，协助我们进行攻关。

有了强大的助推力，我们的信心更足了。我分析了项目没有突破和进展的主要原因，在于我们的知识和技术范畴不够广。于是，我制定了一整套学习计划，带着团队成员沉下心学习，首先要把目前需要的理论知识学懂、弄通。每个周末，我都会邀请济南大学老师和项目指导老师指导授课，课后在网上查找相关知识复习巩固。晚上，我带着团队成员去合作单位天蓝科技实验室和加工车间交流，进一步验证所学的理论。

就这样，6个月下来，虽然大家都很

辛苦，但每个人都感觉收获颇丰，团队的理论水平突飞猛进，对难题也有了系统的解题思路和具体措施。在接下来的6个月攻关中，团队成员修改技术方案十多稿，进行了无数次试验，最终成功研发出“原油储罐智能分布式自动计量盘库装置”，并在埕东站进行现场安装试验应用。

研制出了创新成果，并不代表创新过程结束，必须要经过实践的检验，不断地改进和完善，才能更好地满足单位需求。应用试验3个月后的一天，埕东站现场技术员打来电话，要求我把自动计量盘库装置从罐上拆下来，因为数据差距太大，不能准确指导生产。

我带着团队成员立即赶赴现场，把20多节传感器从13米高的原油罐顶取出，马不停蹄地回实验室进行分析，发现问题产生的原因是，装置外壳封装出现腐蚀渗漏，造成内部传感器测量精度降低。

“必须快速解决材料问题”，为此，团队又开始了新一轮的知识大补。除了每周末雷打不动的理论补课，我们还邀请新入职的相关专业大学生，从周一到周五晚上为我们讲解理论知识。一边补课，一边反复修改方案。又是一年多的艰难攻关，我们设计研发出对称双极板结构，采用共面柔性叉指分段电容极板，实现极板可弯曲，大幅降低生产加工难度，电极板采用一种不沾油的材料制作，装置外壳采用聚四氟焊接一体化封装技术，大幅减少装置总重量，成功解决了外壳封装腐蚀渗漏等问题。

团队组建两年来，我们研发的自动计量盘库成果在油田4家二级单位推广应用20套，一线员工反映数据准、效率高，实现了实时自动计量，大大降低了职工劳动强度，为油田节能创效和安全生产做出了贡献。

这次的课题攻关，让我对创新有了更深刻的认识。知识是创新的根本，必须持续积累理论和技术知识，才能夯实创新的基础；团队力量是推动创新的关键，必须充分调动发挥每个成员的智慧和力量，才能确保项目的成功；信心和恒心是创新的燃料库，必须始终如一、持之以恒地做事情，才能最终抵达目标。

从一个技能小白，一步步成长为责任技师、主任技师、副站长、首席技师、油田技能大师，得益于单位领导的教育培养和前辈师傅的帮助支持，也同样得益于我对创新的执着，未来我将一如既往，在创新之路上继续攀爬。

53

改革一小步　安全一大步

西南油气分公司　任基文

我是西南油气公司的首席技师，在中江气田工作了八个年头。这八年，目睹采气站一个接一个掘地而起，300多口采气井日夜不息地向四川盆地输送着宝贵的天然气，中江气田成了高效开发的典范。

采气，是一个庞大而错综复杂的系统，不管是大型设备还是一个小阀门，都至关重要。作为一名首席技师，我用高度的责任心，细致入微地维护着设备，精益求精地改进流程，不以事小而不为，用小改革换来大效益，也促进我更好地成长进步。

2020年4月，这是一个不平凡的月份。就在这个月，西南油气公司采气三厂试行“厂管站”改革，管理模式要从过去的驻站值守向无人值守和片区巡检转变。

改革是发展壮大、制胜未来的关键，每一次变革都是一次挑战。

试运行期间，一个棘手的问题出现了：无人值守班站的井安全阀起跳发现不及时，总是等到下游站瞬产变化后，逐井排查才能发现。这是一个非常严重的问题，如果处理不及时，不仅会影响到天然气的产量，更会导致安全生产事故发生。而现场没有什么好的办法解决这个问题，只能采取人员频繁巡检的笨法子。这种低效操作完全不能适应新工艺、新模式的需要。

提高管理效率对信息化建设尤为重要，为此，我和创新工作室成员立下“军令状”，一个月内必须攻克这个难题。

我们查阅了各学术文献库，但并没有找到相关井口安全截断阀起跳报警装置的论

文。没有，那就自己来！我们决定根据生产实际，自行设计一种用于井口安全截断阀起跳报警监控装置。

没有可以借鉴的经验，我便与创新工作室成员一同展开头脑风暴。我们聚在一起，一起分析现状，分析导致安全截断阀起跳报警不及时的原因，思考解决办法。大家开动脑筋，结合自己的创新经验，你一言，我一语，点子千奇百怪，思路层出不穷。最后我们整合了思路，把达成共识的方法做了汇总，形成了三个方案。我们又对设计方案从结构、性能、成本、适用性等方面进行综合分析、论证。接着，我们选择了偏远井、高压高产井、低压无人值守井等20余口进行现场试验。

第一周，我们试验利用液压油压力表变化进行报警。试验中发现，电子压力表压力示数不稳定，使用过程中易发生示数波动而产生误报警，而且耗电量大，电池更换频繁。不行。

第二周，我们试验利用液压油液位变化进行报警。试验过程中，井口安全截断阀起跳后，液压油汇流常常出现渗漏情况，导致无法达到报警阈值，不能准确报警。而且电子液位计，液位示数依然不够稳定，容易出现误报警，还是不行！

第三周，我们转换了思路，试验利用安全截断阀的阀杆移动进行报警。连续几次的失败，我们内心非常的忐忑，如果这次还不成功，那所有的方案就要全部推翻。

白天，我们在井站来回穿梭，查看设备、分析问题、反复调试。晚上，在办公室上网查阅资料、比对数据，做可行性分析，调整方案。终于，在多次的现场试验过程中，井口安全截断阀起跳后，工具随阀杆移动带动报警，从未发生误报警，并且单个设备改造费用仅仅需要200元。

我们对20余口试验井的数据进行整合分析，起跳发现率达到100%，单次报警发现时间平均2.35分钟。一种液压截断阀远程干预关断装置成功研制出来了。这个装置通过PCS系统实时监测压力变化，一旦出现超压、失压、火灾等情况，可以迅速远程截断气源，关断后及时发送反馈信息。

第四周，我们将优化后的第一批液压截断阀远程干预关断装置安装在江沙103HF井站。自此，这些井的生产情况成了我们最牵挂的事情，每天一大早就跑到井站与生产指挥中心仔细询问井口起跳情况。1次及时报警，2次及时报警，5次依旧及时报警……装置5分钟内起跳发现率达到100%。看到新装置如此亮眼的表现，我那颗揪着的心终于放了下来，整个团队成员都兴奋不已。

装置研究成功后，我粗算了一笔账，现在，因为装置的使用，所有的井站成功实现无人值守，而每套装置成本仅为200元，每年每座井站可节约25万余元的人工成本。后来，这项成果推广应用到川西陆相气田信息化建设中，成功应用124口井，保证了无人值守井站的安全平稳生产。

改进一点点，就能让工作更安全。我和我的创新伙伴们瞄准所有制约生产的难题，扎根基层、攻克瓶颈、创新创效。这些年来，我们团队获得四川省命名“任基文劳模和工匠人才创新工作室”、中国石化示范性职工创新工作室，12项专利获国家授权，8项管理成果获公司级奖励。激励我在创新的路上不畏艰难困苦，不畏雄关如铁，大踏步前行。

54

“事故”后的革新

胜利油田　隋爱妮

在每日送班会上，领导通报了一则安全事故：2021年3月13日，人力资源服务中心鲁胜项目部注采604站在沾3–26井进行调防冲距施工时，由于光杆底部防脱卡子未打紧，光杆急速下行，此时职工兰某因手扶光杆，导致左手被挤在光杆顶部防脱卡子与压力传感器中间，造成左手拇指和无名指骨折，左手食指粉碎性骨折。

“安全大于天”，安全生产、标准化规范操作一直是采油厂安全管理工作的核心和关键，每次听到各类安全事故时总感觉那些事故离自己很遥远，可当自己身边的同事发生了安全事故，身体还受到了严重伤害时，回到工作室后我陷入了沉思……

不可否认，油井井口登高作业无专用安全操作平台，员工在井口高部位操作易产生手抓光杆、脚踩井口等违章行为，并且油井维护人员在油井井口部位的施工项目复杂多样，如悬点载荷仪的安装及电池的更换、防冲距的调整、毛辫子的更换及保养、空心杆顶端的加热电缆或掺水软管的维护等十多项的操作项目，等等。油井井口未配备登高操作平台，操作人员只能使用人字梯、单梯或脚踩实物进行爬高作业完成上述施工项目。在这个过程中无论是梯子还是脚踩的物品，均无法有效固定，存在一定的倾倒风险，尤其是井口工作需要2人配合施工时，多人负重也大大增加了梯子或踩踏物品倾倒的概率，无法保证人员的高位施工安全。不仅如此，由于井口情况的复杂多样，在使用梯子不便时，施工时操作人员只能采用脚踏井口流程的方式站在油井井口进行作业，同时为了操作稳固、方便施工用力等，还会出现手抓光杆等违章现象，易造成掉落、挤伤、砸伤的风险，对操作人员产生极大的安全隐患。

鉴于以上思考，我认为3月13日发生事故的直接原因是员工兰某在油井调防冲距作业施工中违反《河口采油厂岗位操作手册》中“调整抽油机防冲距操作规程”中卸负荷操作“方卡子安装不规范，手抓光杆”，属于违章操作。间接原因除了现场监护不力和安全培训不到位，更多的是没给员工提供一种安全可靠的井口登高平台！如果能够研制出一个职工爱用、安全便捷的井口辅助登高平台，是不是就可以大大降低此类安全事故的发生了？脑海中有了这一想法后我立刻行动起来，打电话通知了王佰民、薛婷、赵琢萍等几名工作室核心成员，在工作室进行了三个多小时的激烈讨论和可行性分析。

按照事故处理“四不放过”原则，3月15日在全厂范围内召开了事故反思大会，我和工作室成员按领导指示，现场模拟还原了事故发生经过，还现场按标准化操作规程完成了调防冲距的标准化演练。会后，我主动敲开了采油厂安全总监的办公室门，我向董总汇报了自己想要研发一种井口安全辅助登高操作平台的想法，同时立下了“军令状”，我要在40天内完成登高平台的研发制作和定型！董总认真听完我的汇报后对我的想法和建议给予了充分的认可和鼓励。

目标有了，说干就干！在登高平台研发过程中，我们面临的第一个难题就是操作平台如何与井口固定连接。市场上有各类可调节高度、可折叠的梯子，常规梯子仅适用在平整的地面，可生产现场中油井井场大多坑洼不平，怎样才能有效支撑牢固安装？工作室里讨论不出解决办法，我们就一遍遍地往井上跑，王佰民提出一个想法，能否借助井口采油树作为固定点，将操作平台直接安装在采油树上？带着想法我与采油厂技术管理部的李主任进行了交流，得到肯定的回答后，我们立刻行动起来，自费到河口三义合市场购买了材料到集输义合站高正泉工作室加工制作平台与井口的连接锁紧装置，关键点得到解决后，平台的焊接，护栏的设计制作都顺利完成。

仅用10天时间由我们纯手工制作打造的第一代井口操作平台就诞生了，我和工作室成员迫不及待地找了口生产井把“成品”安装在井口进行了试验，仅用一分钟就可以将操作平台与井口牢固连接，人员踩踏到平台后无任何晃动，目标实现！

当天中午，我们将现场照片和安装使用视频制作成汇报PPT第一时间向厂安全总监进行了汇报。领导集合了采油厂生产技术管理部、QHSSE监督中心等相关部室人员和八家管理区创新骨干，对操作平台的尺寸、固定方式、材质选择、防护

栏安装方式等几方面关键部位进行安全论证，同时，每一次的讨论过程中，各位专家不仅对我们研发团队的创新思路予以肯定，还站在专业角度为操作平台提供技术支持，提出整改意见建议，为操作平台每步研发指明方向。经过三次大的改进，5月12日，厂工会牵头在采油管理四区注采401站组织召开了“河口采油厂安全操作平台项目研发现场讨论会”，现场演示过程让大家对操作平台有了直观的了解，也得到了大家一致认可。从第一次初步方案形成到操作平台定型，仅用时一个多月，这是我多年创新路上前所未有的一段经历。

油井操作平台完成定型后，采油厂QHSSE管理部下拨10万元专项经费加工26套用于全厂推广应用，得到了基层员工的一致好评，真正实现了职工爱用、职工想用的效果。

55

新材料解决老问题

胜利油田　隋迎章

2020年10月，山东东营正是风景如画时节。雪白的芦花在正午的阳光里随风摇曳，红艳艳的碱蓬葳蕤成了壮丽的“红地毯”。我怀着激动的心情参加了东营市首届高层次人才创业大赛，和来自东营市和胜利油田的各行各业的教授、专家们同台竞技。

成果展示、现场答辩……经过激烈的角逐，我的创新成果《新型紫外光固化封堵材料》以第一名的成绩高居榜首，现场响起热烈的掌声。站在领奖台上，我的思绪回到了那500多个栉风沐雨、披星戴月的日日夜夜。

我是胜利油田孤岛采油厂孤二联合站的一位员工。孤二联合站1972年投产，管线使用年限长，加上管内输送的油气水含有一些腐蚀性介质，经常会发生管线穿孔和刺漏情况。

传统的管线补漏，需要放空管线内的流体，等待压力为零的时候，用电焊机进行焊补。因为联合站内油罐林立，属于易燃易爆场所，动火作业一般都列入了一级或者二级，为此施工前必须要打动火报告，审批后才能进行。就算是非易燃易爆场所，也要制定施工方案并做好准备工作，以确保安全和减少介质泄漏风险。所以，联合站的职工们最头疼的事情就是管线补漏，每次管线刺漏，大家都如临大敌，争分夺秒、小心翼翼，既担心处理时间长导致前端产量损失，又担心操作过程中安全环保隐患的发生。

作为一名集输技能大师，生产中的难点就是我创新的起点，我开始思考制作一种高效的堵漏工具，来彻底

解决“堵漏难”的问题。一两年的时间过去了，我研发了各种各样的堵漏工具，虽然也收到了一些效果，但始终没有一个能让我真正满意。

身边的同事看不下去，劝我说：“老隋，别跟自己较劲了。你设计的堵漏工具挺好的，起码现在比以前强多了。管线补漏这个难题都好几十年了，不可能有太好的办法。差不多就行了。”

听着同事的规劝，我也曾经想过，算了，就这样吧，这样就很好了。可是每次一到管线刺漏，看着大家伙忙忙碌碌的样子，我心里就很不是滋味。

一个冬季的夜晚，我正在值班，又一次发生了管线刺漏。我和同事紧张地处理了大半夜，才通过打橛子的方式补漏成功。同事因为着急上火加上寒风侵袭，牙疼病犯了，脸肿得老高。早上，一下夜班，我就陪着他去往医院，路上我和他说：“不行，老李。我一定要解决这个问题。”然而，令我没有想到的是，契机就在这次去医院看牙的过程中到来了。

到了医院一检查，老李的牙疼主要是因为龋齿造成的，好在没有伤到神经。只见医生娴熟地清理完之后，用了一种材料填补进牙洞，然后用紫外灯一照了几分钟，就修复好了牙齿。我灵机一动，这种材料连牙齿都能修复好，用在管线上行不行？我赶紧向医生请教了这种材料的名称和原理。

回到家，我迫不及待地打开电脑，上网搜寻了这种光固化补牙材料。同时我也搜索到一则消息，就是北京的一个管道，曾经使用这种材料进行了紧急修复，收到了良好的效果。这下，我的信心更加坚定了。打开购物网页，发现这种材料的种类比较多，为了分析对比，我立即下单买了好几种类型的材料回来。

材料很快买回来了，我们开始做试验。在不锈钢杯子上钻个孔，然后用这种材料填充，用紫外光灯照射，5分钟的时间就修复好了渗漏的地方，效果非常好。但是，问题又来了。就是这种材料的价格非常贵，每克3到5元不等。而修复管线的一个小漏洞，最少也要几百克，更别说大的漏洞了。

怎么把成本降下来呢？只能寻找代替材料。我开始在网上进行海底捞针式的搜索，终于发现，华东石油大学的一位教授对高分子材料非常有研究。为此，我千方百计地联系上了这位教授。教授听到我的来意，非常热心地给我进行了指导，给我推荐了一种树脂材料混合玻璃纤维和碳纤维。但是因为没有人使用过，需要我们自己去试验配比。

于是，我和我的伙伴们开始了为期接近两年的战斗。这种材料是利用紫外线进行固化的，需要加入引光剂，但是这也意味着见光就会固化，所以我们就找了一个废弃的厂房，利用晚上的时间进行试验。因为树脂具有强烈的刺激味道，我们只能佩戴着防毒面罩操作。冬天还好说，到了炎热的夏季，几个小时下来，我们经常是大汗淋漓，头晕恶心。

经过数百次实验和改进，我对紫外光固化材料的认识越来越深入，最终成功将紫外光固化材料的成本从每克5元降低到每750克5元。同时，通过改进紫外光灯的设计和引光剂材料的配方，将固化时间从最开始的5分钟缩短到3分钟。这意味着在紧急情况下，能够更快速地处理管道泄漏问题，减少了停产时间和损失。

经过现场试验，适用范围广泛，无论是“补丁式堵漏”，还是“缠绕式加固”，都能取得良好的效果。很快这种材料就在采油厂进行了大面积的推广应用。为了让普通职工也掌握这种技术，我又梳理了操作方法和施工标准，职工们再也不用因为管线堵漏而头疼了。

“新型紫外光固化封堵材料”具有广泛的应用前景，不仅适用于油田行业，还适用于海洋船舶、渔船码头、市政管道等行业。因为这种材料的市场化运营潜力，河口区科技局推荐我参加了东营市首届高层次人才创业大赛，也让我创新的路径越走越宽阔。

56

始创之新　起于足下

胜利油田　王　刚

大家好，我是胜利油田东胜公司王刚，下面我和大家分享一下自己的创新故事。

（一）成才要有“千里之行，始于足下”的志向。1994年，我胜利油田开发技校毕业参加工作。刚刚进入油田一线的我，爱油田，爱油井，更热爱我立志干好的采油事业。我想：要做采油行家，必须先做技术专家，业务不熟不专，就当不了技术过硬的采油工。刚开始工作时，虽然热情奔放，但工作的经历、技术的底子、实践的经验毕竟太少太薄了。几次在油井现场遇到故障，自己都无法马上排除。有一次，一口抽油机密封垫损坏造成井口喷油，我虽然勇敢地冲了上去，成了一个油人，却没能彻底制服井喷。这时我才感到，当采油工并不像人们所说的那样，只是“拍井场、除草、量油、测气、看看抽油机”，也不是没技术可学，而是要懂得地面工艺流程，要了解油田地质构造，要懂得许多许多，靠自己在学校学到的那点知识是无法成为一个合格的采油工的。“我一定要练好技术！”这是我在日记本上写下的奋斗誓言。从此，我充分利用自己的业余时间，时刻保持着求知与探寻之心，刻苦自学，潜心攻读，勤于钻研，为了掌握油井的生产情况，我总是随身带着一个笔记本和一支笔，看一处，记一处，每一口井的电机型号、流程走向、液量、含水，我的笔记本上都记得详详细细。在岗位上干完活，别人都休息了，而我则抱着书本，带着笔记，在生产实物面前，不停地摸、查、找、对，同事们说我的笔记本简直是采油班的“百科全书”，让我面对油田各种生产设备和工艺流程，有了研发的知识和基础。

2000年在油田第十一届技术比赛中，我认识了当时作为大赛裁判的代旭升，此次第一次参赛虽然我拿到了第3名，有幸后来拜代旭升为师，他讲道："成绩很好，不过以后得多出成果，现在国家、企业对技术、对革新越来越重视，把你们培养出来是为了更好地服务于生产，其实革新说难不难，说不难也很难，这要看你留意不留意，平时要多观察、多收集、多思考。俗话说'好记性不如烂笔头'，有什么想法和发现就记下来，积累到一定程度，就自然出成果了，当然你还得去学习，都说钳工是万能工种，采油工也不简单，地面的、地下的、地质、电工、机械、电气焊，等等，需要学习的方面很多，这是基础。回去后不要放下，要多努力，有什么问题就问我。"我们师徒的创新之行缘于此，在师傅的教诲下，我在多年的创新研发过程中，取得了一系列的创新之果，自己也通过多年努力成长为油田技能大师，所带的徒弟也在历年的全国行业大赛，中石化、胜利油田技能大赛获得诸多桂冠。

（二）创新要有"千磨万击还坚劲"的坚持。技能领域里求知求新的我，常常住在现场一线，有次在生产管理中发现，地层能量较高且有自喷能力的井，抽油机井的套压（套管气）大小对油井的生产影响较大。我便心里默默记下各种参数和现场情形，吃住在现场，记下每组数据，带到工作室还原模拟，经历实验推演、失败后重新再来，记不清多少个日日夜夜、多少次重新再来，建立套压与气体举井液量关系模型，创新提出这类油井的套压控制生产关系论点：对于没有自喷能力但气油比又较高的井，可控制套管气使动液面稳定，使气体进入活塞以上再分离，提高泵效；对于气量少液面深的井，可以适当放套管气，以提高沉没度，减少气体对抽油泵的影响。在日常生产管理中，现场职工很难控制好套压的大小，从而影响正常生产，甚至无控制放压，容易造成激动出砂倒井。

我寻找最有效的办法，通过学习抽油泵的工作原理，掌握了套管气对油井生产的影响，摸索出现场生产中存在放套管气来减少对油井的影响规律，但此举还是存在一定的问题，尤其是每月的油井测液面工作，测试人员直接将套管闸门全部打开排放套管气，既不安全环保，又不利于油井生产。针对这个问题，我苦思冥想，如何省时省力地控制套管气，职工可以不用操作就将套管气控制好？让测试工作能够在安全环保基础上正常完成，便利用竞赛和现场的经验，总结功图和套压等参数来判断气体影响规律，让职工方便操作，而且还环保。有一次，我工作中到计量间，从分离器安全阀得到了灵感"如果制作一个定压阀放在套管闸门上，便可以解决定压排放"。的问题于是我就动手制作了一个定压阀，装在套管闸门处，它可以根据油井的井况利用安全阀单弹簧微启式的工作原理，排放套管气，现场应用效果挺好，缺点是套管气排放在了大气中，存在不环保的问题。

（三）研发要有"宝剑锋从磨砺出"的拼劲。有一天见到师傅代旭升，我就请教

师傅，说套管气（套压）的大小对油井的生产影响较大，沉没度小套压过低时，使泵入口处压力低于饱和压力，气液不断分离，产生大量游离气体影响泵的性能，沉没度小套压过高时，使动液面下降至近泵入口，产生气体影响，甚至发生气锁现象，更严重的是影响了油井的正常生产。

为此我想利用定压阀研制油井套管稳压装置，在研发过程中，我经历了多次的失败，可是我仍屡败屡战，“坚信可能”拼命也要攻下难关。在困惑时请教我的师傅，他说：“很好，原油上产中的难点就是技术攻关的重点，有想法就去做，我跟你说有一种发明方法叫：组合发明法是指改变产品的结构方式或组成内容以获得新的产品，你说的利用定压阀控制套压，可以利用油嘴单流阀小的特点来做，顺便添加防盗丝堵，等等，就叫油井套管稳压防盗装置吧。”

最终我根据提示查看现场流程，研究了油套连接流程的改进方法，研制了由油嘴套、调压阀、防盗丝堵、调压杆、调节扳手等组成的“分体式套管稳压防盗增产装置”，在实验井上应用了套管稳压装置，排气阀开启压力设置为0.5兆帕，保障该井的套压恒定，既减少了作业成本又提高了油井的时率和产能。经过试验统计对比，实验井平均日增产油量0.6吨。师傅说它安全可靠，调整方便简单，在减少套管气影响的同时回收了套管气，保护了环境，减少了职工劳动强度，提高了工作效率，且还具有防盗作用，保障了稳定生产。适用于各类油井，推广应用前景广阔。年创经济效益达19.5万元，并于2014年取得国家专利授权。

“九层之台，起于累土，千里之行，始于足下”，正如我们每天面对的“油井”，创新的基础就是管理好油井，要想把油井管好，让油井安全平稳生产，发生了问题又能及时排除，实在不是一件容易事。多年来在成长过程中，我深知：学技术的道路是清贫而又艰苦的，没有鲜花和掌声，但是当你取得成绩的时候，当你的小改小革、发明创造解决了生产难题的时候，才能体会到学技术是一件多么有价值的事情。

57

安全放空回收促进绿色发展

胜利油田　王　刚

朋友们大家好，我叫王刚，在胜利油田东胜公司工作，下面我和大家分享一个创新故事。

在油田的生产过程中，油井输油管线倒放空是采油工日常频繁的一项工作，油井工艺流程改造、输油管线老化腐蚀穿孔、集输油泵设备维护保养，计量间闸门各种设备维修更换等工作，都需要进行管线放空泄压，才能正常施工。

20世纪90年代我上班的时候放空是通过计量间倒放空流程，将集油管线内的油气混合物靠自压排至计量间后的污油池中，那是环保的意识不强，要求也不严，所以用污油池排污，但是经常有老乡来捞油，弄得周边非常脏，而且油水都排放了，造成了产量损失。我就在想怎么减少油水的排放和损失，跟队长商量后决定用罐车放空，放空口焊接卡箍头，用软管连接进入罐车，排污后拉至卸油点卸油。运行一段时间后，确实杜绝了油水外排，且挽回了一些损失，但是，罐车拉油成本高，罐车位置高排不净，时间长了不好卸油和清理的问题也显现出来，并且放空是根据生产情况随机产生的，排空不及时影响到施工进度，这个问题一直困扰着我，一直没有好办法。

后来，师傅代旭升研发了玻璃钢排污罐，解决了排空油水损失和环保的问题，我那时感觉特别好，问题得到完美解决，师傅真厉害。但随着现场应用，一些问题显现。例如，排污罐液位高了需要泵罐车拉走，成本也不低。为了便于排放，需要罐位置低，所以罐一部分埋入地下，而且需要留一定的液体，否则雨季时罐会浮起来，折坏放空管线，罐复位也很困难。尤其是在2012年一次新投井上管线，由于岗位工人操作不当未切断闸门，焊接点和罐形成了连通，造成回火使得罐爆炸了，伤到了两个人。我又开始重视起这个问题，我带着问题去想去看，终于有一次去集输泵站见到了他们的排污泵，引发了我的灵感。

于是，我回来查资料，找管理区设备人员咨询后，确定了革新方案，利用三相混输螺杆泵的三相混输特性，连接在进、出口和计量间流程的两个空头，需要放空时，将需放空的目标管线或设备的流程倒入回收装置进口，回收装置通过混输泵将管线或设备内的油气混合物进行抽空（由变频柜控制排量，由负压表压力判断排空情况），放空装置的出口倒入生产外输干线中，将从管线或设备内抽取的油气混合物打回生产外输干线中，可以快速抽空泄压，缩短了放空时间，保障了施工效率和安全，在回收油气资源的同时保护了环境。

2013年，经过各管区的走访调研，通过资料数据的分析，排量设定为5立方米/小时，可满足各站的排空需求，成本还不高，完全可行。然后我找到管区领导唐亮田唐总，进行了汇报，表明了利弊，争取到了领导的支持和帮助，于2014年制作出了第一台安全放空回收装置，安装在永66注采站试用。

2014年6月8日，采油十五队永66-12岗永68X13井需更换井口盘根，但盘根盒二级密封失效，必须倒放空才能更换盘根。永68X13井的地面管线约700米长，采用D76毫米油管，管线容积约2.1方，由于该井气量大，一般停井放空需要4~5个小时后，才能进行下一步作业。从10时36分应用回收泵开始抽吸泄压，11时12分将井口压力抽为0兆帕，用时36分钟。原来岗位都是上午倒放空，下午换盘根，需要4至6小时。现在抽空及换完盘根只需1小时。永66站含水高、液量高，外输管线7年了，支干线穿孔频繁，原来焊接时，挖操作坑全是泥，人工无法快速挖好，只得上单斗设备来挖坑，应用安全放空回收装置后，人工即可快速挖好操作坑，穿孔出基本无液，补焊施工效率都提高了，还减少了车辆成本。

经过现场应用，原来靠自压放空时间长，影响施工效率，油气排不干净，焊接作业时，会产生着火烧伤施工人员，甚至是爆炸，外排还污染环境，这些问题和安全环保隐患都得到了解决。

回收装置使自流放空变为抽吸式主动放空，起到快速抽空，泄压的作用，和计量间阀组配合可灵活应用于各种放空作业中，对油、气、水进行回收减少了油气损失，避免了环境污染，由于是抽空，所以使维修施工时间缩短的同时保障了作业的安全。

经过一年的现场应用，我总结了该装置的优点：（1）对集油干线、单井管线快速泄压，并将油、气、水进行回收，重新输回干线，使后续施工安全快捷，提高了事故处理效率。（2）有效避免原来油气水外排造成的环境污染和油气损失，减少了施工中的安全隐患。（3）可以快速抽空泄压，减少了施工时间，保障了油井生产时率，提高了劳动效率。

东辛采油厂永安管理区永66-12注采站、永3-24注采站从2015年使用至今，平均年放空统计46次，平均每次施工减少用时2小时，平均单井产量2吨/天，原油价格按2350元/吨，年创经济效益8万元。

2015年安全放空回收装置获得山东省设备创新成果一等奖。

安全放空回收装置研发成果，我收获很多，首先我明白了创新是很严肃的事情，不光要用心做好，还要动脑子思考，如何做好、做精，从实践中总结经验，例如安全放空回收装置的研发，先发现放空的缺点，不安全、不环保、油气有损失、效率低，通过发掘现有事物的缺陷，把事物的缺点一一列举出来，然后提出改革或革新方案，列举缺点，就是发现问题，而创造发明就是要解决现存的问题。每发现一个缺点，提出一个问题，也就找到了一个发明课题。世界上没有尽善尽美的东西，现在没有，将来也不会有。你只要善于观察、研究、分析，就能经常发现许多事物的缺点。也有些由于惰性心理的影响，安于现状，得过且过，对事物存在的缺点熟视无睹，因此，也就失去了一个又一个创造发明的机遇。

58

我们是科技创新的受益者

胜利油田　张延辉

由高原公司生产的皮带式宽带链条抽油机（简称高原机），在胜利油田占有很大市场，光鲁胜公司一家，80%以上抽油机都是高原机。把高原机维护好，让它少出问题，多出油，便具有非常重要的意义。

调平衡，是高原机日常管理中最常见的一项工作。高原机采用重力对称平衡，纯机械平衡。平衡调整时，根据抽油机上下冲程运转功率大小，只需要增加或减少平衡块数量就可以了。相对来说，高原机调平衡方便、简单。当然，这里也存在一些隐患，这与高原机平衡块材质、形状、平衡箱结构有一定的关系。高原机平衡块材质分铸铁和熟铁两种，形状为矩形铁板状，在平衡箱中整齐排列。设备空间小，平衡块之间吸合力大，特别是润滑油落在表面后吸合力更大，取板材式金属平衡块就非常困难，并且有挤伤手的安全风险。

2020年6月，胜利油田召开技能大师优化流动暨高技能人才对口提升工程启动会，我从胜利采油厂优化流动到了鲁胜公司工作。7月份，我在坨11南注采站参与STS311X38井调平衡时发现了一个问题，职工聂刚遇到几块平衡块既分不开也取不出来。小聂抱怨道："这几个平衡块关系就这么铁吗？说啥也不分开，不愧为铁质材料。"我上前看了看，发现这几个平衡块上面沾满了润滑油。后来，大家一起动手，费了很大劲才取出来。注采站站长刘刚说："每次高原机调平衡，都浪费这么长时间，管区还要考核我们，唉，什么工作也不好干，要是有个专用工

具就好了。”一边的马师傅道：“是呀，平衡块上又有油，又有锈，每个人最少还要搭上两副手套。”大家先是你一言我一嘴，说完后不约而同看向我。我明白大家的意思，思考片刻后说道：“各位师傅请放心，我保证尽快解决这个难题。”

解决难题说起来容易，做起来难。我召集管理区高技能人才组成创新团队，对这个难题进行立项攻关。团队成员利用工作之余，到各个站调平衡的现场去实地考察研究，到长停的高原机井去分析。经过一个多月的时间，我们研发设计出强磁平衡块搬运装置。

这套装置主要由手柄、连接凸轮、强磁吸板、释放顶轴组成。它的工作原理是，由吸放机构的设置，通过凸轮、吸放顶轴和弹簧的配合，完成强磁装置对平衡块的吸附和释放，提升平衡块的吸附取出和释放脱离速度，实现对平衡块安全快速移动。通过安装保护机构，限位杆和限位滑槽相互配合，限制凸轮位移的行程，避免平衡块搬运过程中因误操作掉落。

平衡块移动装置目前已被推广和应用。操作时间由原来平均60多分钟缩减为平均30分钟。节约了时间，降低了劳动强度，提高了安全系数。

说起平衡块搬运装置的创新灵感，得感谢一次偶然的机会。

那天，我和同事到金属材料厂时遇到工人在搬运重型钢材，用的是永磁吊装器。吊车正把货物吊在空中，管理人员提醒我们等会儿再过去。我心想，吊车放下钢材后，钢材和永磁吊装器怎么分离？我正在考虑的时候钢材已经放到了指定地点，这时，工人过去下压了一下手柄，钢材和吊装器就轻松分开了。

“踏破铁鞋无觅处，得来全不费工夫。”我高兴地对同事们说：“有办法了，我想到办法了。”大伙儿看着我，一脸不知所以。我指了指吊装工具说：“这不是我们要的平衡块搬运装置的加大版吗？”

平衡块移动装置经过反复试验终于应用到了实际生产中，工人师傅们纷纷竖起大拇指。一位老师傅对我说：“张大师，你研制的这个真好用，不仅高原机调平衡能用，在站部搬运铁质工具和小型设备也用得上。”

老师傅的话让我备受鼓舞，我和工人们都尝到了创新的甜头，我们都是创新的受益者。

59

两只翅膀一起飞

胜利油田　张前保

1989年，我刚刚走出校门就成为一名石油工人。对未来，既感到新鲜又觉得陌生，还有一点胆怯，连梦想都来不及编织，就开始了新的生活。

起初，我被分配到采油队上大班，住在队上的宿舍里，每天早上起来就跟着师傅们从最基本、最简单的工作学起。生活有些单调却也十分充实。如何开一个阀门，怎样换一个垫子，从生疏到熟练。随着时间的增长，接触的工作也越来越多，我从内心深处爱上了这份职业，有时间就在井场上转，拿着铁锨、带着管钳，平平场地，保养阀门，擦擦井口。

随着业务技术水平不断提高，我开始在采油厂兼职培训教师。这时，我的导师武振海对我说："培训能力是我们的一只翅膀，创新能力是我们的另一只翅膀，一只翅膀是飞不起来的，只有两只一起飞，才能飞得更高更远。"

对于企业，何尝不需要两只翅膀一起飞啊？我想，这两只翅膀其中一只应是专业性人才，另一只则是这些人才所具备的不断创新的能力。而我，缺少的正是创新能力。

为了打破这种不平衡，我开始留意工作现场，把影响工作效率和存在安全隐患的问题记下来，再寻找解决方法。我的创新之路就这样开始了。

更换抽油机井井口密封填料是采油工的一项操作技能。按照标准化操作要求，更换时，应将抽油机停在接近下死点位置，卸下盘根盒压盖及格兰，用挂钩将盘根盒压盖及格兰悬挂在悬绳器上，操作人员再进行密封填料更换。但操作过程中，往往因油井出砂、结蜡等情况，抽油机无法停在接近下死点位置。这种情况下，一般需要两人配合进行操作。其中一人用管钳将盘根盒压盖及格兰卡在光杆上，另一人进行更换。经常由于管钳打不牢，造成盘根盒压盖及格兰下滑砸伤操作人员手指的安全事故发生。我通过细心观察和研究，设计了“顶丝格兰”，就是在格兰上加工了*M*12、*M*14、*M*16等不同直径的螺孔。操作人员卸下盘根盒压盖及格兰后，用合适的螺栓安装在格兰上，拧紧螺栓，将盘根盒压盖及格兰固定在光杆上。这样一来，就降低了操作人员手指受伤的危险。一线工人们都说我这个创新好，不仅操作简便还能解决安全问题。

我的两只翅膀配合越来越默契，越来越协调，当飞到采油工高级技师的位置，我对创新更有兴趣和信心了。

2010年，采油厂成立“前保创新工作室”。我和工作室的其他成员经过多年共同努力，解决了很多一线生产中的疑难问题，使工作更加省时、省力、节约成本。

抽油机刹车失灵极易发生危险，造成安全事故。我通过20多次现场试验，成功研制了“双力辅助刹车器”。这是一个可移动式死刹车，在停机刹车后固定在刹车制动轮上，避免因刹车不紧导致曲柄下滑，造成人员伤亡。这一项创新已被采油厂推广使用，收效明显。

在经过多次实验后，我研制出平衡块调节器，除了能保证操作人员的人身安全，还节省了大量操作时间。在中国石化集团公司技能大师代旭升的精心整合下，该工具已在胜利油田职业学院孵化基地进行加工，被命名为“游梁抽油机曲柄平衡调整工具”，推广使用效果良好，得到了各级领导和职工的一致好评。

注水井水表总成密封处，因腐蚀出现渗漏现象，原有密封圈无法密封，只能更换水表总成。我提出“用铅制保险丝代替密封圈”。使用时靠螺丝紧固力量将保险丝挤压变形，达到密封腐蚀部位防止渗漏的目的，为企业节约了生产成本。

随着创新能力不断提高，我们从小改小革向创造经济效益的方向不断创新。在团队成员的共同努力下，我们研制了“井口标定计量车连接装置”，解决了量油车无法直接与井口流程连接的难题，降低员工劳动强度，提高工作效率，避免环境污染；“硫化氢气体取样装置”解决了在原油伴生气中取样的难题。所用的工具是密闭装置，可以确保操作安全。利用柱塞将液体压回管线，油、气不外泄，达到环保要求。从油管内原油伴生气中取样，确保资料准确性；“抽油机平衡块固定螺栓敲击扳手的施力装置”解决了平衡块固定螺栓拆卸的难题，减少操作隐患，安全性高，降低操作人员劳动强度，缩短停井时间，提高油井生产时率；“二级减速器皮带轮衬套拆卸装置”解决了二级减速器皮带轮衬套拆卸的难题，降低操作人员劳动强度，确保操作安全，缩短停井时间，提高油井生产时率。

针对载荷传感器维修更换较为烦琐，操作存在安全隐患，光杆下行缓慢的油井，易造成载荷传感器撞击而损坏，同时产生连带事故发生的现象，2022年我们创新团队提出研发“载荷传感器拆装、保护、预警一体化装置”，获得油田科技立项。经过团队共同努力，反复试验，最终研发成功。在油田科技处的大力支持下，已加工76套应用到生产现场，将载荷传感器维修更换操作步骤由过去11步减少到7步。不用在井口打卸载卡子，1人即可完成更换。保护载荷传感器不受撞击而损坏，能够及时停井预警。所有成果都节省了大量生产成本，为企业安全生产起到助力作用。

我们创新团队自成立到现在已经15年了，从零做起，从无到有，从小改小革到为企业节约生产成本、提高安全生产、提高油井生产时率、提高环保质量。我们充分发挥高技能人才的创新优势，为企业做贡献，实现了由体能型职工向智能型职工的转变。

60

创新赓续工匠精神

胜利油田　郝建广

2020年11月，习近平总书记在全国劳动模范和先进工作者表彰大会上的讲话中6次讲到“工匠”，3次讲到“工匠精神”，还有工匠文化、工匠故事、大国工匠，满含着对广大技术工人的殷切期望和要求。

作为一名中国石化集团公司技能大师、油气井下作业中心滨南作业区井下作业工特级技师。“大国工匠”是我毕生的追求，“执着专注、精益求精、一丝不苟、追求卓越”的工匠精神，为我提供了持续攻坚创效的不竭精神动力。

修井先修身，开启“工匠之梦”

1986年高中毕业后，我离开了家乡，成为一名井下作业工，完成了自己人生的第一次蜕变。

记得那年的一个冬夜，我和师傅在井上施工。完成了下200多根抽油杆的工作任务后，我和师傅在井场转地锚、拆绷绳、穿绳套，由于业务不精，我只能干些递工具的小活。那一刻，我深感愧疚，也下定决心：一定要好好学习本领，当个好把式。

为了丰富自己的理论知识，我上班认真向师傅学习，休班孜孜不倦地学习理论知识。三年时间，我每月学习一本技术书籍，每季参加一次业务考核，一共学习了30多本专业书籍，记下了40余万字的笔记。

理论知识要丰富，操作水平更得过硬，练技能既要有韧劲，也要有巧劲。刚开始，用液压钳上卸油管这个活，我总也干不好。于是我拉着师傅向他请教窍门，在师傅的指导下琢磨出了“一把准”的绝活，现场操作几百次不走样。这件事虽小，却让我领悟到：苦干加巧干，技能水平才能更精湛。

1998年，因为工作成绩突出、考试成绩优异，我被聘任技术员。2001年，顺利考取技师，开始踏上匠心逐梦的征程。

百折不回头，锤炼“工匠之心”

干工作我喜欢用巧劲，每当遇到费时费力的活，我就开始琢磨改进，目的就是让麻烦事情变得简单。一次，抽油杆倒扣施工，我发现人工反扭矩的力量特别大，需要至少三个人同时操作管钳，不仅费时费力，危险系数还高。于是，我便开始潜心研究、反复琢磨。一年后，我研发的抽油杆倒扣器投入使用，一举解决了这个棘手的难题。

这次小创新，让我明白：每一道生产难题的背后，都隐藏着一个革新的金点子，我对技术革新的兴趣更浓了。

水平井冲砂，是井下作业技术上的一大难题。传统办法会有部分砂沉降形成砂床，严重时还容易造成卡钻，如同一根放在试管里的筷子，想要形成大紊流，几乎是不可能的。我就琢磨着怎么改进，经过了数十次试验，效果都不理想。有人劝我放弃，可我想，任何创新都不会是一帆风顺的，不能遇到难题就绕道走，搞创新就要有坚持不懈的精神。

功夫不负有心人。受轮船驶离港口，身后涌起浪花的原理启发，历时一年多，我成功研制出“水平井冲砂装置”。该装置破解了反复冲砂的难题，大大提高了冲砂成功率，年节约成本130多万元。2016年，获得胜利油田创新成果集成优化推广奖，在全油田推广应用。

在现场，一些特殊井需要下小套管固井，传统的方法是采用“小套管分段固井技术”。为了提高工作效率，我依据“单向阀”原理，设计制作了“小套管固井逆止装置”，实现了小套管一套管柱完成两段封堵的工艺。针对水平井采用常规方法打捞盲堵，存在损伤套管、进尺缓慢等问题，设计制作出“水平井小件落物打捞器”，一趟钻便成功将落井盲堵捞出。

油田开发后期修井难度增大，特别是管柱落井后故障叠加打捞难度大，制定出一套合理的打捞方案至关重要。有一次，滨3-8-9井施工，在起原井管柱的时候遇卡，活动解卡多次都解决不了问题。我仔细分析后发现，主要原因是井内有两级封隔器，常规处理方式是采取倒扣、分段处理捞出，至少需要两趟或三趟管柱。经过冥思苦想，我按照“爆炸松扣”的原理，制定出震击解卡方案，并总结出一套查、分、制三字工作法：查相关井史资料、分析落物遇卡原因、制定打捞方案，仅用一趟管柱顺利捞获落物，节约占井周期2天。目前，累计处理疑难打捞268井次，打捞成功率90%以上。

37年来，我受“工匠之心”感召，耐心、专注、坚持，在单位和团队的帮助下，获得国家专利授权46项，拥有省部级成果18项、局级成果26项，创造经济效益3650.8万元。

做好传帮带，铸造“工匠之魂”

随着我业务上的不断精进，管理局多次抽调我做职业技能竞赛裁判，并担任集团公司职业技能竞赛赛前班辅导教练，跟我学技术、搞创新的职工也越来越多。

在领导的支持下，我与百余名青工签订“师带徒”协议，将掌握的技术和经验毫无保留地传授给他们。我所带徒弟有15人分别获得油田职业技能竞赛银奖和铜奖，6人获得局劳务公司职业技能竞赛铜奖，1人成长为作业区首席技师，两人聘任主任技师。

“一个人创新是单打独斗，群体创新就是革新的洪流。”我充分发挥创新工作室的优势，带领创新团队深入井场，给青工们讲老石油“汗水浸透盐碱滩，肩膀扛起大油田”的创业故事，讲新形势下代旭升、张吉平等技能大师展现新作为的创新故事，引导他们把“工匠精神”融入自己的梦想，鼓励大家用劳动创造为梦想加油。同时，面向一线广泛征集低油价下制约降本减费、提质增效的技术难题，积极开展领题攻关活动，先后完成了“防风免攀爬式驴头罩”“碎石杂物打捞筒”等20多项课题攻关项目。

“十四五”以来，作业中心“四新”业务方兴未艾，新设备新装备犹如雨后春笋一般，纷纷引入行业。时代的要求，让创新走向最前沿。

2018年，滨173-1HF非常规井压裂采用多级压裂桥塞分段施工。甲方提供的哈里伯顿耐磨压裂桥塞，用常规螺杆钻具进尺缓慢，连续三天更换了多根螺杆钻具均无进尺。我想，普通钻头对硬质桥塞一定存在问题，后来协同厂家制作了高效钻头。刚开始，钻塞仍然没有进尺，我亲自走上到钻台扶钻。反复加压、反复上提滑动钻铣，历经16小时的钻塞施工，桥塞顺利钻通。

“做胜利工匠，为美好生活加油。”是每一名油田员工的美好憧憬。只要我们勤勉工作，追求极致，精益求精，就能成就自己的梦想，为油田高质量发展贡献一份力量。

61

心中有梦，脚下有路

胜利油田　李东波

时光如箭，岁月如梭。1991年参加工作，我成为一名油田维修电工，从此与电结下不解之缘，一干就是30多年。我热爱我的工作，30多年的工作历程让我把对本职工作的深厚情感，化作服务石油事业的责任和使命，并将这种热爱化作前进的动力，融入技术革新、创新创效工作中。

多年来，我瞄准工作中的难点和痛点问题，刻苦钻研，努力攻关，解决制约施工效率的难题，消除影响安全运行的故障和隐患。曾有人问我：“李大师，我们天天就面对那几根电线，哪有那么多创新呀？”我的回答是：“创新无处不在，做个有心人，带着一双善于发现问题的眼睛去工作。”

记忆追溯到2006年，那时油田刚开始应用配电网自动化。随着智能终端设备的增多，运行维护成了让大家头疼的问题。面对一台台新设备、一个个新问题，我和同事们从不言弃，不停地查阅资料、反复研讨交流，很快弄懂了设备原理。但是，如何应用到实践，却成了面临的大难题。能不能利用模拟实训的方法，让大家学会维修技术呢？于是，我们开始带着问题投入了研发工作中，学习PLC可编程序控制器应用、找材料、搭平台……，经过三个月没日没夜地钻研，模拟试验装置终于摆在了训练室里。通过模拟训练，员工们的故障处理能力快速提升，为配电网自动化系统的稳定运行打下了坚实的基础。

创新其实也没那么难，关键是想不想，用不用心。2017年的一个周末，我在小区里散步，发现施工人员正在用电镐破拆水泥地面。这让我想起了和同事们一起装接地极的情形：接地极一般长2.5米，需要深埋于地下，通常轮流用“抡大锤”的方式捶打接地极，费时又费力，让一线员工苦不堪言。“能不能用电镐的原理将接地极打入地下呢？”顺着这个思路，我们很快做出了“电动式接地极安装工具”，第一次在现场应用，就将接地极安装时间从30分钟以上降到5分钟以内。看着接地极轻松到位，同事们拍手叫好，纷纷竖起大拇指：“东波真是个有心人。”

无论是干工作还是搞创新，一个人的力量总是有限的。我始终认为劳动模范就要发挥带头作用，带动大家共同学技术，一起搞革新，在实践中弘扬工匠精神，凝聚团队力量，创造出优秀的成果，更好地服务油田生产。工作中，我依托创新工作室，充分发挥辐射带动作用，以点带面，聚焦生产难题，凝心聚力合力攻关，带领工友们掀起了学技术、搞创新的热潮。

在生产现场，10kV架空配电线路隐蔽性接地故障点的查找，一直是制约故障排查效率的难点问题。在接地故障中，大约有20%的疑难高阻隐蔽故障无法测量定位，甚至有些故障必须断电才能排除，严重影响了原油生产。

研制一种定位装置，最大限度地避免因接地故障造成的大面积拉路断电问题，是我义不容辞的责任。2020年，我主动请缨揭榜挂帅，带领创新团队研制出了“10kV带电运行架空配电线路接地故障定位测量装置”，为现场的工作人员提供了一种高效的测量工具，解决了10kV带电运行架空配电线路高阻性、隐蔽性接地故障点难以查找的难点问题。

近年来，油田推进绿色低碳转型，强化终端设备用能电气化，推进能耗碳排双控措施落地。网电钻机是其中比较典型的设备，它让钻井施工由柴油机动力升级为10kV网电。与柴油发动机相比，网电钻机不仅可以减少环境污染，还可节约50%以上的钻井燃料费用。但是网电钻机推广初期，频繁发生的越级跳闸事故却成了推广路上的“绊脚石”。解决终端用电难题，打通为油服务的“最后一公里”，是我们努力的方向。

2019年，我们针对这个问题，进行了历时一年半的攻关，研制出了“撬装式智能网钻电源控制柜”，实现了电源控制一、二次设备的集成融合。施工方式由散件组装变为整体吊装，提高了施工效率；开发了SCADA系统接口实现“四遥”管理，提高了电源管理的信息化、智能化水平，有效遏

制了越级跳闸现象，解决了网电钻机的接电、用电难题，推进了“油”改“电”动能转换。

夫水之积厚，则其具负大舟之力也。在劳模精神、劳动精神和工匠精神的指引下，在我为祖国献石油的铮铮誓言中，我们迸发出了创新“大”能量。截至目前，我们创新攻关团队先后研发革新成果80余项，其中28项成果获国家专利，36项成果获奖，26篇论文在国家正式刊物发表。我也先后荣获中国石化优秀共产党员、山东省劳动模范荣誉称号。

心中有梦，眼里有光，脚下有路。把那个早已渗透在血液里的为油而战的电力梦，用一项项技术创新成果验证；把精益求精的工匠精神，用攻坚克难、脚踏实地的行动来诠释，追光开源、胜利赋能。

62

创新成就人生事

胜利油田　吕书栋

人生总有不平事，莫愿人生不公平。刚参加工作的那几年，我总觉得时运不佳。没有优越的家庭背景，长相平平、能力一般、单位普通，我觉得这些都是自己通往成功道路上的“绊脚石”。那时候，上班跟着师傅拎包，下班就溜达到公园看旱冰场上风驰电掣的俊男靓女，在一群老人身边看下象棋打扑克。工作四年貌似忙碌，实际走心的时候很少，更别说什么技术能力了。

人生如果没有规划和目标，就像大海航行没有方向一样。日子在这样的循环往复中一天天流逝，我感到了空虚和压抑，于是开始思考，却没有一直没有思路。

1999年初冬，我所在的小区自行车棚发生了一起摩托车被盗抢事件。看守车棚的一对老夫妻被盗抢分子堵在值班室不能出来，座机电话线被掐断，老两口束手无策，只能眼睁睁地看着摩托车被抢走。等大家得到消息赶到现场，盗抢分子早已跑得无影无踪，老夫妻蹲在地上无声地哭泣。我与物业站的同事们一起为车棚焊牢固大门的门闩，接上电话线。在那个年代，3辆摩托车，让老夫妻几年的努力成了泡影，看着他们悲伤的眼神，我的心里酸涩又难受，一种强烈的责任感在我的心里翻滚着。

“能不能发明一个车棚防盗抢装置，让这种情况不再发生？”这个声音一直萦绕在我的脑海中，我想去做这件事，我要去做这件事。

理想很丰满，现实很骨感。在我把想法跟同事沟通时，大家

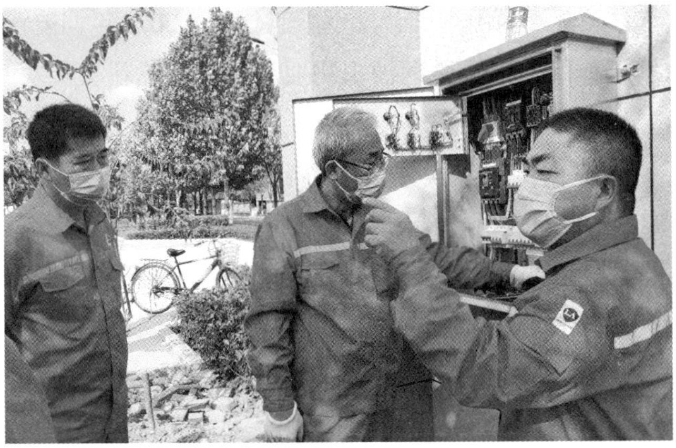

都觉得有点痴人说梦。“干好自己的工作就行了，瞎捣鼓啥！咱又不是科学家、发明家。”可是大家越是这样劝，我越是犟劲上了头。调查后，我发现辖区内共有24个小区车棚，类似这样的车辆盗抢事件时有发生，甚至有些车棚出现了人员伤害事件，这更加坚定了我制作车棚防盗装置的信念，我就要做第一个吃螃蟹的人。

当目标清晰且坚定的时候，怎么努力都不觉得辛苦。那段时间，我白天上班，一有时间就对周边车棚盗抢隐患进行调查分析；夜晚就捧着书本，从电的基本知识到自动化控制，从居民家的基础电路到供热锅炉房的自动化远程化控制，都是我必须掌握的知识；我的桌子上摆满了书籍和电器元件。

我做了详尽的调查和分析，根据当时车棚防盗措施薄弱、预警机制不健全、现场缺少蜂鸣报警、缺少震慑警示等现状，抽丝剥茧，分析原因，制定多项解决方法。根据楼道声光控开关原理，开始尝试制作夜间报警器：利用声控开关触发阻尼式时间继电器，让交流接触器带动车棚照明和电动蜂鸣器，实现夜间声控报警功能。

世界上没有一蹴而就的成功，理论付诸实践后，不报警、不亮灯等问题相继出现。我试验了一次又一次，向有经验的老师傅请教，一遍遍地更换元器件……，失败过，怀疑过，但是从来没有想过放弃。

一个月之后，一款车棚报警器终于研制成功，在小区里的四个车棚应用，收效显著。之后，胜东社区24个小区车棚也都相继安装了这款车棚报警器，获得了当年胜东社区五小成果比赛一等奖，小区的居民也对我熟悉起来，亲切地叫我“小吕”。同事钦佩的眼神，居民亲切的目光，让我找到了自己的价值，找到了自己人生的路径。如今，26年过去了，回想起这些往事，我的心里依然充满了感动。每每回到原来的小区，还有很多居民会热情地喊“小吕”，这种感觉让我觉得很幸福。

机会总是留给有准备的人，沿着这样的道路和方向，我不断精进技术，用心思考工作中的点点滴滴，创新创效解决难题。连续15年，在胜东社区的五小成果评比中获得一、二等奖。我先后主持和参与完成技能创新成果60余项，其中6项获得国家发明专利授权，27项获得国家实用新型专利授权；获得局级以上创新成果40余项，申报技术论文31篇。以我名字命名的工作室“吕书栋工作室”，2010年10月被管理局命名为“油田十大职工技术创新活动示范工作室”。

2014年，我的工作室被山东省总工会评为山东省劳模创新工作室。2021年，被管理局评为劳模和工匠创新工作室。工作室也成为胜利油田物业系统技术革新、研发、培训、交流的基地。

在实际工作中，我探索总结出的室内电线更换方法被命名为“吕书栋穿线法”；开创的楼宇门维修“闻问望测”四诊法，在工作中得到了推广应用；发明的物业行业技术工人的培训教具“室内电路模拟培训系统”“楼宇门维修模拟培训平台”“天然气检查操作步骤平台”等，填补了物业服务行业技术工人实景教学的空白，其中“室内电路模拟培训系统”“楼宇门维修模拟培训平台”被东营市物业服务行业列为电工技术比赛项目。

参加工作30多年，我签约40余名徒弟，先后有10多人通过了高级技师鉴定，20人通过了技师鉴定。2019、2021两个年度的管理局技术比赛有8名徒弟获得银奖和铜奖。

我庆幸当初的坚定和选择，让现在的自己没有遗憾，直到现在，面对不同阶段，不同的挑战，我都始终保持对新鲜事物的追逐和学习。道阻且长，行则将至，行而不辍，未来可期。

63

匠心筑梦

胜利油田　范永涛

“只有干一行，爱一行，学一行，精一行，才能无悔于青春。”这是我的座右铭，我把它放在办公桌的案头，更镌刻在心中，时刻激励着我，向着梦想开花的地方稳步前行。

2004年，胜南管理区成立创新小组，聘请陈景世大师为创新辅导员，我被吸纳进创新小组，正式开启了我的创新道路。2008年3月，经过四年的磨砺，我迅速成长起来，管理区成立了以我的名字命名的“范永涛创新工作室”。

工作中，我按照生产需要和工作要求，开创“*N*+1”团队带徒模式和“跨工种”带徒模式，让更多的员工有技术、会创新。针对电网运行特点和供电服务需求多样性，开展“微课堂进班站”“技能大师下基层解惑答疑”“能工巧匠一线行”“互联网+学习”等活动，激发基层员工“学业务、练技能、比服务”热情，实现全员素质提升。

为了让创新工作室发挥更大的作用，我在做好横向联合的同时，加强工作室之间的纵向联合。带领创新团队采取“走出去请进来”“学练研一体”的方式，进行技术交流和生产难题攻关研讨；组织公司员工到中国石化集团公司技能大师代旭升国家级工作室、张吉平国家级工作室等先进工作室参观学习；定期组织开展“小技能大作用”“一言一技解决大问题”“创新24小时”等实践培训，提升员工实践技能。

解决困扰基层的难点问题，就是最重要的创新。我把工作现场当课堂，把生产实践当教材，把设备故障当课题，勇于攻关、刻苦钻研，为基层工作解决了实际困难，提高了安全性能和工作效率。

2007年，我研制的第一项国家实用新型专利成果《电动机多功能智能保护控制柜》，实现了油井远程控制，大大减少了人工费用和停井次数，提高了油井的自动化水平。这项成果在东辛采油厂和现河采油厂应用后，实现节能15%以上。

2012年，几场突如其来的风暴潮，让南部油区部分变电所发生了内涝。值班人员反映：在雨中手动操作排涝装置，容易发生触电危险；同时，因为水中杂物多，排涝时会烧毁潜水泵。针对这种情况，我和操作人员在现场查找原因，晚上回家查阅资料，研制了《变电站排涝智能无线保护控制箱》，实现无线遥控启停和多项潜水泵保护，解决了排涝存在的安全隐患。当台风再次侵袭油城，变电站排涝智能装置发挥了重要的作用，没有一座变电站因为积水而造成跳闸停电事故。

绝缘子的性能，直接影响着输配电线路的使用寿命。为了实现实时查询、实时监控，我向线路专家们多次请教，设计了《输配电线路绝缘评价管理软件》。应用在当年的春检中，为8条35kV线路的650只绝缘子建立了动态管理台账，对出现的隐患及时预警，极大地提高了线路运行质量。在用电服务中，我发现维修电工常常遇到漏电保护器失灵的生产难题，经过潜心研究，设计制造了《漏电器监测装置》，提高了装置的性能，此项产品获得国家实用新型专利授权。

我积极践行“工匠精神”，本着服务生产、服务一线的目的，把工作室搬到工作现场、搬到基层班组。

电力是高危行业，容不得半点马虎。为测试设备检修装地线前是否带电，我翻阅了大量国内外在倒闸操作方面的资料，现场听取工友和师傅们的建议，研制了《有电预报警携带型短路接地线绝缘操作棒》，该项攻关解决了操作人员在装短路接地线时带来的危害；完成了新型《组合绝缘操作工具》的研制，降低了员工的劳动强度。

为了让小技改发挥大作用，我带领创新小组研制的《导电杆防轴转工具》《移动式检修动力电源综合保护控制箱》《绝缘再造技术》，解决了制约安全生产的瓶颈；针对变电运行专业设计完成了《可视电缆沟盖板》《高空清扫器》，提升了检修质量和效率；针对线路专业组织研发了《输配电线路绝缘评价管理软件》《高电压等级线路接地线改进》等多项成果。

随着变电站自动化改造步伐的加快，管理区成立了集控站，我自编教材，为操作人员提供方便。2017年，编写出了11万字的《变电站集控技术问答》，在多个现场交流推广，受到了操作人员的欢迎；针对电力安全标准条款，员工难以掌握实际情况，用喜闻乐见的漫画形式将《安规》的条款展现出来，完成了《安规漫画导学》教材的开发，易学易懂、生动形象，提高了吸引力和关注度，提高了电力作业人员熟知、熟会、熟用《安规》能力；针对分公司变电站直流系统维护没有相应教材，各站维护质量参差不齐的现状，自编自演制作了《110—10kV变电站直流系统维护视频教材》，使维护质量得到提升。我还先后参与了《胜利油田技师（高级技师）电工培训鉴定教材》《胜利油田技师（高级技师）变电站值班员培训鉴定教材》等11本教材编写。

2016年，山东省授予我的工作室为劳模创新工作室，我感觉肩上的担子更重了。但我一定会不忘初心使命，继续发扬“劳模精神、劳动精神、工匠精神”，在工作中勇挑重担，勇于创新，贡献出我的力量。

64

以初心铸匠心　以匠心致创新

胜利油田　张颂国

“热爱是工作的灵魂，赋予我无尽动力。”坚守初心数十载，我在一线岗位上矢志不渝，以执着专注、精雕细琢的工匠精神，攻克生产难题，推动技术创新和应用。始终秉持着“以电兴油、报效国家”的信念，致力于构建绿色智能和谐的一流电厂，围绕价值创造主线，承担并完成了众多研发任务，为电厂高质量发展奠定了稳固的技术基石。

三十余载电站锅炉运维路，我视每台锅炉如孩子，每日深入探究其性能特性。作为热电设备的“健康卫士”，面对50米高空作业挑战，无畏攀登检修，对任何微小异常和参数波动均详细记录在案，累积了60余本笔记，这些宝贵资料不仅映照出从高中毕业生到中国石化集团公司技能大师的成长蜕变，更成为电厂员工争相研读、借鉴的智慧锦囊。

面临设备老化、锅炉“四管”泄漏、机组非计划停运频增等严峻考验，我聚焦锅炉结焦问题，优化燃烧调控与吹灰方式，有效防止锅炉因结焦而灭火，并成功研发“防受热面结焦操作法”，获基层管理妙招殊荣。针对亚临界汽包水位计清洗难题，创新提出安全便捷冲洗方案，将冲洗周期延长至每月一次，该方法已纳入锅炉运行规程。

为解决超洁净排放改造后机械不完全燃烧热损失增加的问题，主导项目“降低飞灰可燃物含碳量”成效显著，荣获油田质量管理二等奖及厂科技进步奖，提升了锅炉燃烧效率，直接创造经济效益346万元；同时，负责的“喷氨格栅混合均匀装置”改良工程，改善烟气流场分布，实现喷氨精准控制，降低了8%氨耗量，年节省成本178万元；“主再热器水压试验方案优化”项目则通过工艺流程再造，降低电耗并提高劳动效率60%，每次试验节约成本1万元。

凭借多年积累的技术沉淀，独创了一系列实用高效的风道燃烧器故障诊断法、制粉系统故障诊断法以及快速启停操作法等技术绝活，这些被编入操作规程和技术规范中。参与推进的“二期锅炉燃烧量化控制”项目摘得电厂科技进步一等奖桂冠，成功解决了低氮燃烧改造后水冷壁高温腐蚀加速的问题，创造了高达198万元的经济效益。

技术服务与经验共享在持续钻研探索中成为创新能力提升的核心驱动力。中国石化集团坐拥28家燃煤电厂，锅炉效能提升空间巨大，受设备、工艺和技术多因素影响。自2010年始，我带领热电技术服务团队，充分利用我们在高效洁净燃烧、运行优化、故障诊断和节能减排等方面的专业优势，积极开展服务工作，有效推动价值创新与市场拓展，实现多项突破。

秉持“问题即改进，改进即创新”原则，在破解实际问题的过程中，我们磨砺出敏锐的问题发现力、严谨的分析能力和高效的解决方案执行力。其间，成功为集团内20多家电站近200台锅炉实施脱硝、制粉及燃烧等技术改造和试验，解决了包括高桥石化、南化公司、宁夏能化公司在内多家企业的30多项关键难题，如热电锅炉出力受限、能耗增加、燃烧效率低以及氨逃逸率高等，极大提升了胜利品牌在中石化热电技术服务领域的声望和影响力。

参与安庆石化#5号炉防掉焦灭火锅炉优化项目时，提出的主燃区与燃尽区风量分配改进方案被采纳并实行，成功解决了因调节手段有限导致的配风不良引发结焦问题。此外，圆满完成了对印度D厂1×30万千瓦机组的运维指导与监理服务任务，充分展现了我们的对外技术服务实力。面对中天合创3#、4#炉低温过热器爆管事件，迅速查明原因并提出应对措施，优化烟气流场，有效控制了冲刷磨损风险，并借此机会对员工进行了锅炉燃烧知识培训，将专业技术与实战经验广泛传播。

连续五年积极参与集团公司组织的热电现场检查考评活动，从节能降耗到锅炉运行优化、指标对标管理、工艺调整、设备可靠性提升，再到烟气减排等多个层面，为集团旗下25家电厂提供了专业细致的服务指导，显著提升了热电锅炉装置本质安全水平和运行效率，有力保障了热电供

应稳定性。

面临煤电去产能、煤炭总量控制和绿电消纳等多重压力，以及构建“源网荷储”新能源格局的时代背景，我深感高精尖技术是推进绿色低碳、降低成本的关键所在。近年来，我坚持不懈地致力于电站锅炉工艺技术和配套设施的创新升级，通过深度的技术革新和流程再造，收获了一系列重要成果。

其中，“提高循环流化床锅炉热效率”项目摘得全国优秀质量管理成果一等奖桂冠，提升了能源利用效率；“提高锅炉除渣系统渣水比合格率”项目荣获集团公司质量管理二等奖，有效提高了锅炉机组整体性能；而“锅炉风道燃烧器可靠性技术研究与应用”的研究成果更是获得山东省职工优秀技术创新成果一等奖殊荣，解决了风道燃烧器易堵灰、断火、熄火等问题，增强了设备可靠性，创造经济效益达180万元。

在重点技术攻关领域，针对脱硝改造后空预器堵塞的棘手问题，我带领团队研发了烟气精准引导技术以提高喷氨均匀性。我们通过对锅炉脱硝前烟道内的烟气流场进行数值模拟优化，显著降低了脱硝SCR入口烟道截面烟气速度相对偏差，从47.3%大幅削减至14.8%，日均减少喷氨量0.837吨。此外，我们创新采用硫酸氢胺温升热解剥离方法，调整回转式空预器烟气与空气分配比例，有效解决了蓄热元件堵塞问题，并将风机日耗电量降低到6410千瓦·时。

同时，我们设计了一种基于联络烟道的高低温烟气混合方案，防止滤袋因高温烧损或低温糊堵现象，确保空预器蓄热元件稳定运行。这三大核心技术——新型喷氨格栅脱硝装置、回转式空预器堵塞处理设备和火电厂布袋除尘器装置已成功获得国家实用新型专利授权。这些创新举措不仅实现了源头治理和不停炉无水冲洗空预器的高效清堵，而且每年为电厂节省大量成本：氨气成本减少了68.4万元、电耗节约98万元、标准煤节省820吨，广泛适用于国内大型燃煤锅炉脱硝改造后的运行优化、精确喷氨控制以及烟气温度混合调节等环节，为解决回转式空预器堵塞难题提供了可靠解决方案，有力支撑了锅炉烟气氮氧化物的洁净排放。

除了这一重大课题，我们在攻克生产难关方面也取得突破。面对双轴搅拌机放渣扬尘问题，通过集成优化实现彻底整治，为创建绿色企业贡献力量。“炉渣湿放过程中的扬尘治理”项目荣膺电厂科技进步一等奖。我还参与并完成了“微油气化点火燃烧技术在电站煤粉锅炉的应用”，有效克服了微油系统超压、微油枪不稳定等问题，使得燃油消耗在启停过程中降低了65%，直接创造经济效益42万元。此外，“锅炉多煤种混烧优化技术研究”项目荣获胜利油田科学技术进步一等奖，提出的关于消除中储仓制粉系统漏风及预防粉仓积粉自燃等合理化建议，在中石化热电系统得到广泛应用推广。

在绿色低碳技术研发方面，我们关注磨煤机补加钢球对环境的影响，成功开发出

"双进双出磨煤机钢球添加器"，实现连续加球，减轻对磨机绞龙部件冲击的同时避免环境污染，创造了60万元的直接经济效益。我们还积极追踪前沿技术，例如开展锅炉富氧燃烧和CO_2捕集利用的研究，助力推进CO_2驱油技术在油田领域的应用。

牢记总书记嘱托，坚决扛起担当国家战略科技力量的重要职责，让我们以饱满的热情和昂扬的斗志投身到火热的工作中，为端牢能源饭碗，实现保发保供和高质量发展，再立新功再创佳绩！

65

创新，高效工作的助力器

胜利油田　马广俊

1995年，我从胜利油田电力技工学校毕业，满怀着对未来的憧憬，走进王岗变电站，成为一名供电工人。扎根一线28年，从人工抄表到远程无线监测，从人工巡线到仪器查找故障，我不断积累着实践经验，不断汲取新的知识，在创新的道路上阔步前行。

变电站是油田的“神经中枢”，一条条线路就是一根根“神经线”，在原油生产中具有举足轻重的作用。

在我担任抄表监察工的时候，由于管辖线路靠近海边，用户比较分散，每当月底统计电量时，常常为抄录一块表计而驾车10余千米。由于线路电表必须在最短时间内统计才可计算线损，所以不论刮风下雨、酷暑严寒，我们必须完成当天的抄表任务。“雨天一身水，夏天一身汗”是抄表工的真实写照，作为其中一员，我既被他们不怕苦不怕累的精神感动，又为他们辛苦的劳作感到心疼。我时常想，什么时候能发明一种先进的设备，可以让我们的职工不再这么辛劳？这看似天方夜谭的梦想，在我的心里埋下了创新的种子。

时间荏苒，科技日新月异，抄表工作也发生了巨大的变化，在某些领域已经开始使用手抄器和无线载波统计用电量。能不能把这种先进的技术引进到我们的工作中呢？满怀着希冀，我开始查阅相关资料，发现：因为油田供电野外工作的特殊性，手抄器和无线载波引入油田有点困难，它们对地点和天气情况要求比较高，应用后只能解决部分问题，不能完全取代人工。

我想起鲁迅先生曾经说过的一句话：世界上本没有路，走的人多了，也便成了路。我决心通过自主研发来解决这个问题，于是，我这个信息化工程的“门外汉”又一次拿起了书本。

通过系统的学习，我发现GPRS系统可以彻底实现远程测量。当时，移动GRPS网络平台已开始引入东营，这是一个很有利的契机，我便开始尝试根据监测需求编写程序。为了给GPRS电量监控系统制造耐用“外衣”，我跑了好几个变电器制造厂，去测量东营地区各种类型的变电器尺寸。

经过1年多的潜心研究，GPRS电能表监控系统诞生了。该系统集抄表、防盗、实时监测于一体，取代了人工操作，实现了自动监测，创造经济效益300万元。就这样，我一步一个脚印地走上了创新之路。

几年后，我调整岗位成了一名送配电线路工。线路工相当于一名“电力侦探”，主要是修炼“火眼金睛”，依靠过硬的专业技术来查找线路故障、及时抢修。然而，电力侦探也有力所不逮的时候。比如，肉眼很难分辨的电压互感器、变压器损坏等隐蔽故障，往往是巡查数天都不能精确找出故障点，与隐蔽故障“斗争”成为电力侦探的工作难点。

2008年12月份的一个晚上，6千伏二七线路发生跳闸故障，我与同事们急忙外出进行巡查。那天晚上，寒风呼啸，狂风裹挟着冰粒在天地间肆虐，好似一枚枚利剑，打在脸上火辣辣得疼。9.6千米的线路，我们从晚上10点一直巡查到凌晨5点才找到故障点。7个多小时的寒夜奔波，又累又冷，看着同事们冻得红红的面孔，瑟瑟发抖的身躯，我暗暗下定决心：一定要发明一种仪器，能够快速地查找故障，最大限度地减少停电时间，也让大家伙儿少受点罪。

我把班里的技术骨干组织了起来，一起研究一种故障检测定位装置。经过多番的讨论和思想碰撞，大家决定采用信号注入技术。即：向线路注入小电流，观察小电流在线路回路情况，来判断故障点。虽然方向明确了，但是在试验过程中，我们还是遇到了各种意想不到的困难。

在接地故障中，80%是低阻接地，20%是高阻接地。就是在高阻故障的查找过程中，新仪器失灵了。经过分析，原因是低电压无法击穿高电阻，不能形成回路，所以定位不了高电阻的故障点。那段时间，我吃不下饭睡不好觉，脑海里全是革新难题，经常是吃着吃着饭，一个念头突然产生，我端着饭碗就往工房里钻。失败了，就重新再来，一年的时间很快过去了，我们终于试验出了双模式信号注入方式，第一代“配电系统故障查找定位仪”研制成功。

定位仪研制出来不久，35kV的东虾线就发生了一次故障。这条线路全长10.5千米，一共有80根基杆，800米电缆线路，所带变压器41台，影响范围广泛。当时，人工冒雨巡线检查2天都没有查到故障点，我们使用了配电线路故障定位仪，发现故障点就在广一变电站内东虾线开关柜内，经过一番紧急处理，线路恢复了正常。

此后几年，我反复琢磨，不断改进，仪器从需要4个人抬且功能单一的第一代，升级到了只有10公斤、功能齐全的第四代。2022年，又发明了第八代故障定位仪。

该成果适用于220V至35kV输配电线路故障的定位，还具有低压墙壁线和电缆线路绝缘、漏电检测、耐压测试、未知路径查找的功能，填补了国内低压检测、故障查找的空白。

创新是为了解决工作中遇到的难题，用自己的双手创造经济效益。在我的带动下，越来越多的职工参与到创新团队，聚智创新，合力创效。目前，创新已经成为我们高效工作的助力器了。

66

创新在路上

胜利油田　马卫立

1992年9月，我从井下技校毕业，分配到现河采油厂草桥油田的井下作业二大队工作。在油田流传着这么一句话：钻井苦，地调累，又苦又累作业队。身处其中之后，我才真正体会到了作业工人的苦和累。

那时，正值草桥油田会战，一个月要上30天班，不是白班就是夜班。250千克的隔热管需要一根根地搬运，60千克的吊卡不停地举上举下，天天一身油工衣。工地上的老师傅经常说，井下作业工如同“油水井医生”，通过“望闻问切”来寻找油水井内部的“病根”，然后对症治疗，技术高，修理就好。我下定决心把这份工作当成毕生努力的方向，做一名优秀的“油井医生”，不仅能按部就班地完成“治疗”，更应该系统地了解井组结构和运行原理，从而达到治“未病”的目的。

宝剑锋从磨砺出，经过孜孜不倦地学习，我的技术水平稳步提高。从1998年到2006年，我先后7次获得厂级以上技术比赛的名次，2006年获得油田技术比赛的第一名。已经33岁的我，早已不是满脸稚气的少年。从为人子到为人夫，又到为人父，我和大多数人一样，习惯了又苦又累又脏的工作。然而，每当看到年迈的母亲因为我在深夜风雨中劳作的时候流下了心疼的眼泪；看到妻子望着我疲惫的身影时眼神中充满了不舍，我开始想要改变。工作是为了更好地生活，不是凭着脏苦累来感到光荣，我们是央企的员工，要有这个担当和觉悟，让工作环境更洁净，让劳动强度显著下降，让工作效率更高，让我们更体面地劳动。于是，我的创新工作正式拉开了帷幕。

俗话说，万事开头难，我首先盯上了冲砂这项工作。由于油层胶结疏松导致油井出砂，堵塞出油通道或者砂埋油层，所以冲砂是井下常规的作业工序。由于地层压力高，冲砂时管柱里的油水常常喷溅出来，让现场的操作人员猝不及防，“夏天一身水，冬天一身冰”是作业工的真实写照。

为了改变现状，我借鉴防触电插座原理，利用两个单流阀装置形成一个循环通道，试图以循环通道将油水成功导出。这个成果的研发，整整用了5年的时间。在这5年中，我拜了孙汉军、王天正等大师为师，在师傅们的指导下学习了大量的技术书籍，尝试了3种思路，经历了无数次的失败，《冲砂防溢防喷装置》终于成功面世，从根本上解决了冲砂过程中的污水、污油外溢问题。

成果研发成功，极大地鼓舞了我，让我彻底迷上了“创新”。之后，面对现场中的“疑难杂症”，我开启了漫漫征程。从降低环境污染，改善劳动强度，到提质增效，十几项成果得到了推广应用，我人生的道路也越走越宽阔。2011年被聘为主任技师，2013年被聘为采油厂首席技师，2015年采油厂成立了以我名字命名的“卫立创新工作室”。

中国石化集团公司技能大师代旭升曾说过：一个人浑身是铁，能捻几根钉，集体的智慧才是无穷尽的。工作室完备的设施，健全的制度，让技术革新迅速驶入快车道。我和创新工作室成员约法三章：实际、实在、实效。坚持把解决一线困难当作我们技术创新的原则，让适用于一线、让员工说好成为衡量成功的标准。

自工作室成立以来，听取一线困难，成为我们每天必做的功课。我们一遍遍地走进作业现场，倾听员工的需求。2015年，工作室研发了可地面摘挂的驴头护罩、可夹式照明灯、自泄压试压阀等工具，虽然没有多大的名头“傍身”，却改变了员工工作现状，得到了基层的一致好评。

为了加快创新的发展步伐，工作室成员集思广益，开创“下单式”服务模式，模仿淘宝购物，基层员工遇到问题直接网上下单，技师们根据特长送技改上门。新模式省去了“淘”问题的时间，也缩短了技术革新周期。

2018年，油气井下作业中心成立，作业专业化为我们的创新提供了更加广阔的舞台。变革即将开始，传统的以人工劳动为主的工作方式即将被淘汰，机械化、自动化、无人化成为时代发展的大势。

2020年，作业中心率先提出实现机械化。机械化就是通过采用气动卡瓦、操作平台、举升机等设备设施，达到井下作业劳动强度下

降90%，污油污水不落地，用工减少25%的目标。气动卡瓦、举升机问题先后解决，只有操作平台一直没有合适的方案。针对这个难题，我带领团队，用时半年，研制了一款具有任何井口都可安装、一滴废液也不落地等八项功能的操作平台。2021年初，进行了全面推广普及，助推油气井下作业中心实现了作业机械化。该成果2021年度获得油田为民创新成果一等奖。我也先后获得山东省五一劳动奖章，以及山东省创新能手、山东省有突出贡献的技师、齐鲁首席技师、山东省劳动模范等荣誉称号。

摈弃过时思维，紧盯行业发展趋势，学习先进的技术和理念，打通最后一公里，让劳动者更加体面地劳动，永远是我追求的目标和创新的不竭动力。

67

心之所向，素履以往

胜利油田　张兴瑞

1984年我离开家乡，来到胜利油田作业系统，成了一位农民轮换工。从短期轮换工到正式工人，从工人到队长，从普通技师到中国石化集团公司技能大师，在修井作业这个平台上，我一步一个脚印，从少到多，日积月累，走出了属于自己的高光时刻。

刚参加工作时，我年纪小学历低，在当时简陋的作业条件和恶劣的工作环境中，吃了很多苦，走了很多弯路。当时，让我印象最深的就是作业修井的替浆环节。每下一根替浆管，我们就要在井口接受一次管内涌出泥浆的"洗礼"，浑身都是黏稠的泥浆，冬天冻得浑身直哆嗦，夏天就像穿了一身棉衣，还必须咬牙坚持干完所有的工序。随着工作经历的增长，我发现还有很多工序和工具都存在着这样那样的缺陷，面对危险繁重的修井过程，我萌生了革新念头，开始琢磨着改进。

在那个年代，要想搞革新，难度还是比较大的。其中最难的就是创新设施的缺乏，别说配置车床，就是简单的焊接工艺，都很难达到设计要求，再多想法也无处施展。但就是这样，也没有消减我革新的热情。2001年，我担任作业27队队长期间，开始针对传统下油管替浆的方式进行改进，迈出我创新的第一步。

一开始，我把单流阀装到油管下部，以此来避免下管过程中的泥浆上涌，杜绝喷提和井喷事故的发生。没承想，好心办了坏事，因为对井下压力的认识不够，下入井内的管柱在井底泥浆

压力下，迅速被挤扁，引发了一起工程事故。

知识的匮乏和业务能力的不足，让我的第一次革新夭折了，我开始“恶补”各种知识，增长自己的现场经验。随着接触资源的增多，我的视线放到了工具队的焊接工艺上。我多次跑到工具队，最终确定了焊接两个单流阀在中间加弹簧的思路，但是效果还是不好。那段时间，我沮丧极了，一度想到了放弃。

2003年“天正工作室”成立，得到消息，我急不可耐找上门向王天正师傅请教。一次次的沟通交流，让我看到了希望，我被吸纳进入天正工作室，第一次感受到团队的力量和基础知识的重要。我开始接触到机械制图、材质应力计算等基础知识。通过不断完善改进，“井下作业替浆阀”终于研制成功。在现场应用推广后，得到了大家的一致好评，坚定了我在创新路上走下去的信念。

2007年，我到作业大队负责井控工作。我的革新重点也就放在了井控抢险系列的研发中来。我始终坚持，“干什么学什么、缺什么补什么、弱什么强什么”，在我的家里、办公室里随处可见《作业工艺》《井控管理》等方面的专业书籍，只要一有空就见缝插针地学习。

我积极探索井控抢险方面的知识点和关键点，把创新创效的范围进行延伸，从单纯的工具革新向理念革新进行转变。

我探索实施了“四个层面人员培训、三方面培训内容、三种培训方法”的“433”培训模式，不仅培训井控设备的使用方法，还通过井控理论知识培训、高频次井控操作技能对抗、井控知识现场应用竞赛等方式，对传统井控理念进行革新，让大家从“井控抢险”向“井控预防”的理念进行转变。

经过一年的反复实验攻关，我研发出了“防、控、抢”油水井系列井控抢喷工具，在作业施工现场推广应用，得到了国家生产安全总局、中石化安全局、胜利油田及西北油田、江汉油田等多家单位高度评价和认可，荣获“全国能源化工系统员工创新成果优秀奖”。

2015年，ST3-12-135采油井发生套管四通刺漏事故，接到求援请求后，我第一时间带领井控抢险队员赶到井喷现场，利用新研制的“四通套管抢喷装置”，仅用10多分钟就控制了井喷，避免了井喷事故的发生，挽回了巨大经济损失，消除了社会不良影响。

一花独放不是春，万紫千红春满园，作为技能大师不仅要自身技术过硬，更要把技术传承好、把人才培养好。为了让更多的人参与到技术创新中来，我先后带徒58人，不遗余力地倾囊传授工作经验，针对性指点，共同探讨，使一大批青年员工在短时间迅速掌握了岗位所需的实践知识和操作技能。其中有5人在集团公司竞赛中获奖，16人在油田职业技能竞赛中获奖，38人晋升为高级工、15人晋升为技师、9人晋升为高级技师。在培养徒弟的同时，我先后到胜采、滨南采油厂的基层班站授艺解难32次，解决了套管短接拆卸难，抽油杆倒扣等16项制约生产的瓶颈问题。参与编写了《采油采气井控技术》《井下作业井控与有毒有害气体防护技术》《井下作业现场风险识别与防范》等专业技术书籍3部。受聘于胜利职业学院、胜利工程党校、东营市渤海学院任兼职教师，担任石油大学（华东）校外培训指导教师，累计培训授课4852学时。

近年来，我带领我的团队先后取得国家发明专利授权4项，实用新型专利授权71项，国家质量QC管理成果一等奖5项，省部级成果10项，油田级成果54项，累计创新创效9600余万元。在国家级专业会议和中国石油学会及省部级刊物上发表论文22篇，参与编写和修订标准及教材12项，提出合理化建议178条，解决生产疑难问题126项。

“创新无止境，我们永远都在创新的路上”，我将始终不忘党员的初心使命，深入贯彻习近平总书记视察油田重要指示精神，端牢能源的饭碗。

68

巾帼创新

胜利油田　刘淑芹

我是胜利油田油气集输总厂特级技师，2018年聘为油田综合计量工技能大师。参加工作30多年来，一直奋斗在集输生产一线，从一名普通的化验工、计量工，到主任技师、首席技师、油田技能大师，我始终把生产一线当作实现人生价值的大舞台。

我在工作中勤于攻关、勇于创新，先后获得国家发明专利授权3项，实用新型专利授权28项，油田级以上创新成果54项，累计创造经济效益2000余万元。在国家级刊物和石化专业技术学会发表论文35篇，参与编写的《集输工（信息化）》等3部教材在中石化推广应用。先后荣获“山东省五一劳动奖章”“中石化技术能手”“胜利油田劳动模范”“胜利油田为民创新贡献奖银奖”“胜利油田文明建设先进个人、技术能手、创新增效能手、三八红旗手标兵”等24项荣誉称号。

说起创新，首先是做一个技术的有心人，我的第一个创新成果是从小小的密度测定仪固定支架开始的。记得当时刚参加工作没多久，担任化验操作员。在每次测定原油密度时，我发现量筒放在密度测定仪里总是斜的，底部固定的支架不配套，造成密度计紧贴量筒壁，测定的数值不准确。于是，我就尝试着动手制作了一个密度测定仪固定支架，把量筒垂直固定在测定仪中间，读取数据时减少了人为误差，提高了测定准确率。

那年，集输总厂召开员工创新成果发布会，我把这个成果带到发布会上，主管计量的领导特别感兴趣，给予了高度认可，成果获得了一等奖。虽然项目不大，却解决了实际难题，为岗位员工创新作出了表率，领导强调“员工创新要从最基础的难题抓起”。从那以后，我仿佛找到了窍门，增强了自信心，在工作中勇于发现问题、解决问题，树立了创新目标，立志做一名技术革新的有心人。

“心中有方向，行动有力量”，2012到2018年，我先后主持完成《新型原油计量尺》《万向消防水枪支架》等6项成果，分别荣获油田技术创新成果5个一等奖和1个二等奖的好成绩。

随着油田高质量发展的要求，技术创新向信息化、智能化方向发展，工作中用到的一些老旧设备，也面临着更新改造。近年来，我主要负责基层原油交接质量把关。原油含水和密度的高低，直接影响到外销原油的质量和经济效益，特别是有机氯含量超标，会造成炼化企业设备严重腐蚀，影响安全生产。因此，有机氯检测是原油质量把关中的重要环节。传统的有机氯检测蒸馏设备存在加热温度难控制、蒸馏时间长、加热效率低、易冲样沸溢等技术难题，并且蒸馏过程中，为了防止冲样，化验员必须时刻守在加热器旁调节温度，增加了员工的劳动强度。

针对这个实际情况，我组织单位的技术能手，成立专项创新团队，经过多次实验改进，研制出化验室蒸馏智能温控装置。该装置结合日常操作原理，在蒸馏的基础上安装电子控温感应模块及辅助加热功能，现场员工只需把试样配制好放于加热器，便可以自动调节测定温度及时间。蒸馏达到温度要求后设备自动停止加热，全程无须操作人员手动调节温度，减轻了员工劳动强度，提高了检测精度和工作效率，年节约化验原材料及设备维修费用120万元，获得山东省设备成果一等奖。

日常工作中，我紧扣“绿色企业”创建主题，带头实施了富有集输特色的绿企攻关项目“点亮巡检路”行动。发明了防爆式太阳能自控照明装置，将太阳能充电与防爆照明灯完美组合，达到节能、环保、降耗、安全等技术要求，解决了集输站库室外设备场区夜间光线较暗，设备参数录取误差和巡检不到位问题，被油气集输总厂指定为绿色节能装置，已在各站库广泛推广使用。

设计的《新型原油计量尺》，解决了计量尺连接器处没有刻度，油罐检尺重复操作，产生计量误差的难题，有效提高了原油储罐计量的准确性，减轻了罐顶操作职业危害；研制的《锅炉排烟防腐导流装置》，解决了环境污染、设备腐蚀、节能降耗等问题。

以上多项成果荣获中国能源化学地质系统优秀创新成果、全国石化系统优秀科研成果、山东省优秀设备成果等诸多奖项。

不负韶华，人生精彩。近年来，我的创新故事连续在《中国化工报》《山东工人报》《中国科技纵横》等报纸杂志上刊登。2021年6月份，我接受胜利油田电视台《胜利有约》栏目专访，讲述技术创新过程和个人成长经历。

知识创造未来，创新永无止境。只有不断地学知识、练本领、提技能，才能跟上时代的发展，才能做一名优秀的时代创新人。

69

破译测井信息

胜利油田　吕幸端

1971年，我招工来到胜利油田，在钻井电测站炮一队工作。在这里遇到了我的师傅翟志勇、陈金秋，他们用实际行动教会我石油工人的优良传统“三老四严、四个一样”，为我将来的成长打下了坚实的基础。

1975年，胜利油田从法国引进了计算机，领导把我抽上来搞验收。面对那一摞摞的法文、英文资料，陌生的计算机，深奥的高等数学知识，我傻眼了，青年时所学知识十分贫乏，怎么办？这巨大的挑战，让我踏上自学之路。

自学是艰苦的。没成家的那几年，不管多忙，我每天都要学习到凌晨一两点钟。结婚以后，女儿降生了，在她六个月大的时候，爱人外出求学，一下子就是两年，我既当爹又当妈，我学会了给孩子洗澡，洗尿布，喂牛奶，忙得不亦乐乎。为了不中断自学，每天晚上我把孩子哄睡了，就坐着书箱，以床代桌，开始学习。因为太疲惫，好几次我坐在床边睡着了，是孩子的哭声把我叫醒。

学习久了，偏头痛就会骚扰我，脑袋像要裂开一般。眼也花了，因为盯着屏幕太久，眼睛红红的，落下了迎风流泪的毛病。有时困了、累了、病了，心里也想过放弃，但又一想：知识更新换代这么快，稍一松劲，恐怕就要落伍。铁人王进喜曾经说过：“井没压力不出油，人没压力轻飘飘”，有了忧患意识，居安思危，我就能坐得住、沉得下、学得进了。

半夜时分，我走到房子外面，看着满天星斗，恍如隔世。偶然抬头，发现树叶绿了，偶然低头，看到树叶落了。我父亲去世得早，我是长子，是家里的“顶梁柱”，

母亲看到我学起来不要命的样子，不知有多心疼，几乎是每天晚上，当我蓦然回头时，看到母亲正在身后望着我，那眼神，我今生今世都不能忘记。

就这样，靠着不懈的努力，我自学了高等数学、计算机，掌握了系统的专业和理论知识；学习了最新的现代科学技术，如大数据、物联网、人工智能等，为科研攻关打下了坚实的基础。

后来，学有所成的我参加了全国测井行业第一台计算机INTERDATA85机的验收、使用，胜利油田第一台计算机IRIS60和MITAR15机的验收、使用；参加了具有我国自主知识版权的SWAWS计算机测井工作站的软件研究，成为地球物理勘探测井数据处理行业首批专业技术人员。为了从根源上弄明白电脑的工作原理，我花了一年多的时间通过反汇编方法，把二进制码的DOS操作系统活生生地反推出了以汇编语言表达的DOS操作系统。

1986年，胜利油田雇用外国斯仑贝谢公司进行全波列测井，因为我国没有相应的处理系统，外商借机垄断，资料只能拿到巴黎进行处理，花费国家大量的外汇。

为破译这一难题，在没有任何资料可供参考的前提下，要研制具有我国自主知识产权的《声波全波列波形分析系统》，可谓是困难重重。我和课题组成员一起，记不清有多少个夜晚是在机房里度过；记不清有多少次忘了吃饭，是爱人和同事送来饭菜；记不清多少个假日没有休息，更记不清多少次生病了还硬是在机房中挺过来。

记得有一次，我连续工作了两天两夜，爱人领着五岁的女儿给我送饭。看到我胡子拉碴的样子，妻子说："你疯了，不要命了。"孩子两手捧着热腾腾的包子，喊着："爸爸，爸爸快吃，爸爸快回家吧，奶奶病了。"听着孩子童真的话语，看着妻子又爱又恨的眼神，我掉泪了。我没有更多的时间陪孩子，我不是一个好爸爸；不能为妻子多做一点家务，我不是一个好丈夫；不能在老母的病床前尽孝，我不是一个好儿子。所谓忠孝不能两全，我只有努力工作，做出成绩，才能不辜负她们为我作出的牺牲。

历经一年多，进行了五次大的结构调整，百余次算法的修正，攻克了重重难关，研究工作初见成效。我们采用以快速傅里叶变换为核心的直接相位法频谱分析技术，先后攻克了纵横波窗口的选取、汉宁窗的实施、交会谱、幅度谱、相位谱、零相移动等计算方法，从千百次实验中，确定了一致频带选取的合理标准，合理地从若干个窗口移动中选出最佳移动，使得系统在纵横波比例失调，地层对声波信号衰减厉害等特殊情况下的处理，优于国际同类技术水平。

该项目是我国石油工程界，首次从复杂地层中测量的长源距声波全波列中，提取出了纵横波及其能量。专家鉴定认为：“在理论、方法、技术的应用上，填补了国内长源距声波测井波形分析的空白，解决了石油测井、工程、地质无法利用纵横波时差与能量估算各类地质参数的难题，达到了和处于世界领先地位的斯仑贝谢公司同类的技术水平。”

该成果一举打破了外商的垄断，在胜利油田仅处理费用一项就为国家节约外汇50多万美元。先后大面积推广到中原、大港等13个兄弟油田，累计处理400多口全波测井，节约400多万美元，获得了较大社会效益和经济效益，获国家科技成果奖。

多年来，我共完成技术革新与技术改造96项，主要参加完成国家863科技项目“生储盖综合评估系统”等科研课题。其中，获国家级科技成果奖1项，省部级科技进步奖6项，局级科技进步奖10项，有21篇论文在国家一级刊物或年会上发表。编写的4本专业书籍由石油工业出版社出版发行。先后指导28名大专及本科生完成了毕业论文设计，被聘为“胜利油田名师”，培养了12名工程硕士研究生。

在北京香山召开的集团公司软件成果评审会上，我代表胜利油田发言并演示了《生储盖综合评估系统》，以总分1942分获得第一名。现在，该系统依然作为主流技术承担着胜利油田96%的测井分析工作量，提高了油气层解释符合率，提高了油气采收率，取得较大的经济效益。

饮水思源，是胜利油田培育了我，我深深地感恩。虽已退休，但退休不退志，作为两所大学的客座教授和油田五老志愿者，一定做好石油精神传承和科学技术传承，为油田，为国家做出应有的贡献。

70

为修井事业添彩

胜利油田　王天正

20世纪80年代初，我离开了家乡，在胜利油田这个大工厂里，当了一名石油修井“小”工人。

那时，胜利油田刚刚投入开发，地层能量充足，自喷采油井随处可见。但是因为技术条件的限制，硬件设施简陋。同时，因为在野外，工作环境也非常艰苦，尤其是修井作业，没有什么自动化、机械化，工作全靠人们手拉肩扛。更别说修井过程中会经常发生井涌井喷事件，被油液浇成“落汤鸡”那是家常便饭。即便如此，我还是凭着“我为祖国献石油”的高度责任感，浑身有用不完的力气，有学不完的修井知识。随着技术的日益精湛、经验的日积月累，我对生产中的障碍物、拦路虎，也敢开始动刀动枪了。

1985年，我在进行电泵采油井维修时，发现电泵电缆需要通过挂在井架上的导轮和油管一起同步下井，操作稍有不慎，就会发生电缆跳槽事故。轻者影响生产进度，重者造成电缆损伤，非常影响生产进度。为此，我在作业现场认真观察，仔细分析研究，想办法既能保证电缆顺利下井，又要做到方便安装，不误工期。

经过一番深思熟虑，我研制了一个方案：取原导轮的近1/4弧长，分成三个支撑点，安装九枚轴承。在沟槽两端上方、各安装一根钢筋，形成一个鼠笼，使电缆由原来的随轮转动，改变为三点在轴承上滑动。经过应用，效果极好，很快在油田范围内推广，至今还在应用。

小试牛刀之后，我对革新工作增添了信心，开始处处留心工作中的小问题、小缺陷，并想办法进行改进。

其中，我设计完成的《快速修井系列工艺技术》，让作业清砂周期由以往24小时，缩短为目前的4小时，单井作业成本降低了7000余元。2000年初在胜利采油厂投入应用，取得了良好效益，之后在胜利油田得到了较好发展。

如果说快速清砂，是快速修井系列工艺中的一道工序，那么注灰打水泥塞和长期封隔油水层技术，就是修井工艺技术难点中的难点问题。井下情况复杂，油层之间压力各不相同，水泥浆凝固时间短、各项工序连接紧凑、数据精准度要求高、施工人员多，必须密切协作，才能圆满完成一次注灰工艺。否则就会发生较大的工程事故，造成较大的经济损失。对石油修井行业来说，想改变注灰方式，并非易事，我开始通过创新来解决这个难题。

2001年九月份的一个上午，我们在试验井场模拟实验注灰工艺。当时，我设计了一套无管柱倒灰工艺管柱，最上端安装定时雷管、单向进液孔，中间是水泥浆，下端是水泥浆支撑工具等。从装上雷管定时器开始计时，40分钟自爆。我们用捞砂车把倒灰管柱送到预定位置，然后通过雷管自爆产生的推力，把水泥浆从管柱底部推出油管、进入套管，在套管内凝固，形成水泥塞。试验结果非常接近理论数值，误差仅有1分多钟，试验获得了成功。

当天下午就有一口注灰井，深度1800多米，塞柱30米。创新团队成员们非常自信地对我说："这么简单的工艺，你不用去了，我们能干得了，况且还有研究所人员在现场服务。"我有点犹豫，去，就是不相信他们能干得了；不去，又怕出问题。后来为了锻炼他们的独立工作能力，还是没去。

然而，就是这次施工造成了严重的工程事故，半年的辛苦付诸东流。

是什么原因造成的呢？主要有两个：一是随着油井深度增加，温度升高，定时器走时加快，提前十多分钟引爆雷管，水泥浆被推送到套管内，与地层水接触后，快速凝固，造成油管、水泥、套管三者凝固在一起；二是204研究所人员不了解地层温度梯度，温度升高对定时器的影响。当操作人员告诉他们捞砂车晃动了两下，认为雷管已爆，应该立即上提油管。可他们却认为时间相差太多，不让上提，事故就发生了，水泥塞打成了"钢管水泥塞"。

事故已经发生，就必须想法解决问题。我经过详细的分析得出了结论：井筒内没有多余的水泥浆，不会造成较大的卡钻。采取油管倒扣的方法，把塞面以上的油管倒开，起出来后，下生产管柱完井。

由于事故处理的方式比较恰当，该井很快恢复生产了，也只是延误了一天的修井时间。经过这个事件，我认为由于井深不同、井别不同、温度不同、雷管的自爆时间无法准确掌握，此路不通。在这个基础上，研发了能重复使用的机械式倒灰技术，操作简单、安全、快速，还能节约倒灰成本。该项技术在油田沿用至今，2009年推荐我在"全国创新大会"上做典型发言。

我付出了劳动，也收获了荣誉。2006年被山东省授予"富民兴鲁劳动奖章"，2011年被授予"山东省优秀共产党员 "，2013年被山东省授予"王天正劳模创新工作室”，2008年被授予“全国技术能手”，2011年享受国务院政府特殊津贴，2014年获得“全国五一劳动奖章”。

喜欢一件事，只是一个开始，热爱和坚持，才能将它做到极致。把一件平凡的小事，做到炉火纯青就是绝活，坚持不懈地做好当下的每一件小事，一定会有一个灿烂的人生。

71

在探索中超越

胜利油田　张书桐

我是胜利油田钻井地质技能大师，负责胜利石油管理局地质录井公司的探井技术管理工作。四十多年来，我在地质录井领域努力探索，创新实践，负责技术指导把关的近千口油田各类探井，油气层发现率、地质层位卡准率均为100%。获得国家专利授权8项、局级以上技术成果35项，发表技术论文15篇，攻克了多项油田勘探中的技术难题，创经济效益8000多万元。

在地质录井领域，我有一套卡取地质层位、发现油气显示的绝活，能够使录井“三项”层位卡准率达到100%，这项绝活一直被录井人津津乐道。

1986年胜利油田建设孤东油田，拉开了大会战的帷幕。当时，我负责孤东探区600多口开发井的取心层位、潜山界面卡取任务，依靠这项绝活胜利完成了任务，油田授予我“孤东会战突出贡献三等功”。无独有偶，在1989年油田组织的滨纯会战中，我负责100多口探井、生产井的技术管理工作，以高质量的服务被评为管理局会战指挥部先进工作者。我在正理庄探区正南10-12井发现设计外油气显示，提出加深钻探的建议被油田采纳，试油获日产103方的工业油流，受到管理局特别嘉奖。

到了90年代，我的“卡层”绝活已经在胜利油区独树一帜。油田草桥会战启动后，由于草桥探区古潜山在钻井中极易井漏，不仅造成工程施工困难，更容易污染油气层。为攻克难题，我认真分析该探区地质情况，以系统工程原理为指导，反复试验，探索建立了草桥探区潜山界面的卡取办法。

1996~1998年，在第一注蒸汽驱实验区草20块和草古1块开发会战中，我的《系统工程原理在草20地区钻井地质工作中的应用》获巨大成功，共卡准了81口探井的潜山界面和完钻层位，提前85天完成会战钻井任务，合理解决了油层污染问题，创综合效益1354万元，荣获管理局二等功。

2003年，我发现油田的科学探索井郑科平1井设计的靶点与实钻邻井资料存在较大的差异，需要对设计进行修正，建议郑科平1井靶点上提6.5米，节约勘探资金1054万元；2005年提出的永559井加深钻探建议被采纳后，发现了膏盐下深层油气，预测地质储量8000万吨，获重大性油气突破；2005年主编的《牛庄－王家岗地区沙三中下部高压油气层钻探的认识和建议》在推广应用中节约勘探资金214万元；2008~2009年，我在草桥探区草古1区块再立新功，连续8口探井准确卡层，节约钻井进尺466米，创综合效益90万元，被誉为草桥探区“卡层王”。

成功的经验在于不断地钻研。2005年，我被聘为胜利油田钻井地质技能大师后，自觉加压，在工作中不断发现问题，提出问题，解决问题。我结合现场实践，利用业余时间跑遍了所有采油厂及地质研究院，收集了大量基础资料，编写了两万多字的卡取地质层位的总结报告。系统阐述了前第三系、中生界、古生界地层的岩性组合特征以及层位划分，同时对不同类型的潜山特征进行分析，制定了相应预防措施，有效提高了潜山界面的卡准率，避免井漏、井涌等复杂情况的发生，提高钻井速度并保护油气层。该方法在中石化重点探索井胜科1井的施工中起到了关键作用，为该井顺利施工、圆满完成勘探任务打下了坚实的基础。

不断探索、敢于超越，科学地实践创新成果，以创新创效促进录井技术发展，是我一生追求的工作目标。几十年来，我主持和参与完成局级技术成果18项，在生产应用中屡建奇功，创造了良好的经济效益。

2003年，地化、定量荧光、热蒸发烃色谱录井等录井新技术在胜利油区研究推广，我积极研究，参与编写了《利用定量荧光技术建立胜利油田各地区的定量荧光标准工作曲线的可行性》等多项QC成果，多次荣获管理局QC成果一等奖、二等奖。其中，《利用热解地化录井技术评价原油密度、黏度》获中国石油工业质量科技成果三等奖，创经济效益225万元。2005年，鉴于地化仪器进样杆散热慢，样品分析周期在30分钟，严重影响了分析速度，影响油气显示的及时评价。我主持开展了《缩短地化录井仪分析周期》的课题研究，选择了合理散热材料与厂家对地化仪进样杆进行改进，分析周期由30分钟降到20分钟，提高了做样速度，年创经济效益60万元，获管理局QC成果一等奖。

随着钻井新技术的日新月异的发展，传统录井手段不断面临挑战。特别是2006年以来，PDC钻头的放开使用，导致录井岩屑成为粉末状，给现场录井的岩屑采集、岩性鉴定、含油性评价造成极大困难，成为现场录井生产的一大难题。经过一年多的探索实践，在近百口探井中反复试验，我总结出改良常规录井手段、应用综合录井仪资料、色谱录井和地化定量荧光录井“三合一”的综合解释方法，不仅合理解决了PDC钻头钻进条件下岩屑录井的瓶颈问题，而且提高了油气解释准确率。仅2006年一年，我研究的PDC钻头条件下录井岩性特征的识别方法与对策，先后在91口探井进行推广，节约钻井进尺4036.5米，节约勘探资金约785万元。2007~2009年，我参与研究的《提高地化样品分析准确率》等课题，对发现评价油气层工作发挥了巨大作用，创造了300多万元的经济效益。

艺多不压身，在油田其他领域，我也敢于创新实践。2008年，为解决试油、修井施工中起下抽油杆工具存在的问题，我参与发明了一种抽油杆专用管钳，提高了起下抽油杆速度，安全可靠，目前已在油田广泛使用。2009年，为实现油水井快速修井，提高修井效率，保证油井产量，我又参与了“油管堵塞器”的研究，该成果节约了作业费用，实现了良好的经济效益。这两项成果都获得了当年的国家专利授权。

四十来不断探索、不断超越。我心系油田，想油田勘探之所想，急录井技术发展之所需，为推进油田勘探水平的不断提高，实现“百年创新，百年胜利”的宏伟目标，一直在贡献着自己最大的力量。

72

从“学徒工”到“总教头”

胜利油田　王绍智

1974年，我在胜利油田油建五分公司参加工作，那年我17岁。我从电焊学徒干起，在生产一线一干就是20年。凭着爱岗敬业的主人翁精神和对焊接技术的执着追求，我熟练掌握了20余种国际国内的前沿焊接技术，在胜利油田大规模开发建设的战场上南征北战，攻坚啃硬，屡建功勋。

我先后参加了近百项工程的焊接施工，道道焊口优良，项项工程全优。我主导焊接的胜利2号开发平台工程获得国家工程建设“鲁班”奖，孤东9区一号掺油注汽站等2项工程被评为部级样板工程，中二北注汽站等2项工程被评为部级优质工程，稠油炼厂5000立方米大罐等5项工程被评为局级样板工程，我个人也连续5年被评为部级质量信得过个人，所焊焊口一律免检。当时公司领导在庆功大会上说：“五分公司连创部、局级样板工程，其首功当属王绍智。”

工作中，我不断钻研技术，勇于创新，敢于攻关排难。在生产一线，先后攻克了高温高压及厚壁管线焊接背面凹陷、外观成型差、X射线拍片合格率低，金属罐罐底焊接变形、立缝咬肉等一系列关键性焊接施工难题。我独创的“采用E5015焊条不拆卸补焊铸铁罐体裂纹”技术，获得胜利油田献“绝招”活动一等奖。在岗20年，创效200万元。

2006年，胜利油建职工培训中心成立以我的名字命名的“王绍智焊接工作室”，我的工作范围也扩展到了全国。我先后参加了西气东输、川气东送、山东管网、榆济管道等20多项国家重点工程施工的技术攻关、焊工培训、工艺评定及现场技术指

导。10多次下江南、去陕川、到高原，攻克50多个焊接技术难题，总结提炼出80多种极具针对性的焊接方法，被广泛应用于各个项目、标段，累计为公司创造直接经济效益三千余万元。我主导的“双焊距全位置自动焊”技术攻关项目，2012年在西气东输二线平泰线推广应用。我先后在省部级以上刊物发表技术论文16篇，完成技术创新成果12项，获得中国家发明专利授权2项，国家实用新型专利授权10项。为胜利油田在国家重点建设工程的战场上打得赢、叫得响立下了汗马功劳。

我工作40余年，带徒261人，其中6名徒弟获全国技术能手，32名徒弟获省部级技术能手，82名徒弟由高级工晋升为技师，41名徒弟由技师晋升为高级技师。

2010年9月，中国石化集团公司举办焊工技能竞赛。因为赛事规格高，参赛人员高手云集，我带着6个徒弟代表胜利油田参赛。铝管垂直焊接技术是比赛的规定考试项目，这种焊接方法对油建行业的电焊工来说，还是没接触过的新事物。针对不仅要学得会，还要技术娴熟的要求，依靠短短两个月的封闭集训，压力很大。为此，我请来了交直流两用焊机的厂家研发人员，讲述电焊机工作原理和主要技术指标；带领徒弟将焊好的试件拍片，用锯切开观看成形，不断改进优化，摸索出一套最适合他们的焊接方法。两个月后，徒弟们带着新学的技艺参加比赛，6名徒弟都取得好成绩，并以绝对优势夺得团体第一名，其中两名徒弟被授予集团公司“技术能手”称号。

“方向对了头，一步一层楼；方向不对头，一步一回头。”是我的口头禅。在我看来，培训的关键是方向要对头。徒弟岳远明在集训之前已经小有名气，焊缝成形、探伤拍片都很过硬。我在看了他的焊接后，经过分析思考，建议他采取新的焊接方法。这意味着岳远明得放弃自己擅长的正接打底焊，调换电焊机极性，采用反接打底的焊接方法。“使用正接打底，焊接一次合格率能达到30%。反接打底虽然难学，但是能让焊接合格率提高到70%以上。”听了我的建议，岳远明二话没说，抓起焊把开始了新的学习。经过一个月勤学苦练，他的反接和正接一样顺手，终于在大赛中脱颖而出。

有人曾评价我是油田焊工行业的权威，我说：“我只是胜利油建职工培训中心的焊工教练，顶多就是个‘焊工总教头’。”

2017年，我60岁，退休后的我被胜利油建返聘为“焊接专家”。老夫聊发少年狂，我牵头组建了“长输管道自动焊推广培训中心”，对管道自动焊设备进行升级改造，对现场焊工进行强化培训，先后为胜利油建培训、输送长输管道合格焊工200多人。

2020年，我远赴泰国施工现场进行X70钢管道焊接技术指导。100多天，我不顾当地酷暑高温、蚊虫叮咬，深入现场调研，技术支持，确保了该工程优质高效交付。我还深入浙江舟山海底输油管线施工现场，在深海施工船舶上，一住就是一个月，为海底输油管道焊接施工保驾护航。

凭借对焊接技术的执着追求和刻苦钻研，我从一名普通的电焊学徒工逐步成长为胜利油田“电焊技能大师”“十大技能人才”“山东省首席技师”。荣立胜利油田个人二等功3次，获得“中国石油天然气总公司技术能手”“中国石油天然气总公司劳动模范”“国家技能人才培育突出贡献奖”等荣誉称号，2014年享受“国务院政府特殊津贴”。

73

技能创新与传承之路

胜利油田　赵海英

我叫赵海英，1987年9月从技校毕业后，我被分配到永安油田东辛二矿采油8队，开始了我的采油工生涯。面对艰苦的工作环境和严峻的挑战，我没有选择逃避，而是立下决心要在平凡的岗位上创造出非凡的成绩。

在过去的30多年里，我一直坚守在采油一线，致力于学习新知识、解决生产难题，并积极推行“导师带徒”制度，展现了一名高技能人才应有的风采。

在此期间，我得到了各级组织和领导的关心培养，以及同事们的无私帮助。自2006年以来，我已经连续六届被聘为东辛采油厂首席技师，并于2013年荣获山东省首席技师称号。此外，我还获得了中国石化集团公司技术能手、胜利石油管理局技术能手、第四届胜利油田技能大奖、第四届为民技术创新奖、山东省三八红旗手、胜利石油管理局劳动模范、油田二等功、胜利油田优秀培训师、管理局巾帼建功标兵等多项荣誉。

我在工作中完成了128项革新成果，提出了158项合理化建议，其中22项成果获得了国家实用新型专利授权，5项成果获得省部级奖励，11项成果获得局级奖励，11项成果获得厂级奖励，累计创经济效益3000万元。同时，我还参与编写了5本书籍，并在国内期刊发表了10篇论文。

“学无止境”！这是我的导师，中国石化集团公司技能大师代旭升曾经对我说过的一句深刻的话语。他的勤奋和对解决实际生产问题的专注精神深深地激励了我。无论工作多么繁重，我都坚持学习业务知识，不断提升自我。

在2000年管理局第十一届技术比赛中，我凭借努力获得了采油工女子组的第一名，并顺利通过技师任职资格考试，晋升为一名工人技师。2002年5月，我有幸被选为中国石油石化行业职业技能竞赛的参赛选手，前往管理局参加集训。经过不懈的努力和拼搏，在全国男女同台竞技的120名选手中，我脱颖而出，取得了第十名的好成绩，成为十位获奖者中唯一的女性选手。被中石化集团公司直接授予"集团公司技术能手"的称号，并且破格晋升为高级技师。

2016年7月，我在胜利职业学院学习了《基层岗位操作手册》的编制方法，并负责采油厂《维修站基层岗位操作手册》的编制。我带领团队查阅资料、实地考察，力求制作出真实反映维修站工作岗位的操作手册。同时，我还承担了辛三管理区其他十二个基层岗位操作手册的审核工作。经过三个月的努力，我们完成了任务，各岗位操作手册已投入使用。

为了提升油井的精细化管理水平和降低工人的劳动强度，我参与研发了五种《模块化油井井口流程》，其中包括抽油井等。这些新设计的流程具有安装简便、资料采集准确度高以及易于标准化管理的特点。在胜利油田采油工程处的批准下，该流程自2011年11月起在胜利油田的11个采油厂进行推广应用，并且至今已有一万多口油井使用了这一创新技术。我们相信，通过这样的技术创新，可以有效提高油井的运营效率，同时也能改善工人们的工作环境，减轻他们的工作负担。

为了改进稠油井日常维护中遇到的问题，我参与了《多功能油井热水循环洗井装置》的发明。这套设备能够将水温加热至90℃，并通过连接管线将其引入油套管环形空间。它能缓慢地将高温水（或添加了降黏剂的水）注入井内，以达到加热和降低原油黏度的效果，进而疏通油管并减轻驴头负荷。

这一创新技术使得稠油井在生产过程中无须或者只需少量使用降黏剂，从而大大降低了日套掺水量，由原来的几十立方米减少到几立方米。该装置既能用于加药，也能用于洗井，适用于稠油井和结蜡井。

自投入使用以来，这项发明为公司创造了七百万元的经济效益。2014年，它被评选为胜利油田职工群众性创新活动优秀成果一等奖以及胜利油田技师协会合理化建议一等奖，并获得了国家实用新型专利授权。2015年，荣获全国能源化学系统优秀职工技术创新成果奖。

2013年，我有幸参与了油田技师协

会的第一个整合项目——《游梁式抽油机曲柄平衡调整工具》的研发工作。在进行试验时，我发现传动杆外侧的四方头在连接棘轮扳手时操作不便，这可能会影响工作效率和使用体验。

为了解决这个问题，我提出了将传动杆平头顶端改为带有5℃斜坡的设计，并将其加长5毫米，以提高操作的便利性。同时，在实际应用过程中，我发现原有的把手活动角度过大，这可能会对操作者的舒适度产生影响。

因此，我提议将棘轮的齿数由9个增加到12个，后来又根据试验结果调整为15个，使得把手的活动角度减小到24℃，大大提高了工具的操作便捷性。

这款工具结构简单，易于使用，并经过了多次试验和完善。它可以适用于8、10、12、14型抽油机平衡块的调整工作，具有很高的实用性。在2014年的管理局第十八届职业技能竞赛中，这款工具荣获了创新成果一等奖。这一荣誉不仅代表了我们团队的努力得到了认可，也标志着我们在提升油田设备维护效率方面取得了重要的进步。

此外，我还参与了第三次油田技师协会整合工具《电动机皮带轮拔轮器》的研发工作。这项成果在2015年获得了胜利油田技能创新成果集成优化推广奖，次年成功申请了国家实用新型专利。

作为高技能人才，提高技能水平、解决生产难题固然重要，更重要的是要把自己的才智、经验总结提炼出来，实现行业共享，才能发挥更大的作用。

2012年，我担任副主编编纂了《采油工实际操作读本》，全面涵盖采油工所有操作项目及采油发展史，是必备的采油工人参考书籍。同时参与编写《采油采气井控技术》，成为中石化井控培训必备教材。同年这两本书正式出版。我还两次参加大庆油田国家职业技能培训教程及试题库《采油工》审定，并因在审定中发挥了积极作用而被中国石油天然气集团公司职业技能鉴定中心聘为“命题专家”。

身为高级技师、采油厂首席技师及山东省首席技师，我深知必须不断拓展技术影响力才能发挥更大作用。多年来，我尽职尽责传授技艺，积极发挥引领作用，倾囊相授实践经验和技术要领，坚持因材施教，科学指导，重点点拨，助力徒弟成长进步。

让我记忆犹新的是一位女工在2015年向我表达感激之情，她表示我的一句话改变了她的生活。早些时候，在我担任竞赛教练时，她抱着试试看的态度参加，每次训练我都针对她的优点和缺点给予指导，并适时表扬，鼓励她努力学习，不要自我贬低，相信自己可以成功。在我的激励下，她投入更多精力学习，最终在当年的比赛中取得名次，并在接下来几年里先后晋升为技师和高级技师。她说，当时她很自卑，觉得自己只是陪跑者，如果没有我的鼓励，她可能没有动力去学习。这些年来，每当我回想起对她的鼓励和鞭策，我都会更加投入工作和学习。

这些年来，我已指导了48名签约徒弟。对于刚入门的徒弟，我会指定专业书籍帮助他们学习理论知识，并亲手教他们每个技能细节，使他们的技术等级得到提升。在竞赛方面，我会通过亲身示范和传授比赛经验来培养徒弟们的自信心，同时运用心理暗示和激励等手段提高他们的表现力。例如，我的徒弟张晓琳和秦磊在2012年集团公司的业务技能竞赛中分别获得金奖和铜奖，另外还有23人次在局级技能竞赛中获奖，15人在厂级竞赛中胜出。

对于创新型徒弟，除了工作上的指导，我还会传授自己所学的创新思维等知识。为了提升他们的创新能力，我不仅购买计算机绘图书籍给他们，还亲自教授他们如何使用计算机进行绘图，这极大地提高了他们的实际创新能力。在我的指导下，有19人晋升为高级技师，14人成为技师，而他们总共获得了超过200项革新成果奖励。

我们生活在一个伟大的时代，国家高度重视高技能人才。这为我们基层一线工人提供了广阔的发展空间，技能成才、技能报国是我们的使命。因此，我们需要不断提升自身技术技能水平，为油田增产和国家发展贡献智慧与力量。

74

创新就在我身边

胜利油田　周家祥

这天的晨会刚刚结束，我便接到站长安排下来的任务。“家祥，技术室那边下了工单，要把咱们站配水间的水井流量自控仪芯子清理一遍，这个任务交给你了啊。”

随着管理区信息化建设的推进，各种新设备、新技术不断在身边出现，高压流量自控仪就是其中之一。随着每口水井都配备了流量自控仪，职工在水井管理上更加方便了。以前每次技术室下达调水量的指令后，我们都要掐着表去水表那里改配注，如今从生产指挥中心直接改个参数就行了。可这东西也有不方便的地方，就是需要定期清理流量自控仪芯子，这可不是一个小活。之前跟站长一起清理过一次，由于我们这水井干压普遍在30兆帕左右，这种高压状态下，流量自控仪芯子和底座的配合是相当严密的，因此也相当难取，上次和站长一起忙活了半天才清理完。这回一接到这个任务，想想站上配水间里的8口水井流程，不由得先犯了嘀咕，我自己能干完吗？

活已经接了，心里虽没底，还是得硬着头皮干。到了配水间，第一口井就先给我泼了盆冷水。我学着站长，放空完先拆下接线，卸下表头，卸下底座下面的螺母，然后用千斤顶将流量自控仪芯子向上顶。由于自控仪芯子配合太紧，管线被千斤顶都顶变形了，看得我心里发虚，生怕管线出什么问题，但自控仪芯子依然顶不出来。没办法，我又找了把大锤，将自控仪底座两侧的管线向下砸，尝试将自控仪芯子顶出来，每次落锤，都有一种心惊胆战的感觉，毕竟配水间内的流程都承载着高压，单位安全培训里的一些配水间事故不断出现在我的脑海里，越砸心越虚。战战兢兢地忙活一上午，终于将自控仪芯子取了出来，衣服也被汗水浸透了，经过简单的清理、恢复，总算是干完了一口井。中午休息的时候一盘算，这么个干法根本就行不通啊，只好无奈地求助站长来解决问题，才算完成了这次任务。

活虽然干完了，但心里却多了个事。自控仪芯子是需要定期清理的，这次完成了，下次怎么办？能不能想个办法解决一下。我先去求助自己的师傅，当时的采油厂首席技师孙建勇。师傅听完后格外高兴地对我说："不错，学会留心现场难题了，先试试能不能自己想想办法解决，解决不了咱们再一起想想招。"听完师傅的鼓励，我像吃了定心丸，决定把这件事当成自己的第一个课题，一定要想办法解决掉。

话虽这样说，但一连两个星期过去了，自己却还是一点头绪都没有。就在自己一筹莫展时，恰好有机会参加了管理区的一次基本功训练培训，当时的培训项目是更换游梁式抽油机刹车连杆，就在授课的师傅讲解如何辨认连杆正反扣和用调节螺母调节刹车行程的时候，提到一句随着拧动调节螺母，两侧的连杆同时内收或者向外出。当时我脑子里灵光一闪，调节螺母是横着放的，如果竖着放，让连杆同时向外出，这不就是拔嘛，能不能用在流量自控仪芯子上呢？有了灵感，我开始考虑该如何设计。首先需要一个支撑座，还需要一个向上拔的部件连接流量自控仪芯子，最后这两件要分别设计成正反扣，外边套一个类似调节螺母的东西，拧动调节螺母的时候，支撑座和向上拔的部件分别向两边移动，就能拔取了。通过不断琢磨这几个部件的具体配合方式，最终确定下来，将支撑座设计成中空的圆筒，正好套在自控仪芯子外侧，上部的拔取件也能从中间穿过，通过拔取件下部设计的配套螺纹拧在自控仪芯子上，再加上外部的调节螺母，就能实现目标。

有了思路的我量好尺寸，画好图纸，开心地去找师傅验证自己的思路是否可行。师傅也相当高兴，鼓励我的想法不错，并帮我申请了加工。由于我所设计的部件很少，又没有很精密和细小的配件，加工费非常低，仅200元左右。当加工好的成品拿到我手上的时候，一种成就感油然而生，迫不及待地想去试一下。当我来到配水间，面对曾经让我心惊胆战的这个活，我信心十足地拿出自己的小成果。虽然实验的过程仍有点不足，比如螺母较大，只能使用36寸的管钳，挺沉的，但总的效果还不错，除了搬管钳，拧动螺母几乎没有太大的阻力，也再也没有那种砸管线时战战兢兢的感觉，时间更是出乎意料地快，上次给3天都让我犹豫的活，现在有把握一天就干完，旁边的站长看到后也是满脸的赞许。

就这样，自己的第一项成果就做了出来，从那时起，在我心里创新不再是遥不可及，不再是那种纯粹高大上的影像，正如师傅说的，创新就是发现自己身边工作中的难题，然后想办法去解决它，身边的任何一件小事都可能是一个课题，任何一件小事也有可能是一个答案或引导，重在有心，贵在坚持。

75

追求梦想从创新开始

中原油田　许克新

我叫许克新，是一名普通的石油工人，从刚参加工作时的虚心学习到现在的技术骨干，我走过曲折的道路。起初，我对工作的热情高涨，成为同一批分配的同学中最早单独顶岗的人。然而，随着时间的推移，每天重复着起钻、下钻的工作，让我感到失落和无望，我开始用喝酒、打麻将来消磨时间，我感到这样的人生很没有意义。

1989年，我调到了桥口采油管理区工作。然而，我的消极态度依旧没有改变，得过且过的生活方式让我失去了进取心。直到有一天，我在站外吸烟时突然胃部不适，开始呕吐，最后被送进了医院。在病床上，我收到了三次病危通知书，这让我深深地反思自己过去的行为。看着陪伴在我身边的家人，感到无比内疚和自责，我决定要重新找回自己的梦想，努力成为一个有作为的人。

出院后，我决心从“打基础、练内功、强素质”入手，开始积极学习采油工专业知识，并参加了各种技能比赛。经过不到两年的时间，我自学了《油水井动态分析》《机械制图》等课程，掌握了计算机等方面的知识，并连续两次夺得厂采油工技术比武第一名。2011年，我以油田综合评审第一的成绩通过了采油技师考核，2014年又通过了采油工高级技师考核。这些成绩让我意识到，只有付出努力和汗水，才能实现自己的梦想。

逆袭的人生从来不会一帆风顺。2011年底的一天，我刚到站上，一个新分来的青工向我请教怎样给水套炉点火。我一边给他讲解操作步骤，一边习惯性地往点火棉上倒了点汽油，打火机一点，顺手就把点火钩伸到了炉膛内。突然，一声巨响，炉膛爆燃了！一股冲击波把我推倒在地，头发也被火燎出了一股子焦煳味儿，站在旁边的青工瞬间就被吓懵了。事后分析，我犯了一个严重错误，没有遵守水套炉点火的“三不点火”规定。

领导在大会上对我进行了批评，一些同事也开始发出了质疑的声音，我感觉特别丢人，很长一段时间都在自责。我暗暗发誓，从哪里摔倒就从哪里爬起来。于是，只要我上班就会抽时间围着水套炉转悠，思考解决问题的方法。有一天，站上施工连接油井流程，我看见地上有一节直径一寸的短管线和一根电焊条，顺手就拿了起来。这个时候，突然来了灵感，如果把点火钩制作成标准的限位装置，点火后，人站在侧面直接把点火钩推进炉膛内，不就能避免爆燃后伤人了吗？而且，只要把点火源拉进管内就能灭火。经过研究试验，我加工制作出了水套加热炉安全点火装置。初试牛刀，首战告捷，创新的萌芽在我内心破土而出，开枝散叶。

从此以后，我不再满足于仅仅解决眼前的问题，而是开始积极探索更多的创新方法，不断尝试新的技术和设备，以提高生产效率和安全性。这次经历，也让我明白了一个道理：只有敢于挑战自我，才能实现真正的成长。我相信，只要我们敢于追求自己的梦想，就一定能够克服任何困难，实现自己的目标。

追梦路上，既有成功的喜悦，也有失败的遗憾。我逐渐认识到，创新来源于生产，成果服务于生产。去年初，桥口油区桥3号计量站主要输油管线堵塞，我尝试了各种技术手段都无法疏通。最终，我发现了一处堵塞的位置，并成功解决了问题。我还发现，柱塞泵取加盘根是一项费时费力的工作，于是我就开始思考如何缩短取加盘根的时间。一天，我在路边摊吃面条的时候，看到滚动的面条机，灵感来了。我将面条机的齿轮传动原理与加盘根的动作联系起来，经过多次试验和改进，终于研制出了柱塞泵快速更换盘根装置，将更换盘根的时间缩短了一半，这项成果获得了油田技师协会唯一一个技能操作创新成果一等奖，并获得了国家实用新型专利授权。

成长是追梦的足迹，奋斗是筑梦的底色。2011年到2023年的12年间，我获得了32项国家专利授权，200余项各层级创新成果，《中原石油报》《河南工人日报》、中工网等多次报道我的事迹，我也拥有了革新能手、发明达人、草根发明家、创新点子王等多重身份，获得了油田劳模、油田工匠、集团公司技术能手、濮阳市大工匠、河南省中原大工匠、河南省五一劳动奖章、河南省十大师带徒标兵等荣誉称号。此外，许克新创新工作室也已成立，工作室成员共同解决生产难题，取得了显著成效。

在我的职业生涯中，我始终坚持追求技术进步和技术创新，希望通过自己的努力为公司的发展作出贡献。我相信，只有不断创新，才能保持公司的竞争力，实现持续发展。

我也希望我的经历能够激励更多的年轻人，让他们明白：只要有梦想、有决心、有毅力，就一定能够实现自己的目标。无论遇到什么困难，都不能放弃自己的梦想，因为只有坚持下去，才有实现梦想的希望。

76

专用变通用

胜利油田　李　彬

在采油厂方圆几十千米的区域内，分布着水井800余口，承担着6万方/日的注水任务，为地下油层补充能量起着至关重要的作用。2015年以来，随着信息化设备设施的普及，所有水井都已实现生产信息化数据采集、控制。其中，高压自控流量仪是水井水量调节的关键部件，在长时间工作之后，受注入水中悬浮物、油等杂质影响，阀芯往往会出现破裂、结垢、堵塞等现象，造成水井无法远程调控，影响注水效果。

设备安装前期，因为使用经验较少，维护保养不到位，导致很多水井中使用的高压自控仪阀芯出现了结垢、卡死等现象，导致无法实现水量调控，日常维护及清洗工作就依赖厂家完成，随着时间的推移，设备已经出保修期，厂家不再负责维修，这些工作量就转移至采油厂职工的身上，可是一没工具，二没经验，就造成了维修、清洗不及时，维修时间也无法保证，严重地影响了水井的运行时率。这两年随着外闯及职工退休人数的增加，在岗职工越来越少，该工作已经交由外部承包商完成，费用较高，大幅度增加了采油厂的成本支出。

2020年7月的一天，我在管区出发落实油井管线路由，在牛20-1计量间一墙之隔的配水间内，同办公室的武哥带着职工正在清理被卡住的自控仪，因为是高压设施，我也没见过拆解后的样子，出于好奇，打算去配水间看看，等了许久也没有将阀芯拔出，让我大失所望。进配水间之后整整等了一个多小时，看到工人站在1米多高的注水管线上，利用撞锤一下一下地进行撞击，7月的配水间将近45℃的高温环境，职工的汗水将工衣从头湿到脚。因为是高压设施，密封非常严密，拔坏了两套工具，最终也没有将阀芯拔出。

看到我们的职工操作如此费时费力，我也于心不忍，把武哥叫到一边了解一下情况，他一脸愁容地和我说："全区的自控仪有很多都不能调节了，我的职责就是注水管理，这种拔不出来的情况也时有发生，接下来我这注水管理可怎么管呢？"我就问："如果最终还是拔不出来，还有什么其他的办法吗？"武哥说："那就只能整体更换了，换一套材料费用八千元，施工费用四千元，总计一万两千元，管理区成本紧张，根本就解决不了几台，大多数也只能带病运行。"这几句话着实让我吃惊，这么一个小小的阀芯，竟然造成了这么大的困难，回到管理区后，我们两个人就一起向李经理反映了这个情况，他也非常重视，立马成立了攻关小组，由我来当组长，武哥、小宋等5人全力配合。

小组成员说干就干，立即组织了碰头会，确定了攻关的目标：普通工人1个人即可完成日常维修、清洗工作，且要大幅度地降低劳动强度；结构要简单，携带要轻便，不受空间制约，避免高压区登高操作的危险；减少操作的时间，提高注水井的运行时率，毕竟注好水才能采好油呀。

一开始，我们针对管理区现有自控仪的情况，大家你一言我一语，进行了激烈的讨论。针对一诺公司的阀芯，其中小宋干过作业，他提出可以利用作业过程中使用的"矛类"原理，伸入阀芯内孔。可是解决了阀芯固定的问题后，如何将其拔出呢？有说撞锤的，有说顶丝的，但都还是需要人力拔出，就在大家都陷入沉默的时候，我突然想起去年在中原油田学习时，我的同桌和我讲述了一种空心千斤顶，我立马打开手机进行查找，很快就找到了相关图片，大家一看，就是它了。

有负责测量的、有负责绘图的、有验证材料强度的、有协调加工的，大半个月后，成品终于做出来了。8月底，小组先后在河51-141、河51-117、河74-斜更10井等多口水井，进行了现场实验，效果特别明显，一个工人就可以轻松地将阀芯拔出，时间上也大幅度缩短，由原来的半个小时缩短到5分钟内，看着这样的效果，大家喜悦的心情溢于言表。

后来，在其他管理区试用的过程中，一名员工给我打来了电话，"这个工具挺好用的，可是很多型号不通用呀"。我在失落的同时，又抓紧时间进行了调研，原来我们管理区使用的基本上都是一诺公司的产品，而其他管理区还存在部分精益、金龙等品牌的产品。

每个品牌的产品阀芯形状、大小均不相同，这可怎么办才好，总不能让职工出去干活带着一堆工具去吧！小组再次集结，结合前期的现场调研，发现所有品牌的阀芯基本上有两种类型，只是大小不同；我们又进行了总结，我们只需要制作不同尺寸的卡牙，以配合通用的芯杆及壳体即可。经过精准的测量，改进了壳体的同时又加工了4套不同尺寸的卡牙，使用时，只需要根据不同品牌的产品更换不同的卡牙，保证了一套工具即可拔出全厂所有型号的阀芯，通用性强，又方便携带。

现场使用后，经过粗略计算，按照清理阀芯费用1300元/次，采油厂的800余口水井，每年约清理10%，每年可节约费用10余万元，这还不包括直接更换的费用（一台自控仪12000元/次）。过去，在取出阀芯的实际操作过程中，每组要配备3名工作人员配合，操作方式费时费力，更换阀芯操作需半小时左右。而该液压取出工具投入使用，可减少1名工人，每组可节约操作费用8万元/年。通过这次一个小小的创新，小组成员都有了自己的体会，也赢得了职工的认可，解决现场职工实际难题，且通用性好、适用性强的创新才是好创新。

77

创新路上的“勇哥”

西北油田　刘　勇

“咱们勇哥真厉害，不但是油田公司首席技师，获得过那么多项国家创新发明专利授权，还解决许多让我们头疼的现场难题，单单为企业创效就3000多万元呢，真了不起。”

“是呀，勇哥就是创新创效的勇士，解决问题的专家大夫。今年他研制的‘小蝴蝶、小钢炮、小棉袄’又在生产现场发挥大作用了。”

说实话，在内心非常感谢大家对我的认同，这些年凭着一份不服输的劲头和坚守，一路走来，创新、创效始终是我不变的动力。其实我并不是什么专家，也不是万能钥匙，只是西北油田的一名普通员工，解决现场问题、助力企业发展我责无旁贷。

“小蝴蝶”罐顶保安全

“这下真是方便多了，原先需要45分钟才能干完的活，现在5分钟就搞定，还是咱们刘首席厉害呀。”采油三厂油气处理部维护人员张天翼从3号大罐上下来后欣喜地说道。

那么，究竟是什么原因让他如此开心呢？说起来话长，这还是不久前的事。

大家都知道，油气处理部储油罐罐顶侧壁的泡沫发生器，在内部油气的影响下，玻璃片容易破损，易造成可燃气体和硫化氢挥发，存在较大的安全风险。另外，泡沫发生器玻璃片更换位置空间狭小，操作人员要佩戴正压式呼吸器站在罐顶外壁泡沫管线上作业，操作难度大、安全风险高。同时，现场问题给岗位员工带来了极大的心理负担，也成为我心里的一块大石头。

怎样对泡沫发生器进行改造，让更换玻璃片变得安全、方便、快捷，成为摆在我眼前的一道难题。我不但自己仔细琢磨，还带领技师团队人员一起攻关。大家针对问题谈想法、提建议，5个多月来，经过多次改进，尝试了插板等六七种方式，均达不到想要的效果，一时间大家都一筹莫展。

有一次，我看到一个设备盘根压盖上的蝴蝶螺栓，突发奇想，就将其与泡沫发生器联系了起来。

我将底板螺栓做成合页形式，与发生器本体固定连接，然后在密封槽放入“O形”垫圈和平板玻璃，再压上密封压盖，手拧蝶形螺母就能紧固，技改后的“泡沫发生器”试验获得一次性成功。据悉，改造后更换一个玻璃片由之前的45分钟缩短到了5分钟，效率提高了近10倍，也大大提升了安全性。就这样，我成功解决了一个“储油罐罐顶泡沫发生器改造”的难题。

目前，该技改项目已在三号联合站全面推广应用，将8个原油储罐的泡沫发生器全部更换形式结构，降低了劳动强度，保障了员工人身安全和生产安全，受到了大家的一致好评。

“小钢炮”靶向穿孔点

在油气生产过程中，设备经过长时间的使用，难免会出现油气腐蚀穿孔等问题。要是地面流程管线发生问题，通过焊接可以解决，但要是设备内部出现问题，往往要花费很大的人力、物力、财力，而且不一定能够解决，更重要的是还耽误生产。

2023年3月12日，联合站2号水套炉里面的盘管发生穿孔，打开封头，有200多根管子，你根本就看不出来是哪一根。针对问题，我在设备周围不知转了多少圈，经过仔细琢磨，就想到了压力容器试压的方法。通过液压的原理对设备进行检漏，这也是一种好办法，但是管子两头如何封堵，又是摆在了我面前的一道难题。带着问题，我找到了技师张向辉、梁田明进行研讨，寻找封堵良方。经过丝扣、粘胶等多个方案都被否定后，最后想到了用膨胀螺丝的原理解决问题。

方案制定好后，经过画图加工和多次改进，一个小钢炮式的技改成果“管道验封堵漏装置”和大家见面了。经过对2号水套炉进行检查，原来有两根管子发生内漏，通过封堵，成功解决了问题，技改项目试验喜获成功。

“这个管道堵漏装置太实用了，我经过计算，全厂每年可以创效200多万元呢！”8月28日，采油三厂采油管理一区于学红在8-4计转站利用“小钢炮”修好加热炉后开心地说。

“小棉袄”让管线不漏风

记得今年春天的一天，三号联合站5号储油罐出口弯头处发现有渗漏的痕迹，如果不及时处理就会影响生产经营工作的顺利运行。但是，该管线在罐区，动火电焊手续复杂，且施工作业难度较大。对此，如何才能在不动火、不停产的情况下解决这个问题，我又犯了难。

“用钢带打卡子，面积太小，只能是个应急，存在再次渗漏的风险。”“卡子在弯头处密封效果肯定不好，很可能不能解决问题”。我这个人是心里放不下事，发现问题就是我的一块心病，一定要想办法尽快解决。只要思想不滑坡，办法总比困难多。当我来到维修间，不经意间把一个小管子放到大管子里面的时候，这时候，我的主意有了，何不制作一个小棉袄将渗漏管线包裹起来，这个问题就能解决。

第二天，我把想法与几位技师进行研讨，大家都说这个办法好。随即我们就汇报领导、拟定方案、联系相关部门进行制作。复杂的工艺、严格的密封要求，在经过几次反复改进后，研制的“管道免焊接套袖堵漏装置”技改项目的管道“小棉袄”，穿在了这个弯头管线上，解决了现场的老大难问题。有创新就会有发展。后来，针对直管出现同样的问题，我们就采取同样“套袖”的方法，保障了全站管道安全。

世上无难事，只要肯登攀。在今后的工作中，我与我的小伙伴们会携手共进，以崭新的姿态，在创新创效的道路上披荆斩棘，奋勇向前，为油田高质量发展继续砥砺前行。

78

因“历险”而创新

胜利油田　张春来

我是1991年参加工作的，刚上班儿时就给自己定了一个目标：干事就要干出个样来，努力做一名新时代优秀的技术型岗位工人。可是理想与现实存在巨大差距，尤其刚参加工作时的一次危险经历让我刻骨铭心。

那次我的师傅带领我们去STS246抽油机井调平衡，师傅说，小张，你刚上班应当多学一点技能，上去练练调平衡。我答应了，凭着一种初生牛犊不怕虎的冲劲我二话没说就冲了上去，系好安全带后，我站在只有20厘米宽的抽油机曲柄上往下一看，两条腿颤了起来，我好后悔呀。开弓没有回头箭，我只能硬着头皮开始用榔头砸平衡块螺栓，榔头完全没有了准头，一下、两下……榔头砸滑了，人在惯性作用下被吊在了半空中，如果没有安全带人就会掉下去，后果将不堪设想。回到宿舍后，我躺在床上辗转反侧，久久不能入睡，脑海里反复在思考白天发生的一切……是技术不熟练，工具落后？还是……直到深夜十二点多我都没有合眼。一连几天我都像霜打的茄子一样没精打采。老师傅劝我，好好练习干得多了，自然就熟练了，都是这么过来的。可我在想的却是，为啥非要进行这么危险的操作，难道就没有更安全的法子来调平衡吗？我暗暗下定决心一定要研制一种快速、安全、劳动强度低的调平衡工具。

之后我白天在井上一边干活一边观察，处处留意干活过程有没有好的点子能受到启发，有时还向有经验的老师傅“取经”，晚上回到宿舍就翻阅相关资料，绘制图纸，但始终没有找到很好的“点子”，没有突破。我终日苦思冥想，两周下来我整个人瘦了一圈。有一天晚上我睡不着，脑子里一直在想白天的工作和各种解决问题的办法，突然想起白天更换皮带用顶丝调整电动机的画面，脑子里灵光一闪，对，就用这个“点子”。我立即穿好衣服，开始画图，一张、两张……直到第16张图纸画完，我才满意地点点头，一看表已经是凌晨2：40了！

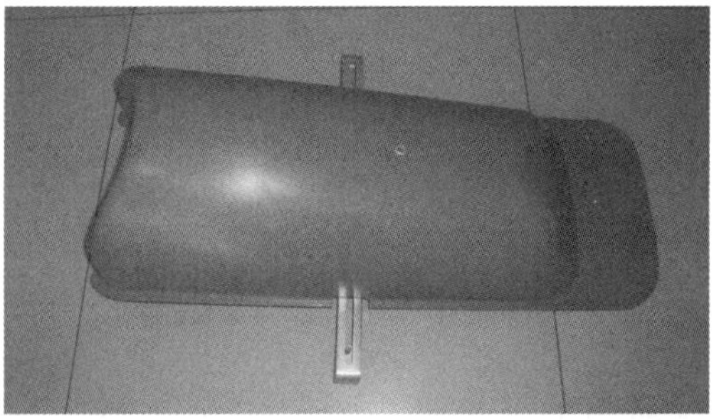

第二天一大早，我就自己掏钱联系加工厂家，经过三个多月反复修改，我创新的“棘轮式平衡块移动顶丝”终于完成了，我和好兄弟王柱宾、崔洪波满怀希望地到现场一试验，平衡块能调整了，但移动速度缓慢，依然非常费力，没有达到理想效果。我反复修改图纸、加工、试验，经过近三年的不断改进完善，终于研制成功了“移动平衡块液压装置”。该装置的使用使调平衡操作时间由之前的54.8分钟/井次，缩短为26.4分钟/井次，两名员工便可轻松操作，并进一步降低了劳动强度，确保了操作安全性，该成果获得了油田和山东省职工技术创新成果二等奖，并获国家专利授权，年创经济效益100多万元，已在油田三个采油厂推广应用。

该发明的研制成功，解决了生产难题，我内心愉悦的心情无法形容，就像打了一个大胜仗，我也从技术创新中找到自己的乐趣，从此开启了自己的创新之路。

2019年3月26日突降大雨，采油管理三区一条供电线路海北线停电，直接导致46口油井停产。什么原因呢？20多名员工从变电所到每台用电设备逐点排查，发现是97号杆上的一个鸟窝淋湿后造成短路，带来直接经济损失1.8万元。一个小小的鸟窝却带来了如此大的损失，教训是深刻的。在整个油井供电线路系统中线杆只是其中的一个小环节，而线杆上的鸟窝更是容易被直接忽视的小节点、小问题、小隐患，而就是这样一个不起眼的小点造成了一条线路的瘫痪。因此，小节点不关注，肯定会影响大系统；小问题不解决，肯定要酿成大问题；小隐患不消除，肯定会造成大事故。

于是，我与水电讯大队成员一起成立了攻关小组，认真剖析鸟窝形成的原因、存在的问题，以及目前治理措施等，对鸟窝形成的问题进行技术攻关。经过近半年的技术攻关，我研制成功了“橙色圆弧形阻鸟器”，能够有效地阻止鸟类在线杆上筑巢，该发明获得了国家专利授权，已在采油厂推广应用500多套，目前仍是有效的防鸟筑巢利器。

创新无小事，创新之路也永无止境，我要把对油田、对企业的强烈责任感融入技术创新中，让自己今后的发明创造伴随时代的脚步不断升级。

79

技术创新推动产业升级

胜利油田　张春来

我以技术创新为乐，视其为工作之魂魄，享受其中的乐趣与挑战，不断升华自我，在平凡岗位上绽放出光彩。从一名普通的技校生成长为油田技能大师，这一路走来，我始终秉承“匠心无悔”的信念，在一线岗位上刻苦钻研，将“苦干实干，三老四严”的石油精神、外化于行内化于心。

我所在的注采304站，其历史可追溯至1966年2月，当时大庆油田中四队的28位勇士带着三面荣誉锦旗在胜利油田建立了采油四队。自那时起，历代石油人秉承“三老四严”的精神，在艰难困苦中顽强拼搏，他们住在简陋的干打垒里，饮用咸涩的盐碱水，以菜团子充饥，却能以一当十，用辛勤与智慧在这片广袤荒芜的土地上铸就了一座巍峨的石油之城。深受这种精神熏陶的我，如同坚韧的采油树扎根一线，将石油精神内化为动力，由一名普通的技校生成长为采油专业的翘楚，始终坚信爱岗敬业并非空洞口号，而是要从工作中找寻乐趣、享受工作，并视工作为实现个人价值的事业，体现为一种执着的态度、一份沉甸甸的责任以及坚守岗位的毅力。

自1991年投身工作岗位以来，我便下定决心，要做一名新时代优秀且技术精湛的岗位工人。然而，理想与现实之间的鸿沟往往深邃而崎岖，尤其是一次初入职场时的惊险经历让我记忆犹新。那日，师傅曲学信带我去STS246抽油机井调整平衡，鼓励我亲自实践操作。面对挑战，我不惧危险，勇敢地系好安全带上阵。当我站在仅20厘米宽的曲柄上，恐惧瞬间席卷而来，但箭已在弦上，只能硬着头皮用榔头砸击平衡块螺栓。不幸的是，榔头滑脱，我在惯性作用下悬吊半空，若非安全带的保护，后果不堪设想。当天夜晚，我在床上辗转反侧，反复思索白天的遭遇，不断问自己：是技术不熟练？工具落后？还是有更安全高效的调平衡方法？

这次经历激发了我对技术创新的决心，我决定研发一种快速、安全且劳动强度低的调平衡工具。于是，我开始全天候投入研究：白天在井上劳作时仔细观察，向经验丰富的师傅请教；晚上则查阅资料、绘制图纸。两周过去，虽未找到理想的解决方案，但我并未气馁，反而更加坚定了信念。在一个难眠之夜，回想起更换皮带时顶丝调整电动机的场景，灵感乍现。我立刻起身绘图，直至凌晨两点半完成第16张图纸，设计方案逐渐成形。

随后，我自费联系加工厂家，历经三个多月的制造过程，终于完成了“棘轮式平衡块移动顶丝”的初步模型。首次试验尽管实现了平衡块的调节，但效果并不理想，移动速度缓慢且耗费大量体力。面对挫折，我没有放弃，继续修改设计、加工样品、反复试验，经过近三年不懈努力，成功研制出了“移动平衡块液压装置”。这项创新成果极大地提高了工作效率，将调平衡时间从54.8分钟/井次缩短至26.4分钟，不仅降低了员工劳动强度，还确保了作业安全性。这一革新成果荣获油田和山东省职工技术创新二等奖，并获得国家专利授权，每年创造经济效益逾百万元，且已广泛应用于油田三个采油厂。

通过这次实质性的技术创新，我深刻理解到：任何革新都应目标明确，紧密围绕实际生产需求展开，只有这样，才能真正推动企业发展，拥有广泛的推广价值。

创新的进程永无终点，每一场突破都如同一次重大的胜利，让人内心充盈着无法言表的喜悦。在经历了无数次探索与失败的洗礼后，我成功研发出一项解决生产难题的技术革新成果，这不仅给我带来了成就感，更让我从技术创新中找到了乐趣，并以此为契机，正式踏上了自己的创新之路。

2019年3月26日一场突如其来的大雨让采油管理三区的一条重要供电线路——海北线中断，直接导致46口油井被迫停产。面对困境，20多名员工从变电所开始，逐点排查至每一台用电设备，最终发现是97号杆上的一个鸟窝因雨水淋湿引发了短路事故，这场意外造成的直接经济损失高达1.8万元。这次教训生动且深刻地揭示了一个道理：在整个复杂的油井供电线路系统中，线杆虽只是微小的一环，而其上看似无关紧要的鸟窝问题却能轻易造成整个线路系统的瘫痪。因此，忽视任何小节点、小问题、小隐患，都有可能对大系统产生严重影响；不及时解决小问题，必将恶化成大问题；不根除小隐患，就必然酿成大事故。

鉴于此，我和水电讯大队的同人组建了攻关小组，共同深入研究鸟窝形成的原因、存在的问题以及现行治理措施，针对鸟窝问题展开了专项技术攻关。经过近半年的努力和钻研，我们成功研制出了“橙色圆弧形阻鸟器”，这款装置能够有效防止鸟类在线杆上筑巢，并申报了国家专利。目前，该产品已推广应用超过500套，仍然是防范鸟巢影响电力设施安全的有效工具。

在我的创新工作室里，注采班站的员工群策群力，围绕油田生产的诸多“技术瓶颈”展开研讨，我们定期举办“征集难题，揭榜攻关”的活动，每月至少进行一次技术创新专题研讨，使之成为日常工作中的常态化环节。我在技术创新领域的辛勤付出收获了显著的成绩，然而，我从未满足于现状，因为我深知，“创新之路永无止境，只有把对油田、对企业强烈责任感融入技术创新中，发明创造才会伴随时代的脚步不断升级”。我也始终坚持不懈地追求技术创新，以期为企业带来更多的价值与进步。

80

争当攻坚啃硬的“排头兵”

河南油田　赵云春

渭北油田隶属于河南油田，位于陕西省铜川市三县一区的交界处，各生产井台分布在崇山峻岭之间，目前共有54个生产井台，345口油水井。执行采注–集输（15个井台需要罐车转运）–温油脱水–销售–采出水回注的闭环式运行模式，其中任何一个环节出现问题，都会影响渭北油田的整体运行。作为一名采油工技师的重点工作就是排除故障解决难题，组织上将注采设备、工艺流程等多方面的疑难杂症安排给我，我迎难而上，不等不靠，用创新的思路去解决难题，近5年，解决设备疑难问题58个，处理生产难题104件。有效降低了设备、工艺流程的故障率，保障了渭北油田的生产平稳运行，圆满完成了作为高技能人才应尽的职责。

我从事采油工作30年来，爱岗敬业，争当攻坚啃硬的“排头兵”。总结出注采设备、集输系统故障快速判断处理25项绝招儿和小窍门:针对渭北油田温油脱水效率低、周期长这一难题，设计出“从支干线引管线至压油管线、设计安装套管气回收装置”，应用后缩短了温油脱水周期、杜绝了VOCs排放，年创效28.5万元；针对渭北油田生产现场的运行模式，提出三模块安装抽油机的方法，推广应用26口井，共计节约16万元安装费；针对井台装油鹤管故障率高，原油转运周期长、严重影响油井的生产时率等难题，提出“鹤管装油系统的改造与应用”彻底解决以上难题，年创效21.5万元；编制完成“LNG站运营管理体系”，应用后，单个LNG撬装站年节约运营费用28万元；累计排除各种安全隐患35起。其中解决游梁式平衡抽油机过平衡这项生产难题

对我来说印象深刻。

2020年3月29日一大早，WT27井台值守人员牛志军心急如焚地来到我的办公室："师傅，WB2-27-6井生产很不正常，抽油机频繁跳停，我尝试了很多办法都无法解决，请师傅帮我想想办法。""志军，别急，我们一起到现场看看。"我立即停下手中的工作，跟牛志军一起到WT27井台，对该抽油机的运行情况进行了"全身"的体检，我们先确认电路保护系统没有问题，再检查抽油机各润滑旋转部分没有异常，又确定井下不存在卡泵现象，最终诊断发现该抽油机严重过平衡，平衡率高达200%。

渭北油田生产现场使用的抽油机，40%以上属于游梁式平衡抽油机，由于泵挂深度500~700米，井底负荷为1~3吨，导致全部5型抽油机和部分的3型抽油机不同程度地存在过平衡现象。现场调整平衡率的方法是移动平衡块的位置，或取出平衡箱内的平衡块。虽然平衡块调整到极限位置，平衡箱内的平衡块也已经全部取出，但仍然存在严重的过平衡现象。WB2-27-6由于平衡率达到200%，开抽近一年内造成两次减速箱轴承散架，一次曲柄销子拉断，直接经济损失10万元以上。牛志军作为我的徒弟负责WT27井台以来，对该井进行了多次整改，都没能解决这一难题。

这次牛志军找到我，我们一起查资料、请教机械设计方面的专家、理论推演、现场模拟，共同制订了整改方案。该方案分三个步骤：调整平衡臂的角度、去除平衡箱内填充物、加装适量平衡块。在保证抽油机整体强度的情况下，改变平衡臂销子的直径，从而使平衡臂与游梁的夹角变小，根据力的分解，减小垂直方向的力，抽油机在上、下冲程的过程中，电动机的电流峰值差变小；取出平衡箱内的填充物后，进一步减小电动机电流峰值差；填加适量平衡块后最终实现电动机电流峰值接近或相等，实现精确调整抽油机平衡率。

首先对WB2-27-6井进行调整平衡臂的角度，即预制较小直径的平衡臂销子，把原先较大直径的销子换掉，平衡臂的角度随之变小，整机平衡率就会变小。开抽后，整机的平衡率还没有达到要求，再把平衡箱割开，把里面的填充物去掉，再把平衡箱焊好。开抽后，整机平衡率还是没达到要求，就在平衡箱的左右两边加装适当的平衡块，直到整机的平衡率达到合格。通过一系列工作，WB2-27-6井抽油机平衡率达到97%，彻底解决了这个老大难问题。2020年3月起在渭北油田推广使用，截至目前共治理15口井，平均平衡率达到96%。

“志军，咱们技师解决难题要举一反三，要把这次解决难题的经验好好总结一下，推广应用，把渭北油田其他过平衡井的难题一并解决了”。

“师傅，通过这次解决WB2-27-6难题，让我懂得了作为一名技师，解决现场生产难题是我们义不容辞的责任，我也要像您一样争当攻坚啃硬的‘排头兵’，勇于岗位担当。”

自参加工作以来，我立足岗位，在创新创效中当先锋，在攻坚啃硬中当“排头兵”。完成创新成果98项，获国家专利授权17项；省部级创新成果奖11项、质量管理成果奖10项；局级优秀技术创新项目和合理化建议奖23项；厂级技术创新成果奖24项，6项先进操作法。“流程起升装置”等18项成果在局、厂推广应用。累计创效650万元。依托“孙爱军劳模创新工作室”“采油一厂创新协会”为平台，做好技术传帮带，认真完成各项培训任务。带徒25人，8人取得采油工技师、高级技师资格；3人在中石化技能竞赛中获奖，1人获中石化技术能手、2人获油田技术能手。

今后，我将和我带的徒弟们瞄准基层员工关心关注的难题，围绕工作中的难点、关键问题持续开展技术创新，攻坚啃硬，同时，我要大胆创新工作方法，多做一些小改小革，把困难解决在生产一线，为渭北油田的高质量发展贡献自己的力量。

81

抵达梦想之路

胜利油田　怀　文

1993年，技校毕业后，在父辈的影响和鼓励下，我来到现河采油厂草桥油田，成为一名采油工，一干就是30年。要干就要干好，即使再偏远的采油队，也要干出个样子来。

一次偶然的机会让我有幸听到东辛采油厂代师傅关于创新革新的授课，给了我极大的触动并留下深刻印象，他娓娓道来，从鲁班通过一棵小草发明了锯弓，到为什么鲁班能够成功，因为他有强烈的好奇心和正确的想法，很注意对生活中一些微小事件的观察、思考和钻研，从中找到解决问题的方法和思路，甚至获得某些创造性发明。这告诉我们一个道理，留意生活中不起眼的小事，勤于思考，会增长许多智慧。我们在工作中要发现问题难题，解决问题难题的同时就完成了创新。

同时，随着工作生活环境的改变，我的转变与创造力也在发生觉醒、生根发芽。工作之初我在采油队维修班，班里有各式各样的维修工具和设备：电气焊、拖拉机、油井测试等，自己还仅仅是个“小白”，平时工作中也只是给老师傅递递工具、打打下手。但我并不甘于此，每天工作结束之后，自己总会向老师傅请教些不懂的问题，晚上自学采油工程与技术相关的知识。不久后，一台链条式抽油机因油太稠、光杆缓下，上链轮被毛辫绳缠绕使上链轮与轴发生故障外移50毫米，需要使用的吊车配合才能更换维修，这时张队长向我们提出了一个难题：你们想想办法，看看能不能让上链轮复位，这样的话就不用换上链轮了。

几个老师傅有说用榔头敲的，有说用撬杠撬的，经过几个老师傅半天的敲敲打打，最后还是因空间受限有力气使不上没有成功。这时，我突发奇想，因为在维修班经常调整油井参数，用拔轮器调整电机皮带轮，上链轮的形状和皮带轮一样，是不是可以用这样的方式解决。于是自告奋勇提出：拔轮器可以把轮子拔出来，反着用是不是可以把轮子挤进去。

张队长听后，十分欣赏地笑着说："小伙子的想法不错，可以试试，但是目前的拔轮器尺寸也不合适，你咋办？"我说："回去到维修班做一个简易的试试"，张队长欣然应允。

于是，我马上爬到抽油机上量尺寸，回班里动手完成了简易的上链轮复位工具。上链轮复位工具由两块钢板和两段抽油杆连接在一起，钢板中间打孔，再用抽油机底脚螺丝作为动力顶丝。虽胸有成竹，但当来到现场要进行试验时，我还是有几分忐忑，感受到每过去一秒对当时的我来说都是如坐针毡，螺丝帽一扣一扣地旋转，上链轮也开始一点一点复位。成功了！抽油机欢快地转动起来，大家一起分享这成功的快乐。

这时候张队长笑着说："小伙子好好干。"原来自己也可以做创新——那是我的第一件创新工具。虽然那时候还是不知道何谓真正意义上的创新，但一颗种子已深深扎根在我心里，并让我全身心投入，更加刻苦学习钻研。

1996年初，我被调入维修班任班站长，负责全队的设备、油水井管网，负责新工艺新设备并在现场进行试验。工房里一个并不宽敞的房间成了我最初的工作室，角落里堆满了各种废旧设备零件。空闲的时候，我总是鼓捣着我的"宝贝"，近乎痴迷。正是这些不值钱的零件和那间不起眼的工作室，为我验证灵感提供了条件，不服输的我走上了不断突破自我之路。记得那年的夏天雨水特别多，一口油井减速箱发生了故障，输入轴串轴无法使用。经设备管理人员检查后，认为减速箱损坏严重，现场无法修理只能更换减速箱。换减速箱不但价格昂贵，耗时还长，关键是雨季吊车等大型车辆无法进入现场。要等到井场能进入至少半个月。每耽搁一天，单位就要遭受很大的经济损失。

"让我试试看！"我主动揽过了这个活儿。我带领维修人员现场用倒链拆开了减速箱，用上我从旧减速箱设备拆下的零件，排除了故障。改"换"为"修"，直接为单位节省成本10多万元。奉献自我成就集体，诱惑面前本色不褪，去过我工作室的同事朋友都知道，工作室堆满了设备零件、电机等各种试验器材，我经常把自己的积蓄拿出来加工创新工具。一个小小的零件，从整圆环改成分半圆环设计，就让油井增加产油量，降低职工工作量和劳动强度。这个小零件就是盘根盒压盖，盘根盒压盖从整圆环改成分半圆环设计不就解决问题了吗？

草桥地区所管辖的500多口油井，很多都运行了20年，稠油油井需要反复转周期注高压蒸汽才能采出油。我在监督油井维修作业时发现，套在光杆上的盘根盒压盖很碍事，每次修井作业时都很费劲地将盘根盒压盖从长长的光杆上取下来，仅取这个零件就要1小时，费时费力。于是就有了发明一个分半圆环盘根盒压盖即可解决问题的想法。很快就设计出两个分半圆环扣起来的盘根盒压盖，用螺栓加以固定。创新后的盘根盒压盖即使有损坏，一名普通员工就能更换，取盖时间缩短到10分钟，费用也从2000元减少到150元。改进这个设计的是在草桥油田采油34队，新型盘根盒压盖已在草桥油田推广使用13年。

2013年，由我领军的“青工创新工作室”成立，我们解决一线急需，关乎员工安全的问题，是我们永不妥协的责任。近几年，我解决一线生产疑难问题20多项，技术转化革新成果5项，获得国家发明专利授权2项、实用新型专利授权6项。为了建设美丽油田助力，是我们石油人不懈的责任。

在技术革新的路上，我要做的还有很多，唯有坚持一份初心，脚步不停，志在远方，我相信凭着精于工、匠于心、品于行的努力奔跑，我一定可以实现我的梦想。

82

现场那些事

河南油田　刘桂军

在二十多年的采油一线工作中，我遇到过各种各样的疑难问题，也解决了各种各样的疑难问题，虽然具体方法有很多种，但总体来说，思维创新和技术创新，是最有效的途径。这些年，我把现场视为创新阵地，专注并捕捉日常工作中细微的缺陷，积累和思考创新灵感，巧妙运用不同领域的知识点，用小工具解决了不少的大问题，得到领导和同事们的赞誉。

盘根切口机

刚到采油前线时，抽油机光杆密封盘根没有切口，一般先要用锯弓把盘根切割为45℃角切口再使用。在生产实践中，我发现原手工锯割油井光杆密封盘根不但费时、费力、锯割质量差，而且不安全。能不能设计一种工具来代替手工锯割呢？为了找到合适的用具，我几乎跑遍了附近所有的工具店，向店老板了解每一种工具的工作原理和用途。一次，在回家的路上，一阵刺耳的磁砖切割机声使我灵光一现，如果用切割机切割盘根效果肯定非常好。我有种预感，我的这种想法离肯定能行。回到家，我迫不及待把脑子里的灵感绘制成图纸，生怕忘记每一个细节。我在脑子里一遍遍过滤细节，一遍遍修改方案。磁砖切割机的刀片是针对硬质材料，且锯齿比较大，对软质的盘根肯定不适合，怎么改进？我找来用过的切割刀片，自己在砂轮机上磨制刀片，把锯齿改小、加密。切割机底座用什么材料，切口怎么设置？对比了几种材料后，底座

还是选用了木质材料，将两块木板叠放在一起，上面的那块木板沿边缘设置盘根槽，切割机与盘根槽呈45℃安装……经过数次的试验，终于研制成了“盘根切口机”，投入生产运行后，工作效率达到了翻倍的效果。

钢丝球除垢

油井光杆结垢是个大问题，结垢井光杆表面被一层厚厚的垢包裹着，表面凹凸不平，井口漏失严重，新加盘根使用不到一天就已磨坏，部分油井由于漏失甚至喷出0.5米以上高的液柱。资料无法录取，井口操作难以进行，不但增加了环保工作难度和治理成本，而且影响着当班工人的日常油井管理，增加了工作量。我带领班站同事一起攻关，分析油井结垢的特点，寻找结垢的规律，先后使用了锉刀、砂纸除垢，又研制了“光杆除垢器”除垢，但效果不理想，后来发现垢在光杆上沉积是一个累积过程，除垢过程也应该是一个持续不断的过程。什么材料能达到这个要求呢？

正当我一筹莫展的时候，同事的一句话点开了我的思路，“昨天用钢丝球把家里的锅蹭了一遍，刮下了几十年的油泥”，能不能用钢丝球作为持续除垢材料？我立即买了一包，找到结垢最严重的楼7602井试验，我先把光杆上结的垢除掉，然后把钢丝球加到盘根盒内，并更换了新盘根。

一天，盘根正常无漏失；两天，盘根正常无漏失；三天，盘根正常无漏失；五天，盘根正常无漏失；十天，盘根正常无漏失……三十天，盘根正常无漏失；六十天，盘根正常无漏失；看着光杆上光亮如初，一股喜悦由心头升起。小小的“钢丝球除垢法”，不但操作简单、成本低，而且效果显著，班站同事用了之后，都竖起了大拇指。

节能控制柜

随着油田进入开发后期，原油黏度增大，地层出砂严重，使抽油机承受的负荷极不均衡，电机电流波动幅度很大，在系统效率测试中，发现油井启动电流较高，一般都在30A以上，接近额定电流，而生产时又会降到30A以下，功率因数仅在0.08~0.3之间，属于严重的“大马拉小车”的状况。

看着测试数据，我暗暗着急，要知道这不但消耗大量的电能，而且对电网也会造成很大的冲击。我和电工技师张林山说起这些情况，我们一拍即合，萌生了一个研制节能控制柜的想法。我们成立了课题小组，利用业余时间进行攻关研究。要实现节能效果，必须实现电流随工况变化而改变，如何在启动或工况负荷较大时采用大电流，而在生产时采用小电流呢?

电工技师张林山说："电机的不同接法输出电流不同，星形接法，线电流等于相电流，线电压等于$\sqrt{3}$相电压；三角形接法的电动机，其线电流等于$\sqrt{3}$相电流，线电压等于相电压；可以根据这个设置两条线路，一条星形接法，一条三角形接法，根据工况使用不同的接线回路。"

"加一个电流检测设备和回路，当达到设定的电流值时进行切换"，我补充道："对，再加上一个自动断电功能，当负荷超过额定电流时，电机保护器自动切断电源报警，保护电机。"

"还要实现手动和自动两种功能。"

……

班站的同事们也你一言我一语，帮助我们出谋划策。很快，节能控制柜的雏形有了眉目。经过反复设计、修改、完善，历时4个月，我们终于研制出了抽油机星三角智能转换节能控制柜。

它将传统电动机三角形单一接法运行升级为星三角智能转换运行，功率因数由0.16提高到0.92，电机的有功、无功功率都得到了降低。改变了抽油机电机的"大马拉小车"现象，达到了节能的目的。而且它的操作非常简便，自动化程度高，在后续的生产应用中，节能创效130.568万元。

创新的过程是辛苦的，但每一次辛苦过后，更多的是收获、快乐和喜悦，同时，我也深深体会到，创新是一种责任，一种工作态度，在今后的日子里，我将一如既往地求索，为河南油田发展作出应有的贡献。

83

创新的火花

胜利油田　孙建勇

我所管理的油区，地处东营市与滨州市的交界处，方圆三十千米之内，零散分布着500多口油水井。三十年来，这片土地成为我生命里不可分割的一部分，见证着我从一名默默无闻的采油工成长为一名油田技能大师的艰难历程。

每当我在这片土地上劳作，静静地注视着运转的抽油机，我总会想起，初次踏入石油行业时，内心深处跃动着那么多对未来的憧憬和追求。后来，随着工作阅历的丰富，我逐渐明白，作为新时代石油工人，一味地辛勤付出，没有探索精神，终归无法取得大的突破。于是，我从最初只会使蛮劲，渐渐过渡到巧思制胜，用创新的思维和理念去应对和解决工作难题。

毫不夸张地说，在创新之路上，我就像一个夜行者，哪怕是一个萤火虫般的小火花，我也会紧紧抓着，绝不松手。

记得三年前，我陪着厂家维修加药机，到现场后，厂家的负责人领着我来到需要维修的加药机前，详细说明了机器当下存在的问题。随即，他不经意地说了一句话："一台加药机要两万元，既耗电，维修成本又高，每台抽油机都配备一台加药机的话，一年得需要多少钱啊？"说者无心，听者有意，看着眼前的加药机，我心中琢磨着，如何找到一个既适合现场应用，又能节约成本的解决办法。

回到单位后，整整一个月，我围绕着这个问题苦思冥想，始终没有进展。那段时间，我就像着了魔，妻子总被我神经兮兮的状态惊吓到。有时吃着饭，我以筷子作画笔在桌上划拉，弄得饭桌上一道道的油印。有时半夜醒了，我会立刻起床，把梦里的灵感画下来，生怕这点来之不易的火花倏忽间飞走。有时说着话，我不由自主地走神，叫我的名字我也听不见。

我一筹莫展，工作愈加繁忙，每日奔波于单位和家之间的两点一线，无法全身心投入加药机的革新中，感觉自己仿佛走进了死胡同。尽管如此，我还是咬牙坚持着，只要稍有空闲，我还是挖空心思地想啊想，画啊画，做梦都是加药机的工作场景。

可能是苍天不负苦心人吧，有一天，创新的灵感突然之间翩然而至。那天，我像往常一样赶往现场，一个工人从车上拿下一台小型抽水泵，抽着井场上的积水，我心里一动："如果这积水就像是药筒里的药，排水渠不就是我们的井口吗，能不能搞一个像小型抽水泵一样的加药机呢？"灵光一闪而过，很快，现场的忙碌便把我拉回现实。

入夜，我迷迷糊糊地躺在床上，半梦半醒之际，纷乱的思绪还在和白天闪现的灵感纠缠，一些个想法在脑子里转来转去，蓦地，仿佛某根短路的电线又被接上了，一个新的火花冒出来："为什么不制作一款能动起来的便携式加药机呢？"

我掀开被子，光着脚冲到书桌前，提笔将脑中的构想描绘在白纸上，妻子想给我披棉袄，被我轻轻推了出去。不知画了多久，妻子早已安眠，我瞥见东方升起的晨曦，惊觉自己又是彻夜未眠，书桌上散乱着成堆的纸团和一张规规整整的机械草图。

经过反复实验，我成功研发出了"三轮车载式自动加药装置"。该装置采用机电一体化结构形式，加药装置由加药箱、柱塞泵、自动控制装置组成，实现了就地控制、手动和自动相互转换加药，既解决了加药机设备价格高，又解决了人工加药费时费力和套气外排的问题，得到了领导和同事的一致好评。

千里之行，始于足下。多年来，我和"建勇创新工作室"的团队成员们一起，从生产出发，从一线出发，把科研攻关的目光瞄准真正困扰基层生产的"难点、痛点、堵点"问题，先后完成了液压式光杆密封器、液压式卸载工具、间歇出油润滑装置、多功能罐通堵装置等五十多项革新项目，获得局级以上奖励三十五项，获得国家专利授权42项。在团队的带动下，广大干部职工积极投身到创新创效工作中，小发明小创造不断涌现，一朵朵创新的火花，绽放在百里油区，汇聚成耀眼的光芒。

84

“消失”的苯和溶剂油

胜利油田　孙晓燕

2021年的一个冬日，凌晨5点，我聚精会神地盯着化验仪器，熟练地记录下含水数值，汇报化验结果……，这已经是今晚的第12次化验工作了。

我是东辛采油厂油气集输管理中心辛一联合站的一名化验工。昨晚10点，正在值夜班的我接到中控室紧急指令：“1#三相分离器原油出口含水超标报警，请加密取样化验。”在联合站，原油含水指标至关重要，一旦波动就会影响原油产品的品质。为了更加精准了解来液油水分离情况，分析原油含水波动原因，加密取样化验是一个重要手段。

我立刻进入工作状态，取样、称重、加注溶剂油、蒸馏……，我一丝不苟地操作着，任何一个环节出现误差都会影响最终分析结果。

“已经做了针对性处理，请继续取样加密化验。”

“收到。”我做了一个伸展动作，缓解一下肩颈的酸痛，立刻又一次投入紧张的化验工作之中。时间在繁忙的工作中缓缓流逝，从夜晚深沉的黑到黎明浅浅的白，终于结束了最后一次加密化验。我摘下防毒面罩和手套，坐在值班室，眉头紧锁。原油试样在加注溶剂油过程中，常采用量筒或量杯量取后，再将溶剂油倒入烧瓶混合摇匀，反复操作不仅费时，还容易在读数环节产生误差，影响加注准确率，加注过程中产生的苯挥发，对操作人员职业健康会造成一定威胁。怎么样才能改变这一现状呢?

我翻开工作记录本，开始画思维导图，化验的各环节、其中的困难、可能存在的风险，我都一一进行了标注。思维导图画完后，我发到了我们的创新小组微信群。

“师傅，这才五点半，这是什么灵光乍现啊！要不是孩子起来上厕所，我都看不见这条消息。”徒弟俞景欣在群里发了一个睡眼惺忪的表情。

“不好意思，忘了时间了。今天大伙儿抽出点儿空，在微信群里开个视频会吧，有个创新的想法碰撞一下。”我发了条“头脑风暴”邀约，附加一个早安红包表示歉意。

视频会上，大家伙情绪高涨，兴趣盎然。我简单介绍了一下昨晚的情况，引导大家集思广益。

“从思维导图上来看，整个取样化验流程，我们需要立项攻关的难点就是一个——减少量取次数。”

“师傅，您不是总说，大问题都是可分解的，化整为零、各个击破不就好啦。”

“那我们就把它拆开成两个问题，一是量取次数多造成的误差问题，二是量取过程中苯挥发造成的职业危害问题。”小组成员们开始你一言我一语发表见解，群里顿时热闹起来。

“全过程密闭，消灭苯挥发；一键启动，定量自动加注，解决多次取样的问题。”我们确立了破题思路，顺着思路，开始徒手画起草图。这张草图外人看不懂，全过程参与研究的小组成员却一目了然，“溶剂油自动加注装置”的雏形就在这次视频会上诞生了。

大家开始兴奋地探讨新装置的可操作性，我却心事重重，毕竟“密闭”和“自动”的设想目前还只是纸上谈兵，要想落到实处一定会面临很多不可预知的困难。

下班路上，我边开车边思考，看着油表显示车缺油了，于是来到加油站加油。看着加油机上不断跳动的数字，听见加油枪在油箱加满油后“咔哒”一声自动关闭的声音，我不由得灵机一动：能不能借鉴加油枪加油的原理，制作金属存储容器，确保溶剂油密闭存储；利用加油机触摸操控，设置自动控制系统，实现一次精准加注。

想到这里，我立刻下车，站在加油枪边上开始研究起来。直到后面排队加油的司机开始按喇叭催促，才意识到后面堵了三辆车，我连声道歉，依依不舍地钻回车里，兴奋地驱车赶到管理中心。

密闭储存方式有了，自动控制精准加注的思路有了，如何实现无接触、密闭快速完成自动加注呢？我们小组成员又一次聚集到了一起，展开了激烈讨论。讨论过程中，小组成员张雪立准备用自动烧水壶给大家烧水。无意间，我看到烧水壶出水管自动转到固定位置后自动进行加水，在加到一定水位后，出水管自动停止上水并将管头自动旋转方向。

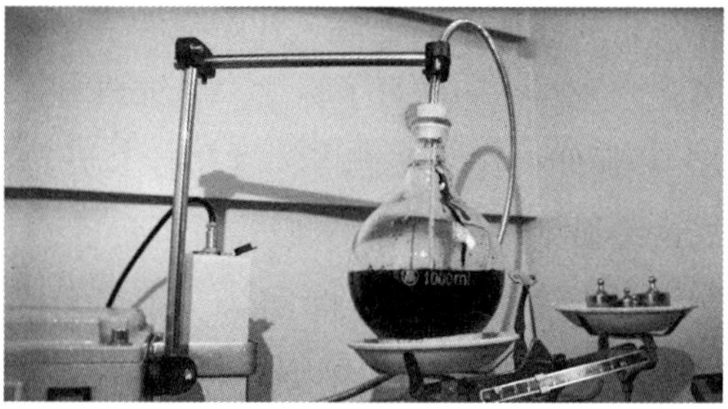

“这个无接触上水、定量投加的功能，咱也可以用啊。”一石激起千层浪，我和小组成员开始对水壶下起了“狠”手，不一会儿把它拆了个七零八落。拆开后，自动上水壶内部结构展现在我们的眼前，主要是依靠电子芯片调控水泵，实现智能化自动上水。踏破铁鞋无觅处，得来全不费功夫！这不就是我们“溶剂油自动加注装置”所需要的嘛。

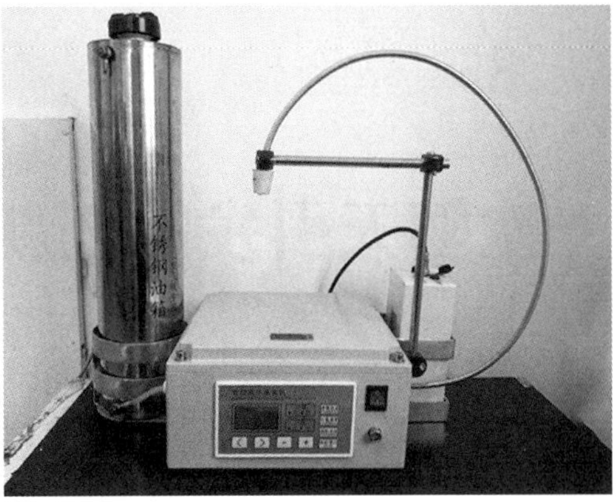

我们制作了一个简易的自动控制取汽油的装置工具，为进一步验证可行性，我们又组织多个化验操作员，在资料化验站进行了现场试验，通过试验数据对比，平均用时小于1分钟，误差0.1毫升，均能1次完成操作。接下来，又进一步优化了装置的操作面板，减小了装置体积，提升了装置操作性能。

就这样，溶剂油自动加注装置正式投入现场。我在辛一联合站化验室，将操作方法对当班职工进行讲解，同事们一边看着我操作一边感叹：“这个装置替代了量杯，按几个按键，就能完成自动加注，而且全程密闭，危害我们健康的“苯”和“溶剂油”终于消失了，真是咱化验室的‘宝贝’啊。”

2021年管理中心将此装置列为年度重点创新项目，2022年获得国家实用新型专利授权。

85

一次聊天引发的创新

胜利油田　苗一青

我的工作岗位在管理区生产指挥中心，通过PCS平台实时分析生产数据，下达处理指令。

2019年的一个清晨，我正在监控数据，突然发现一口游梁式抽油机井的示功图出现了缺失。示功图是由安装在抽油机驴头上的角位移传感器和载荷仪传感器协同采集而成，主要作用是反映油井井筒中泵的工作状况。经过对SACAD系统进行查询，我发现是角位移传感器离线导致的，于是立即通知了设备运维人员进行了处理。

下班的路上，碰到了管理区四化负责人陈玉平，我俩一边走一边聊天。

“老陈，角位移传感器处理完了？怎么个情况？

“电池出了点问题。”陈玉平说。

“啊，我看你们处理了一个小时啊，换一块电池这么久？”

“唉，别提了。”陈玉平打开了话匣子。

原来，油田进入信息化时期，现场安装了各种仪器仪表，用来采集数据，汇集到PCS平台，管控人员和技术人员足不出户就可以实时分析油水井生产和流程的运转情况。然而，随着时间的推移，仪器仪表维护保养不便、布局不合理的缺陷也逐渐显现出来。特别是第一批仪器仪表经过10多年的野外使用，故障率越来越高，需要维护更换的工作量也逐渐递增。角位移位于抽油机驴头下面，高度为5~7米之间，达到了登高作业的标准。按照工作要求，更换角位移，必须办理登高许可证和直接作业环节等票证，还要视

频全程监控，有一个监护人员才能操作，仅填写各种票证就需要30多分钟。

说到这里，陈玉平说："苗师傅，您说能不能想个法子，让维护更换角位移不用登高作业呢？"

接下来的日子里，我经常利用倒休时间，来到游梁式抽油机井的现场进行观察。角位移传感器安装在设备中轴承上端的平面上，维护更换时，运维人员需要系上安全带攀爬到5~7米处进行施工，怎么样才能不登高？看着游梁一上一下地摆动，我陷入了沉思。有一天下午，我又来到井场，当时附近有一台挖掘机在进行施工，望着不停摆动的机器臂，我眼前一亮：把角位移传感器安装在一个可以转动架子上，用长杆将角位移传感器安装到游梁上端面。

说干就干！下午一上班，我就到抽油机安装队量取了一个10-4.2型抽油机游梁的宽度和厚度，设计出了图纸，到机械加工厂进行了加工。第三天在一口10-4.2型抽油机井上进行试验，利用长杆将角位移传感器安装到架子中，开井；观察PCS平台，功图传输正常；停机，将用长杆取出角位移传感器，整个过程十分顺利。正当我暗暗欣喜的时候，一阵风吹过，长杆失去了准头，无法准确安装。这个方案不能适应恶劣环境，还需要再进一步改进，我得出结论。

回到工作室，我不停地念叨着"角位移传感器时测量角度的，角位移传感器时测量角度的……"所有的思绪都被这个问题填满了，身边的同事开玩笑地说我疯魔了。有一天，一个无意识的动作启发了我。我发现捏住手机的一个角，另一只手摆动手机，再有一个固定点时，摆动手机，对应的角度是不变的，只不过是位置有变化。这样的话，是否可以找一个固定点，设计一个平行四边形，将角位移整体下移，从而解决登高问题？

山重水复疑无路，柳暗花明又一村。我立刻开始着手绘制图纸，利用支架作为固定点，固定点距离中轴承的长度，在对应边加工同等长度的纵杆，设计一根横杆，横杆上面安装角位移传感器，横杆长度确定游梁位置纵杆安装点，形成一个平行四边形。

加工完毕后，我在GDD3-517井进行了试验，功图采集正常。经过8个多月的应用，其间运维人员在支架里面更换了一次电池，没有登高操作，传感器一直工作正常。

现场试验结果理想，管理区准备推广。然而，又出现了新的问题：目前现场上使用的设备生产厂家繁多，各家加工制作的支架横担位置不一致，导致支撑点的位置不固定，纵杆的长度不相同，需要针对不同型号的抽油机加工不同长度的纵杆，革新适应性差，推广效果也不理想。

一次在上班的路上，我发现吊车正在吊装货物，随着钢丝绳的伸缩，吊装物品位置发生变化。我的心跳迅速加快，一个想法在我脑海中闪现：硬连接不行，软连接行不行？根据不同的抽油机，截取不同长度的钢丝绳，比机械厂加工一根纵杆更加快捷与省时，而且成本也低。

我迫不及待地冲向五金店，购置了镀锌钢丝绳。由于角位移传感器的重量小，并考虑风阻的影响，我选择了2毫米的镀锌钢丝绳，加工了一套装置。试验表明，钢丝绳连接快捷，全程只需要20分钟。

管理区迅速进行了推广，首先在大型抽油机安装了20余套。陈玉平高兴地说："苗师傅，别看只安装了20来套，也极大地提高了我们的工作效率，将来所有的游梁机都安装上，我们维护角位移再也不用登高了"。

这一次聊天引发的革新活动，虽然过程曲折，但是解决了困扰员工的问题，从提高安全性与工作效率方面得到了他们的认可，也让我明确了一个认识，多解决职工难点问题，接地气，革新工作才有生命力。

86

不竭的创新动力源于一线需求

胜利油田　王继国

采油管理九区的前身是垦西油藏经营管理区，位于孤岛采油厂最西端，组建于2007年7月，2015年6月正式更名为采油管理九区。我一参加工作就在这里。这里承载了我的青春，我所有的奋斗和努力都是从这里开始。如今，三十多年过去了，我的青春一去不返，但那颗扎根采油一线的心，却坚如磐石，未曾动摇过。

长期在一线工作，总会碰到各种各样的问题。让我感触最深的是大家经常谈论的一个小问题，抽油井最常见的盘根切割问题。

盘根是抽油机井用来密封光杆与盘根盒之间的环形空间，防止油气渗漏的密封件，现场“O”形盘根的应用率达到65%。由于盘根长时间与光杆摩擦而损坏，造成油气由盘根盒处渗漏，污染井口和井场，为此要及时更换损坏的盘根。全区应用“O”形盘根的油井多达102口。每口油井更换“O”形盘根的数量是6~8个，每年更换的次数是3~12次。在更换损坏的“O”形盘根前需要把“O”形盘根斜切开。传统方法是用电工刀、钢锯，将盘根套在木棍上，用脚踩着进行固定切割。这样切割，除了耗时长，切口也不整齐，存在安全隐患。

2019年11月的一天，贾连山师傅找到我，和我聊起关于切割“O”形盘根的问题。贾师傅说，有一次他看到一名女职工在切割盘根时不小心割破了手指，流了很多血，他当时心里很难受。贾师傅的话也引起我的思考，假如能发明一种安全又快捷的工具代替老式工具，员工容易受伤的问题也许就解决了。然而，把想法变成现实还有很长的路要走，而且我也不确定能不能找到这条路，以及能不能走得通。

有一天，我去一家打印店打印材料，无意间看见老板在用一种铡刀切割照片。照片切割得整齐，操作过程也很安全。我灵光一闪，有铡草的铡刀、铡中草药的铡刀、切割照片和纸张的铡刀，能不能研发出一种专门切割“O”形盘根的专用铡刀呢？这么想着，我已无心打印，匆匆离开打印店直接回了厂里。

我把能找到的相关资料全部找出来，仔细研究直、斜刀架的结构、加工工艺、切割时间、用力对比，又从加工的经济性、使用的灵活性、装置的使用寿命、切口质量、经济效益多方面进行反复论证，并邀请相关专家、技术人员进行现场认定，最终确定采用斜刀架形式的切口装置比较合理。斜刀架的支点与盘根的模具可焊接在一起，或单独固定支撑。这样焊接在一起的结构简单、体积小、轻便；单独固定支撑的体积大、笨重，所以采用斜刀架的支点与盘根的模具相焊接。

盘根切口装置于2020年4月6日在KXK71–9油井上进行验证，切割“0”形盘根耗时1.72分钟，减少耗时19.68分钟。经现场应用证明，盘根切口装置灵活好用，结构简单，应用方便，适用于油田所有的“0”形盘根的抽油机。

截至2022年年底，这套装置在369口油井上进行了应用，每口油井平均减少耗时19.7分钟，减少用工7269.3分钟，盘根切口器的加工成本260元／个，推广应用3个。人工成本350元／天，节约350×(7269.3÷60÷8)=5300元。与去年同期相比，节约医疗费5762元，节约木棍费用120元，减少“0”形密封圈损坏63个，节约成本5×63=315元，创效5300+5762+120–315–260×3=10087元，同时降低了员工的劳动强度、消除了安全隐患。

新型盘根切割器成功应用后，员工成了最大的受益者，这是我最引以为荣的收获。我以此为契机，组织创新团队成员持续开展“传技答疑、攻坚创效”“创新工友・孤岛论坛”“揭榜挂帅”等活动，力求将创新工作做稳做实，真正服务于一线生产。

我带领团队不断承担项目，有计划有目标分阶段，小步快走，逐渐解决生产实际问题，让科技发挥最大效能，助推增产创效，为采油厂、油田高质量发展贡献自己的绵薄之力。

小革新助力绿色生产

胜利油田　赵琢萍

“幸亏安装了这个防喷装置，光杆断脱后，井口没有一滴渗漏！”河口采油厂采油管理八区责任技师袁辉非常欣喜和肯定地说。

赢得这番肯定的，正是我们新近改进的“抽油机光杆断脱防喷装置”。大家都知道抽油机正常工作时，光杆需要在光杆密封器内上下往复运动，光杆密封器与光杆之间形成滑动密封，当光杆出现意外断脱时，井内的油液就会喷涌而出，存在较大的安全环保风险隐患。采油管理八区的YDZ4-P28井就是试验井之一，安装“抽油机光杆断脱防喷装置”后，在抽油杆发生断脱时，密封效果显著，平时也无须特殊维护，环保效益非常明显。

在渤海之滨黄河故道入海口处，坐落着3500余台抽油机，承担着河口采油厂的原油生产任务。在全面践行中国石化绿色洁净发展战略工作中，河口采油厂发挥科技力量，深入推进“无废油田”建设，全力打造“绿色河采”，最大限度保障油不落地、气不上天、不让一滴油污入海，守护一片碧水蓝天。

被评为技能大师以来，我始终以服务一线生产为己任，用小革新、小改进，保障设备长期安全平稳运行，促进采油厂高质量发展。2022年3月，采油厂“一线生产难题揭榜挂帅”活动的一线生产难题征集会上，采油管理八区提出，抽油机井井口上部光杆意外断脱，造成油液大面积喷溅、溢流，存在较大的安全环保风险隐患，严重者还会造成人身伤害，急需要研制一种装配简单、适用性强、密封性好的抽油机光杆断脱防喷装置。于是，我与工作室的创新骨干对该项难题展开立项研究，研制一种适用性强的抽油机油井井口光杆断脱防喷装置。

如何能够在不改变设备本体，适应现阶段通用型盘根盒的基础上，实现光杆断脱时自动快速密封光杆通道进行紧密封堵，防止油液喷溅成为我们主要的攻关方向。这就需要我们深入调查了解油井的各项参数。

2022年4月，我们来到了发生过光杆断脱频率较高的抽油机井现场，现场从生产流程到井口设备进行仔细梳理研究，绘制生产流程图，掌握油井生产的第一手资料。同时，我来到生产指挥中心，调取了历次发生断脱的载荷、压力等多项生产数据，并汇总了该井的原油物性、含水等资料，全面掌握该井生产情况，分析该井发生断脱的具体原因。原因找到了，采用什么样的方式实现自动密封呢？咱们井下抽油泵采油的就是阀球密封，我就想，井口同样使用阀球密封能不能实现呢？我们加紧加工了一个简易的密封装置，进行了试验，试验证明采用阀球密封的方式是可行的。密封问题解决了，在光杆断脱时实现自动密封又成了难题。回到创新基地，我们展开了“头脑风暴”思维碰撞。最终，在团队成员提出的多项方式中，选择了最简单的机械方式，利用支撑弹簧实现自动密封。该方式只需要在原有盘根盒上方加装空腔，内部安装弹簧和球阀，实现自动密封的能力。通过辩证，这个提议获得了大部分成员的赞同，说干就干，抓紧时间试验。经过近3个月的研发试验，弹簧更换试验了近20种，有效解决了生产过程中各项因素对弹簧使用干扰的影响，实现了井口球阀的自动密封，油井井口光杆断脱防喷装置研制成功了。

防喷装置在抽油机正常工作时，光杆位于上下筒体内的通道中做往复运动，密封球在支撑弹簧的作用下与光杆进行点接触，密封球采用GB9Cr18Mo、Φ32毫米的钢球材质，其硬度低于光杆硬度，有效避免了密封球对光杆产生磨损问题；当光杆断裂时，支撑弹簧将密封球推入上筒体腔内，向上涌出的油液将密封球向上推入密封套中将光杆通道封堵，实现密封光杆断脱时及时封堵防喷的功能。

密封了井底的压力，还要考虑输油管线中油液回流的问题，这就简单多了，薛婷提出，在输油管线回压闸门的后端安装单流阀，便可有效防止输油管线油液倒灌井口，我们抓紧进行安装实施，有效解决了停井后输油管线油液回流问题。

2022年7月，抽油机油井井口光杆断脱防喷装置正式在采油管理八区YDZ4-P28井试验安装，在2023年的一天，袁辉正在进行常规功图巡检，突然发现该井功图呈现光杆断脱的状态，立即利用视频监控系统查看该井情况，果然，该井已经停止运行。

随后与站长何文一同到现场验证，发现现场抽油机井上部光杆已断脱，放喷装置有效地阻挡井口溢油，何文高兴得合不拢嘴，激动地说“从前就怕发生光杆断脱，不管冬天夏天，站上的兄弟们都是连夜处理溢油，别提多辛苦了，以后有了这个放喷装置，兄弟们再也不用受这份罪了”。

后来创新团队算了一笔账，以一口井为例，按原油落地5吨，混合液落地40吨，减少含油污泥处置200吨，每吨污泥处置费用500元，直接经济效益20万元。该装置适用于油田多类型防喷盒的更换，适用性广、推广性强。

在2022年抽油机油井井口光杆断脱放喷装置被立项为河口采油厂优秀创新成果推广项目，行政拨款1万元，在河采创新港、管理一区、八区易发生抽油杆上部断脱的井共安装3套。

今后的创新实践中，河采人将积极响应国家生态文明建设号召，高效对接集团公司“一基两翼三新”产业格局，高质量落实胜利油田“十四五”绿色发展目标，河采创新团队在绿色清洁生产的道路上坚毅前行，用信心和决心推进“绿色河采”行动，用价值创新净化，美化绿色油田，创造美好的明天。

88

匠心守护初心

中原油田　董殿泽

扎根采油一线30年，从一名毛头小伙成长为技师、高级技师、主任技师，我始终把“学习和创新”当作我终身的热爱和使命，通过不断地努力，成长为石油石化行业高技能人才。回想走过的历程，几多收获几多感慨。

要想成为“采油专家”“油井医生”，就必须有高超的医术为油井把脉治病。

从一名普通职工成为独当一面的高技能人才，得益于我对于书籍超乎寻常的热爱。平时生活中，读书就是我最大的喜好，采油工程、作业监督、集输工程等所有的技术书籍我都有所涉猎。知识的积累，眼界的开阔，让我面对油井出现的问题时不再停留在表面，而是追寻问题的实质和根源。几年的油井管理工作经验，我总结出抽油杆断脱、卡泵、气锁等一系列的扶“躺井”办法，成功扶“躺”30井次。

时间追溯到2022年6月，H52-6井突然不出油躺井。当时，这口井对应的水井刚刚注水见效，大家分析可能是出砂造成砂卡，决定上作业检泵。但是经过仔细查阅资料，我发现该井的气量比较大，我怀疑可能是气体影响导致。为此，我在井上持续观察了6个小时，最后我判断是由于井下油气分离器出现故障形成气锁，导致油井不出油。

于是我采取了把套压降为零、调小防冲距的措施，油井重新恢复了产能。

一名合格的技能人才，必须有一个善于发现问题、解决问题的头脑。

“他脑子很活，点子也多。”这是同事们对我的评价。工作中，我痴迷技术改造和技术革新，每当遇到制约生产的难题，我都希望能够解决它，问题一天不解决，我就辗转反侧、难以入眠。就这样，凭着这股不服输的劲头，我利用自己所学的知识，多次解决了工作中遇到的难题。

在2018年初，为了争取全年的产量主动，单位组织上产会战。一时间寂静的井场热闹了起来，上调参数、作业换泵种种增产措施排上了日程，白天熙熙攘攘，夜晚灯火通明。会战期间，我发现，作业刺洗油管这道工序非常费时费力，特别是冬季，一旦遇到结蜡井和稠油井，刺洗一根油管通常需要40–60分钟，有时还要用车辆拖运到油管站，进行高温清洗，大大增加了作业占产的时间。

多一天作业占井，就多一天产量的损失。怎么解决这个问题呢？我苦思不得其解。

有一天，我看见妻子在用熨斗熨烫衣服，冒着热气的熨斗在衣服上推过，衣服立刻平整了起来。我的脑子里瞬间产生了一个灵感：“研制一个装置，利用蒸汽的原理通过油管，不就可以解决这个问题了吗？”

于是，我立刻来到办公室，仔细分析了现场油管刺枪存在的缺陷和不足，借鉴蒸汽熨斗的原理，研制出了《油管刺洗——过规一体化装置》。使用时，通过蒸汽在刺枪内的喷射进行清蜡，借助抽油杆的拉动、刮蜡片的刮削及油管规的通过，将油管快速地清洗干净、过规畅通。经过现场试验发现油管刺洗时间缩短了一半以上，获得了良好的效果，赢得了同事们的交口称赞。2019年荣获中原油田经济技术创新奖。

多年的不懈努力，我的技术革新工作取得了可喜的成绩，研制出创新成果120余项，其中26项获国家专利授权，30项获局经济技术创新、青工创新创效、科技进步奖、小改小革奖，并在全局范围内推广应用，收效显著，成为大家公认的“创新之星”。

一名合格的主任技师，必须有一股不解决问题决不罢休的“牛”劲。

作为一名主任技师，只要生产上出现了问题，从来不会推脱，不管是在单位还是在家里，我都会立即赶到生产现场。

2018年12月，那是一个寒冷的夜晚。晚上十点钟，单位来电话说，刘庄L17P2井由于停电加上油稠出现了光杆缓下。接到这个消息，我立即离开家，驱车赶往50千米外的现场。因为井场地处野外，没有任何遮挡，凛冽的寒风呼啸而来，不一会人就被冻透了，冷得刺骨。从午夜12点到第二天早上8点，我坚守在井场，一手拉着刹车，一手送电，让抽油机边活动边热洗。经过8个多小时的解卡，该井恢复了正常，而此时的我手脚已经冻得僵硬。同事几次要把我换下来，可是我说："没事，你们不太清楚这口井的脾气，还是我来吧。"

一年之中，我的处理问题数不胜数，单就刘庄的L17P2、L25-2两口稠油井，把我晚上从暖和的被窝里"折腾"出来少说也有五六次。

2019年初春，L17P2井准备上作业进行稠油治理。我仔细研究了这口井的生产资料和井史资料，对这口井的情况进行了深入的分析，发现了它的生产规律。胸有成竹的我在生产运行会上提出了一个治理稠油的方案：采用"322"井筒治理，即3寸油管、2级杆组合配套2级泵。我的建议得到了大家的认可，方案通过了。

作业期间，为了确保措施治理到位，我与监督员一起在井上盯了3天3夜。经过一番治理，该井作业完井顺利开抽，生产电流比作业前下降30%以上，再也没有出现光杆缓下的现象。一个有效措施，改善了一口高产井。

30年来，我在平凡的岗位日复一日地忙碌，用匠心守护初心，用朝阳一样热情，用青春蓬勃的朝气，激励自己，感染他人，在创新与奉献的征程上不断攀登，永不停息。

89

创新就是效益

江苏油田　冯铁勇

我工作的单位在江苏油田下杨生产班站杨三班组，地处淮河入江水道，管辖着近100口的油水井，每天液量达600方，因为特殊的地理环境，给管理带来了很大的难度。夏季，上游泄洪让井场变成一片汪洋；冬季，寒风凛冽，长期在零下10℃的恶劣条件下生产。

杨三站是一个小型中转站，主要业务是集中各单井的油水混输至联合站。为了让管线内的液体时刻保持足够的温度，正常输送，真空加热炉的作用便显得尤为重要。传统的真空加热炉使用的是燃油燃烧器，为保证炉子能正常燃烧，对燃料油罐内的原

油要求就比较高，不能有杂质，温度与含水必须在规定范围内等。这就要求我们的工人要定期进行燃油罐排底水工作。此外，因为燃烧器的参数设定与保护设置不合理等因素，经常导致加热炉出现故障，半夜三更去解决突发故障成了我们的家常便饭。

记得2017年11月下旬的一天，晚上9点多钟，杨三真空加热炉突发故障停止运转，而备用真空炉处于保养施工阶段，无法及时启用，这给原油的正常输送带来了极大的隐患。值班的员工一边在现场紧急处理，一边打电话求援。因为是加热炉燃烧器故障，必须要厂家前来处理，但原油正常保温输送却是等不得的。接到电话后，心急如焚的我，迅速制定处理方案。为了防止燃油管线因温度低而冻住，我一边让人进行扫线、准备柴油，一边驱车去到150千米之外把接厂家维修人员接到现场。当炉子终于维修完毕恢复正常运行时，已是凌晨2点多钟。

2017年12月，终于迎来了转机。一天，采油厂石油工程科的陈总找到我说："由于环保要求，油田有意对真空炉外排烟气进行治理，将燃油燃烧器更换为燃气燃烧器。"得到这个消息，我高兴万分，因为燃气燃烧器的故障率比燃油燃烧器低很多、工作量也少，那些频繁维修燃油真空炉的日子终于要过去了。

然而，陈总接下来的一番话，却给我泼了一盆冷水。原来，因为我们班组地处敏感地带，平台场地小，安全距离小，现场根本没有地方摆放燃气撬装罐。怎么办呢？为了更换燃烧器，减少大家的维修工作量，身为创新创效组长的我，茶不思饭不想，脑子里塞满了大大的问号。

经过几天几夜的思索、查阅资料和现场勘察，我萌生了用油井套管气作为燃气的想法，并制定了初步的实施方案。我把这个方案向陈总进行了汇报，得到了他的大力支持。经过陈总的协调，厂家决定先把拿出了一台炉子让我们进行试用，待方案验证确实可行，再更换另一台真空炉的燃烧器。

机会来之不易，必须全力以赴做好这件事情。我立刻组织创新小组成员全方位进入了这项工作。

首先我们对全部油井进行了排查，摸排出套管气量大、位置比较集中的杨48井组的5口油井作为气源。接着，我们开始连接了整整180米燃气管线至真空炉，为炉子提供燃气，终于把真空炉运行了起来。

然而，真空炉运行了仅仅半天就开始罢工，原来是由气量低导致的。为了找到足够的燃气，我与小组成员开始查找更合适的气源，从一条供气管线，到四条供气流程一共上了1200余米。三条生产、一条备用，循环使用，终于解决了燃气不足的问题。

事情注定不能一帆风顺，供气问题解决了，但更多的问题接踵而来。如各油井套压有高有低，高压井的气窜到低压井，无燃气供给，导致真空炉工作不正常；某油井出现故障，动液面太浅，原油进入燃气管线，流程堵了；还有油井因结蜡需加药，开套管阀门加药后，没有套管气了。诸如此类的情况特别多，也特别复杂。但是开弓没有回头箭，我没有丝毫气馁，鼓励并带领小组成员一一厘清存在的问题，一一应对解决，最终采用将安装的四条油井套管气管线在杨三平台下汇总，在气液分离进入真空炉内燃烧前，做三次提纯处理，终于保证了杨三真空炉的平稳正常运行。

从2018年1月至2022年3月，杨三真空燃气炉已经平稳运行1520天，总燃气量为109.44万方，如按平均4.35元/方计算，共节约476.06万元。在降低生产成本的同时，真空炉的改进也大大降低了员工劳动强度。

经过这次创新，我们小组成员创新创效的信心大增，随后又合作取得了多项成果，如《连续带压加药装置的研制与应用》《注水单流阀罩取出器的研制》《中频报警仪现场应用与电热井口现场快速维修法》等，不仅大大降低了员工劳动强度，还节约各项费用约300余万元，收获了创新带给我们的红利和效益。

90

千套抽油机调节器的背后故事

胜利油田　李西江

记得那是2014年一个极为寻常的周六下午，现河采油厂采油一矿采油37队的院内，维修班的拖拉机又一次发动驶向井场，这口井位于于林村边，为了防破坏电机螺丝都被点焊防盗，更换皮带没法前移电机，每次都得出动维修班，已成为日常工作的常态。

当时我就在采油37队，维修班的师傅干完活后，跟我抱怨："李哥，能不能想想办法，解决一下这个问题，每次换不了皮带维修班都得去割，费时费力不说还费成本，咱们割下的螺丝也不能再用了多可惜，心疼呀。"说者无意，听者有心，这件事深深烙在了我的脑海，久久挥之不去。

通过摸排，我发现更换皮带费时费力并非个别问题，而是当时一个普遍性问题。那时胜利油田分公司现河采油厂主要以机械采油方式为主，其中游梁式抽油机1092台（其中双驴头式、下偏杠铃式等游梁式抽油机400余台）、高原机约609台。机械采油方式依靠皮带进行动力传动，因此，更换、调整皮带松紧度及皮带"四点一线"是采油工日常的主要工作。而在我们现场常规的皮带更换和调整皮带松紧方面存在诸多不便。

首先步骤烦琐耗时多，日常常规标准化操作更换皮带需 11个主要步骤，用时约50分钟，调整皮带松紧度主要需要7个步骤，耗时约20分钟。

另外更换电机皮带时，由于空间小，老式滑轨为分体式，移动电机和调整皮带"四点一线"非常困难，需要至少2人配合完成。皮带"四点一线"调整不

到位，就会出现皮带跳槽、磨损加快等现象，造成皮带使用寿命缩短，增加生产成本

第三防盗考虑电机与抽油机底座进行了焊接加固，更换皮带时，需将焊接部位割开，还需车辆、专业电气焊等至少5人配合施工，更换一组皮带耗时约50分钟，更是加大了职工的劳动强度，影响了开井时率。

还有日常巡检中发现皮带松弛，由于操作流程烦琐，不能及时调整，造成皮带过度磨损，最终使皮带磨断，影响皮带使用寿命。同时移动电机操作时，由于电机所处位置空间狭小，工具使用不便，存在机械伤害等安全风险。

另外，从事采油现场操作的人员都知道，一般新更换的皮带运转为20分钟左右，还需再次停机紧一次皮带，消除皮带早期的弹性变形的影响，延长皮带使用寿命。因此调整皮带松紧度是采油工日常维护中一项重要而且是经常性的工作，发现皮带松动，如不及时调整，造成皮带严重磨损，最终使皮带磨断，影响油井生产。

针对调研得到的以上问题，我带领创新团队成立了课题攻关小组，经过大量现场试验，制作了不用拆卸电机螺丝，靠丝杠旋进移动电机，靠轨道导引调整“四点一线”的皮带快速调节装置，实现了更换皮带一人操作。这个成果实现了几个方面的创新。

常规丝杠的螺距（纹）为单线螺纹即沿一条螺旋线形成的螺纹；沿两条或两条以上在轴向等距分布的螺旋线所形成的螺纹叫作多线螺纹，该装置的动力丝杠设计为双螺距（纹），比常规单线螺纹的旋进速度快一倍以上，达到省时省力的目的。

“四点一线”定位技术采用左、右顶丝直接调节电机左右快速移动，达到快速调节定位“四点一线”。还有室外防盗技术是在“四点一线”定位调节后，采用永久性焊接电机固定螺栓，无须再进行调节，达到电机防盗的目的。

另外，丝杆防旋回技术是在电机皮带调节合适后，紧固丝杠定位螺栓，以防止丝杠因电机振动使丝杠旋回，达到避免造成皮带松动的目的。以及底座分体技术是将电机固定座设计为前后两部分，这样能更有效地适应不同型号电机的安装，适用于不同尺寸的电机底座。丝杠防腐防尘技术是在丝杠的外部安装可伸缩的防尘套，并在防尘套内加注黄油，能有效防止灰尘的沉积，同时防止丝杠锈蚀，使丝杠灵活好用，等等。

我还能清晰地记得，当时第一版抽油机电机快速调节器制作出来试验时，因为对

螺纹螺距的计算偏差，选择了单螺纹螺距的技术，参加试验的徒弟刘晓东，摇动摇臂胳膊飞快旋转，电机移动距离蜗速前进。刘晓东说：师傅，不行，这个太累人了，脑袋要摇晕了。就在井场上他们接着针对这个问题提出了双螺距（纹）旋进快速移动技术的改进方案，后来经过加工试验比常规单线螺纹的旋进速度快一倍以上，解决了这个问题。

经过一次次试验、改进，游梁式抽油机电机快速调节器正式应用，第一时间在史南管理区安装试用10台，与传统调节皮带相比，抽油机皮带快速调节器实施后，无须动用撬杠、电气焊割等工具及设施，更换皮带、调整皮带松紧由原来的三人配合操作到只需一人操作，时间缩短到2~3分钟即可完成。

后来在胜利油田分公司以及现河采油厂科技部门的大力支持下，抽油机电机快速调节器共加工推广了1733套，在现河采油厂九个管理区及胜利采油厂、纯梁采油厂、鲁明公司、孤岛采油厂、东辛采油厂、临盘采油厂等地区推广使用。体现了抽油机快速移动滑轨具备较高的性能优势，尤其在提高油井时率、更快皮带速度，降低员工劳动强度，提高操作安全性方面显出优势。可快速准确地调节电机皮带的“四点一线”，实现了一次调节永久定位，减少了皮带的磨损，延长皮带使用寿命，减少了材料费用的支出，提高经济效益，受到了使用单位基层员工的一致好评。

91

滑滑梯的启示

胜利油田　高子欣

我是生在油田、长在油田的标准的“油二代”，从小听着“我当个石油工人多荣耀，头戴铝盔走天涯”的歌曲，石油人为国奉献找油的故事伴随着我成长。能够穿上红工衣，成为一名光荣的石油工人一直是我的梦想。

2011年是我圆梦的一年，可当我穿上工衣真正走进油区，望着满眼的芦苇荡，看着连片的水泡子，心里的满腔热情瞬间冷却至冰点。当时，我真有些提不起精神，这就是我以后要每天干的工作吗？日常的量油、测气、写资料也都心不在焉。就在这时，站上传来一个消息——青工张晓琳取得油田职业技能竞赛采油工金奖。这个消息像惊雷一样炸醒了我。原以为，老师傅们有经验、有技术，参加技能竞赛都是他们的事，我们这些刚上班的年轻人根本无法与他们抗衡。没想到，新员工也可以在技能竞赛中摘金夺银。那一刻我看到了希望、找到了奔头，别人可以，我也一定能做到。

我暗自盘算，自己虽然经验尚浅，但不缺学习钻研的劲头；虽然技术薄弱，但有勇于拼搏、不服输的斗志，只要肯吃苦、肯学习、肯登攀，一样能在竞赛中攻城拔寨。从此后，我处处留心，跟着师傅从最基本的技能学起：量油、写资料、换盘根、紧皮带，慢慢学会了很多采油工的相关知识。我还跟着技术员学看功图，分析油井的生产情况，不懂就问、不会就学。班站上的老师傅也说：“这小丫头不错，有股子韧劲儿！”

2014年，我报名参加了油田职业技能竞赛。那时白天边工作边练习实操，与抽油机、榔头、扳手这些铁家伙打交道；晚上就挑灯看书复习资料，挤出时间做练习题、制图、计算机操作，整本书都被磨起了毛边。凭着这份坚持与钻研，我取得当年采油厂技能竞赛第一名和油田“一专多能”职业技能竞赛第一名。这也让我更加坚定：既然选择了这条路，干就得干出个样儿来！

在2011年到2014年这三年时间里，我实现了采油工初级到技师的跨越，先后获得了山东省技术能手、山东省青年岗位能手、胜利油田三八红旗手等荣誉称号，并荣立个人二等功一次、三等功两次。这些年，变化的，是学习经验的累积，不变的，是自己刚参加工作时的初心——“当一名石油工人，当一名合格、优秀的石油工人”。

2017年，我的育儿假结束，虽然很不舍一岁的女儿，但我没有犹豫，毅然选择回到了工作岗位。我意识到仅仅在技能比赛中体现自己的价值已经远远不能适应新形势新要求，必须再对自身有所突破。为了从比赛型选手向创新型、复合型人才转变，我告诉自己：“苦练技术不是为了拿奖牌、争荣誉，重要的是解决生产实际难题，为企业创造效益。”师傅也告诉我说：“创新不一定非要高大上，只要能创效益，就是好成果。”也正是这个时候，我也坚定了走向创新创效道路的决心。

有一天，负责单井拉油押运工作的师傅从我身边走过，手撑着腰，一副很痛苦的样子。我连忙问这位师傅怎么回事。师傅说道：“今天这口井拉油罐的梯子太难爬了，我这腰又不太好，爬上爬下太吃力了，而且如果遇到紧急情况，我是下也下不来啊。”我看到师傅腰疼的样子，想到能不能设计一款拉油罐应急逃生梯，既能攀爬方便，又能紧急逃生。但是如何将想法变为现实呢，我苦苦思索着。

看到我每天眉头紧锁，一副若有所思的样子，我的师傅告诉我说：“创新不是闭门造车，不是单打独斗，更不能把自己封闭起来，团队的力量是无穷尽的，只要主动对接生产需求，捅破窗户纸必能柳暗花明。”在师傅的引领下，我一次次地跑到现场考察，测量不同拉油罐的高度，考察是否有类似的成果可以学习。我还不耻下问，不仅向专家请教相关的技术标准以及安全要求，还向专业知识过硬的见习大学生学习，向他们学习专业机械理论知识。在一次次的实践和理论的学习中提升自己，为创新积攒了爆发的能量！

有一天我去幼儿园，看到小朋友正在玩的滑滑梯，突然灵感爆发，有了爬梯与滑梯一体的多功能罐应急逃生装置的想法：押运员可以通过爬梯的方式攀爬到拉油罐上，将爬梯转化为滑梯，若遇到紧急情况，可以利用滑梯迅速滑下来。想到就要做到，幻想一千次，不如行动一次。在我坚持不懈的努力下，曾经的一个个想法也慢慢地变成了现实，经过半年时间，我查阅资料、现场考察、收集数据，绘制图纸、现场安装、实验调试……爬梯和滑梯一体的装置顺利安装成功，看着师傅们可以轻松地上下拉油罐，我万分欣喜，这让我真真切切感受到了创新成果的喜悦……

通过这次创新，在一次次地现场考察、学习请教、思想碰撞和优化改进中，更是锻炼了我善于发现问题、分析问题、解决问题的实践力。

92

妙手回春解难题

华东油田　宫　平

在华东油田泰州采油厂的沃土上，傲然屹立着数十座钻井平台，看起来颇为壮观。然而，很多并不知晓，工作中平台每天也会产生许多废旧泥浆，为保障钻井的顺利进行，需要耗费许多人力物力，用罐车将泥浆倒运至回注井，过滤后再通过泥浆泵进行回注，这就必然少不了泥浆泵的存在。

泥浆泵是泥浆回注或调剖的核心设备，将废旧泥浆回注到地层，以减少地面固化处理和环境污染，如果泥浆泵出现问题，则会影响钻井平台的施工进度。作为采油高级技师、设备的“主治医生”，“把脉问诊开良方”就是我的本职工作，利用泥浆泵检修期，望闻问切地解决“疑难杂症”，才能使泥浆泵焕发“新活力”。

2020年10月31日，我们刚来到仓西4井泥浆回注井点，采油厂洲城班站负责泥浆回注的值班人员刘宁迎面而来，欣喜地说道：“经过你们前后几次的改进，现在泥浆泵组合阀运行很正常，已经连续运行18天了”，“这台泵以前在洲7B井回注时，几乎每天都要拆泵维修保养，一修就是三四个小时，泥浆都来不及回注呢，很影响钻井的进度”，刘宁回忆着道……

那是2019年的5月，采油厂引进了两台柱塞往复式泥浆泵，在洲7B井进行泥浆回注，虽然泥浆经过前端的泥浆池、泥浆罐两级过滤了，但是泥浆里仍然含有油、泥、沙等杂物，经常会出现压力表指针抖动幅度大，流量、压力下降大、异常响声等现象，在用清水替注后仍得不到缓解，最后只能拆泵检查，而且每次维修都需要3~4小时，可是故障还是轮番上演。经过统计，每月每台泵至少要大保养

4次，常规小保养若干次，每台泵每月的材料成本至少4万元，预计全年材料成本约48万元。这种低效高成本耗时费力的运行让刘宁很是苦恼但又无能为力。

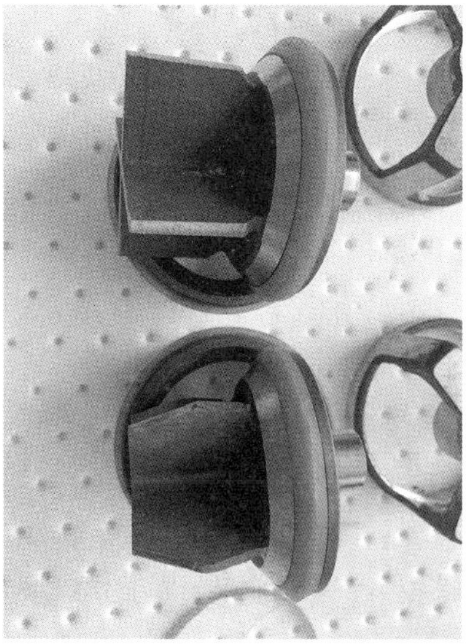

之后的2019年11月23日，该泵由洲7B井调至仓西4井进行泥浆回注，刘宁仍是泥浆回注工作的值班人员，刚启注运行1小时，就出现了排量、压力下降的情况，于是，我光荣的就被刘宁“请”过来给泥浆泵“把脉”了。

吸入管组件连着进液端，我们艰难地拆完狭小空间里18个固定螺栓，继续拆上端压盖、前端压盖，终于看见泵体内症状的庐山真面目了：“十”字导向阀芯被沙石卡住、阀座卡死、阀座密封端被高压流体刺出大豁口、阀芯密封胶皮被挤压变形等，腔体内泥浆杂质较多，有油有泥还有沙，而且原厂提供的拉泵阀工具根本无济于事，一拉就断，无法取出阀芯和阀座。这波操作下来，员工们个个都很着急，因为实在是太费劲了。然而我却来了兴趣，遇到问题不可怕，可怕的是逃避和推卸，这让我更加坚定了信心，一定要带着大伙儿逆流而上，把这块硬骨头给拿下。

首先我对泥浆回注的工艺流程进行详细的了解，确认了泥浆泵液力端的结构和原理，针对泵阀进行重点研究，分析阀芯每一个零部件的作用。该泥浆泵液力端过流部分采用了立式结构的组合式胶皮阀，为上下“十”字导向阀芯，导向部分在阀座中上下移动，它的作用就是单纯的导向。

在针对“十”字导向阀芯被卡住的问题中，我的分析思路就是四个接触面太大卡死的概率也就大，能不能在不改变导向的作用下把接触面变得小一些，那么卡死的概率会不会就变小了呢？于是我立即将新阀芯进行切割打磨改进升级，由原厂的“十”字导向阀芯转变为四个“<>”点接触的导向阀芯。在针对阀芯密封胶皮被挤压变形的问题上，我先对变形的废旧胶皮仔细观察，发现每件胶皮的上部都被挤压变形了，这就极可能导致被挤压变形的胶皮卡在了阀芯与阀座密封端面上，使流量下降压力表抖动得厉害；既然胶皮上部被挤压变形，那我就把上部胶皮的外边缘以30° 斜角切割了吧，于是我又开始了对胶圈进行改进。在清理完泵体腔室内残余泥浆，恢复安装的时候，我又对腔体内部、阀座等尺寸进行了数据测绘，毕竟一拉就断的拉阀工具给我们带来了很大的困扰，不仅耗时费力而且效率低，打造一套称手的“手术工具”就成了我们迫切需要解决的问题。阀芯改进完毕，恢复运行，等待下次维修的时候进行效果对比。

当再次维修保养时，我特意将“<>”点接触导向阀芯与“十”字导向阀芯进行对比分析，很明显阀芯没有被泥浆杂质卡住，运行正常，而且很容易就被取出，于是我将进、出液阀阀芯全部切割改进安装应用，并且建议刘宁每隔1~2小时，用清水替注10分钟，清洗进口管线过滤器，再恢复回注泥浆。

这剂“外敷内用”疗法，加上自主设计制作的拔阀座专用工具，不仅解决了阀芯、阀座卡死等问题，还提高了维保的效率。

经过此次的“把脉问诊开良方”，在两个月的应用阶段中，维保周期由之前的2天延长到7~18天，我粗算一下，每台泵每月成本节约3.1万元，全年可节约成本约37.2万元，比以往降低了77.5%。自2021年起，对阀芯胶皮圈进行了单独采购，对密封面磨损不严重的阀芯，单独更换胶皮圈，又进一步降低了成本数万元。

小小的阀芯改进并不算复杂，简单地切割几下就能够解决“疑难杂症”，泵的厂家也不会因为我们的两台泵而改变阀芯的磨具，所以我和队员们通过此次的小改进，在降低劳动强度、缩短维修时间的同时，还能够增加泥浆的回注时率，确保废旧泥浆及时处理，有力地保障了全采油厂钻井废旧泥浆的快速有效回注。

93

给洗井车“动手术”

江苏油田　顾建国

在油田有一句话广为流传：注上水、注好水、注足水，水足才能油丰。油田开发，需要地层有充足能量，而保持地层能量的办法，最为简单经济的就是注水。我是江苏油田试采一厂的一名采油工，我的工作就是给油井井底和底层“洗个澡”，让地层喝饱水。

江苏油田属于复杂小断块油田，为了让注入水质达标，不能因为水中的杂质、菌类等指标超标，污染油层，影响产量。定期给注水井洗井，是一个重要、经济而行之有效的方法。在工作中，为了实现环境零污染，我们经常使用的是洗井车洗井。

2009年5月7日，JHX5280TJC型高压洗井车在完成出厂前的各项测试工作后，正式移交给我所在的工作单位。

为了了解设备的工作状况，我们选择了井场条件、设施条件比较好的曹43井进行试运行。各项洗井前的准备工作就绪，在发动机的轰鸣声中，我与厂方一起巡检车辆、查看流程、录取参数等。在这个过程中，我很快发现了一个问题：洗井排量每小时只有9.8立方米，排量达不到洗井要求。

为了调节流程，我们逐步增加转速，反复调试了好多次，排量还是上不去，最高极限只能达到每小时15.3立方米，水井出口压力14.9兆帕。我们对洗井车所有的设备、流程、仪表进行了详细检查，使用超声波流量计校验，排量还是停留在15.3立方米。

水井出口压力上升，车载流量计完好，为什么会出现这种情况呢？我和生产厂家的设计人员进行了深入探讨，还是没有找出最终原因。

这天夜里，我辗转反侧，难以入睡。这是一台新设备，出厂前厂方完成了每个单项设备测试和整车试运行，没有任何问题。这次洗井的水井压力低，排量应该更容易控制，可怎么就达不到要求呢？我在脑海里一遍遍回想白天洗井的操作步骤，洗井的流程和参数充斥了我的大脑，可就是查不出其中的“症结”。

第二天，我们又选择了一口井筒压力高的井进行试车，洗井完成后，水质化验合格，达到洗井标准。

第三天，在压力低的曹45洗井，又出现了同曹43一样的状况。

高压力井洗井排量没问题，低压力井上不去。看来，排量上不来，不是井的问题，是车辆的问题。我立刻就这个情况和厂方设计人进行了现场沟通，询问了在厂的试车情况，了解到JHX5280TJC型高压洗井车最高洗井压力达到35兆帕。设计者为满足高压洗井条件，在自动调节阀部分设计的节流间隙小，也就是孔道小，压降大；自动调节阀后的流程设施是低压装置，防止自动调节阀孔道小压降大，导致低压设施出现高压刺裂的安全事故。厂方在试车时测试了20兆帕以上的压力排量，忽视了20兆帕以下的压力排量。

原因找到了！问题就出在高压自动调节阀上，洗井车节流装置严重的只有调节阀。紧接着，我们分别在高压和低压井上进行判断验证。在现场观察到，高压自动调节阀节流声极大，判断正确。

问题的原因找到了，如何解决呢？能不能对阀芯结构改造一下呢？我与洗井车厂方进行沟通，高压自动调节阀是厂方采购的阀门厂的标准件。与调节阀厂家进行了沟通，了解到高压自动调节阀的阀芯材质是钨合金。成本高不说，要改变调节阀结构参数，就要单独开模具。为此，调节阀就成了特种件，成本，安装之后的维护没有了通用性。这个办法搁浅了。

“不改变高压自动调节阀的结构就不能解决问题？”我陷入了沉思。那段时间，我有空就来到井场上，边走边想。有一天，我无意间来到了一口注水井井旁。这口注水井采取的是安装流程进行洗井，我的视线略过熟悉的流程和阀门，突然脑子里灵光一闪：利用流程进行洗井不就是靠井口装置控制的吗？高压井、低压井均是正常洗井。流程洗井方式完全可以借鉴到洗井车上去。

于是，我快马加鞭地完成了洗井试车，冲进办公室在电脑前忙碌起来……

下午，我拿着图纸与厂方沟通。我摊开图纸，详细说明了思路：加一套并联的低压降压装置，结构简单施工还方便。

洗井车很快改造完毕，随即投入曹43、曹45、曹101等井再次试验洗井，通过试验我们发现，改造后的JHX5280TJC型洗井车大大拓宽了应用范围，不仅高压力井能洗，低压力井也能洗。同时，高、低压洗井开启不同的洗井通道，有效解决了洗井作业的恶劣工况对阀内件寿命的影响。降低了高压调节阀利用率、故障率，降压装置到目前洗井200井次，压力调节阀未再进行更换，降低了洗井车的运行成本。节约调节阀配件费用36万元/年。间接减少了作业费用。

此外，降压装置地使用，减少了洗井施工时间，提高了洗井效率，降低了能耗，洗井车的使用寿命得以有效延长，节约油料24.3万元/年。

之后在采油厂的全部注水井进行了推广，洗井覆盖达100%，洗井排量与压力完全满足洗井标准，我一直悬着心终于放下了。

JHX5280TJC型洗井车于2009年9月27日改造完毕，当年洗井200井次。改进装置已经被江汉油田第三机械厂生产的洗井车上采用，作为洗井车的标准配置。

时代在发展，作为新时代的石油人，我们仍需不断学习钻研，去解决现场的生产实际问题，为油田的稳产、上产，为端牢能源的饭碗贡献我们的力量，这是我们油田产业工人的责任与担当！

94

巧治注水泵震动难题

胜利油田　郭海涛

“不仅解决了生产难题，还给管理区创了效，给你们高技能人员点个赞！”2023年5月4日，胜利油田桩西采油厂采油管理一区副经理崔金明在桩421单体泵房看着运转良好的柱塞泵动情地说。

崔金明说的这个生产难题是管理区注采101站桩421单体泵震动大的问题。该泵位于五号桩临海区域，担负着两口水井的注水任务，最高时一天要往地层注水130立方米。但是该泵因常年受潮水侵蚀影响，2022年年底开始出现泵体震动、噪声超标的问题。其间因为震动大，还烧过电机。对应水井的配注也受到限制。“在这个泵房待久了，感觉心脏病都要发作了。”一提到这台泵，负责日常巡检的员工董健直摇头。而针对这个难题，采油厂和管理区的相关业务技术人员也是多次到该泵站落实，均无功而返。有的方案也因改造费用大，迟迟没有得到审批。

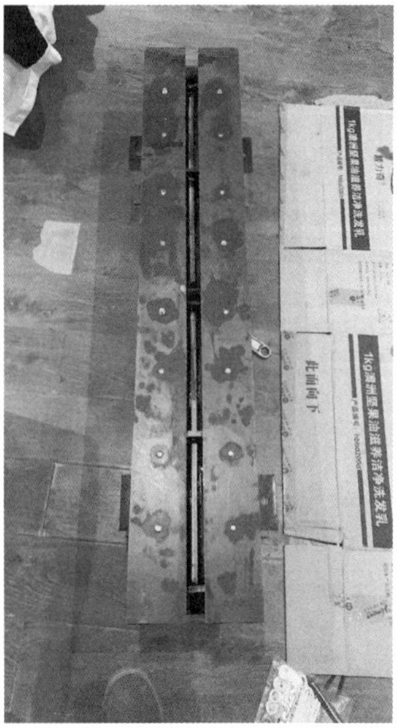

在采油厂“为一线生产难题解疑释惑”活动中，注采101站员工把这项问题再次提交了上来。看到问题后，我又仔细了解了该泵的详细情况，感觉这个硬骨头值得啃一啃！于是我抱着试一试的态度把这个谁都不敢接的难题接了下来。

在之后的两个星期里，只要一有空闲我就和团队成员钻到桩421泵房中找问题查原因。在对其进行了详细的“健康查体”后，我们发现，导致该注水泵震动大的原因和因素主要有三个方面：一是柱塞泵底座在安装初期，由于地基质量或地层塌陷等原因，造成基础悬空、铁底盘变形，使各部位固定螺丝极易出现断裂、松动，从而造成柱塞泵或电机固定不牢，产生震动。二是该泵为柱塞式往复泵，在运行时由于管道中的流体流速突然变化，造成管内压强在大范围内波动，形成水击现象，从而导致管路剧烈震动，带动注水泵震动。三是由于电机的高速运转，通过使用联组皮带进行动力传输，造成电机本体震动及皮带抖动，产生大量噪声。

“打好基础，是确保下一步工作的保障。”我和团队成员决定先从治理基础悬空入手。经过测量后，我们发现该泵房空间较小，如果按照常规方案将柱塞泵整体移出，然后重打基础的方案肯定是行不通的。于是我决定采用分段式水泥填缝方案，先用水泥填缝剂将基础空隙充分填充后，再对泵的铁底盘悬空部分进行开孔注入找平。基础悬空的问题解决后，剩下的就是如何进一步解决降低柱塞泵自身震动的问题了。

针对柱塞泵管道振动问题，我昼思夜想，主导设计制作了一种支撑减震和消力的装置。它主要由上、下夹板，固定螺栓，壁板，筋板，垫板，底板和蝶形弹簧组件组成。能够提供管道可调节的轴向力约束，降低或自行消除管系的热应力，在允许的范围内使管系的减震防震处于动态平衡可调状态，蝶形弹簧组件对管系脉动震动能量起着吸收器的作用。该装置不仅能够保持脉动流体压力管道的刚性，而且能降低或消除管系三维方向震动应力和热应力，能满足脉动流体流动压力管道的防震、减震要求。

但是电机振动问题，在排除了固定螺栓松动、轴承损坏等系列设备问题后，仍找不出问题的根源，就在我感觉迷茫，毫无头绪的时候，采油厂开展了技能大师技术包站活动。正巧油田首席技师杜国栋与注采101站签订了包站协议。杜大师也是我的师傅，他的到来让我吃了一颗定心丸。我和师傅在泵房“泡”了几天之后，最终发现电机振动大主要是有两个原因：第一个原因是该电机滑轨的约束刚度降低；第二个原因是该电机类型为磁阻电机与柱塞泵易产生共振。这两个原因加起来从而导致电机振动加剧，进而使得注水泵整体震动增加。

找到原因后，师傅又给我支了一招，说可以利用阻尼技术制作一种新型的矩阵型减震降噪滑轨。我如获至宝，立即展开行动，查资料，画图纸，找机械加工，一遍遍改进……一个月后，这种新型的减震降噪滑轨终于做好了。该滑轨内部由不同的减震降噪组件组成，它主要有压缩弹簧、橡胶阻尼弹簧及挠力阻尼器等部件，同时按照原件特性进行了排列组合，在保留原功能的同时运用滑轨内部不同的减震降噪组件，起到减震降噪作用。安装到桩421注水泵上，在接下来的观察中，有效解决了注水泵震动的难题，噪声也降了下来。

在得知桩421泵震动大的问题得到解决后，管理区的领导非常兴奋，专门拿出了专项资金安排我们又加工了两套，装配到桩75注水站另外两台震动较大的柱塞泵上进行推广应用。

此次创新从摘题、研发到推广应用足足经历一年半的时间，在这一年半里，我们

从改善基础管理水平着手，又通过新技术引进和创新研发，终于将这个“烫手的山芋”拿下。在此期间，团队成员们主动放弃了节假日和周末休息时间。因为每个人都有岗位工作，大家只能挤出工余时间来进行讨论和试验，团队成员刘涛有时开玩笑地说：“别人下班就是我们上班啊。”当时心里觉得不是滋味，但到后来问题逐个解决，成果也初见端倪的时候，感受到的就是难题被攻克后的成就感和满足感了。

有志者自有千计万计，无志者只感千难万难。我想技术创新工作就是要耐得住性子，扑得下身子，踏踏实实去研究，以实事求是的作风破解发展难题，去推动油田和采油厂的高质量发展。

95

寻根问底解难题

西南油气分公司　官世远

在川西平原新场气田上，密密麻麻地矗立着800多口采气井。在这里，天然气从地层内采出，汇集到管网，经过节流、分离、增压等工艺处理，进入脱水装置脱水，最后成为合格商品气外输至用户。

脱水工艺是商品气外输的最后一个关口，商品气露点合不合格全靠脱水装置处理，如果装置运行不稳定，将严重影响气体质量。作为一名管理技师，解决现场问题，改进设备装置，保障生产稳定进行，是我的责任和义务。从事天然气开采行业11年，我碰到过各种疑难问题，有这样一个令人头疼的问题，给我留下了极为深刻的印象。

那是2018年4月29日凌晨3点，一阵急促的敲门声把我从睡梦中惊醒。“站长，站长，脱水撬重沸器再生温度超高限报警。”我一跃而起，披上工衣，一边赶往现场，一边拿出手机启动应急预案：指挥站上值班员工迅速关闭三甘醇循环泵，紧急停车。异常原因很快排查了出来，我们开始进行抢修，调节重沸器温度调节阀和高温截断阀设置，检查气相、液相、燃料气、排污和放空流程，一切无误后，恢复了正常生产。此时，天色已经渐渐亮了起来，我们相视一笑，在笑容中我清楚地看到同事们脸上的疲惫。

几百口气井的天然气进入新21脱水撬进行三甘醇脱水处理，每天处理气量最高达到42万方。脱水撬再生温度超高或超低限停机情况时有发生，尤其是夜间出现异常的频次较高，平均3到5天就一次，装置频繁停车的问题让大家不堪其扰，更是严重影响了脱水装置生产稳

定运行和天然气外输气质。

之前，针对这个问题，我们也屡次进行了调整。调节过再生温度调节阀，也调节过燃料系统主火燃料气量，但是对再生温度的操作控制方面还是存在局限性，仍一直无法从根本上解决三甘醇再生温度频繁超限停车的问题。

面对这个情况，我陷入了沉思：现有设备是使用机械式再生温度控制系统，依靠机械式再生温度调节阀，设定温度在控制阈值内，为什么每次设定后还是会出现频繁超限的问题呢？会不会是问题的原因未找对？

我把这个想法和同事们进行了交流，大家纷纷表示赞同。于是，我们决定对脱水装置的运行参数和现场操控情况展开全面分析。经过一番严谨细致的查找，最终发现了昼夜原料气压力、流量、管道输气温度对外输气质水露点的影响规律。

在分析新21脱水站脱水装置2018年4月29日昼夜运行参数时，我们发现：白天，进气压力、温度、流量受输气管网影响波动大，对主要生产参数水露点和重沸器温度影响变化大。夜间，原料气各项运行参数比较平衡，脱水装置干气出口水露点相对平衡。管输天然气昼夜参数波动变化，使天然气的含水量发生变化，天然气含水量的不同影响脱水装置脱水后的水露点变化。

综合分析后，我们找到了问题根源。生产中脱水原料气白天含水量相对较高，夜间含水量相对较低，现有机械式三甘醇再生温度控制系统，只能设定恒定控制参数，当昼、夜间原料气量发生变化时，不能满足再生温度控制要求，故出现频繁超限停车问题。

制约生产的瓶颈找到了，我们开始进行攻关。我想到的是，把控制系统从手动更改为自动。于是，我们来到了手动温度控制回路现场，进行实地考察。手动温度控制回路由温度调节阀、燃料气控制阀、高温截断阀、主火调节阀、母火调节阀组成，未接入PLC控制系统。我和同事们一起梳理了现场控制回路，经过热烈讨论，确定了方案——参考水套炉自动点火系统，设置重沸器温度控制系统硬件。

达成共识之后，我绘制了流程图，征求了技术员、设备管理员和脱水撬维修人员的意见，根据技改思路，将现在控制系统硬件改为：温度变送器+PLC控制+电动调节阀+电磁阀；改负压燃烧器为正压燃烧器，增设火探测器，自动点火装置；控制模式从手动升级为PID控制。

第二天中午，设备管理员给我打来了电话：“根据温度再生自动控制技改方案，我进行了预算，费用大约是15.3万元，目前管理区没有这项费用预算，你看还有没有其他解决问题的办法？”

接完电话，我也开始犯愁。工艺流程整改行不通，就只有想其他办法解决了。我翻出绘制的流程图，细细思忖着：减少原料气含水量？那就需要在上游增设分离器，效果也不明显，不行。让用户气量平衡，尽量少产生气量峰值？这个会对用户生产生活气量产生很大的影响调整，不合适……我的脑海里产生了一个又一个方案，又被我推翻，技改到了这里似乎进入了一个“死胡同”。

几天后，我下班回到家，看到爱人在煲汤时，水开后将燃气灶火焰调节小了。我不禁眼前一亮，脱水撬温度再生温度控制系统也可以根据情况进行气量调节，何不进行定时燃料气量调节，达到动态控制再生温度的目的呢？

我立刻根据运行参数设定了晚8点、晚11点、凌晨3点三个预定值，并立即通知井站将进行温度动态控制调节，当天晚上没有出现温度超限频繁停车的情况。按照此方法，结合脱水撬运行参数，我制定出再生温度分时段控制方法，分别在0点、4点、11点、17点、21点五个时段，设定对应温度调节阀开度控制三甘醇再生温度。

通过现场实践，脱水装置平衡运行，成功解决了这项困扰生产稳定运行的难点问题。脱水处理量46万方/天，运行时率提高9.58%，创效17.3万元/年。一次寻根问底引发了一场技术革新，破解了困扰大家的生产难题，更激发了我立足岗位搞创新的工作热情。

96

创新，在碰撞中产生

胜利油田　燕楹三

2020年12月，隆冬时节。毗邻黄河入海口的胜利油田孤岛油区一片萧瑟景象。曾经芳香四溢的万亩槐林，如今只剩下光秃秃的枝丫，在夕阳的光影里沉默不语，用黑与白的线条书写着硬朗。

槐林深处的井场上，两位员工正冒着凛冽的寒风，在一个掺水阀组前忙碌着。天色渐渐地暗了下来，他们显得有些焦急。

“兄弟，需要帮忙吗？”刚刚巡线归来的我走进了井场。

“哎，老燕。你来得正好，赶紧帮帮忙，我们在清洗掺水流量计呢，天都快黑了，还有两口井等着呢。”

“怎么这么多需要清洗的流量计啊？”我一边上前帮忙，一边说出了我的疑问。

原来，在稠油开采中，采出的原油黏度高，为了减小集油干线的流动阻力，通常会采用掺水的方式助力生产。为了节约成本，所掺的水一般使用处理后的油田水。然而，油田水中含有较多絮状物，很容易堵塞计量仪表，产生计量误差。为此，就需要经常清理掺水流量计。这项工作，工作量大、清理频率高，占用了极大的人力物力。

问题就是机会，难题也是考题。我开始琢磨怎么解决这个问题，将工人从繁重的清理工作中解放出来。

在孤岛采油厂有一个“唐守忠创新工作室”，工作室的领衔人是中国石化集团公司技能大师唐守忠。他把我们每一个热爱学习，喜欢创新的人聚集在一起，聚智创新，聚力建家，一起为基层班站，解决了很多的疑难问题。

这次，我又带着问题，来到了工作室负责的“创新工友・孤岛论坛”平台，在唐守忠大师和隋迎章大师的指导下，开始了课题攻关。

经过现场调研，我发现，目前孤岛油区现场应用的掺水表均为涡街流量计。这种流量计的内部有一个垂直管道轴线的漩涡发声体，由于采出水中絮状物过多，很容易

挂在漩涡发声体上，漩涡无法形成，导致流量计发生故障。

问题的症结找到了，怎么解决呢？我首先想到的是加装过滤器。传统的过滤器，清洗时需要拆卸一圈法兰螺栓，用时长、劳动强度大。为此，我设计了两级翻板过滤、反冲洗清洁过滤装置。该装置不用拆卸螺栓，只需对翻板滤网翻转和流程切换，就能完成两级翻板滤网的清洁。经过考察论证，我认为可行，于是便绘制了三维装配图，在电脑上进行了多次模拟演练，将这个设计做成了动画。

一个月后，我带着设计方案信心十足地来到了“唐守忠创新工作室”。一进门，我就兴冲冲地说：“我的掺水过滤装置设计成功了……”

我详细地诠释了自己的设计方案，演示了动画。两位大师耐心地听完我的方案，认真地和我探讨了起来。

“过滤效果咱先不说，我有两个问题，一是冲洗过程中会不会造成水压波动，会不会影响油井正常掺水？二是反冲洗过程中用水量是多少，污水要排到哪里去？”隋大师这一连串的发问让我发热的头脑迅速降温了。

十多天的努力白费了？我有点沮丧，陷入了沉默。

唐大师拍了拍我的肩膀，说：“你的思路很好，创意到了点子上。咱们现场员工人数较少，若是能实现无须人工干预，自主运行的清洁流量计，一定会受到一线员工的欢迎，只有受到一线员工欢迎的成果才是好成果。”

一番话鼓舞了我的士气，让我再次燃起了斗志，只要坚持不懈总会找到解决问题的办法。

通过与唐大师和隋大师的讨论和分析，我决定对设计方案进行改进。

首先是冲洗过程中可能造成的水压波动问题。经过反复思量，我提出了在掺水管道上增加一个缓冲罐的设想。缓冲罐可以在冲洗过程中吸收水压波动，但不能完全避免波动，所以传统的过滤方式也需要改变。我带着疑问，来到了一线员工的身边，听取他们的意见和建议，多次的修改和完善，让这个问题得到了解决。

其次就是提高生产效率和减少人工干预。为此，我们引入了自动化控制系统。该系统可以根据实时的油井状态和流量需求，自动调节清洁功能启停和排污阀的开关，实现掺水过程中的滤网清洁自动化运行。同时，为了提高安全性和可靠性，我们增加了压差启动等保护措施，确保了系统的稳定运行和人员的安全。

2021年8月，历经了大半年的时间，新装置终于研制成功。我们在孤岛采油厂采

油管理六区所辖的GDGB30X15掺水阀组，进行现场安装试验。我按捺住激动的心情，有条不紊地进行安装，开始试运行。1分钟，5分钟，20分钟……30分钟后进行出口水取样，水质清澈，在阳光下透着晶莹的光。“成功了！”现场响起了热烈的掌声。

从此，GDGB30X15掺水阀组成为我每天必须巡检的设备。有一天，我和往常一样来到了这个阀组，突然，我发现过滤装置下方有一片水渍。我急忙进行了详细的检查，发现是清洁装置的密封出现了渗漏。打开设计图，经过反复推敲，我找到了原因：清洁部分一端固定，在运行过程中出现了摆动，软金属密封不能满足工艺要求。于是，我又对密封部分进行了重新设计，增大了密封填料函，由软金属密封改为橡胶密封，改进后效果达到了预期。

就这样，自清洁掺水过滤装置经过三次改进定型，在油田现场进行了推广应用，不仅解决了掺水流量计堵塞的问题，还改善了掺水水质，实现了精准计量，年节约人工成本、油料与污油处理费用60万元。2022年荣获胜利油田群众性优秀技术创新成果二等奖，同年获得全国能源化学地质系统优秀职工技术创新成果二等奖，并授权国家发明专利和国家实用新型专利。

通过这次创新，我更加明白了一个道理，那就是“积力之所举，则无不胜；众智之所为，则无不成”。一群志同道合的人聚集在一起，守望相助、共克时艰，才能在创新的道路上越走越高，越走越远。

97

一卷保险丝

胜利油田　姜小兵

在我的工具箱内，一卷老式铅合金保险丝一放就是21年。每次打开工具箱，我都会盯着它看一会儿，因为每次看到它都能把我的思绪拉回到2002年，回到自己走上创新之路的起点。

1994年我从胜利石油开发技工学校毕业分配到东辛采油三矿工作，因为从学校学了两年的专业知识，并在采油队实习了一年，我非常热爱自己的工作，也对未来充满了憧憬，想着在采油工这个岗位上有所作为。怀揣着这份热情和希望，我开始积极地参加技术比赛活动，在一次赛前培训中，我的师傅代旭升的一句话深深地刻在了我的脑海中。他说，“想成为一名合格的技术工人，不但要学好理论和操作知识，在比赛中有成绩，还要提高创新方面的水平，要均衡发展。”师傅的话，让我萌生了创新的念头。

创新是什么？我该从哪方面入手去搞创新？我的文化水平能搞创新吗？这些问题困扰了我许久，直到一次偶然的机会，终于让我找到了答案。

那是在2002年的一次季度检查中，我所在班组因为压力表朝向不一致和渗漏问题扣了分，压力表接头是靠中间缠丝扣带进行密封，缠少了会发生渗漏，缠多了会因拧进扣数不同造成压力表的方向不一，很难做到既不渗漏又朝向一致。我与班组成员努力了一周，压力表拧坏了七八块，问题也没得到有效的解决。

怎么办？怎么办？问题解决不了又要被扣分。作为班长，我心里急得火烧火燎的，天天在想怎么才能将问题解决好，压力表和压力表接头天天在脑海里浮现。

一次无意中的发现启发到了我。在一次作业井接井时，我在现场捡到了一只铅质小垫圈，“这小圈的直径跟压力表丝扣的直径差不多吧，把它垫在压力表下面怎么样？”正好作业队的一名职工在身边，我就问他这小圈是干什么用的，他说是液压管密封接头处的垫子。我又问他承压高吗？他说几十兆帕没问题。我高兴坏了，赶紧把垫圈揣在了兜里，还不时地摸摸，生怕丢了。

回到采油站上，我第一时间就找来了一个压力表接头，垫上垫圈拧上压力表做起了实验。由于铅垫良好的被压缩性，压力表的朝向就可以在一定的范围内进行调节。然而，当我拧紧后再拆下来看时，发现由于垫圈太细，接触太小，这样拧上压力表后就容易发生渗漏。我突然想到了原来油井控制柜中用的老式铅保险丝，现在已经都换成保险管了，还有几卷被我扔在了库房的角落里，把它砸扁，中间压个孔出来不就是一个垫片吗？这样接触面就大了。

说干就干，我到库房里把那几卷扔了许久的保险丝找了出来，到工作台上用小锤一点点敲成扁平状，又比着压力表的丝扣在上面画出一个个的圆圈，先用钉子在每个圆心处敲出小孔，又拿剪刀沿外沿剪下，一个个的铅制垫片就做成了。一开始没敢直接到配水间内实验，先找了个油井的回压表，将垫片放在压力表与压力表接头之间，密封性很好，憋了一下压，在压力升到3兆帕也没问题。回配水间内又找了口水井的油压表，垫上后，慢慢开闸门，看着压力一点点地上，我的心也不由得提到了嗓子眼，生怕突然发生渗漏。当压力升到12兆帕时不再上升时，我的心才放下来。观察几遍后，看这个压力表丝扣处没发生一点渗漏，我们班组的人都行动起来，将原来渗漏和朝向不一致压力表下面都垫上了自制的垫片，效果很好，所有的压力表都渗漏的问题都得到了解决，方向也都与检查要求相符，不出现一点偏差。

困扰很久的问题解决了，在下一次的检查中我们班组取得了第一名的好成绩，队长发现了我们的压力表方向一致，无一渗漏，就问我是怎么做到的。我自豪地说：“这是创新意识和意外发现，让我找到了破解难题的办法。”我边说边拿了一个自制的垫片给他看。他拿着垫片翻来覆去看了好几遍后，笑了，“这个月给你奖励50元钱，但你得把这办法教给其他几个班长，让他们也照着你的标准做。”队长在表扬我的同时也给我提出了要求。

这之后被废弃的保险丝在我们队上成了抢手货，慢慢地，其他采油队班长的自行车车把上面也陆续都挂起了保险丝垫圈。

初试牛刀露锋芒。队上技师很快找到了我，采油厂正在开展“五小成果”评选活动，让我将压力表防渗漏垫片报上去。我心想，这算什么成果，不就是自己做了个垫片嘛。在他的一再建议下我就填表格交上去了，也没在意。没想到评选结果出来以后，“压力表防渗漏垫片”被评为采油厂“五小成果”二等奖，我还作为二等奖代表去采油厂上台领奖。会上领导的一席话也让我深受鼓舞，“创新不一定要大，小革新、小建议、小发明我们都鼓励，比如压力表防渗漏垫片，就很好地解决了现实中的难题，只要是能解决实际问题，都是好的创新，都能为单位的原油上产起到作用。”这次不但获得了荣誉和奖励，还让我明白了创新不一定非得搞发明，也不一定非得有很高的文凭，只要能解决实际问题的都是创新；还让我明白了创新不一定非得一心想着去创新，创新来自生产中，只要发现问题和解决问题就会有创新。

现在，市场上可以买到各式各样的新式垫片了，有聚四氟乙烯的，有铜质的，用起来也很方便，再也不用自己制作垫片了，但我还是把一卷没用完的保险丝保存了下来，放在我的工具箱内。因为这是我的第一次创新，是我创新的起点和基石，每当在创新中遇到瓶颈时我也会拿出它看看，它会再一次提醒和鼓励我，创新需要战胜困难的勇气和激流勇进的信心。

98

“创新瘾”养成记

中原油田　李永利

“成了，成了”，伴随着一阵阵欢呼声，兴奋和激动如同决堤的洪水，哗啦啦从我的心里倾泻出来。团队成员一拥而上，将我围住，雷鸣般的掌声，回荡在整个泵房。

激动过后，我渐渐平静下来。回首整个研制过程，我感到所有困难和挫折都是成功道路的垫脚石。数不清的挑灯夜战，无数次实践和理论产生冲突，每一个小有突破的惊喜，都是我和团队成员们的必经之路。

2018年随着信息化改革，增注站夜间逐渐无人值守，泵房仅装一台球机，24小时实时监控每台泵的运行情况。监控室人员通过滚屏和压力、温度报警系统来发现问题，但对于增注泵盘根刺水是无法第一时间监测到的。

柱塞泵盘根一旦开始刺水，就会降低增注泵的效率，随着刺水量增大会乳化机油，甚至造成配电柜连电报废，就算后期被发现通知人员到现场也为时已晚。

2019年1月，单位成立了以我为组长的攻关小组，专门解决这个问题。

我们发起一轮信息化增注站无人值守后对高压增注站故障发生情况的调查统计。调查显示：341次故障造成的经济损失为59.2万元，其中盘根刺故障为180次，造成经济损失16万元；压力异常故障为74次，造成经济损失18万元；温度异常故障为28次，造成经济损失8万元。可见，盘根刺在增注泵故障中不仅会直接降低泵效，还会造成巨大经济损失。为了确保增注泵正常运行，防范增注泵机油乳化、烧坏配电柜，我们将“柱塞泵漏失器的研制”作为小组攻关课题。

从2019年1月到5月，小组成员在现场经过激烈的讨论，大胆观测设想，

设计出4套方案。我们通过模拟实验，很快否定了这4套方案，这使得攻关一度陷入困境。

一晃近半年过去，在时间飞逝和处境困难的双重压力下我开始出现失眠症状，整夜辗转反侧，夜不成寐，白天也不停思考对策，食不甘味，像是有一块大石头压在胸口。或许是心有所念，目有所看，事情渐渐迎来了转机。

一个偶然的机会，信息化自动翻板液位计计量装置启发了我。灵感像泉涌般迸发。我立刻召集小组成员开会，并将我的想法说出来，大伙儿一致表示可行。

说干就干。从图纸设计到实物制作仅一个月完成。接下来就是验证奇迹的时刻。我们迫不及待来到文留采油厂74号注采站增注泵房进行试验。队员们和我心里都敲鼓一样，目不转睛盯着运转机器。遗憾的是，这次试验最终以失败收场。一次失败带来空前打击，我们神情疲惫地看着试验台，一句话也不想说。

接下来又经历了几次失败。大家起初的斗志消减了不少，我又何尝不是呢。作为小组的带头人，如果连我也放弃，那团队的凝聚力也就散了，这个项目也就无疾而终了。我允许自己失败，但不能半途而废，如果能从失败中汲取教训，那也是一种收获。

为了重新点燃大家的斗志，我决定暂不搞研究。我把大伙儿聚集起来，聊心事，彼此互为倾诉者和倾听者。心结打开了，我们又可以一起搞研发了。

在确认失败的原因来自电路之后，我请专业电工技师周红卫师傅现场指导。正是酷热难当的7月，我们强忍90分贝噪声、泵房内44℃高温和蚊虫叮咬，从电路连接到设施安装一干就是好几个小时。

启泵再试验。我开始调小排出阀漏水量，随着容器内液位的上升报警灯开始闪烁，大伙儿的心跟着提到了嗓子眼，液位再上升，大伙儿屏住呼吸大气都不敢出，生怕到设定上限泵停了。功夫不负有心人，这一次我们成功了。于是出现了开头那一幕。

这套装置自2019年9月在6台增注泵上投用以来，彻底解决了因柱塞泵盘根刺水造成柱塞泵机油乳化，配电柜进水报废、影响泵效的现象。初步测算，与没有安装该装置的注水泵相比，节约机油更换量30%左右。同时，更加符合当前改革的需要，使信息化逐步向智能化转化。这项成果获得2019年油田职工创新成果二等奖，并申报国家专利。

从那以后，在工作中无论遇到什么问题，我先问自己几个“为什么”，然后想“怎么办”。创新对我来说，几乎到了痴迷的程度。同事和领导打趣我说，别人有网瘾、有烟瘾，李永利是有创新瘾！

在将近三十年的采油一线工作中，我从一名普通职工成长为采油厂主任技师。我研制的《双向安全阀》《呼吸阀的改造》《自喷井油嘴套的改进》等多项成果在油田得以推广。

“员工有想法我就有办法，员工有思路我就给出路。”这是我作为一名采油主任技师应有的责任和担当。

99

给大设备做心脏搭桥手术

江苏油田　林　凌

那是我毕生难忘的一天，那天，我给一台大型设备的心脏，成功实施了“搭桥”手术。

记忆，犹如满天繁星汇聚的星河，有的明亮，有的暗淡。我记忆中的一次技术革新，便如同一颗“启明星”，始终在我脑海中闪烁着光芒，指引和激励着我不断前行。

事情起始于2015年的3月17日，江苏油田采油一厂真武原油集中处理站的员工赵玮在工作中发现，1#三相分离器出水含油量直线上升（一般三相分离器出水的含油量都在150毫克/升内），出水含油指标达到2250毫克/升，她立刻将情况向作为班长的我报告。接到报告后，我立刻来到站内复检，检测结果显示，指标持续恶化，处理量高的时候仪器已经无法检测。

这一情况十分紧急，它将导致每天有数十方的原油，随着出水管线进入污水处理系统，污水沉降罐内积压大量原油，就必须每天收油反输回三相分离器，但污水罐回收的原油一旦再次进入集输处理系统，往往又会导致三相分离器的处理效果下降，集输系统的出油含水和污水含油都会大幅上升。总而言之，1#三相分离器出水含油量高的现象会影响到整个真武油区的集输和注水两个系统，给采油一厂的正常生产运行增加压力。

真武集中处理站是江苏油田处理量最大的联合站之一，年处理总液量274万吨，其中原油39.7万吨。作为一支专业化的油气集输队伍，将原油优质处理并及时外销是我们日常工作的重中之重。站内的原油处理装置共有三相分离器三台、浮头换热器两台、电脱水器一台、稳定塔一台、缓冲罐两台。其中，三相分离器是整个处理系统的中枢装置，是我们联合站的“心脏”，每天处理近万方油气水混合物，直接影响下游的油气水站的生产运行。

针对出水含油的突然大幅上升，我首先是按照常规方式对1#三相分离器的堰管调节机构进行调整，提高来油破乳剂加药量和提高温度的同时不断地上调堰管出水高度并进行加密化验，可是调整后出水含油一直维持在高位，说明常规方式已经无效。

怎么办？我心想，既然以往的常规处理方法不行，那就不走寻常路，开拓思路用技术创新来解决当下的难题。我萌生出对大设备实施手术的想法。首先是“开胸”检查设备内部的“器官”是否出了故障。紧急投运了备用2#三相分离器后，我开始对1#三相分离器停产检修。打开水室人孔，进入分离器内部检查时，发现了困扰我多日的问题所在：堰管调节机构内可上下调整的外浮筒上的三抓与上部调整机构的连杆焊接部位，因为腐蚀等原因完全断开，导致浮筒和上部的调节机构完全失去了连接，这样外浮筒就始终坐在出水口的最低点，无法随连杆调节上下行程，没有沉降稳定的含油污水就从浮筒口流出，所以才导致无论我怎样调节，堰管机构都无法达到调整的效果。

查明“病灶”后，我立刻汇报厂相关科室，专业维修队很快进场，现场考察后发现维修难度大，主要有两个难点：一是由于内部污水等处理介质的腐蚀，原外浮筒已经锈蚀在出水立管上，靠人力已经无法撼动和拆卸。二是在内部进行维修的话只有动火切割，经济代价和安全风险非常大。隔断费用、清罐费用、置换蒸煮费用还有不锈钢金属波纹板更换费用，预计将达近百万元。

维修陷入了困境，一台使用不到四年的大型容器搁置在站内数月，面临大修甚至是报废的现状，价值百万的大型容器失去了它应有的作用，是企业资产的重大损失。

每天，看着大设备像个病人一样躺在站内，我感觉很难过。我暗暗对它说，你放心吧，我不会不管你，我一定想办法把你治好。经过一段时间的思考分析，我决定对堰管调节机构现存的状况进行改造。以往的堰管机构，是一个套在出水口上的外浮筒来调节出水高度。既然外浮筒无法调节和维修了，那么我何不制作一个可以在出水立管内部上下调节出水高度的内嵌式浮筒？这个思路得到领导的高度支持，专门委派了机械加工师傅帮助我，我们反复研究，加工制作了一个能在内部上下调整的内嵌式浮筒，然而由于设备立管和原外浮筒内壁腐蚀结垢等因素，导致内壁坑坑洼洼、起伏不定、无法起到密封作用，我们利用水泥、麻绳丝、厚油漆等调和物，填充在内环座和以前的出水口内壁间的间隙内，经过一段时间的固化，使它们变得坚固密闭，排除各种不利因素后，终于能够确保内嵌式浮筒和上方的执行机构相连。经过我的测算，整个浮筒上下行程的最大值为20厘米左右，实验过程中，浮筒起到了堰管调节机构的作用，验证了我的革新方案的有效性。

给大设备的“心脏搭桥手术”成功了！

新的内嵌式堰管调节机构于2015年6月投入试运。在后续多年运行过程中，能够充分满足生产变化和生产需求，并根据不同的生产状况进行调节，在干线来液量和来液含水波动很大的情况下，都能够及时地进行调整，确保处理效果合格。

原本“病入膏肓”的这台三相分离器至今一直康健，伴随着它的康复，我也走上了一条技术革新之路。此项革新成果，不但获得了国家实用新型专利授权，还获得了局厂各项成果奖项，更重要的是给我这个刚走上技师岗位的革新小白树立了信心。从那时起，我逐渐领悟，如何在挫折面前坚持不懈，如何从困境中独辟蹊径，如今，我不再惧怕困难，解决生产中的难题成为我的一种爱好。

100

师傅教我学创新

胜利油田　方宝钢

2023年4月，冰雪消融，大地回春，空气中弥漫着青草的芬芳。驱车从东营赶往泰安，我和伙伴们去参加山东省设备管理协会的创新成果发布会。看着路边随风摇曳的柳枝，听着身边伙伴们交流着创新看法，不时发出爽朗的笑声，我思绪万千。

我是高技能岗位的一名新兵，从后勤保障单位到采油一线，从专业技术岗位到高技能岗位。作为一名技能战线上的“新兵”，被“唐守忠创新工作室”为领头雁的高技能队伍那种锚定问题、岗位创新的精神所感召，对于创新有一种发自内心的渴望。就是在这种渴望中，我迎来了自己人生的第一个契机。

2022年4月的一天，我的师傅，全国劳动模范、中国石化集团公司技能大师唐守忠把我叫到了身边。

“宝钢，采油厂工会组织了一个创新活动，你跟着我学习了这么久，又在基层锻炼了很长时间，结合你的实际经验，能不能设计一个适合基层、务实好用的创新工具参赛？”师傅给我提出了课题。

“师傅，我怕我不行啊，还是您指导着我做吧？”从未独立创新的我，一听就犯了难。

师傅语重心长地说：“在我们人生的路上，必须要自己选择方向，大胆迈出第一步。你不用拘泥，自由发挥创造力，实在有解决不了的困难，我再给你兜底。”

师傅的一番教导打消了我的疑虑，我暗暗鼓励自己：这不仅是我第一次独立进行

创新，更是我转变和成长的必要阶段，加油。

几天后，我兴冲冲地来向师傅汇报：我想研发一个工具，主要是解决硫化氢井现场取样易堵塞针管、测量精度低的问题。我详细地汇报了我的研发思路。师傅笑着说：“类似的工具已经加工出来了，你有空可以去展示台参观一下。这么短的时间，你能主动思考、形成思路，非常可贵。”成果创新原则是避免重复浪费，虽然第一个思路夭折了，但也给了我莫大的鼓舞和信心。

随后，我开始大量浏览过去的一些成果和论文，试图参考近几年注采类创新工具的功能和原理，为我打开思路和确定方案提供借鉴。但在投入了大量的时间和精力后，仍然没有找到头绪，缓慢的进步让急于求成的我感觉到沮丧和挫败。

师傅看到我这种状况，开始提醒我：“理论和实践是两条腿，步调一致，才能事半功倍，闭门是造不出大车来的。你可以去现场和一线职工交流，问问他们需要什么，你就去解决什么。”

一语惊醒梦中人，就这样，我来到了油井现场。正好碰到老班长赵中华在保养设备。我一边给他打着下手，一边和他交流。

“赵师傅，咱们工作中有哪些不称手的工具和流程需要改进啊？”

“感觉有很多，却又不知从何说起……”攀谈没有影响老班长的工作效率，只见他用起子把曲柄销子盖板撬开一条缝，然后举起双臂小心翼翼地拆下这个重家伙，慢慢放在地上。保养完后，他又吃力地举起盖板恢复位置。他一边安装，一边对我说道：“就说这个盖板吧，特别是比较高的大型抽油机，举上去非常费劲……”话还没说完，他发现安装后的旋贴位置不对，螺栓口无法全部对齐。他不得不拆下盖板重新对孔，还不忘扭过头给我传授着经验：“最好的办法就是在盖板还没拆下来的时候，拿起子做个标记，这样盖板方向就不会错了。”

这件事情，让我的创新有了方向和目标，也激发了我的创作灵感，我决定设计一种专用的曲柄销子盖板取出工具。就这样，经过一段时间的苦思冥想和现场调研，我设计出了一个工具，并联系维保单位的电焊工帮忙制作出来。经过现场测试，虽然工具做工有些粗糙，对孔的精度也不是很准确，但是确实让曲柄销子盖板取出工作变得轻松了些。

我踌躇满志地跟师傅汇报，等待着师傅的夸奖。

"咱们研制创新工具，最基本的原则就是实用、好用，让一线的工人认可。就拿你这个工具来说，思路没有问题。但是设计上还是存在着问题。比如：着力点需要螺栓固定，拆卸不便，而且焊接部分不能自由活动，现场上每个抽油机大小不同，连杆长度不一致，曲柄销子位置也不同，怎么可能实现快速装卸和有效调节呢？"师傅耐心地给我指出问题，一步步地解析关键环节和难点问题。

经过师傅的数次点拨，经过无数次试验改进，这个工具终于淬炼出炉，获得了孤岛采油厂创新论坛成果发布二等奖，赢得了现场工人师傅的交口称赞。

经验的丰富和能力的增长是一个逐渐积累，循序渐进的过程。这次创新活动让我明白，在实践中摔打锤炼，在逆境中迎难而上，在失败中汲取经验，才能在厚积薄发中迎来飞跃。

随后，我跟着师傅参与了许多项成果的优化与改进，跟随技能团队参加"传技答疑、攻坚创效"活动，为基层注采班站解决生产中遇到的痛点、难点、堵点问题。在一次次磨砺中，我的思路更加开阔，对于创新的理解也从一开始的空中楼阁向脚踏实地转变，在井场上穿梭，在油区中忙碌，我立足岗位，创新创效的信念更加坚定。

路漫漫其修远兮，吾将上下而求索。

101

小改革带来大效益

江汉油田　刘正国

2001年，我告别了家人，义无反顾地来到黄土高原的腹地——坪北，驻守在如同孤岛一般的井站平台里。一座座高山，一道道沟壑，让我与外面的世界隔绝开来。

那时，坪北还处于大会战时期，设备设施简陋，生活条件匮乏。“通信基本靠吼、交通基本靠走、治安基本靠狗、取暖基本靠抖”是当时我们工作生活的写照。艰苦的环境，转岗后对采油知识的缺乏，让我迷茫而情绪低落。

来到那里的第二天，有一口油井要上作业措施，作业队的师傅让我配合把抽油机停下来，初来乍到的我手忙脚乱。作业队师傅微笑着说了句：“你是转岗的吧。”师傅善意的笑容让我感到无地自容，我暗下决心，一定要补上“采油”这门课。

一转眼，二十多年过去了，坪北发生了巨大的变化。从昔日满山不见草木生，风吹黄土蔽日月，到今天风吹绿浪送秋爽，抬眼望天满星辰。而我，也扎根坪北，一步一个脚印，逐步成长为一名采油高级技师。回望来时的路，那些走过的痕迹，那些美好的记忆，就像电影般在我脑海里一幕幕地回放，总能激起我无限的遐思与感怀。

坪北的冬天很冷，气温最低达到零下30℃，每个角落都仿佛充斥着寒意，西北风一刮刺骨的冷。暴雪天气更是家常便饭，积雪一尺多厚，冻土期长达半年之久，给我们油田生产带来了很大的困难，其中最为艰难的要算油气集输了。

平台上采出的油，如果直接进入地下集输管网，很容易造成管线冻堵，为了保证正常生产，需要用水套炉加热原油后，再输送至地下集输管网。水套炉的燃烧方式是利用一定压力的天然气射流，将空气吸入混合进行燃烧。由于气少、压力低，火嘴燃烧不充分，造成烟道结炭，严重污染了环境。而且山上风比较大，每年冬天都会发生加热炉内的火被大风吹灭的情况。随着信息化的建设和推广，无人值守平台增多，火嘴一旦被大风吹灭，职工们就要从遥远的中心站赶至平台点火，无论白天黑夜还是酷暑寒冬，每当遇到恶劣天气，就要深一脚浅一脚，徒步几千米前往平台点火调火，大家为此苦不堪言。

作为一名采油技师，刘正国创新工作室的带头人，我经常搞一些小改小革，每当有工具用着不顺手的时候，就利用工余时间，自己动手改一改。当这个生产难题又一次摆在我面前，我就想，能不能改进一下加热炉火嘴，不让它被大风吹灭，给职工们减轻负担，减少环境污染。

于是，我便开始潜心研究加热炉的构造和原理，准备动手改造。在改造过程中，涉及车工、钳工、电气焊等知识，我深刻地感觉到自己知识的匮乏，为此，我白天上班，晚上就开始自学各类技能。

一天傍晚，我和朋友出去散步，朋友拿出了一根烟，我笑着说："今天风这么大，我看你是点不着了。"朋友说："能点着，我这是防风打火机。""能防风？给我看看。"我接过打火机仔细地研究着，突然来了灵感：按照防风打火机的原理设计一个防风火嘴，问题不就解决了吗？

于是，我开始从网上找一些火嘴资料。在坪北，风沙天气特别多，长达半年之久，而我们的气源是自产的未经干燥处理的油井伴生气，气压波动大，经常在0.005兆帕以下，普通火嘴根本无法适应这种条件。"没有现成的火嘴，就自己研发。"方向明确了，我们开始投入紧张的研发工作中。

首先要解决的问题是如何适应低气压，为此，我们将火嘴头改为多眼小孔斜面，保证了在低气压的情况下也能正常燃烧；在火嘴外加装进风筒和固火罩，防止大风将火吹灭，稳定火焰；在进风筒进风口处加装四层阻风器，减缓风速，防止进风过大吹灭火焰……反复论证，反复推敲，反复修改，图纸画了一张又一张。经过两年的时间，我们一共研发了两代火嘴，但是，一直没有达到我想要的效果，火易熄灭、燃烧效果不好等小问题层出不穷。

千淘万漉虽辛苦，吹尽黄沙始到金。2021年，历经3年时间，经过300多次的反复改造试验，我们终于研制出了第三代负压自吸式防风节能火嘴。火嘴在炉膛口燃烧，空气受热，空气分子密度变小，质量变轻，产生升力延炉膛壁及烟道排出烟囱，使炉膛口及火嘴头处形成负压，不断地从火嘴进风口处吸入空气，当火焰变大时，进风量自动增加，当火焰变小时，进风量自动减小。将负压自吸式防风节能火嘴引入信息化平台，在SCADA上设置温度上下限域值，不仅能自动控制加热炉外输油温度，还能监控火嘴现场燃烧状态，超出控制范围或炉火熄灭时在PCS上报警。

2023年1月，负压自吸式防风节能火嘴在PX3平台进行了现场安装应用，经过几个月的试验，炉火一直正常，不管多么恶劣的天气，再也没有出现过被风吹灭的情况。而且温度恒定，职工们再也不用频繁地进行调火了，大大减轻了职工的劳动强度，降低了集输管网冻堵的风险。

“这个火嘴，八级大风都吹不灭，开关、点火都非常方便，节能效果也好，在低气压的情况下都能正常燃烧。”职工们高兴地说。

后来，经过安全、生产等部门评审验收，我们制作了28套新火嘴在现场推广应用，自动控制安装12套，累计节约成本110多万元。2022年荣获江汉油田工匠杯创新创效成果三等奖，坪北经理部创新创效成果二等奖。

“革新无大小，能用就是宝”，小改小革不仅提高了劳动效率，降低了企业的生产成本，更坚定了我择一事而终一生，做最平凡的工作，成为最精巧工匠的决心。

102

创新路上的石油红

中原油田　吕合军

在中原油田的百里油区，石油人夜以继日地拼搏着，他们用石油红诠释着伟大的石油精神，用心血和汗水、勇气和智慧，谱写了石油开采历史的新篇章。他们顽强拼搏、岗位成才，发挥才华和智慧，在生产一线解决现场难题，为油田创造了显著的经济效益，成长为技能型、创新型的人才，作为中央企业技术能手、中原工匠，我也是其中一员。从参加工作以来，一直在创新的路上奋力前行。回顾在工作创新方面，真的感慨万千，有辛酸、有喜悦，当然更多的是收获，尤其是第一次创新成功的喜悦和成就感历历在目。

那是在2006年的冬天，刚参加完全国采油工竞赛载誉而归的我，突然被队长安排陪他到医院看望一位烧伤的工友，原来是工友在水套炉操作时不慎被火灼伤到手腕，让我去的原因就是询问一下具体事故的原因，研究出解决问题的办法，从根本上杜绝此类事故的发生。通过交谈了解到并无违反操作规程的现象，但使用的是用钢条制作而成的简易点火杆，在点火时火源产生回火灼伤到手腕，看着工友受伤的手腕和队长鼓励的目光，我暗下决心一定解决水套炉点火的问题。

回到单位拿着简易的点火杆模拟点火情景，发现产生回火后火焰是沿炉口火嘴处喷出，直接能够灼伤到手持点火杆的手腕，如果把直杆式改成直角的形状，就不会接触到喷出的火焰，我随之就把钢条弯制成直角形状，兴冲冲地赶到生产现场，果然与预想的效果一样。我高兴地与队长联系说明已经解决了问题，队长非常高兴，但到了现场看到我点火演示后，就语重心长地告诉我只解决了表面现象，没有彻底从根本上消除问题，不能光考虑回火产生的火源灼伤的事情，要彻底解决产生回火的问题，才能从根本上解决问题。

怎么才能不产生回火呢？当时的我产生了迷茫，接下来的日子一直在思考这个问题，也不断请教身边的师傅们，队上的高级技师赵师傅告诉我要想解决问题就必须要清楚问题的根源和产生的原因，产生回火主要是炉膛里积有大量的天然气，点火时就会发生回火或炸膛。原因有很多，比如水套炉烟道不畅通、气控制阀关不严、风门调节不合理、火嘴有堵塞现象等都会产生回火，所以要消除回火现象，要根据具体的原因采取措施，如果在确认气源纯净充足、气控制阀门完好、烟道畅通及风门调节合理的情况，气控制阀门打开后，气体能够立即点燃，就不会产生回火现象了。听完赵师傅详细讲授后，我深深地感知到处处是知识，事事皆学问的道理。

怎么才能让气体立即点燃呢？带着这个问题，在研究水套炉点火情景时，由于火嘴伸入炉膛内，火源要凭感觉放到气口处，在打开气控制阀后，气体不能立即接触火源，只有扩散到与火源接触后才能点燃，但是也会产生回火。只有让点火源先准确放至气口处才能解决，想准确放至气口处必须要到炉口才能做到，如果炉膛内有余气危险系数太大，想了好几种方法都不能突破，问题的困惑使我走入死胡同，脑海里一直在重复着点火、回火的情景。看到我的焦虑，赵师傅开导我说创新不能惯性思维，也不能急功近利，有时候遇到难关的时候先放一放，静下心来也许会柳暗花明的。我听从了赵师傅的劝导，在随后的时间里果然出现了转机，有一次在做饭时发现用电子点火器点燃家用炉具时，因为视野和空间的原因，点火器能够准确放至火嘴处，打开气控制阀门就能点燃也不会产生回火。有了这个发现思路立即拓展了，如果在点火杆上安装一个游标，点火时，先用游标确定点火器的长度，再将点火器点燃，放入炉口至游标确定的位置，就能准确放至气口处了。想到这里我立即赶到了现场进行现场验证，效果和想法果然一致，但也带来新的问题，因为火嘴伸入炉膛一定距离，点火时火势比较小，不易观察到点火情况。这让我在感觉到喜悦的同时又感受到创新的艰难，带着问题又进入新一轮的思考。

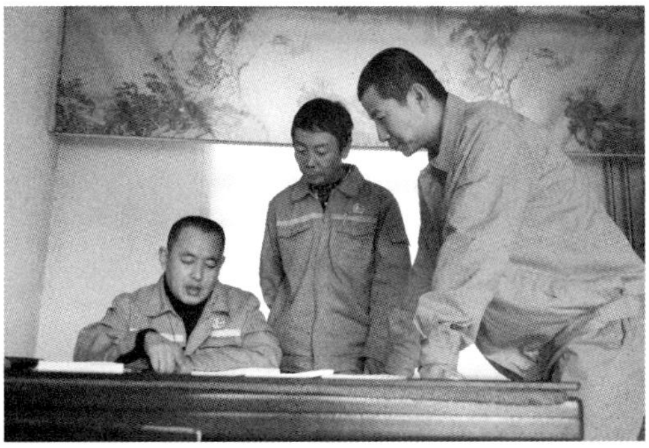

怎么才能实现侧面观察呢？在我对这个问题苦苦思索的期间，参加了油田组织的优秀创新成果展示会，在会上听到成果研制人在介绍成果时提到创新不仅是个人的创意行为也是团队的智慧力量时，我脑海中突然浮现出受伤工友描述、队长期望、赵师傅指导的画面，这

些不就是现场难题的发现、解决方法的目标和问题原因的分析吗？这些不就是团队的智慧力量吗？会后我找到了身边喜爱创新的同事，把事情的经过和遇到的问题进行了描述，大家各抒己见地讨论起来，其中一位懂驾驶的同事说驾驶的时候通过后视镜解决了视野问题，那么是不是也考虑加入观察装置解决遇到的问题呢，他的提议得到了大家的认可，同时大家也对其他方面提出了很好的建议，就这样一个直角直径1.5厘米、长度120厘米的钢管用弯头连接成，一头长50厘米，尾端做成把手状，另一头长70厘米钢管安装游标，顶端做成钩状缠绕棉纱，并在直角处装上观察镜的点火装置就呈现在了大家面前。在现场应用时，因为点火器做成90℃直角，真正实现人员站在侧面进行点火，点火时，先用游标确定点火器的长度，再将点火器点燃，放入炉口至游标确定的位置，打开燃气控制阀门，在炉口侧面通过观察镜观察火焰情况，确保点火操作安全化。投入使用后，职工评价该工具在使用过程不滑不脱，可在侧面进行调节和观察火势大小，并可以通过游标定位至气口处，达到开气控阀后即可点火的要求；采取人性化设计，操作起来得心应手，方便又快捷。

点火器虽然没有多深的科技含量，也没多高的成本投入，但对我的影响却是深远的，不仅开启了我的创新之路，也让我深知创新离不开团队的智慧和力量。现在我有了正式的创新团队，我们身穿石油红走在创新路上，紧紧围绕生产中的现场难点、热点及老旧设备优化等方面，以提高生产效益为中心，突出创新、创先、创优，突破生产瓶颈、解决技术难题。今后将再接再厉，加强学习能动性，带领团队解决更多的生产难题，培养出更多的优秀人才，让石油红成为创新路上的亮丽风景，为油田的发展做出更大的贡献。

103

创新的路越走越宽

胜利油田　孟宪河

在我的创新工作室有一个“光荣册”，里面记载着我和工作室成员大大小小的革新成果近百项，从简单的工具改造到围绕油田改革进行的“信息化”革新，从就事论事解决问题到主动去外单位“接单”创新，从“内部消化”到“直播带货”。我和工作室，用了十余年的时间，完成了化茧成蝶的蜕变。

“中华技能大奖”获得者王为民是我的师傅，他对我影响最深的不仅是他高尚的品质，更是他对工作的热爱，对创新的执着。参加工作30多年，我始终牢记着师傅的教诲，把技术革新当作我的责任，只要生产中遇到问题，就必须想方设法去解决。

记忆追溯到2009年冬季，我在当时的曲习作业区工作。一个寒冷的冬日，由于气源不稳，油井升温成为问题，干线压力居高不下。开生产会的时候，作业区汇报说，因为干压高无法量油，造成整个计量站的产量资料无法录取。

生产的难点，就是我创新的起点。为了解决这个问题，我不顾天气寒冷，立即骑自行车来到现场，观察分离器液位与加热炉温度的关联情况。蹲在站点五天五夜，随时手动调节分离器出口的闸门，控制液面在稳定的范围内，干压稳定下降到0.55兆帕。经过几天的分析，我找出了问题的根源：干压高的原因是气体窜入干线形成气阻造成的。为此，我根据锅炉温控和液位变化，研制了“油气混烧自动调节装置”，从根本上解决了冬季升温难、干压高的难题。

问题解决了，但也深深触动了我。一个人搞创新实在是身单力薄。跑现场、画图纸、改造设备、调试修改……这么多的工作根本忙不过来。有时脑子“卡”

了，连个商量的人都没有。

之后，我就开始有意识地寻找有创新兴趣的人。很快，我发现员工王秀芳、毛光明也是喜欢动脑子的人。于是，我就慢慢引导他们进行创新，每当碰到问题，我们几个就凑到一起讨论，分工合作，效率一下提高了很多。

就在当年，我的创新工作室成立了。从一个人到三个人，再后来，人慢慢多了起来。志同道合的一群人聚在一起，一起出谋划策，一起寻找最佳方案，创新的路径更加开阔。

以前，我们创新工作更多的是盯着“点”，发现什么问题就解决什么问题，很少考虑“面”上的事。新型采油管理区建设推开以后，信息化平台广泛应用，远程监控全面覆盖，先进化设备不断投用，给我带来了很大的冲击。我意识到，再只盯着眼前的那点问题，那“革新”也算不上“革新”了。

“先要‘革新’一下搞革新人的脑子。”我不止一次对团队成员们说。随着油田的改革发展，革新人员应该从“看眼前”转变到“看未来”上，要找准方向，从“根源”上找原因，解决信息化建设中的“大问题”。

在这样的背景下，我牵头的“西部创新技师协会”应运而生，济北、商河、临邑三家管理区的革新人才凝聚到了一起。我根据每位成员的特长进行了优化：在现场工作多的人员，负责难题的收集、成果的推广和成果实验数据的收集；经验丰富的人员，负责提供解题思路；有绘图特长的负责图纸的绘制；有写作特长的人负责成果撰写和专利申报。

技师协会的成立是顺应油田发展的结果，也是我们在革新路上的一个转折。

一次创新例会上，一个问题引发了我们一场聚智创新。当时，各种信息化设备都是采用电池供电。随着使用年限的延长，因为电池供电不足，设备不能正常工作的问题频繁发生。为此，我们开始研究太阳能供电。但是，因为充电电池容量限制和充放电次数限制，使用寿命不高，怎么办？

通过多方查找资料，我们发现，有一种“超级电容”容量大，充电效率高，寿命长，正适合用在油田的信息化仪表供电方面。经过反复试验和优选，《抽油机信息化设备太阳能供电装置》诞生了，目前已广泛应用于鲁明公司的生产现场。

然而，人生所有的事情，都不会一帆风顺。我们的创新工作同样如此。

有一次，一个计量站出现了干压升高的问题。我们采取了各种措施，都没能彻底解决问题。于是我们紧急召开了创新研讨会，我提出了一个想法：可能是管线内径变细，造成了干压升高。使用清蜡钢丝带着疏通装置通一遍管线，就算不能解决，也可以明确知道管线哪里存在变径，便于下步更换管线。大家经过一番讨论，都认为这个方案可行。可是，现场经验比较丰富的毛光明提出了反对意见。

他说："那条管线是玻璃钢材质的，如果用钢丝穿进去，在管线拐弯的地方，钢丝会把玻璃钢割破，就像用绳子锯肥皂那样！"

一语惊醒梦中人，我们立即停止了这个方案。这件事，再一次证明了聚智创新的重要性。最后，我们采取了大排量高温热水冲洗管线的办法，同时为了降低出口的阻力，我们把出口连接上排污管线进行放空。实施后，从管线里冲刷出来两立方米多的玻璃丝缠绕的沙砾，干压终于恢复了正常。

现在，我们创新的路子越走越宽。为了带动更多的人，想创新、会创新，我们开展了讲述创新故事、展现革新成果等活动，同时还利用"抖音"平台开展直播带货。让革新成果在更大范围内推广应用，让创新工作从一个人，走向一群人，从一个单位走向更多单位。

104

攀登者之路

胜利油田　孙渊平

我始终认为：踏上创新之路犹如踏上攀登之途，注定艰辛，注定孤独与充满挑战。

我愿做那不畏山高路远的跋涉者，只因心中有一份坚定的信念。

记得还是在2013年发生的一件事，至今让我始终难以忘记。那是北风呼啸的一个下午，天寒地冻，路上基本上见不到人影。1月份气温达到零下15℃，气温低油井最易结蜡。那天我在井场目睹了几个工人师傅给商13-69井蒸汽清蜡的整个过程。开始两个采油管理区的工人骑着电动三轮车来到井场，过了一会儿一辆锅炉车也驶进了井场。

锅炉车刚停下，那两个采油管理区的工人靠人拉肩扛，把高压蒸汽管线摆放在适当位置，在凛冽的寒风中艰难又吃力地把结蜡油井和锅炉车连接好。待锅炉工点火升压，高温高压蒸汽源源不断地通过套管闸门进入井筒，采油管理区的带班工人还要不时观察着回压、电流、负荷的变化，直到上述参数正常了，整个清蜡过程才结束，全过程耗费5个多小时。

这时夜幕已经降临，顶着繁星点点，工人师傅们才拖着疲惫的身子，忍受着饥饿和严寒返回单位驻地。

从那之后，工人师傅在恶劣的天气里为油井清蜡的场景总是不断在我脑海里浮现，这时，我在心中也产生了一种一定要找到一种省时、方便的清防蜡方法，让一线的师傅们摆脱这样繁重的体力劳动。在思考了一段时间后，我把我的想法向单位领导做了汇报，单位领导

听了后，非常认同。“如何消除结蜡井对油井产量的影响”，也是一直困扰他们的难题，单位领导肯定并给予了我积极鼓励。同时，临盘工艺所成立了以我为组长的高效清防蜡工具研制项目组，加以攻关解决。

大家都知道，石蜡是原油组分中的固相组成部分。在油藏条件下一般处于溶解状态，随着温度的降低其在原油中的溶解度降低。对于溶有一定量石蜡的原油，在开采过程中，随着温度、压力的降低和气体的析出，溶解的石蜡便以结晶体析出、长大聚集和沉积在管壁等固相表面上，即出现所谓的结蜡现象。

油井结蜡一方面缩小了油管孔径，增加了油流阻力，使油井减产，甚至发生卡泵现象。另一方面结蜡还会加大悬点负荷，加剧油井偏磨，导致躺井，2012年10月底，临盘采油厂有187个开发单元，其中有19个开发单元含蜡量大于20%，500多口油井因为结蜡需要定期进行加药、热洗，2012年因结蜡严重造成躺井23井次，这部分井平均检泵周期仅为180天，远远低于全厂平均检泵周期，当年因结蜡原因造成的躺井及维护占产达1万余吨。

为了搞清楚目前临盘采油厂清防蜡技术现状，项目组对结蜡井的地面、井筒、生产情况及已采取的清防蜡工艺进行统计，通过调查分析发现：目前采油队大多采用热洗加化学药剂的清防蜡工艺，热洗质量受路况、水温、地层及人为因素的影响较大，20%的油井路况较差，热洗罐车经常进不去，并且对于产液量低于10吨，沉没度低于150米的井，原油长时间大量脱气，在井筒、油套环形空间及周围地层形成低温场，热洗液与低温场热量交换损失大，热洗温度达不到溶蜡温度，热洗清蜡效果不佳。大多清防蜡剂会对工人的健康造成一定的影响，使用受限。洗井液对部分油井的地层产生伤害，影响原油产量。另外，我厂还使用过强磁防蜡器、固体防蜡管、微生物清蜡等工艺技术，均存在清蜡不彻底和不确定问题，结蜡井段机械实时在线清蜡技术在国内外还属于技术空白。

结蜡过程包括析蜡、蜡晶长大、沉积三个阶段，经过沉思，有一天我忽然从油井结蜡过程产生了灵感，如果将结蜡过程控制在任一阶段不是都可达到防蜡目的吗？项目组成员经过多次激烈的讨论，优选了高效合适的清防蜡工艺，最终制定出了最佳的“全方位长井段机械刮蜡器”方案，以满足现场油井的生产需要。

我们项目组经过“头脑风暴法”和集思广益，决定将刮蜡器设计成圆柱体状，外围设有3个螺旋斜槽，斜槽作为油流通道，可以减小液流阻力；为了便于起下作业，刮蜡片两端端面设有45° 倒角，刮蜡片的螺旋角是80° ，使刮蜡片上端面与下端面的投影线接合，做到360° 全面刮蜡。为了使刮蜡器适宜长期在高矿化度、高温、偏磨的环境中循环往复地工作，筛选了改性超强尼龙66材料作为主材料，通过加入玻璃纤维增强材料的耐磨性能。为了保证刮蜡块在抽油杆上附着力强、不易脱落，并在整个

结蜡井筒内无缝隙刮蜡，采用注塑热固的加工工艺以小于抽油机冲程的间距将超强尼龙材料制成的刮蜡器热固在普通抽油杆上。随着抽油杆的上下运动，油管壁的蜡不断地被清除下来，随着油流带出井口，“抽油不止，刮蜡不已”，真正达到持续自动清防蜡的目的。

最终该技术及相关配套技术申请国家实用新型专利3项，形成并发布企业标准1项，在核心期刊发表学术论文1篇，获局级科技进步三等奖1项，填补了结蜡井段机械实时在线清蜡技术在国内外的技术空白。

截至目前，该技术代替热洗加药，现场实施376井次，对比措施前井口回压平均下降0.12兆帕，最大电流平均下降0.81A，最大负荷平均下降2.93kN，新型刮蜡器的应用，大大降低了前线工人的劳动强度，减少了工作量，降低了药剂对工人健康的影响，同时解决了带管柱卡封结蜡井无法加药、热洗的难题，获得了各采油管理区的一致好评。

目前，该技术已规模化应用，为油田的高效绿色开发提供了强有力的技术支撑。回首来时走过的崎岖与坎坷，望向远方群峰闪耀，未来可期，创新之路虽依旧艰辛在前，我依旧在路上。

105

匠心铸就石油梦

中原油田　沙宇武

在中国广阔的土地上，无论是过去的传统采油管理模式还是现今的数字化管理模式，面对复杂多样的生产设备和工艺流程，我作为一位经验丰富的石油工人，经常带领团队解决问题，这也是我个人工作中的乐趣所在。接下来我要讲述一些让我印象深刻的故事。

我叫沙宇武，1991年11月，我在中原油田采油技校毕业并开始了我的职业生涯。我的父亲是一位老石油工人，从甘肃玉门会战到中原地区，他在这个行业里奉献了自己的青春，精通采油、地质、作业等多个领域。作为一个“石油二代”，我很自然地受到了他的影响，成为一名石油工人，对我来说是一种荣耀。我渴望超越父辈的光辉，成为最好的自己。

刚开始工作时，我缺乏理论知识和实践经验。当我看到技术人员迅速解决了设备故障时，我羡慕不已。这种强烈的好奇心和挑战精神驱使我勤奋学习，阅读专业书籍，向老师傅请教。每当我遇到难以解决的问题时，我会把设备拆开，仔细研究每一个部件的结构和工作原理。

1992年7月的一个炎炎夏日，刚刚工作不满半年的我，被指派单独值守。临近下班时的最后一轮巡检过程中，我发现了站上的配水间单井水表发生了卡壳现象，需要拆开清理。尽管我用尽全力尝试用螺丝刀和榔头去解决问题，但是仍然束手无策，只能焦急地跺脚。无奈之下，我只能向邻近站点的站长求助。令人惊讶的是，那位站长只用了不到十五分钟的时间，便借助自制工具迅速拆开了水表，清理掉了堵塞物，使

得水表恢复正常运转。这场意外的挫折让我意识到，解决问题不能一味依靠蛮力，而是需要巧妙地思考和行动。这次遭遇不仅刺激了我，同时也点亮了我对创新的热情。从此以后，我便开始了对工作方式的不断探索和改良，寻求更为以有效和便捷的方式完成任务。

2011年6月5日，我的同事袁江汉在值夜班时不小心触电，幸好及时脱险。这个事件让我意识到了安全的重要性，如果有人在一旁提醒或者监护的话，就不会发生这样的事故。于是，我开始寻找解决方案。在网上搜索资料、向电工师傅请教，花费了很多时间和精力，但都没有结果。直到一次偶然的机会，我听到一辆卡车倒车时发出的警报声，这给了我灵感。我想，为什么不能把这种声音加入配电柜中呢?

因此，我找了几位志同道合的朋友一起来探讨这个问题。我们一起绘制图纸，购买所需材料，并进行组装实验。经过无数次尝试和改进，五个月后，我们成功研发出了第一款抽油机安全语音装置。虽然这款装置相对简单，但它给我们带来了极大的鼓舞。为了庆祝这个小小的胜利，我们继续讨论如何进一步改进它。在此基础上，我们又陆续研发出了第二代、第三代和第四代安全语音装置，这些装置的出现大大提高了工作效率和安全性。

这段成功经历使我领悟到工匠精神的本质：热爱你的职业，深入研究，利用先进技术进行创新，并勇敢挑战自我。

在2019年，我所在的公司成立了“沙宇武信息化创新工作室”，我与团队围绕采油设备信息化这一主题展开研究，取得了诸多成果，培养了一批具有专业技能的年轻人，实现了个人价值、团队发展以及企业利益之间的完美结合。

例如，抽油机非承载示功仪常常因为主板休眠或静电干扰而死机，每次都需要工作人员爬上游梁进行检修，这是一个既耗时又危险的过程。我和团队成员决定攻克这个难题。我们白天处理故障，晚上讨论方案，反复试验，历时四个月，终于找到了解决方案。我们改进供电模块，添加了一个遥控电路模块，通过地面无线遥控短路复位，唤醒和激活主板，减少了工作人员攀爬次数和停机时间，大大提高了工作效率和安全性。这项发明获得了中国能源化学工会职工创新成果一等奖，并在全油田推广。

我的努力和成果，也得到了各级领导的肯定和鼓励，我先后荣获河南省五一劳动奖章、濮阳市大工匠等荣誉称号。2022年工作室被评为河南省示范性劳模和工匠人才创新工作室和中原油田示范性创新工作室。

作为一名石油工人，我始终以工匠精神为指引，热爱我的职业，并不断钻研技术，努力提高工作效率和安全性。我相信只要我们持续创新，勇于挑战自我，就能够实现更大的突破，为油田的发展贡献自己的一份力量。我认为“工匠精神”就是干一行、爱一行、钻一行；精益求精，持之以恒；学会利用先进的技术来创新，不断地挑战自我。我和我的团队将传承这种精神，争做创新尖兵，出更多成果，创更大效益，为油田的发展不懈努力。

106

自动洗井助力煤层气增效

华东油气分公司　邵小平

“煤层气开发在排水采气过程中由于压降作用易产生煤粉及带入压裂砂，造成泵堵和卡泵，严重制约煤层气连续稳定排采。”如何解决泵卡、泵堵、泵漏等问题，一直困扰着我们。

延川南煤层气田是中国石化首个商业开发的煤层气田，是国内开发深度最深的煤层气田。开发过程中，气田逐步形成“优快降压、高效解吸”的排采技术，但在促进高效上产稳产的同时，排采水携出的煤粉、压裂砂增多，泵堵、卡泵问题随之而来。工区每年因此导致的检泵占比高达70%，不仅增加了维护成本，还影响了气井连续平稳生产。

作为公司主任技师，为解决这一问题，我与工作室成员对躺井原因和数据进行系统分析，现场实地调研，成功研制出车载移动式洗井装置。

车载移动式洗井装置，通过短时间提高管式泵液量，达到携煤粉的目的。实施一段时间后，发现车载移动式洗井装置虽然能将煤粉携出，但会造成气井的事实压井，污染地层，而且电流变化和卡泵后再洗井，降低了处置的时效性，易造成躺井。此外，洗井最少需要两名员工和一辆运维车辆配合操作，一定程度上还增加了维护成本。

车载移动式洗井装置虽解决了老问题，但新问题又出现了。那段时间，我每天绞尽脑汁、苦思冥想，到底怎样才能在有效携带煤粉的同时还不影响气井生产，能不能通过一种设备实现自动洗井，无须人工操作，只要定期巡检保障设备正常运转就可以。有了想法后，我便和工作室成员投入研究，一段时间后，自动循环洗井装置诞生了。

我们通过可调机械隔膜泵调整排量，保证达到气井液携煤粉液量，同时调整机抽参数，控制井内液面在合理范围之内，避免造成水淹压井影响产气，通过电力连锁实现均匀注入洗井水，从而将煤粉携带出地层至地面，井口产水后经过水池沉降过滤再次注入井底，建立起循环机制。该工艺的应用可实现中、低产气井24小时连续洗井，增强了液携煤粉能力，降低检泵频次，保证了气井连续稳定排采，取代了车载移动式洗井装置，平均单井创效1.5万元，全年可节约成本约202万元。

随着煤层气大发展，“快排解析”新开发模式用于现场，快排的同时，地层大量出砂和煤粉，造成气井极易卡泵、泵堵，且气井日产量大于1万方时，注入水不能有效注入。在生产一线的我，看在眼里，急在心里，面对新问题，我没有低头，天天跑现场，有时在现场一待就是半天，观察设备、工具，录取数据，晚上利用下班时间查找书籍，询问“师傅”和现场操作人员，分析原因，总结前期经验，经过反复论证和现场试验，管式泵机抽工艺应运而生，能适应不同井况排采需求，清洗管柱，防砂和煤粉。针对自动循环洗井工艺不适用于高产气井的情况，我们深入分析，发现气井瞬时气量较大时，会发生气顶现象，导致注入水无法到达井下，进而无法洗井，设计研发了铝塑管洗井装置；针对新井快排出砂和煤粉严重、颗粒较大，液量小不能有效携带砂和煤粉，研制了空心杆洗井装置，地面将水注入空心抽油杆，并通过空心抽油杆喷射器的导向通道对准活塞上端面进行清洗，从而将活塞以上的大颗粒的煤粉和砂带到地面，适应了新形式开发的需要，目前几种工艺在工区已推广应用175口气井。

管式泵机抽工艺经过2年的实践探索，已可以基本满足煤层气井排采需要。该工艺包括了管外自动洗井、管内空心杆洗井和泵下洗井三种工艺，三种洗井工艺相辅相成，实现了机抽过程中从地层产出到井口出液全过程清洗井下工具，有效延长了气井检泵周期。有一次洗井装置出了问题，需要调整参数，因为下雨，同志们不经意间说了句“现在都是智能化时代，还要我们人工操作，而且下雨操作还不安全”，当时我听进了心里，也有了灵感，回来后我针对洗井装置在现场应用所展现的缺项进行优化，设计整合了撬装式洗井泵，并制定相应操作规程和排采制度，现场试验效果显著，该装置一泵带多井，简化流程，装置集成化、数字化，实现了远程监

控和操控，降低劳动强度，提高了安全操作系数，并在此基础上申报了4项专利，实现了拥有自主知识产权。“洗井装置小发明解决了大问题”，领导会上的一句话，让我深深感受到一丝欣慰，同时也给了我继续创新解决问题的鼓励和信心。

“日复一日、一如既往，把认为对的事做好就是不平凡！”这是我一直以来的信念。2019年，工作室成立以来，我先后与10名员工签订师徒协议，徒弟们全部成长为骨干，4人在集团公司竞赛中获奖，被授予“中国石化技术能手”称号，6人被授予“华东石油局技术能手”称号。我们的团队近年来先后研发纤维压裂加注装置等16项新装置、新技术，推广应用往复机不停机调油压改造等工艺创新12项，解决了气井排采、维护作业难题34项，成功申报专利16项，“五节六小”劳动竞赛获奖10余项，累计创造经济效益700多万元，形成了多项煤层气独有的开发排采技术。

“要把解决生产问题当成自己分内的事，多管多过问。”一项项技术的突破、一个个工作方法的推行、一条条生产建议的提出，是工作室所有成员用智慧和实干换来的成果。今后，我将继续带领工作室成员扎根气田，以身作则冲在科研创新、生产攻坚一线，将工作室打造成比学赶超擂台、业务交流平台、实践锻炼舞台，持续补短板、强弱项，潜心研究，为推动煤层气规模效益开发和保障国家能源安全贡献力量。

107

井口密封问题的创新解决

江苏油田　沈　剑

创新的起点往往源于我们面临的难点。在实际工作中，我们会遇到各种各样的问题和挑战，这些问题和挑战就是我们的创新起点。

江苏油田的油井大多采用有杆泵采油技术，每个生产井口都配备了一个光杆密封器。在生产过程中，光杆密封器通过内部填料与光杆进行紧密配合，实现良好的密封效果。正常情况下，光杆与密封填料之间的摩擦产生的热量会被油井中的油水混合液吸收，随着产出液的排出，热交换过程持续进行。同时，油井中的原油会随光杆黏附到密封盒内的填料上，起到一定的润滑作用，保持井口密封盒内填料温度稳定。

然而，在特殊情况下，如油井出现间隙出油、高含水、气油比大或油井气锁等，导致井口不出液时，光杆仍然需要与填料进行摩擦。这种情况下，摩擦产生的热量会使光杆温度升高，进而使橡胶制成的密封填料受热老化失去密封性，从而引发油井井口产生漏失现象。

以黄55井为例，这是一口高压气井，长期供气后会在油井的油套管环形空间产生积水。随着积水高度的增加，会对地层产生一定压力，使得油井的生产压差变小，对地层的回压造成供气量下降。为了确保供气量不受影响，我们决定采取定期排水法，以维持油井的正常生产。

随着油井生产自动化程度的提高，目前大部分油井已经实现了无人值守。然而，这一变化也带来了新的挑战。由于油井气锁的影响，光杆发热现象较为严重，导致密封盒填料受热老化加剧，进而引发井口密封盒渗漏气体和部分液体的问题。这种泄漏不仅会造成安全隐患，而且漏出的地层水具有一定的矿化度，会导致油井井口锈蚀严重，严重影响了现场标准化管理。

为了解决这个问题，我们不得不频繁更换密封盒填料，通常每2~3天就需要进行一次。这种方式虽然能够暂时解决问题，但却降低了油井的开井时率，影响原油产量，并增加了生产成本和劳动强度。

面对这个困扰，我作为一线工作了三十六年的老员工，深知每一个生产难点都是创新的起点。经过深入分析，我发现密封填料老化主要是由于摩擦产生的高温所引起的。因此，我开始思考如何从降低光杆温度和改善润滑方面寻找解决方案。

受到高速旋转的离心泵润滑方式的启发，我决定参考这一方式进行多项试验。于是，我召集了岗位上的生产骨干们，带领团队开始了我们的试验计划。通过不断地尝试和改进，我们希望能够找到一种更有效的解决方法，以减少因密封盒填料老化而带来的各种问题。

首先，我们进行了黄油涂抹试验。在光杆上涂抹适量的黄油，由于光杆的上下行运动和密封填料与光杆的紧密接触，黄油没有流动性，涂上的黄油被带到光杆的上端。然而，这种做法对于解决光杆润滑和散热作用不大，且黄油会与干磨出的密封填料碎屑混合在一起坠落在井口，导致环境卫生变差。

接着，我们又进行了加注机油试验。在光杆上涂抹适量的机油，由于光杆的上下行运动和密封填料与光杆的紧密接触，机油具有流动性，涂上的机油被带到光杆的上端后，由于重力原因紧贴下流，解决了光杆润滑和散热问题。但是，机油有流动性，在井口密封盒上会到处流淌，使得环境卫生再次变差。

通过多次试验，我们发现解决机油收集问题，就可以从根本上解决密封填料受热老化、导致井口漏失的问题。

观察离心泵的机油冷却盒后，我决定设计一个井口冷却液的收集腔。很快，样品就制作出来了。当光杆停在下死点时，在冷却腔内加注冷却液。随着光杆上行，由于冷却液具有一定的黏度和很好的流动性，部分冷却液吸附在光杆上，增加了光杆与冷却液的热交换面积以及冷却液与空气的散热面积。同时，部分冷却液在重力作用下向下流动，冷却腔内的冷却液始终包裹着光杆，造成液面下降。而当光杆下行时，冷却液又储存在冷却腔内，冷却腔内液面上升。随光杆流回到冷却腔内的冷却液又与没有沾在光杆上的冷却腔内的冷却液进行热交换。此外，冷却液还具有一定的润滑作用，可以降低光杆和密封盒内填料的摩擦系数，从而减少热量的产生。

我们迅速行动，进行现场试验和数据监测。在反复论证和测试后，我们发现了一些问题：首先，由于冷却腔露天使用，内部容易积聚树叶等杂物；其次，冷却腔的强度可能影响碰泵等操作；最后，在雨天，雨水会汇集并导致冷却液外溢。

针对这些问题，我们对冷却腔进行了改进。增加了排污阀门以方便排放或清洗，更换了材质以增强冷却腔的强度，使其能够承受井下负荷。同时，我们还增设了虹吸管、破虹吸口和收集口，当冷却腔内的液面高度高于虹吸管高度时，冷却腔内下部的雨水会自动通过虹吸管流向收集口。

攻关小组成员亲自参与零部件组装，并在黄55井、黄88-4井（高含水）和马斜38井（井口偏磨）进行了现场安装和测试。对于出现的问题，我们都一一记录并解决。经过全组成员检查，装置达到了预期的技术要求。目前，我们在班站已经推广了6口井。

这个小小的井口冷却装置成本不高，制作起来也不算麻烦，但却能显著提高工作效率。现在，密封盒填料更换周期由原来的2～3天延长至30天，不仅降低了劳动强度，而且每口单井每月可以节省材料费560元。此外，这一革新成果也消除了因为密封盒漏气造成的安全隐患，并获得了2020年国家实用新型专利授权，有力推动了油田生产经营和管理的提质增效。

108

创新打开一扇门

江汉油田　王宏图

我毕业于江汉油田高级技工学校，从事过柴油机发电、采油等工作，目前在重庆涪陵页岩气公司从事采气工作。从一名普通员工成长为油田采气首席技师，是创新为我推开了职业生涯中的一扇大门，让我在人生的舞台上诠释自己的梦想。

2005年1月，我从江汉采油厂调到清河采油厂采油四队工作。清河采油厂位于山东省东营市与潍坊市交界处，冬季寒风凛冽，气温最低能到零下十几度。这样寒冷的天气在室外干活，是一件很痛苦的事，而作为一名采油工人，荒郊野外就是我们的主战场。

那个时候，我经常与抽油机打交道，其中最频繁的工作就是更换抽油机井口盘根了。盘根是一种消耗品，使用中会发生磨损，当磨损到了一定程度，密封性变差，原油便会从井口盘根盒处泄漏出来，既降低了产量又污染了环境。对于光杆与盘根盒同心的油井来说，更换盘根还算简单，但很多油井由于基础下沉等特殊情况，光杆与盘根盒不同心，这就给换盘根工作带来了很大的困难。

在工作和生活中，我是一个喜欢“琢磨”的人。每当遇到一些不顺手的工具，或者一些烦琐的工作，我就和得了强迫症一样，总想着怎么去解决它。看着我的同事们顶着凛冽寒风，伸出冻得红肿的双手更换盘根，我心里有些不是滋味。“怎么能让不同心井口的盘根换起来简单快捷呢？”我陷入了沉思，“这个问题产生的根源就是不同心，只要让光杆与盘根盒处于同心位置，问题就会迎刃而解。能不能设计一个装置，先将两者变成同心，然后再更换呢？”

既然有了想法，那么就要去验证它。经过再三的思考，我决定利用一个顶丝先将光杆扶正，然后再设计一个特殊工具来取、加盘根。

于是我来到库房寻找合适的材料，当时库房里有一些废弃的盘根盒压盖。我突然就来了灵感：在盘根盒压盖上切出一个凹槽，让它能够穿过光杆，再在压盖本体上钻一个孔，装入螺杆，利用螺杆的旋紧力扶正光杆，不就可以使光杆与盘根盒同心了吗?

我主动邀约了一个动手能力超强的同事，一起帮忙做这个事。首先，我们去库房找了一个废旧的盘根盒压盖，用手动切割机将其切出一个大于光杆直径的缺口，可以让装置很容易穿过光杆。再在其本体上打孔、攻丝，装入一根螺杆。然后，将注水泵上换下来的旧弹簧，加工成一根带倒刺的钩子，好刺入旧盘根内，方便取出。再在装置本体顶部加工一个小孔，将废弃黄油枪的拉杆穿入其中，底部焊接一个月牙形的圆板，用于将新盘根推入盘根盒内。

看着做好的装置，我们感到由衷的喜悦。第一次做这个装置，既动了手又动了脑，虽然不知道能否成功，但这种挑战自己的感觉真的太好了。

接下来就是现场试验。我与两位同事一起来到井场，找到一个偏斜度比较大的井口。将装置顺着盘根盒螺纹旋转装上去，调节好顶丝使光杆与盘根盒同心，利用钩子逐个取出旧盘根，放入新盘根，用月牙形圆板逐一将其推至底部，松开顶丝，将装置从盘根盒上取下来……整个过程如同行云流水一般。我们放下了紧张的心情，擦一把头上的汗水，相视一笑。“整个操作只用了不到五分钟的时间。”“成功了，这个小装置太好用了。”两个同事发出了兴奋的感叹，我们开怀的笑声在寂静的井场飘荡，空气中涌动着快乐的气息。

为了确定这个装置的适用性，我们又找了多个偏心井口做试验，无一例外取得了成功。实践证明，使用该装置进行操作，简单又快捷，不仅减轻了员工的劳动强度，还缩短了停井时间。后来，这件事被一传十、十传百传了出去，队里每个班都派人来我们这儿“取经”，然后加工制作，搞得单位以前积累了几年的废旧盘根盒压盖都不够用了。工人们冬季加盘根，再也不用冻僵手指了。

这件事情，让我收获到创新带来的快乐。一个小创新，就可以解决生产上的许多问题，只要你愿意动脑筋，就能够让原本复杂的工作变得简单一点，再简单一点。此项成果获得了当年采油厂五小成果一等奖和“张榜问计”优秀奖。

我的创新精神和创新能力，也得到了同事们的认可和赞扬。从此，我对创新有了更深的理解和热爱。我开始积极寻找工作中任何可以改进的地方，与同事们一起制作了许多实用的工具和装置。

2017年，我调到涪陵页岩气田从事采气工作。我发现传统的采气方法存在许多问题，比如采收率低、能耗大、环境污染严重等。于是，我开始思考如何改进这些传统的方法，提高采收率、降低能耗、减少污染。

当看到集气站放喷池点火，员工仍然在用传统的柴油、抹布做引燃物。我想到了家里使用的燃气打火灶，它不就是一件十分好用的电子点火装置吗？我上网查阅了相关资料，并从网上购买来相应材料进行试验，当点火装置发出强烈的电流，轻松将纸张点燃，我知道第一步成功了。之后我又为装置加上了遥控部件，第一代遥控电子点火装置诞生了。通过试验，点火成功率达到百分之百。

回首我的创新历程，我明白了创新并不是一蹴而就的，它不仅需要灵感和实践能力，还需要对问题的深刻理解和对技术的全面掌握，只有这样，我们才能真正做到开拓创新，为企业和社会做出更大的贡献。

109

高原机动起来

胜利油田　王　军

蓝天碧水白鹭飞，绿地青松“井”色美，当清一色的30口高原机整齐排列在井场，这便成为油田绿色生产的一大风景。

高原机以其冲程长、冲次低、动载荷小等特点，并具备的高效、可靠、节能特性更好替代了游梁式抽油机。目前，采油厂的高原机数量已经超过千台，俨然成为油区生产的“主力军”。

初见高原机是在十几年前，前方高高的架子，后面矮矮的平台，给人一种头重脚轻的感觉，再加上还要挂着沉重的井下载荷，总给人一种快要倾倒的感觉。但就是这样一个设备，它却将抽油机的冲程提高到5~6米，把长冲程生产变成了可能。

虽然高原机有如此多的优点，但在使用中却给一线采油工人带来了难题，因为高原机整体离井口太近，修井作业时无法立井架，必须将修井架后移1.5米，才能保障正常的修井施工，移机就成为制约作业的一个难题。

2011年，队上的滨308斜6井准备作业施工，因为是高原机的缘故，还需要整体移机，只见站上的师傅们围在井场上一筹莫展，有说用液压千斤顶顶的，有说用车拉的……要把几十吨重的高原机挪动几米，确实是一个大难题。

用液压千斤顶只能在水泥基础上开槽，成45℃角顶机，效率极低，还存在一定危险。看着师傅们不断地调整角度、刻槽、压顶，虽然大家都累得气喘吁吁，但高原机只是晃晃悠悠地向后移动了一米，看上去随时有倾倒的危险，真是揪心啊。当时我就在想，要是能有专门的移机工具该多好，既安全又省力，还能不损坏高原机设备。

一连几天，师傅们移机的画面始终萦绕在我的脑海中。于是我暗下决心，一定要想一种办法安全地移动高原机。为了尽快找到解决的办法，我第一时间叫上徒弟，拿上尺子冲到现场，对高原机及周围的数据进行测量，围着高原机转了一圈又一圈，这么高大的家伙，重心不稳，怎么移动啊，往前推，向后拽，两侧往后拉……一个个想法在我脑海中飞速地转动。

回到办公室我开始想象模拟，支点怎么找，力量从哪来，设备的重心怎么控制，移动速度怎么控制，一个个问题轮番在脑海中滚动，整个人就像中了魔似的，走路吃饭睡觉时脑子里想的全是这些问题。

一次偶然的机会，转机终于来了。一天，走在回家的路上，我突然看到路边工地上一台挖掘机正在清理碎石，几百上千斤的大石头，被液压驱动的铲子一会儿往前推，一会儿向后拉，平稳又高效，就是它了！就用液压了，利用液压将高原机进行移动，省力，速度又便于控制。

定下这一方案后，我带着徒弟再次来到生产现场，向他阐释了我的想法。安装液压装置，在前方有井口，没有空间，在底座里面，位置窄，不便于安装。经过多次的论证，液压装置只能放在后方，空间大，便于操作。方案想了一个又一个，去网上查阅液压装置的种类，终于敲定了水平液压千斤顶。在距离方面，液压杆长的重量大，重量轻的液压杆长度又不够，在这个问题上又纠结了，后来转念一想，可以通过两次移机实现啊，没必要一次就成功。

动力解决了，第二个难题又随之出现，移动距离要怎么实现，支撑点又该放在哪里？最后选择在高原机底座下方焊接一个支点，分两次移机的情况下，一支点不够用，又将固定支点改为活动支点，活动支点需要有间接固定点啊，于是又借助一根滑道将固定支点和活动支点连接在一起，实现水平液压千斤顶的支撑问题。

突然有种喜悦飞上心头，感觉快成功了，就连夜设计图纸，第二天早起就找人加工，到现场进行安装实验，拉力达到20兆帕，高原机纹丝不动，滑道也被拉弯了。

但是我并没有被失败所打倒，找问题，分析原因，真是低估了高原机的重量，于是改变滑动方式，减少摩擦力，由滑动摩擦改为滚动摩擦，在高原机下安装几个滚轮，再次实验，高原机终于动了，1厘米1厘米地向后移动着，20厘米，50厘米……140厘米，这时我们实验小组成员别提多高兴了，研制这么长时间，终于让高原机动起来了，移动到位了，前方让出的距离可以满足作业立井架了。

高原机移位装置实验成功了！原来4人1个多小时移机的工作，现在2个人半个小时就可以实现，而且省力，安全系数高，效率提高了好几倍。为了验证效果，我们又在多口井上进行了实验，并将数据进行分析对比，针对人工液压强度大的问题，后来我们又经过改进，由电动代替人工，移机只需要5分钟，效率再次提高，真正解决了高原机移机困难的问题。

从2011年开始研制，目前，我们研制的高原机移机装置已在滨南采油厂800多口油井安装使用，年创经济效益约36万元，累计创效260多万元。该成果2013年获国家实用新型专利授权，2013年获胜利油田第四届技能人才技术创新成果二等奖，在现场使用过程中，获得员工的一致好评，繁重的工作变为轻松的操作。劳动效率得到大幅度提高。

热爱是最好的老师。自从走向采油工岗位，我就跟着师傅学习技术，参加技术比赛训练，因为我深刻地知道，我们工人只要有技术就会有力量。“走技术之路，走创新之路”的想法也在那时候萌生。后来，在代旭升等几位大师的指导下，我参加了中央企业技能大赛，在大师的带领下，技术再次得到提高，创新思路更加开阔，对创新有了新的理解，渐渐地把创新当成一种爱好。创新并不是遥不可及，只要有扎实的理论知识，有钻研精神，有不懈地实践，就可以实现突破。

110

刘师傅“竖起了大拇哥”

胜利油田　王民山

2013年，一种抽油机电机调节滑轨安装到临盘采油厂采油管理八区采油801、802站10口油井上，经过半年多的试运行，达到了预期设想，成绩单上记录了一组组亮丽的数据，1人操作、5分钟更换完毕、延长皮带更换周期210天……当300多套新式滑轨正式安装到抽油机上的时候，作为管理八区主任技师的我，心里一股自豪感油然而生！

时间回到2010年的夏天，我清楚地记得，那天下着大雨，站长通知说p40-x993井停井了，让值班人员老刘师傅去看看。由于井比较远，等老刘师傅回来，已经过去了半个多小时，老刘师傅立刻吩咐我，“皮带断了，小王，你去准备皮带，大皮带是7620的，小皮带是1800的，我去准备工具，你和我一起去吧”。

我们冒着雨，踏着泥泞的小路，我和老刘师傅一步一出溜，来到井上，松减速器顶丝、松减速器固定螺丝、取下旧皮带、挂上新皮带、调整皮带松紧、调整大皮带“四点一线”；松电机顶丝、松固定螺丝、取下旧皮带、挂上新皮带、撬动电机，调整皮带松紧、调整小皮带“四点一线”……因为雨天的缘故，一套操作流程下来，竟然用了将近两个小时，此时我们的脸上早已分不清是汗水还是雨水了。回去的路上，老刘师傅感慨，“如果能有一个省劲的换皮带的方法就好了”。

老刘师傅的这句话让当晚值班的我一夜没睡。

此后，我就像着了魔。我天天泡在井场上，日夜和抽油机相对。我发现，相同工况条件下，同等质量的皮带，寿命取决于其是否达到四点一线及是否松紧合适。现场测量四点一线是要过两轴中心的四个点在一条直线上才能达标，而抽油机变速箱上的大皮带轮直径为1~1.2米、距离地面3米左右、中间还有突出的固定螺母，同时抽油机二级减速器的皮带轮为锥套式设计，中间突出，即使拉线法测量操作时也要两个人保持测量状态，非常浪费人力。现场大都是有经验的师傅用目测的方式解决，这又造成了现场四点一线的测量准确性不高的问题。同时，

因老式的滑轨要松电机固定螺丝才能调整皮带松紧，调整松紧合适后还要用两个顶丝才能调整“四点一线”，操作过程复杂，使用工具烦琐，现场一般要2个工人40~60分钟才能完成。

此时两个问题出现在了我的面前，一是违章盘皮带轮加皮带，此时会损伤皮带，造成寿命缩短，这种操作属于违章不可取。二是按标准操作，费时费力，同时一条皮带在它的整个生命周期里是需要多次调整的，但是因为操作过程复杂，避免不了违章现象的发生，这又增加了操作人员的风险。

从哪里入手呢？怎么使皮带轻松快速地涨紧？电机前后左右如何快速移动？问题就在滑轨上。有了目标，就有了方向，有了动力。说干就干，没有资金，自己掏腰包；没有人看好，自己鼓励自己，自己相信自己。不服输的我和自己较上了劲。用那双平日里在井场上干粗活的沾满油污的手拿起了笔，捧起了专业书籍。由于基础知识薄弱，我给自己制订了学习计划，从简单入手，一步一步来。利用一切可以利用的时间，围绕目标学习，上班的时候我就认真跟着师傅们一边干活一边学习，休息的时候就跑去别的单位学习别人的先进工作做法和经验。经过无数次的实验，无数次的失败，终于研制出一种“新型电机滑轨”。

“新型的电机滑轨装置”由电机固定及左右调节机构、电机固定及前后调节机构、滑套、滑杠、加强筋、顶丝及调节螺杆等组成。在底座上装有电机固定及前后调节机构、利用滑轨滑套配合加技术，利用调节螺杆的T形螺纹保持调整效果，达到不松电机固定螺丝直接调整皮带松紧的目的。调整皮带松紧非常方便，大大降低了工人的劳动强度，提高了工作效率，节约了成本。同时新型滑轨采用分体式设计，适用于不同型号的电机，可方便地进行电机的前后左右快速调整，方便地进行皮带的更换、四点

一线及皮带松紧的调整，滑轨高15厘米，可匹配较大的输出轮，延长皮带寿命。

新型电机滑轨使用后，不松电机固定螺丝就能快速调整和更换皮带，同时配套我们自己设计的皮带对中仪，保证了四点一线的合格率。实现了皮带偏差在毫米/米以内，以及通过一个螺栓快速调整皮带松紧的效果。以试验井P18-p1为例，安装前每2个月左右更换一根7100的大皮带，安装后最长的一根使用了近7个月，寿命延长了整整2倍。从此，更换皮带就成了很轻松的活儿，老刘师傅也对我竖起了大拇指，“你小子可以啊，办了件大好事！”

111

聚力创新谱新曲

中原油田　王树森

中原油田是中石化最早建设运行储气库的单位，中石化首座储气库在这里诞生。我是储气库的一名主任技师，针对生产中的问题，剖析原因，攻坚克难，提高注采气能力，是我义不容辞的责任。

储气库是一个十分庞大且复杂的系统，大到一台设备，小到一个阀门，如果出现问题，都会对生产造成影响。在30年的一线工作中，我碰到过各种各样的疑难问题，其中，有这样一个问题，给我留下了极为深刻的印象。

2019年10月的一个夜晚，文23储气库注采站工艺区采出水罐常压放空口处，突然发出刺耳的响声，我第一反应就是天然气泄漏。我抓起便携式可燃气体检测仪，迅速赶到事发地点，排查泄漏源。

排查中，我的精神高度紧张。要知道，大量的天然气泄漏，随时都有可能引发一场火灾爆炸事故，这么高压力的天然气泄漏爆炸，站场都可能夷为平地。时间一分一秒地过去，终于在8号压缩机组的空冷器末级洗涤罐自动排污阀处，我查到了泄漏源，经过抢险紧急处置，危险排除了。

长出了一口气，我精疲力竭地坐在路边，小风一吹浑身冰凉。我这才发现，因为高度紧张，衣服全部都湿透了。

那个时候我脑海里产生了一个念头：不能只给员工们传授基本的业务技能，必须强化他们发现问题、解决问题的能力。一个人浑身是铁，也捻不了几根钉，只有发挥团队作用，让员工更有素质、更有能力，才能解决更多的生产难题。

2020年初，以我的名字命名的创新团队成立，这也结束了我单打独斗的历史。

当年的11月底，储气库第一次运行大规模采气生产流程。生产过程中我发现，注气时压缩机产生的大量废机油随天然气进入地层，采气时又随着天然气进入注采站地面流程，在高温、高速搅拌下与水融合产生乳化现象，废机油由液态变为固态，造成三路分离单元堵塞。投产后累计堵塞14次，每次堵塞都会造成100万立方米的减产。

这可是个大问题，如果不能解决，冬季保供生产任务就无法完成，堵塞时间越长，损失越大。

为了解决这个问题，我和我的团队进入了紧张的工作状态。通过查阅相关文献，了解到目前常用的解决办法是加入破乳剂，使其油水分离，从而解决设备堵塞的问题。于是，我们取样之后，送到相关技术部门进行了化验。技术部门回复说需要研究乳化物成分逐步实验，一时之间难以找到合适的破乳剂。

这之后几个晚上，我都难以入眠，脑子里全是怎么才能解决堵塞的疑问。没办法，我就带着样品四处求教，问遍了身边的技能大师，依然没有丝毫突破。

一个偶然的契机，解开了这个谜团。有一天，创新团队成员胡建合观察乳化物状态，他脱掉手套，用手捏起了一点观察，没承想乳化物很快在指尖融化了。看到这个现象，我瞬间产生了灵感，不需要破乳剂！现在是冬季，我们目前处于室外，受环境的影响，胡建合此时手指的温度也就是20℃。我们将气体温度提高，使得气体中的乳化物液化，堵塞问题不就迎刃而解了吗？

回到注采站实验室，我迫不及待地将创新团队的骨干们叫到一起，开始了论证工作。实验中我们发现，当气温上升到19℃，乳化物迅速转换为液态，在户外12小时后又转化为固态……经过数十次反复论证和测试，我们提出了一个合理化建议：提升单井日产气量至45~50万方，实现天然气温度到19℃的措施。为保证分离设施罐底温度，我们团队又建设性地提出了对分离设施采取电伴热加热保温措施，稳定天然气温度。

这项措施开始在生产现场进行试验，分离器排污正常，差压正常，生产稳定，有效解决了废机油乳化带来的堵塞难题。

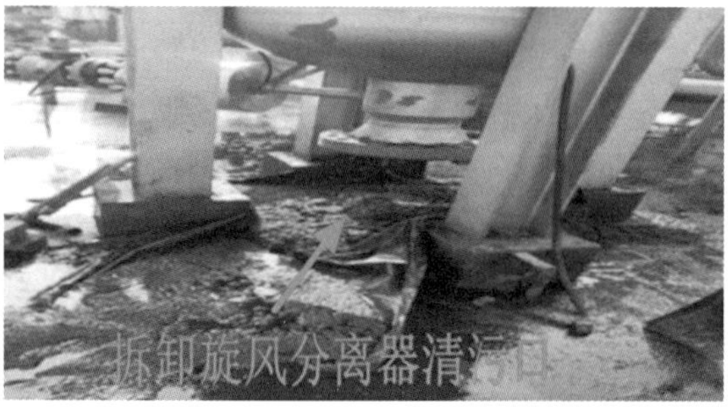

紧接着，提升单井气量的方案也投入运行。从那天开始，分离设备进出天然气的温度就成了我最牵挂的事情，随时关注着气井的生产参数及分离设施的运行情况。第1天，分离器排污正常、压差正常、生产稳定，第5天，第10天，第15天……注采站场生产一直处于稳定状态，创造了平均单日采气量1560万立方米，单日采气量最高峰达1844万立方米的“两项纪录”。

看到不断刷新的生产纪录，我那颗揪着的心终于放了下来，整个团队成员都兴奋不已。在冬季天然气异常紧缺，保供关键时期，我们冲锋担当，凭着精湛的技术，解决了采气生产中的重大难题，守牢了人民群众温暖过冬的责任和使命。我们的团队也被油田誉为“过硬的技术团队”。

我和我的创新团队成员们，在集体攻关、团队创新的大平台上，围绕工作中的热点、难点、关键问题开展技术创新，创新成果的数量和质量倍增，由原来每年的两三项增至一二十项，用匠心保障储气库安全高效平稳运行。

112

我的创新小故事

江苏油田　徐晓泉

位于中国“鱼米之乡”里下河地区的沙埝油田，在会战后的数年间，生产规模稳步提升。这段时期，我亲身经历了沙埝油田的繁荣，并通过不断学习，成长为一名采油高级技师，为油田的生产贡献了智慧和力量。

然而，面对国际油价大幅下滑的挑战，江苏油田不得不调整战略，鼓励员工积极应对油价寒冬，着力提升工作效率。在此背景下，生产信息化在油田中得到大力推广。为了优化资源配置，一线人员进行了精简，多余的人力资源被部署到新疆、青宁管道等项目以拓展市场，部分员工也转岗至与生产信息化相关的职位。随着这些变革，工作模式和管理模式也随之演变，采油班组虽起初对人力资源优化有所不适，但逐渐适应并开始享受到生产信息化带来的种种便利。

在江苏油田，随着生产信息化全面建设推进，员工工作模式和企业管理模式也一步步发生着变化。

2017年，江苏油田的全面信息化建设进入尾声，油田信息化设备的维护移交给基层单位。采油高级技师信息化管理人员何芹，一直在努力学习设备使用及维护知识并总结经验。我跟何芹是采油一厂高技能人才工作室同事，平时常在一起探讨生产上遇到的各种问题。

一天，我正在沙7–21井进行油井三基工作，何芹坐着值班车来到井场，看见我就喊：“晓泉，我刚刚在监控时发现这口井的示功仪没电了，正好你们都在，帮我一起拆下来拿回去充电吧。”她边说，边急忙忙跳下车，到车斗里面拿工具去了。那时候，班组员工对像示功仪这类新设备都很好奇，别说使用，看都看不明白。大伙儿都围了过来。

在何芹的指挥下，经过对各个部件的卸载，我们才看清楚拆下来的示功仪的真面目。“你看，示功仪背面有一个小指示灯，正常工作的时候它会发出一闪一闪的红光，不仔细看看不出来。你们日常巡检的时候在井口往上看，稍微注意观察一下就能看到了。”我们顺着何芹手指的方向果然看到了一个小小的指示灯。

何芹说，最近示功仪大面积断电，想让我帮着分析是啥原因导致的。我平常喜欢DIY一些电子小制作，大伙儿都知道。我丝毫没有犹豫，答应了何芹的请求。

接下来的一段时间，我跟何芹在工作间里对着示功仪不断研究分析，最终找到了问题的根源。第一是示功仪的内置太阳能电池板受天气影响，无法及时给内置锂电池补充电量；第二是太阳能电池板因长期处于野外，产生老化现象降低光电转化率；第三是内置锂电池使用一段时间后，内阻增高使充电时阻抗增加，影响充电效率。问题都找出来了，该怎么解决呢？是从解决太阳能电池板的问题入手还是别的问题入手？那段时间，我们俩一有空就在一直探讨，就连吃午饭的时间也不放过。

何芹认为，既然太阳能电池板的功率不够大，直接再并联外置一块太阳能电池板对它进行补充就能解决问题。理论上是可以的，但怎么实施呢？

一天下班回家，儿子说学校要组织大家出去研学几天，问我要手机移动电源。儿子问我：“爸爸，这个移动电源我可以和同学一起用？他和我住一个屋，这样他就不用带了。”“当然可以。这个移动电源容量很大，只要你们俩的手机充电接口一样就行。”说完这句话，我突然想到了什么，立刻把儿子搂进怀里亲了两口。

儿子的话给了我启发，借鉴手机移动电源给示功仪也设计一款类似的移动电源，只需要准备几只这样的电源就可以为全区的示功仪提供移动充电服务。操作起来也很方便，只需要将抽油机停在下死点位置，将移动电源利用示功仪的外置充电接口直接悬挂在示功仪下面就行，实现不停机在线充电。充满电了再停一次机取下就可以了。我把这个想法跟何芹一说，她也很兴奋，连连说可以试试看。

我的想法得到了领导和技能创新工作室厉大师的支持。经过一系列移动电源相关组件的选型与测试，我们最终确定了示功仪移动电源的组成：充放电模块、储能电芯、充电模块、防水接口与外壳、防跌落保险绳等。经过一段时间使用，效果很好。这套装置荣获厂、局各项创新成果奖，得到一线员工和各级领导的一致好评。

113

小改进，大作用

中原油田　杨　斌

我是采油一线的一名普通员工。1994年技校毕业后，一直从事采油工作。由于我对采油工作的熟悉，同事和朋友经常找到我，向我诉苦，说一说工作中遇到的问题。为此，我设计制作出了一些工具用具，解决了不少现场难题。在此期间，也发生了各种各样的小故事。

抽油机井驴头侧转装置的诞生

一次，抽油机井290上作业。作业队在绑好钢丝绳，进行拉拽侧转驴头时，发现驴头无法转动。组织了30多人进行拉拽，感觉整个抽油机都快拽倒了，还是没有侧转开。联系了抽油机安装队，结果4分的钢丝绳被吊断，也没能侧转开驴头。无计可施的情况下，只能将抽油机的整体游梁拆开吊下，才解决了这个问题。事后检查发现，由于290井3年多没有上作业，抽油机驴头和游梁连接部位生锈粘连，并且驴头有变形现象，导致了这件事情的发生。

事后，站长找到我说，无独有偶，已经有许多抽油机井出现过这种情况，能不能寻求一个解决的办法。

我答应了下来，紧接着，就开始了现场调查工作。首先，对抽油机的结构进行了研究，从驴头到游梁，从驴头游梁的安装状况到两者之间的接触状况，最后发现驴头侧转的难点是如何让驴头动起来。经过反复思量和研究，我根据驴头销子孔板结构，应用螺纹旋转能够传递并且放大力量的原理，设计并制作出了驴头侧转装置。

驴头侧转装置刚加工出来不久，有一口抽油机井上作业，又发生了驴头侧转不开的情况。当时，抽油机安装队工作量较大，无法及时赶到现场拆卸抽油机游梁。采油管理区和作业队共同组织了数十人进行拉拽，从中午一直干到晚上，依然侧转不开驴头。这时，突然有人想起了，我制作的驴头侧转装置，于是向我求援。我带着驴头侧转装置连夜赶到现场。二话不说，迅速系好安全带，然后在升降车的举升下来到了驴头销子处，将侧转装置安装在销子孔板内，使用撬杠转动顶丝……不一会儿的工夫，驴头就侧转开了一条大缝隙。其他的人用钢丝绳，很轻松地就将驴头侧转到预定位置。所有在场人员看到这一状况，纷纷伸出了大拇指。

从那天起，只要是抽油机井上作业，大家都会将驴头侧转装置准备好，防止出现驴头侧转不开的现象。

从绞肉机里走出来的抽油机井盘根快加装置

有一天我上井干活，路过一口抽油机井，看到站长带领着两个职工在井上加盘根。半个小时后，我干完活返回，又经过这口井，发现盘根还没有加好。

我就上前询问原因，原来这口井的光杆对中不好，导致井口偏得厉害，同时因为盘根盒位置高，工人站在地上操作非常费劲。他们向我诉苦说：好几口井都是这种状况。加一次盘根，快的二十多分钟，慢的则需要半个多小时。一番操作下来，两条胳膊累得打哆嗦。

他们一边说着，一边忙着手里的工作。我在一边仔细观察了整个操作过程，最后发现，难点主要是将皮带塞入盘根盒内的这个过程。因为盘根盒内空隙小，皮带弹性大，井口高度不合适，主要是依靠榔头和螺丝刀硬性填加，所以导致操作困难，劳动强度大。

回去之后，我开始查找各种资料，脑海里不停地浮现出盘根盒结构及加盘根的过程，希望从中找到突破点。经过反复的思考，我决定从改变操作方式入手，研发一种快速加盘根装置，达到改进的目的。

直到有一天，我在肉店看到老板拿着绞肉机绞肉，思路突然打开了。按照绞肉机的原理，将皮带通过旋转台阶旋转向下压，不但操作速度得到提升，还不受环境及操作人员技能水平的影响，并且将敲击改变为旋转，降低了操作的安全风险，还能提高皮带被下压的紧实度。

有了思路，就有了破题的方向。我急急忙忙回到办公室，开始设计图纸，一边绘制一边琢磨，时不时地上网查找相关的资料……图纸终于设计完成了。站起身舒展一下僵硬的肩颈，一抬眼才发现窗外此时已经是繁星满天。

图纸设计出来，成品也顺利地加工出来。然后就是不断地实验、改进，再实验、再改进……功夫不负有心人，经过一个多月的辛勤努力，盘根快加装置终于试验成功。通过现场使用，我们发现：在下压皮带环节中，敲击方式需要10到20分钟，甚至30分钟，而使用这套工具，整个下压环节仅需要50秒左右即可完成，操作效率大大提高了，工人的劳动强度降低了。

之后，我在局技师协会推广活动中进行了演示。由于快加装置结构简单，制作的材料充分利用废旧料，使用效果明显等优点，现场人员对我的工具表现出了极大的兴趣，纷纷拍照录像，表示在回到单位后也要制作一批这个工具。

经过这些年的努力，我收获了许多的革新成果。这些成果，大多制作简单，成本低，应用效果好。所以在生产现场得到了大面积推广，产生了很高的效益，或者减少了员工的劳动强度，或者降低了生产成本，为油田的发展做出了贡献，也坚定了我岗位创新的信心。

114

创新永远在路上

胜利油田　杨智勇

“杨智勇被破格授予胜利工匠啦！”当这个消息被工友们广为流传的时候，我看到了大家钦佩和赞叹的目光。拿着沉甸甸的大红证书，激动过后我陷入回忆，回忆创新路上那些艰辛和喜悦的时刻。

1994年9月，我被抽调到河111注水站工作。望着一台台整齐的注水泵、密密麻麻的管网流程我感到新奇又高兴。但随着时间的推移，我发现每天做的都是重复、繁重的修泵工作，而且没有称手的维修工具。想改变现状就得动脑筋想办法。在老师傅的鼓励和帮助下，我尝试着进行小改小革。先是制作了几件修泵的专用工具。没想到效果出奇地好，不仅降低了劳动强度，还提高了维修效率。小革新的成功，激发了我的创新热情。

后来，我在脑海里构思了一种新型的注水泵泵阀，但结构比较复杂，仅靠语言难以表述。说都说不明白，更不可能让想法变现了。这个构思也就不了了之。

一年之后，我们站上安装了一台新式注水泵泵头。注水泵泵效大幅度提高，拆装维修非常方便。我拆开后仔细一看，所用泵阀正是一年前我构思的那种泵阀。这件事对我影响很大，让我明白了一个道理：搞创新仅凭热情是不够的，需要有一定的专业理论知识和技能作支撑。于是，我报考了石油大学机械制造专业的函授学习班。经过三年时间，我先后学习了《机械制图》《材料力学》等二十多本专业书籍。

2016年，我被采油厂破格聘

为注水泵工首席技师。喜悦之余，面对注水系统的各种难题，我更感受到了责任和压力。

注水泵的密封填料使用寿命较短，频繁刺漏，存在较大安全隐患，也增加了员工维修的工作量。这个难题是普遍存在多年的顽疾，也是员工们深恶痛绝的问题。“擒贼先擒王。”针对这个难题，我带领创新团队成员开始攻关。我们制定了各个击破的策略，决定首先研制“柱塞泵密封填料失效保护装置”。

密封填料失效泄水是柱塞泵最常见的故障之一，如发现不及时，泄漏水将随着连杆的高速往返运动而进入曲轴箱，从而造成曲轴箱内机油变质，甚至造成烧瓦或烧坏曲轴的后果，酿成机械设备运行事故。另外，泄漏水进入电气控制柜，极易造成电气运行事故和人身伤害，均可造成巨额经济损失。该保护装置使用无线控制方式，感应板、信号发射器和信号接收器三部分组成。感应板（磁性吸附式）吸附在柱塞泵连杆旁边的曲轴箱壁上；信号发射器（磁性吸附式）安装在泵体的侧面；信号接收器安装在泵的控制柜内。在使用前，首先将信号发射器的灵敏度调节旋钮调至合适的位置，当柱塞式高压注水泵在正常运转时，密封填料失效发生泄水刺漏，在柱塞高速往复运动过程中，水花会四处飞溅，当水花溅到感应板上，感应到泄水信号，发射一组数据信号，安装在控制柜中的信号接收器接收到信号后，便驱动控制柜自动跳闸停泵，亮灯指示动作，从而起到保护作用。

采用这种保护器后，便会在故障发生后的第一时间自动停泵保护，减少了曲轴箱内机油变质、烧瓦或烧坏曲轴的事故。在保护了曲轴箱安全运行的同时，也保护了电器设备和人身安全，避免了高压水伤人和触电现象的发生。

“柱塞泵密封填料失效保护装置”研制成功后，我们又把研究重点转向填料寿命的延长及填料函改进这个局级难题。柱塞泵脱落的碎填料堵塞泵阀、单井水表芯子、水嘴，导致较多的工作量和费用支出，并影响注水时率，这些问题都是普遍存在的共性问题。我们团队在油田揭榜成功后，借助“春荣创新工作室”这一平台开展研制。经过反复试验和改进，研制了“柱塞式注水泵自冷式填料函总成”。将纤维材料的“□”形盘根密封填料，更换为“V”形结构的复合橡胶填料，设计并增加了水封环，设计并安装了来水自冷却分流装置，利用水封环与柱塞之间的环形空间储存液体，用低压水循环的方式对柱塞和填料进行自动冷却和润滑。

这套装置大幅度延长了填料和柱塞的使用寿命，减轻了员工劳动强度，避免了高压水的泄漏，避免了填料碎屑脱落影响泵效，提高了泵效，节约了电能，解决了填料碎屑堵塞水表芯子和水井水嘴的问题。经过专家评审论证，这项成果列为了油田推广项目、集团公司对外专利许可鼓励项目和集团公司“注采动设备长周期运行关键技术研究”的一部分。专利技术已签订了技术转让许可合同，许可给东营盛昶石油机械有限公司生产销售，除了推广应用的效益，每年还能够为油田赚取一定的技术许可费。

经过多年不断努力，我的成果“注水泵高效运行系列配套装置”获得了为民创新成果一等奖，50多项成果获得国家专利授权。学海无涯，创新无限。我的创新永远在路上。

115

创新点燃梦想

江苏油田　袁成武

说到创新，相信80、90年代参加工作的人都和我有一样的感慨。那时候，在荒芜的野外，一台台抽油机起起伏伏，不知疲倦地把地下石油开采到地面上，日复一日，年复一年。在管理上，也没有什么信息化、自动化，就是人拉肩扛。创新，让我们的工作更加有效率，让我们的生活更加有质量。我的创新故事，就要从10年前说起了。

那时，安徽采油厂有边远井约110口，均为单井或多井拉油生产，综合含水达85%以上。我所在班站有一个多井拉油点，五口油井的原油集中到三个30立方米的电加热罐，每个罐配2个10千瓦电加热棒，产液量达到一定罐位，加热到50℃时才能进行拉运。这几口井合计日产液46立方米，综合含水高达90%以上，由于电加热棒安装在罐底，位于底部的污水先受热，而后热量传递到上端的原油，水多油少导致热传递效果很差。而且原油运送到站库后还需进行多次加温分离脱水，才能达到外销标准，不仅浪费了电能还让站库系统运行负荷不断增加。每次开班组会，同事们总会发牢骚："放出的水都热乎了，但是原油温度还是太低，管线还特别容易堵。"

为了解决这个难题，我们开始尝试利用一个罐生产切水，但是这种人为控制的方法效果并不理想，特别是冬季经常会遇到泵打不动、管线堵、憋泵等情况。

为了快速攻克这一难关，我查阅了大量资料，了解各种加热方式。那段时间，我每天起床前的第一件事就是看流程图、设想各种方案、尝试不同办法，就连晚上做梦都是管线的进、出口阀位置怎么变、工艺指标参数上下限是多少、哪种方式既节能又环保？每次班组会，我也会把这个问题作为一项专题进行讨论。

一次班组会上，我们又开始讨论这个问题。一个老师傅的话引起了我的注意："能不能在生产储罐里实现油、水分离呢？"这一问，让我灵光乍现。是啊，如果能在罐内实现油水分离，就可以直接导出分离出来的水，只加热油就可以了。这样，不仅可以减少电加热棒数量，节约电费，还能彻底改变拉油时管线冻堵、憋泵等问题。

经过一番琢磨，我决心对原1#高架电加热储罐内部结构进行改造，在罐内增加波纹板填料经过油水的聚结，使其具备油水分离缓冲、原油储存功能。我把这个方案向领导进行了汇报，得到了高度认可，按照方案迅速进行了改造。

我们在1#高架电加热储罐内加设堰板，将罐体分隔二个舱，一个为油水分离舱，一个为储油舱，井上来液进罐后，通过波纹板组聚集碰撞、缓冲，油水自动重力分离，分离的原油自流进储油舱，将原来2台10千瓦的电加热棒都换为8千瓦；分离的污水自流进2#、3#储罐，油罐变身污水罐，停用10千瓦电加热棒4台。

为了让设备运行效率最大化，我们又开始摸索水位调节器合理的水位高度，将油水界面定于距罐底1350毫米处。这样只需开启一台8千瓦的加热泵加热10小时即可，对比先前每日4台10千瓦的加热泵连续加热，大幅度节约了电能消耗，月节电量11160千瓦·时。同时，我们总结制定了"油水分离操作管理法"，让每一个职工都能按图索骥，科学管理。

2014年12月，《油水分离电加热储油罐的研制》在江苏油田质量科技成果发布会上获年度科技成果二等奖。专家组一致认为该装置具备油水分离及储油的功能，分离后的污水直接回注，降低污水处理费用，减少系统运行费，实现了节能降耗的目标。

2015年10月该成果又获得中国石油化工集团公司QC成果优秀奖。油水分离电加热储罐在张铺、桃园等拉油站点推广应用，累计创效800多万元。

这次创新获得了巨大的效益，也鼓舞了我的信心，我励志创新的劲头更足了。

2017年，油田开始信息化建设。信息化的应用又是一次跨时代的变革，让油田的工作环境由人工值守变为数字监控，让我们的管理更加的高效。改革是一个不断突破的过程，在这个过程中，我们以更多的耐心、更多的付出来不断寻找新解决方案。

当时，拉油点多而分散，定时量取罐位，不定时开、关电加热棒，掌握原油温度的变化及倒运都靠人工，不仅消耗大量人力，还易造成资源浪费、数据掌

握不及时的现象。如何利用信息化推广应用的东风，让单井罐实现无人值守成为我当时要攻克的新命题。在单位的大力支持下，我组建了攻关团队，主持开发《单井无人值守拉油管控系统》。

信息化是个全新的领域，我的团队中吸收了自动信息化及软件工程等方面的“高端”人才，我们一起学习、研究、讨论。连续好几个月，我与软件工程师们每天在一起交流、模拟，确保拉油过程的每一个环节都能与人工操作时一致，能准确通过计算机语言表达出来；另外，我带领技术人员进行着所有硬件的安装和调试。

我们夜以继日地忙碌着，工服一天都要湿透好几遍，终于开发出《单井无人值守拉油管控系统》。利用二厂信息化平台，结合前沿计算机系统技术，使拉油整个过程实现了自动化和智能化。2019年5月在江苏油田采油二厂天长管理区天95井上试用，2019年7月油田视频新闻网进行了专题采访，目前已在采油二厂桥X17、西16等5口油井上安装使用，累计创效160多万元。2020年获得4项国家实用新型专利授权。

一位哲人曾经说过，伟大往往是在平凡的夹缝中闪光，我们虽然平凡，一样能走向不平凡。只要想干事、敢干事、能干事，再艰苦的岗位，也能迸发出耀眼的光芒。

116

拾到的“金点子”

江苏油田　张　峰

一个夏季的午后，炙热的阳光烧烤着大地，到处流动着湿热的空气，树上的金蝉发出有气无力的鸣叫。徒弟小高推开了我办公室的门。

“师傅，12型抽油机的皮带太难换了，电机又大又沉，换个皮带，两个人都要干1个小时。这么热的天，我们都快中暑了。”小高一脸愁容地向我倒着苦水。

“哦，咋回事？你给我说说。”

“嗨，就是我们新开的那口瓦6-3井，今天我们换皮带……”

瓦6-3是刚刚投产的一口油井，下泵深度2600多米，地面设备使用了12型游梁式抽油机，因为负荷重，使用的电机也比常规电机功率大，重量达500多公斤。在更换皮带、调整油井冲次等参数时，需要松开电机固定螺栓，将电机移动到合适的位置。移动电机的时候，一端用顶丝顶进，另一端用大锤或者撬杠移动，两个导轨的移动不同步，耗时很长，并且两条滑轨不能保持平行，要使用大锤两边进行交替校正，两人配合才能完成这项工作。而且滑轨的固定螺栓下端面是活动的，紧固时需要打备钳，不仅烦琐，而且整个操作过程费时费力，严重影响了油井的生产时率。

怎么才能解决这个问题呢？我捋了捋思路定了几个目标：第一，要节约操作时间；第二，要减轻人的劳动强度；第三，能将皮带的调整一步到位；第四，它的适用性要广。从省时、省力、方便快捷这几个方面入手，我进行了分解梳理。

这几个目标要实现，必须达到一点，那就是怎样将“电机变轻”？我试了几个方法，试图找出最好的方案，比如：加纵向滑轨，使用滑动轮，拉力钳，铁轨滑动方式等，但都存在着这样那样的问题，又被我一一推翻了。一时之间，仿佛千头万绪，又仿佛没有丝毫头绪，这事就成了我的一块心病，吃不好，睡不香。

契机很快来临了。夏去秋来，田野里一片丰收景象。我跟同事路过一个打谷场，只见场地上铺场的、推谷的、脱谷粒的老乡们忙得不亦乐乎，其中最引人注目的是场地东北角上的“大家伙”——一个正在给卡车装车的皮带输送机。老乡们将晒好的稻谷装满麻袋，抬上皮带输送机，随着传送带的移动，一袋袋稻谷平平稳稳地移向车厢。

“这家伙好，又稳又省力。”同事小李笑着说。

“咦？平稳，省力？”说者无心听者有意，我仿佛明白了什么。“大重量的电机是不是也可以像麻袋一样，放在皮带上平稳、省力地传送过去呢？”想到这儿，我豁然开朗：找个媒介承托，利用动力推动电机。但是动力从何而来呢，总不能给每个电机再配个小电机来传送吧？我陷入了深深的思考。

几天后，我路过一个井场，几个员工正在保养设备。大家一边工作一边探讨着。

小张说：“我保养的闸门咋样，开关丝滑，带一下能跑好几圈。”

“确实不错。”我走过去看了看他保养的设备，称赞他道。我摸着闸门的手柄，突然想到：闸阀通过手轮转动带动轴承联动，让丝杆升降，把这个原理用在传动装置上，丝杆原地转动，必然也能带动丝杆上啮合的物体移动。想到这里，我急匆匆地赶回办公室，上网查找相关资料，还真找到不少相关的机械设备，例如手动机床、下料机等都有类似的装置。困扰我最大的两个难点问题突破了。

接下来就是设计组合装置。我投入了紧张的工作状态，查找资料，跟机械厂沟通，绘制出了整个装置的雏形图。经过三次论证改进，终于设计出了12型抽油机可移动式电机底座。这个底座装置由“工字”形电机底板、电机滑轨、纵向调节螺杆、摇把、顶丝和三种规格的螺栓组成。

金秋十月，凉风习习，往日寂寥的井场上人头攒动。我和同事们正在进行紧张的试验。我们将电机置于“工字”形电机底板上，这就是电机的“传送带”，松开电机固定螺丝，利用丝杆啮合传动原理，使用摇把逆时针转动纵向调节螺杆，电机开始向减速箱方向移动，紧绷的皮带开始松弛，轻松地摘下旧皮带，换上新皮带，顺时针旋转摇把，电机向远离减速箱方向移动，拉紧皮带，紧好电机固定螺丝，皮带更换完毕。现场发出一阵热烈的掌声。

“师傅，太省时省力了，关键是用顶丝调校好电机位置后，后续皮带的‘四点一线’都不用调整了。”徒弟小高，开心地欢呼起来。

可移动电机底座装置，先后在10多口10型、12型游梁式抽油机上试验，使用成功率达100%。它结构简单，操作快捷，适用广泛，降低了工人的劳动强度，更换皮带和调参所用的时间，由之前的40多分钟缩短到了20分钟以内，提高了油井的开井时率。2018年度，这套装置获得了国家实用新型专利授权，应用前景广泛，可在油田所有普通游梁式抽油机上使用，获得了显著的经济效益。

两次偶然拾到的“金点子”，帮助我研制出了这套可移动电机底座装置，解决了制约生产的难题，也让我收获了许多感悟，让我明白，创新来源于生活，生活之中皆智慧，需要我们有一双善于发现的眼睛。

117

从技能金牌到创新能手

中原油田　张甲勇

1996年我从技校毕业后分配到作业队，成了一名作业工。在作业队工作的那几年里，我从一名初出茅庐的学生逐渐成长为作业班长。但在2002年，由于工作需要，我与一批工友被充实到采油一线。

俗话说“隔行如隔山”，到了采油站，看到与作业队全然不同的工作环境，望着那密密麻麻的流程，内心顿感一片茫然，甚至不知该怎么样才能尽快胜任采油工作。

这时，单位的技术大拿朱进勇看到我的困惑后，说的一番话让我至今铭记。他说，咱们采油队的工作性质，注重的是细节，比如倒流程操作，不光简简单单地开关闸门，首先你要清楚倒流程的目的，做到譬如先开后关，侧身缓慢开关闸门，及倒完流程以后还要仔细复查等技术环节。同时，他在现场给我绘制了流程图，一遍遍耐心给我讲解，直到我完全弄懂为止。从那以后，我白天跟着师傅在工作现场学习加盘根、加皮带等项目的操作规程，晚上苦读各类专业书籍。学理论、钻技术、走现场，一年下来，我的业务水平有了突飞猛进。

到采油队的第二年，队领导发现我爱钻研技术，并且操作技能也有了一定的水平，就给了我一个锻炼的机会，让我参加了原采油一矿组织的技术比赛，取得了矿里第十二名。随后，我作为最后一名，被矿里推荐参加厂技术比赛。

在比赛前的训练中，高手云集，才知自己的差距有多大。看到我情绪有些低落，师傅又不失时机地告诉我，你要多看、多想、多问、多练才能缩短与别人的差距。师傅的一番话给了我很大的动力和信心，在师傅的指导和自己的努力下，我的技术水平迅速提高，最终获得了厂采油工第一名的好成绩。在以后的8年里，我五次取得厂采油工第一名的成绩，2008年和2010年我又连续两届取得了油田技术比赛第五名的成绩。

2010年，经过层层选拔，我参加了集团公司职业技能竞赛。经过激烈角逐，最终我获得了集团公司职业技能竞赛金牌。就这样我用了9年的时间，从采油初级工逐步成长为采油高级技师。同时，我赶上了好政策被油田以高技能人才引进来，成了一名正式工。

也许是太多的鲜花和掌声，让我自满的心理占据了上风。单位领导看出了我的心态，就主动找到我说："小张，你技术比赛取得了这么好的成绩，各项水平一定很高了，现在工人都反映抽油机压杠螺丝断了不好更换，你想办法解决一下吧。"接到这个任务后，我感觉这不是个难事，就满口答应了下来。不久我就加工出来一个类似挖耳勺的工具，信心满满地拿到现场去应用，却没有得到工人的认可。原因是基础预埋件内的软土还比较容易清理，遇到硬一点的其他杂物就很困难。我就一遍又一遍地对工具进行改进，但是效果都不太理想。

这时我才感觉到看似简单的事要做好其实并不简单，心也开始沉淀下来，特别是看到了"荣不自满"这句话，更增强了我不仅要做技能上的金牌，更要做解决现场难题、创新创效方面的金牌。"不懂就要多请教"，在一次技术交流活动中，我提出了这个困惑，吕合军大师告诉我要拓宽思维，多角度思考问题，全方位解决难题，他用十二变通发明法，给我讲解怎么样去解决问题，让我豁然开朗。抽油机基础预埋件内的问题不好解决，可以从压杠螺栓上去想办法。一、我把抽油机压杠螺栓改造成两段式，上半段从压杠螺栓孔内由上到下穿过，与下半段进行螺纹连接。解决了每次更换时需要把基础预埋件内的杂物清理干净才能更换的问题。二、我把底部由横向连接，改为两侧纵向连接，连接方式的改变使得其强度大大增大，解决了螺栓底部连接处易断的问题。三、我把压杠螺栓底部两侧加工了凸台，凸台可以卡到基础预埋件内，解决了更换时需要两人配合打备钳的问题。经过一系列改造后的压杠螺栓，在现场应用缩短了更换螺栓的时间近5分钟，使用时间延长了6个多月，得到了领导和同事们的好评，该成果也获得了油田创新成果一等奖。

有了思路和想法，我开始参与为单位排忧解难，提合理化建议，对现场难题进行立项攻关等活动。我也像当年师傅一样，带起了徒弟，把自己学到的知识传授给他们，特别是一些比赛时的心得，使他们更快地成长。在工作当中出现什么疑难问题的时候，领导也开始交给我处理，我也能圆满地完成任务。特别看到自己提出的合理化建议被采纳，研制的成果应用到现场，心里非常高兴。所以说创新不仅是得到领导和同事们的认可，更重要的是体验创新过程中，每解决一个问题而带来的满足和快乐！

为了让自己在创新的道路上走得更快、更远，我加入了油田技师协会，积极参加技师协会举办的技师骨干培训班、现场难题会诊、成果推广等一系列活动，让我开阔了视野，拓展了思路，特别是有了疑惑的时候，可以找各专业的大师进行请教，缩短了研制的时间，提高了研制的质量。随后我又加入卢建强大师的创新小组，在几位大师的帮助和指导下，通过理论学习、研讨、现场实验等多种形式，使我的创新水平又有了很大的提升，从小改小革逐步提高到技术含量更高的成果研制上来。

从参加工作到技术比赛，从个人创新到团队合作，让我想起了一个哲理对话，有人问哲学家："一滴水怎样才能不干涸？"哲学家回答说："把它放到大海里去。"我想大海之所以拥有着无穷的力量，正是因为有那一滴滴海水力量的汇集，而那一滴滴海水，也只有纳入大海的怀抱，才能以多样的形态来证明和展示自己。

我始终觉得一个人的力量是有限的，只有团队的力量才是无穷的。聚是一团火，散是满天星。

118

小发明为生产赋能

胜利油田　张　强

从小生活在油田，我对抽油机的轰鸣声和火红工装早已习以为常，对石油事业的深情厚谊深深植根于心，从未减退。尽管我身处平凡的采油岗位，但我深知，无论何种岗位，只要持续学习与积累，都能发挥出不凡的作用。作为青年员工，我秉持“干一行、爱一行、精一行”的精神，矢志追求技术领域的不断提升。

在日常一线的工作中，我遭遇过各种复杂难题。面对挑战，解决问题并创造价值的过程虽然艰辛，但每攻克一个难关所带来的成就感却令人着迷，犹如磁石吸引我持续创新与突破。每一次的实践创新都使我更为成熟，深刻领悟到：坚持技术创新，必须具备“滴水穿石”的坚定毅力和无比信心。

2018年7月12日，在纯梁采油厂梁南采油管理区的库房，我和三位同事共同负责将沉重的圆柱形药剂桶搬运至各班站分发。由于药剂桶为圆柱形且重量大，我们需合力将它滚到皮卡车后斗，劳动强度极高，每次搬运完毕大家都疲惫不堪，甚至开玩笑说：“这年头还用人搬这么重的东西，小张你能不能发明个装置代替我们？”虽然是一句玩笑话，却激发了我深入思考如何改进这一低效而繁重的工作流程。

我深切认识到，职工们长期从事的重复性高强度作业对他们的体能与精神状态造成了双重负担，不仅大量消耗了体力，更在无形中累积起巨大的心理压力。为了解决这一痛点，我主动寻求管理区内久负盛名的“点子王”吴勇的帮助，将问题摆上桌面进行深度研讨。经过共同分析现场实际状况后，我们达成共识：应用机械化手段是解决药剂桶搬运难题的关键路径。

然而，寻找一个既能符合生产安全要求又切实可行的自动化解决方案并非一蹴而就之事。那段日子里，我夜以继日地沉浸在思考之中，试图打破常规、找到突破口，几乎到了废寝忘食的地步，但理想方案却始终若隐若现，未能明朗化。这种求解困境也深深困扰着整个工作室团队的每一位成员。

时光荏苒，转眼间来到了2019年2月，梁南采油管理区启动了一项大规模的信息化改造升级工程，而我有幸承担了其中的一项核心任务。在LLC17X65油井施工现场，当我们利用吊车高效立起一根根信息化线杆时，我瞬间受到了启发：既然吊车能够轻松吊起和安放沉重的圆柱形水泥杆，那么是否也能巧妙借鉴这一原理来设计搬运药剂桶的设备呢？

回家之后，我迫不及待地运用自己在职业技能竞赛中积累的机械制图技能，连夜绘制初步的设计草图，直到深夜。次日清晨，我紧急召集工作室全体成员以及吴勇一同审议这个崭新的构思，在热烈讨论与细致推敲后，我们最终敲定了药剂桶专用吊装装置的设计框架，并将其细分为电动驱动部分、稳固支架结构等六大模块。

接下来，我们根据团队成员各自的专业特长进行了合理的分工协作，深入研究市场上可获取的优质材料和先进设备，旨在打造出一套既符合工况需求又能有效减轻职工劳动强度的自动化药剂桶搬运解决方案。

经历了一周高强度且紧凑的调研与筹备，我们满怀期待地制作出了药剂桶吊装装置的初步样品。我们巧妙地利用废旧油管和抽油杆作为原料，通过焊接工艺构建出稳固的支架结构，并将其安装在皮卡车后斗上；前端则配备了电动机设备，接入汽车电瓶进行供电，同时设计了远程遥控系统以实现精确操控。

样机制成后，我们火速展开实地测试，经过数十次精心调试与反复验证，这套创新的药剂桶吊装装置终于得以成功研发并展现出优异性能。当维修班的老班长们得知我设计了一款能取代人力搬运药剂桶的装置时，他们纷纷前来现场观摩。演示过程中，只需轻按遥控器按键，药剂桶就能被平稳迅速地吊起、精准转向定位并安全放置到位，整个过程仅耗时短短两分钟。目睹这一高效便捷的操作以及他们满意而振奋的表情，我们团队深感欣慰，所有的辛勤付出都得到了肯定。

自此之后，原本繁重且需4人合力完成的药剂桶搬运工作，已简化为由单人通过机械化操作即可轻松高效地执行，这不仅大幅降低了人力成本，更显著减轻了职工的劳动强度。

我和我的创新团队始终坚守着技术创新的核心理念，致力于解决生产一线的实际难题，培养高素质技能人才。我们紧跟生产需求的步伐，依托“五常文化”的内涵指引，围绕研发、生产、学习、应用和推广五大维度展开全方位的工作，以务实的态度和智慧的方法推动各项创新成果扎根实践，开花结果。

作为一名“80后”石油创新工人，我同许多年轻同事一样，曾怀揣星辰大海般的梦想，渴望青春如熊熊烈火般燃烧绽放。然而，从浪漫理想走向现实担当的过程中，我逐步理解到自己肩负的责任与使命。无论当下还是未来，无论面临何种挑战与困苦，我都将坚定地站立在生产第一线，努力锤炼扎实的专业技术，积累丰富的实践经验，矢志不渝地为胜利油田的高质量发展贡献力量，用实际行动诠释新时代石油工人的精神风貌。

119

防堵油嘴诞生记

华东油气分公司　张　帅

凌晨1点，急促的电话铃声打破了寂静的夜，我连忙翻身起床。身为班组长的我，夜间被工作电话惊醒似乎已经成了生活的常态。

“草中1–3井压力突涨，已经涨到3.5兆帕了。”

“好，我马上到。”

我急急忙忙穿上工服，拿上安全帽，一边向草中1–3井赶去，一边思索着什么原因会导致压力升高，十几分钟的路程显得格外的漫长。赶至井场，经过检查，我发现是油嘴被破碎的胶皮堵住了，这才导致压力突涨。油嘴清理完毕后，压力恢复正常，我便离开了井场。

刚躺到床上，电话又响起来：“压力又涨回3兆帕了。”赶回现场一看，不到一个小时刚清理完的油嘴又堵住，我只能再次清理油嘴。

我是泰州采油厂草舍巡检班的一名员工。在我的记忆里，这一个月草中1–3井的油嘴已经被胶皮堵了十几次了。

草舍，从20世纪80年代末开始研究CCUS技术。经过了多类型油藏非混相单井吞吐、中高渗非混相驱油试验、低渗透混相驱油先导性试验、规模化应用低渗透断块及稠油油藏等4个节点，CCUS技术越来越成熟。很多油井都采用注CO_2混相驱油等技术。为了预防气窜，降低井控风险，我们在这些抽油井的井口安装了油嘴套和油嘴。由于井口盘根容易老化、破碎，随着采出液进入油嘴形成堵塞，导致油压升高，影响了油井正常生产，严重情况下憋压导致原油泄漏致使污染事故的发生。

草舍的CO_2驱油已经走过了近40年的发展历程，并且在这40年间我们的油井产量也证实了CO_2混相驱油是十分有效果的，所以CO_2驱油必将成为一种趋势。要想解决这个问题，必须在油嘴上做文章、想办法，能不能设计出一种防堵的油嘴套，避免油嘴被碎胶皮堵住。我把这个想法和我的技师同行们进行了交流，得到了其他技师的认同，让我的斗志更加昂扬。

我心所向，素履以往。我开始投入这项创新研发工作之中。我仔细研究了目前油嘴的结构，分析了盘根胶皮堵塞盘根的过程。我发现目前在用的油嘴是平面单孔道结构，杂质稍微大一些就不容易通过，慢慢沉积下来，时间久了容易形成堵塞。增加一个过滤性油嘴，让不易堵塞油嘴小杂质顺利通过，大杂质截留，这样就不容易堵塞了。

大方向确定了，心里有了成算，剩下的工作再难都可以攻克。查找资料，计量尺寸，构思构图……我开启了狂热的工作状态。只要忙完手里的工作，我就开始进行这项创新，那段时间基本没有了休闲娱乐。

梅花香自苦寒来，宝剑锋从磨砺出。2020年，一种油田采油树用防堵过滤油嘴诞生了，在草中1–3井试用几个月，见到了明显的效果。

“这个油嘴由前置型过滤油嘴、油腔和后置油嘴三部分组成。前置型过滤油嘴形状为半圆面，顶端设置了一个孔道，四周均布4个孔道，呈太阳花式排列，孔道直径小于后置油嘴，可以使原油中小于进油孔道异物顺利通过，大于进油孔道的截留在了前端，即使堵塞物堵塞了其中的某一个前置油嘴的进油口，也不影响其他进油口的正常工作。”

在技师交流会上，我对自己设计的这款过滤油嘴进行了介绍，“中间是中空的油腔，由采用丝扣连接的前置型过滤油嘴与后置油嘴包围形成。后置油嘴则是一个标准单一孔道的油嘴，中间进油孔与后置油嘴的出油孔在一条轴线上。”

大家认真地倾听着我的介绍，思考着，提出了各种各样的问题。

“这种过滤油嘴在草中1–3井试验多久了，效果怎么样？”

“已经试用三个多月了，这几个月每月定期清理油嘴，都没有发现异物堵塞的情况。”

“那这可真是个宝贝！油嘴设计成半球形的曲面，就不容易沉积吸附异物。”

“既然这款油嘴的效果已经在草中1–3井得到了验证，那么我们就应该在其他的油井上用起来，把好东西好方法都推广起来，这才能把我们的创新创效更好地体现出来。”大家交口称赞。

会后，我们又在草舍油田QK-26井进行了应用。应用半年后将其与普通油嘴油井维护频次进行对比，发现QK-26井相较普通油嘴油井维护频次下降70%以上，试验十分成功。随后草舍油田将这种防堵油嘴应用于CO_2驱油区块，扩大其使用范围，使用一年后，班站对使用这种防堵油嘴的油井进行应用效果评价，统计出使用该装置后，单井年延长生产时效可达到48小时，单井年平均增油2吨。2020年12月获得国家实用新型专利授权。

丹心未泯创新愿，白发犹残求是辉。这款防堵油嘴只是我漫长职业生涯中的一个小成果。作为华东油气分公司泰州采油厂主任技师，我时刻牢记自己身上的责任，创新创效，推动企业高质量发展。

120

“爱较劲”的采油工

胜利油田　罗胜壬

有人说，一个人成功的最大障碍，不是他的对手和敌人，而是他自己。一件事情让我真正理解了这句话的含义，并将它奉为圭臬，拉开我岗位创新的帷幕。

那时候刚参加工作，作为一名采油工，每日与“管钳、起子、压力表”为伴，千篇一律的工作生活，让我感到枯燥乏味。

有一天，我看到几位老师傅围着一个电机拔轮器发愁，原来他们准备更换电机皮带轮，需要用拔轮器拔掉旧轮子。当时的拔轮器是三爪式结构，着力方式是点接触，而电机皮带轮是铸铁材质，超过材质强度时就会发生碎裂。那个旧皮带轮边缘损坏严重，找不到着力点，几个人怎么也取不出来。

大家伙儿正在发愁，一个身材魁梧的年轻人走了过来。他问清原因，思索了片刻，提着拔轮器就去了维修班。不大一会儿，他回来了，手里的拔轮器上多了个“U”形的铁板。他将“U”形口卡在电机轴上，点接触变成了面接触，这样一来皮带轮边缘残缺不全不再是问题。“咔嚓”一声，旧的皮带轮应声落地。“工作原来可以这样干！”我顿悟了。

后来，这位年轻人成了我的师傅，他就是现中国石化集团公司采油技能大师、特级技师孟向明。在师傅的引领下，我也成了一个爱与自己较劲的采油工，全身心地投入岗位创新的工作中去。

26年过去了，年届不惑的我对“爱较劲”有了更深的认识和感悟。创新从来不是

简单的复制粘贴，不是简单的模仿，而是在建立新观念、新技术的过程中对旧事物的更新、淘汰。一个人有没有创新能力，首先要看他有没有创新意识，有没有跟旧事务、跟自己较劲的内在动力。

记忆回到皮带式抽油机刚在我们油区推行的时候。当时，皮带式抽油机作为一种采油新设备，有很多优点，也有一些缺点。就拿移动电机这项工作来说吧，由于皮带式抽油机原始的电机滑轨，前后没有可以借助的支点，使用撬杠移动电机时只能移动很小一段距离。特别是紧皮带时，由于滑轨只有一侧安装了顶丝，在皮带顶紧过程中很难达到四点一线，使得前后移动起来多有不便。每次更换或调整皮带，工人们撬杠、顶丝、液压千斤顶齐上阵，手忙脚乱不说，还耗时长，工作效率低。

于是，我就开始和自己较劲，必须解决这个问题。一次，我在整理汽车后备箱时，看到了车载千斤顶。这种千斤顶不同于液压式千斤顶，采用螺旋幅的传动形式，平行四边形结构，中间由螺杆连接，转动螺既然能把一吨多重的汽车举升起来，那移动个电机什么的岂不是更不在话下了？我迅速联想到了皮带式抽油机更换皮带时的种种问题，平行四边形框架就在螺杆的作用下撑开或收缩。这样设计非常巧妙，结构更简单、重量更轻、工作更平稳、举升距离更远。我有了一个想法：利用车载千斤顶的原理改造皮带式抽油机。

于是，我仔细研究了车载千斤顶的结构设计。它采用的是平行四边形结构，而皮带式抽油机电机滑轨处空间狭小，这样的结构直接拿来用是非常不方便的。而且两个顶面都是平面设计，直接移动电机得不到有效支撑……我一边研究，一边思考，开启了我废寝忘食的工作状态。

设计图纸，和工作室成员思想碰撞，向师傅请教，不断实验、改进，再实验、再改进……我忙忙碌碌的脚步从未停歇。

功夫不负有心人，研发终于初具眉目。在保证结构稳定的前提下，我们设计了“之”字形结构，使螺旋丝杠由原来的水平工作状态变成了倾斜状态。旋转头始终朝上，更加方便；安装两个撑开的支架，使其一直处于水平位置，能更迅速地移动电机；与滑轨接触端采用了卡入结构，将两端分别卡到滑轨工字钢上，克服了传统电机顶丝移动速度慢、撬杠顶皮带力度不够的问题，又避免了普通液压千斤顶横向工作不稳定和重量大的情况。

方案出来了，需要加工成品做实验。为了节省资金，我请维修班的师傅们帮忙，给我车上千斤顶动了个“小手术”，于是“皮带式抽油机卡入式电机移位装置”就这样诞生了。

接着，我们在草13-77站的皮带式抽油机——X218、P53井进行了实验。实验表明，该装置无须螺栓固定即可得到支撑，卸松电机固定螺栓就能轻松移动电机，可拆卸、随用随走，更好地实现了防盗。实验取得了圆满成功，该装置在我们矿区大范围推广应用。2011年度分别获得山东省、胜利油田质量管理成果一等奖。

创新虽小，但是却解决了生产上的大难题，也让我对创新有了新的感悟。当前，机械采油设备已经被研究了上百遍甚至上千遍，只为获得更高效、更安全、更经济的创新成果，这一切都来源于一个创新意识。“一个人成功的最大障碍，不是他的对手和敌人，而是他自己。”这就是我前进的动力，是我对创新的不懈追求。

121

做与时俱进创新人

中原油田　张忠乾

自古逢秋悲寂寥，我言秋日胜春朝。今年的秋天似乎格外明朗，阳光温馨恬静，蓝天静谧高远。楼前花坛里金桂吐蕊，菊花怒放。在自然界，每一个生命都有美丽绽放的时节，犹如我们的创新生涯，从无到有，从渺小到宏大。

从1991年秋天到现在，我已经在中原油田工作32年。从懵懵懂懂蛮干苦干的青年工人到成熟稳重锐意进取的主任技师，从解决生产中的小难题到研发出一个个应用广泛的创新成果，每一个故事都深深烙印在我的记忆，也为我迎来了发展的契机。

时间追溯到2007年12月28日，濮3-128井量油异常，液量从36.5立方米/天下降到10.6立方米/天，上级要求以最快的速度落实示功图及动液面资料数据，找出产量下降的原因。

接到这个任务的时候，天空中正纷纷扬扬地飘着雪花。我们冒着大雪，驱车赶到濮3-128井现场。三个人配合开始录取资料，停机卸载、装示功仪、吃负荷、开抽、测示功图……当抽油机驴头运行到下死点时，卸载器突然飞了出去，在井口操作的宋新立吓得跳了起来，其他人员也吓蒙了，幸好卸载器飞出去的方向没有人，否则后果不堪设想。

“墩子”是我们岗位工人对“卸载器”的俗称。记得我刚上班的时候，师傅每一次带我上井干活都要反复叮嘱：使用“墩子”时，人要站在“墩子”开口的正面，防止飞出朝着人的方向，一旦打到人，轻则擦皮流血，重则发生重伤和死亡。后来，我也传承了师傅这个习惯，只要有卸载的工作，我都会提醒操作人员保持高度警惕，切记要站在“墩子”开口的正面，但是从来没有遇到过这种情况。今天第一次面临这种情景，想起来都觉得后怕。万一“墩子”飞向人，那可真的会崩死人的啊。

那次施工后，心中多了份沉重。如何防止卸井下杆柱、液体等载荷时“墩子”突然飞出？为了尽快找到办法，我白天忙工作，晚上搞研究。那段时间，我几乎每天都熬到深夜，在寂静的夜里翻阅技术书籍，上网搜寻资料，一个又一个想法产生，一次又一次论证推翻。每次都是稍稍有了眉目之后，又有新的问题伴随，比如卸载器前端如何封住光杆出口？动力来源怎么解决？都成了我攻克难题的瓶颈。这些问题就像有魔力一样，在我的脑海里萦绕不去，让我忘记一天的忙碌和疲惫，像一个陀螺一样不停地运转。

又是一个深夜，我干完工作收拾桌面，当我把钢笔插进钢笔帽时，突然迸发了一个灵感：“在卸载器内安装小直径的内套，吃载荷时，两者相对转动，内套封死抽油机光杆出口，不就可以防止卸载器‘飞出’了吗？”突如其来的想法让我兴奋了起来，惊走了刚刚萌发的睡意。我连夜开始进行设计，绘制图纸……当黎明的天空刚刚泛出鱼肚白色，图纸终于成功地绘制了出来。

工具很快加工了出来，我立即拿到现场进行试验。经过几次试验，我发现这种卸载工具还是存在一些问题。比如，操作方法有些笨拙，操作人员忘记或来不及搬动内套还会发生卸载器“飞出”的风险。我皱着眉头看着这个工具，思忖着怎么解决这个问题。

“要是‘墩子’能自动封死光杆出口就好了。”现场工人的一句感叹的话飘进我的耳朵，让我茅塞顿开。

这真是踏破铁鞋无觅处，得来全不费功夫。我的研发思路正式踏上正轨。

怎么能使不同直径的侧开口圆形管自动同时打开、不同时间关闭呢？经过一段时间的思考和摸索，最后我采用了用大直径管套小直径管，给大直径管一个自动的发和收的动力。“发动力”来自抽油机光杆上下运动的力量；“收动力”利用拉簧弹性自动回收。

经过在几百口抽油机井生产现场的试用，《抽油机自锁卸载器》研制成功了。专家组及相关领导一致认为该技术是目前比较适合抽油机维保、测试使用的技术成果，有很高的推广应用价值。2009年9月16日获国家实用新型专利授权。

在秋阳里回忆往昔耕耘，我深深领悟到，创新能在危机中育先机，在变局中开新局。在工作中大胆猜测和摸索，在实践中不断改进，创新之路才会越走越宽。“问渠那得清如许，为有源头活水来”，我要不断汲取“源头活水”，做与时俱进的创新人。

122

小装置大用途

胜利油田　侯卫华

2017年初春的清晨，迎春花刚刚绽放出第一抹娇黄，空气中也开始有了春天的味道，我工作的注采站正在进行着每天例行的班前会。

“今天我们的工作是LPP80-X10C井加盘根。”赵班长说。

“LPPC2井盘根盒已紧到底，需要更换密封填料。”

“LPP58-X20井井口出现漏油现象，我们也打算今天把盘根换了。”各班组班长争先恐后地发言。

“怎么这么多加盘根的井。”站长皱起了眉头，“好，大家抓紧时间准备，注意安全，尽量缩短停井时间。”

加盘根这项工作看似简单，实则特别耗费时间。先要让抽油机停止运行，关闭两侧胶皮闸门，卸盘根盒上压盖，取出格兰、旧密封圈，然后开始加入盘根。为了节省材料费，更为了耐磨，大家多采用废旧皮带作为填料，因此也导致了加注盘根费时费力。加盘根的时候一般是两个人配合，一个人用起子将废旧皮带的一段加入，用榔头一下一下敲击起子的上部，用力将密封填料下压入密封函内；另一个人则揪着密封填料的另一端顺时针围绕密封函缠绕，到加满压实，整个操作过程需要30分钟左右。

我们管理区管辖着386口油井，给油井加注盘根工作几乎每天都有发生。现在正是夺油上产的关键时期，这么多井加盘根，对今天的产量又会产生一个冲击。望着紧锁着眉头的站长，和匆匆忙忙准备材料奔赴现场的同事，我心里沉甸甸的。如何快速安全高效地加注盘根，让这频繁操作的项目变得简单省力，成为那段时间我的创新目标。

性格倔强的我喜欢动脑子，巧干加实干，将所学知识融会贯通到实际工作中，省时省力、节能增效是我最大的向往和乐趣。

我仔细地分析了加盘根的整个工作过程，问题主要聚焦在几个方面：一是防喷盒压帽用铁丝绑在悬绳器上，极易坠落导致操作工人受伤；二是加注盘根用平口大改锥和小榔头敲击、捶打来压实，极易将光杆损伤，将盘根盒丝扣敲坏，还易造成手受伤；三是用活动扳手一下一下打开和关闭两侧胶皮闸门耗时长。针对这些问题，我开始进行思考攻关。

2017年5月，我有幸被山东石油学会临盘采油厂基层委员会邀请，到胜利十七中对中小学生科普采油小知识。让学生们了解抽油机的基本原理、是如何将地下原油采到地面上来的、有哪些生活用品是和我们生活息息相关的……在准备科普课件时，在如何将原油从井下采出到地面这个环节上，为了让孩子们便于理解，我采用了形象教学，用我们儿时常见的压水井做比喻，通过压动压杆将地下水源源不断地抽到地面上来。课件准备到这里，我突然脑洞大开：能不能利用压水井的杠杆原理，设计一套盘根加注工具，制作一个体积小、重量轻、操作简单方便、使用寿命长的“简易盘根加注装置”？

作为星火创新工作室的负责人，我立即向工作室成员发起邀请，带领革新小组成员开始了“简易盘根加注装置”的研制。

设计图纸、选材、加工制作，仅仅10多天的时间，样品就做了出来。我们的装置由五部分组成。一是胶皮闸门开关工具。开关胶皮闸门一般是用活动扳手进行操作，由于密封器和井口流程位置的原因，开关不方便，活动扳手不能转圈，只能一下一下开关。因此，小组成员设计研制了专用工具。二是盘根盒压帽固定工具。加填料时，将抽油机驴头停在接近下死点的位置，卸下盘根盒压帽，用铁丝固定在悬绳器上，过程烦琐。研制了固定工具，可以将抽油机停在任意位置，用工具将盘根盒卡在光杆上，方便快捷。三是丝扣保护套。安装在井口盘根盒丝扣上，防止丝扣损坏，起到保护作用。四是旋转支架。为了保证工具能够沿着盘根盒旋转，方便填料的加入，研制了旋转支架，可以保证360℃围绕井口旋转。五是盘根压制杆。为了增加下压的力量，确保一定硬度的密封填料能够轻松压入密封函内。

接着我们开始马不停蹄地跑现场、做试验、监测数据……功夫不负有心人，经过一个多月的反复试验和改进，我们的“简易盘根加注装置”日臻成熟。

我们制作了5套工具放到班站进行试用。一段时间后我们收到了员工的反馈。

张班长说：“专用工具太好用了，上井提着这个工具箱也方便，原来三十分钟加盘根，现在十分钟就完成了。”

“对啊，使用方法也简单多了。一个操作工人拿着手柄围着井口旋转，另一位工人拿着盘根胶皮，不用费劲将盘根胶皮填入防喷盒内。”李班长笑眯眯地接过了话题。

除此之外，我们还意外收获了一个附加效果。因为工序简单，填加过程中盘根的磨损率降低，延长了使用寿命。盘根的更换频率降低了，以前1个月换一次，现在2个月才换，效果翻倍。

听到员工的反馈，整个团队成员都兴奋不已。我粗算了一笔账，管理区有油井386口，每口井年提高采油时率创效约13.25万元。此项成果被评为采油厂五小成果一等奖，2018年获得国家实用新型专利授权，在采油厂推广应用。

小小简易盘根加注装置，成本不高，但省时省力提效益。创新无所谓大小，小成果也一样解决大问题。正是这些贴近生产的小创新为提质增效注入了不竭动力，更激励我在创新道路上坚定前行。

123

创新在破题中发展

胜利油田　赵学功

2022年5月的一天，采油管理三区注采304站副站长王金宝找到我："管理区成立了维保站，我负责注水泵维修。现在注水泵阀损坏频繁，损坏的泵阀就当废料处理了，太浪费了，有啥好办法重复使用呢？"

高压增注通过往复泵加压将水注入油层，是目前油田保持有效注水的重要手段。在现场运行过程中，往复泵处于高压、高负荷等极端工况之中，受高压流体冲蚀、介质颗粒杂质磨损等原因影响，造成泵阀失效。因为泵阀是往复泵将动能转化为液能的关键部件，一旦损坏必须更换。

我算了一笔效益账：临盘采油厂管理着145台增压泵，一般注水泵组合阀使用寿命在20~30天，每年更换泵阀合计6300个左右，每套泵阀材料费用480元，损坏后换新，仅泵阀耗材一项达300多万元。

这个数字让我触目惊心，把这笔费用降下来，是我亟须解决的问题。下午一上班，我就来到了采油管理三区维保站，把损坏的注水泵阀挨个仔仔细细地观察了一遍。我发现，大多数泵阀都是因为阀体或者阀面被刺出水槽，导致打不起压力。在不破坏组合阀的结构及材质的前提下进行修复，形成新的密封平面，理论上是可以继续使用的。

怎么才能修复密封面呢？我首先想到了手工研磨的方法。于是，我购买了各种目数的砂纸材料，开始手工打磨泵阀。先用60目粗砂纸粗磨，后用120目细砂纸细磨，当天就研磨出了2个泵阀。研磨完成后与王站长联系，安装到注水泵进行了验证，经过一个月试验，泵阀使用效果良好，随后我将研磨方法教给了班组的员工。

本以为问题解决了，然而没几天，王站长又来找我诉苦：“手工研磨修复劳动强度大，体能消耗大，每人每天也就只能修复三四个，回家后胳膊疼得伸不直，影响第二天工作，修复一天可以，天天研磨职工受不了啊。再者，适用范围小，只能修复轻微刺漏，对于刺伤过大的手工研磨根本不行。”

手工不行那就机械修复。我立即联系车床加工厂，利用车铣的方法修复密封面。我收集了10个废旧泵阀进行试验，有8个出现了漏失。这让我百思不得其解，问题出在哪里呢？带着疑问我走访了几位机械专家，得到的答复是：车铣一般用于工件表面粗加工处理，表面粗糙度最高仅到Ra0.8微米。此外因为车工的技术水平高低不同，要想让机械金属密封面表面粗糙度达到我们需要的Ra0.2微米，车铣后最好再进行一遍研磨处理。听到这里，我的心凉了半截，又回了原点，还是需要手工研磨。而且我发现，这种方法还存在着很多弊端。例如，需要长期依赖外部加工，费用的支出怎么办？如果自己修复就需要购买铣床，操作技术要求高，需要办理操作许可证……经过反复论证，车铣修复存在较大难度，需要重新定位解决方案。

我在记录本上写下了目标：职工能够自行修复，劳动强度低，修复成本低，修复技术易于掌握，安全系数高。

目标确定了，如何进行破题？我查阅了各种修复密封面的方法，拜访机械加工专家，最终决定采用机械磨削+研磨的方式。磨削加工是应用较为广泛的切削加工方法之一，它是在车或铣的基础上提高工件的表面粗糙度。而研磨则是采用砂纸研具与工件在一定压力下的相对运动对加工表面进行的精整加工，表面粗糙度可达Ra0.63～0.01微米。这个方法对设备要求不高，技术易掌握，职工可自行修复，安全系数高。

2022年9月，方案确定后，我自行购买了一台二手车床作为动力源，然后是各种磨料的选型。先后试验了金刚砂、钨钢砂、氮化硼砂、白刚玉、棕刚玉等不同材质不同目数的砂轮，经过对比确定采用80~100目白刚玉砂轮，具有价格低，磨削效果好，操作方便等优点。经过反复试验论证，最终得出了砂轮材质研磨砂纸目数、磨削和研磨的纵向进刀距、电机转数、平面移动速度等数据资料。

2022年11月试验成功，并投入使用。不到一年的时间自行修复泵阀1000个，修复阀片1500个，节约材料费用50余万元。维保站站长高兴地说：“这个方法解决了大问题，既节省材料费，又使职工劳动强度大幅度降低。”

看到自己的成果被认可，我的心里就跟喝了蜜一样甜。我又趁热打铁，对泵阀阀孔刺漏过深不能依靠磨削修复的问题进行改进试验，再次获得成功，加大了修复利用广度。

2023年，这项技术获得临盘采油厂为民技术创新奖一等奖。8月23日采油厂召开泵阀修复课题交流会，会后在全厂进行了推广应用，促进了成果转化落地，提高经济效益。

技能成才、创新创效，是新时代赋予产业工人的新要求，也是我多年来坚持不懈的追求。作为新时代的技术工人，我始终扎根基层，了解基层需求，主动把生产一线的疑难杂症揽回来，一次次提出问题、一次次调整磨合，一项项创新成果顺利送出，为一线生产创效带来实实在在的帮助。

124

轮岗引发的创新

江苏油田　朱　平

我叫朱平，是江苏油田采油一厂的一名采油高级技师，轮岗去过江苏油田12个油区，从事过小班、大班、班长、技术员岗位。对我来说，每一次轮岗都丰富了我的阅历，磨砺了我的创新意识，让我立足岗位，创新服务的思想更加的坚定。

2008年8月，我以采油技师身份来到离家160千米远的李堡油田轮岗，参加李堡油区产能建设。

李堡油区的原油凝固点高、含蜡高、黏度高，是典型的“三高”油田，全部采用电加热空心抽油杆工艺进行开采。我第一次接触电加热空心杆油井，对这种技术充满了陌生感。我暗暗告诉自己，领导把我安排到这个油区的目的，就是为油区产能建设发挥高技能岗位作用，必须尽快地掌握这种技术。

经过一段时间的学习和摸索，我很快熟练掌握了电加热空心抽油杆开采工艺。技艺精湛了，眼中的问题也接踵而来。我发现这种工艺虽然是“三高”油田的生产利器，但是管理难度也非常大。空心杆加热温度在60℃以上，高温导致了盘根维护周期短，盘根盒内的铁质隔兰极易硬磨空心光杆；拆装空心光杆连接器和起下空心杆内电缆时，劳动强度大，一个人根本无法完成，需要多人协助操作，不但如此，还容易硬磨电缆，导致电缆损坏……

随着李堡油区产能建设推进，电加热空心杆油井达到22口，这样的问题也就成了家常便饭。不到一个月的时间，就有两口井的空心光杆隔兰硬磨深度达到 2毫米，为了安全生产，只能对“受伤空心光杆”进行更换。我粗略做了个统计，李堡油区22口空心杆井，其中有16口井盘根维护周期在20天以内，而且盘根漏油严重。另外6口井相对好一点，盘根也仅仅维持35天左右。其中堡1–1、堡1–6井由于上产需要，一年之内作业3次以上，加热电缆起下6次以上，硬磨导致井下价值12万元电缆报废。

面对着这些棘手的问题，我看在眼里急在心上，决定以这些问题为课题进行创新。此时，李堡油区产能建设已接近尾声，为了解决这个难题，我主动向领导请缨继续留在李堡油区工作。

2009年8月，经过一年的刻苦钻研和向行内专家请教，结合自身实践经验，我研制出了电加热油井双盘根盒密封装置。

产品研制出来了，经过现场试验，效果也很好。在采油厂领导的大力支持下，我加工了两套密封装置在堡1–1–2井正式进入现场试用阶段。

创新唯有经过实践的检验，才能够真正地落地。在试用过程中，又发现了一些小的问题。为了弥补这些缺陷，我废寝忘食地改进试验，试验改进。通过不断调试，最终选定具有一定硬度、耐磨性强的尼龙66改性品种作为主材。同时将尼龙隔兰、扶正器与光杆外径、密封盒内径间隙控制在0.2毫米以内，采用逆时针方向切割安装。增加了盘根盒润滑油孔功能，定期向盘根盒内加注润滑油给光杆、盘根润滑。改进后，盘根维护周期达12个月以上，试用效果良好。

该装置于2010年获得石油质协QC成果二等奖，我也申请了我的第一个实用新型专利。在全厂进行推广应用，目前采油厂电加热空心光杆井50%以上在使用我的专利装置。

解决了空心光杆盘根寿命短的问题，我又把目光聚焦在空心光杆内的电缆上。起、下空心光杆内电缆时，需要多人穿拔电缆，每次都会对电缆外层进行硬磨，能否重新设计一套装置杜绝此种现象呢?

时光匆匆，如白驹过隙。三年的时间过去了，2012年5月我的又一项创新成果——《空心光杆防磨连接器》问世了。之后就是漫长的试用期，从2012年5月至2017年4月，整整度过了5年的时间。为了更加安全高效地使用这套装置，我紧盯现场每一项操作步骤，制定了防磨连接器起下电缆操作规程。我对两口试验井起下电缆的情况了如指掌。5年内共起下电缆18次，没有出现过一次硬磨电缆外皮、电缆碎屑堵塞空心杆内径的情况，连接器质量牢固，一个人就可以拆卸连接器。喜人的数据意味着防磨连接器发

明获得了成功。

2015年防磨连接器获得国家发明专利授权。2017年5月在江苏油田电加热空心杆油井进行推广，覆盖率达90%，年创经济效益320万元，累计创效1200多万元。2022年1月获得中石化QC成果二等奖。这个成果也是我目前创效最多、科技含量最高的一项创新，给我的职业生涯添上了浓墨重彩的一笔。

满怀着信心，满怀着对未来的憧憬，我踌躇满志地来到联盟庄油区工作。没想到，一来到这个油区就给了我一个下马威。

2016年5月，一口井作业完成，准备开井。作业工用了浑身解数，也无法顺利挂抽。我仔细询问了作业工，原来是永磁电动机启动功率小，驴头空载状态下会出现电机带不动抽油机或者不能将抽油机驴头旋转到下死点进行挂抽现象，只能依靠吊车等设备来进行完井挂抽，既耽误了开井时间又增加了吊车费用，而这样的情况在游梁式抽油机中占比高达50%以上。

怎么解决这个问题呢？我仔细梳理了抽油机甩驴头全部过程。发现油井作业时，先卸掉光杆负荷，当游梁处于水平位置时，锁死刹车。作业工拿掉一侧驴头销，用棕绳将驴头甩边。作业完井挂抽时，作业工甩正驴头，此时光杆与悬绳之间相差1米左右，无法挂抽。这种情况下作业工都是松掉刹车启动抽油机将驴头甩到下死点进行挂抽，就会出现驴头在空载状态下，永磁电动机带不动抽油机旋转，需要吊车等设备辅助完成起抽。

相差1米左右的距离，这是个切入点。我参照采油工卸载荷常用的30厘米座筒原理，设计了1.2米、1.5米长座筒，座筒上安装了爬行梯，座筒槽口处设置了6个插销孔，座筒本体采用12毫米厚度45#钢。座筒设计加工完成后经过安全部门设备检测，耐压达到35吨未变形。又经过游动滑车挂上井下抽油杆负荷，惯性下放10米距离，座筒无变形。相关质量检测数据与视频经过采油厂科协办公室审阅后得到了肯定。

2016年8月，挂抽用座筒首次在联7-12井使用，我全程现场指挥，按照我的方法与操作规程，用时10分钟挂抽完毕，获得了现场作业工一致好评，给了我很大的信心与鼓舞。

为了让更多的人掌握挂抽方法，我用时一个月，系统地梳理总结出游梁式抽油机作业完井挂抽“八字”操作法。2017年6月，在江苏油田全面实施，让作业完井挂抽工作更加程序化、标准化、精细化，单井作业时间平均缩短8小时，杜绝吊车挂抽。这个方法，2018年1月获得了国家发明专利授权，同年12月获得了江苏省职工十大创新操作法奖。

创新，已经融入我的生活，融入我的血液，成为我的习惯。深耕油田，开拓心田，做一名有技能、有技术的新时代石油人，是我永远的梦想。

125

对“探测器”的“检测”

胜利油田　任　斌

发现问题比解决问题更重要，这就是防患于未然。

海洋采油厂成立于1994年5月，是胜利浅海油田开发的专业化生产单位，目前管理着中心平台3座、采修一体化平台12座、井组及单井平台95座，主要担负着胜利海上埕岛油田、新北油田的开发建设任务，是中国石化集团胜利油田重要产能阵地和海上原油上产主阵地。为保障平台安全，海洋采油厂依据《浅（滩）海钢质固定平台安全规则》，在平台油气生产区域设计安装了火焰探测器，它能有效探测早期火灾，及时发出报警信号，科学控制和精准扑灭火灾。火焰探测器就是保障海上平台安全、稳定、高效生产的“哨兵”。

受海上交通环境和平台工作条件限制，火焰探测器目前采用在线功能检测：在距离探测器镜头前方50厘米处，点燃火焰并有规律地摆动（火焰高度不低于5厘米），30秒内探测器报警灯点亮，同时继电器输出火警信号，火灾报警控制器显示报警。按照《海洋石油设施动火作业安全规程》规定：在油气生产区域内点燃火焰，存在动火作业安全风险。火焰探测器所在的油气生产区域为I类危险区域，检测工作需按照一级动火作业处理。

所以，目前火焰探测器在线检测，需编制动火施工方案并经负责人审批同意后，现场进行JSA分析、测量可燃气体含量、动火防护措施、填写用火及临时用电作业票、连接视频回传设备后，方能在线检测及视频监督。我带领QC小组成员抽取调查

了2021年1~2月海洋采油厂20座平台共计80台火焰探测器的在线检测情况，调查发现单台检测耗时8分钟，需4人配合完成检测，严重占用了平台人力资源。

平台所使用的JTGB-UF-7609/X型火焰探测器使用三只中心波长不同的窄带滤波红外传感器，通过采集三个不同波段的红外线信号（3.5~6.0微米）生成原始数据，并结合闪烁频率等特征做出火情判断。我们QC小组经过研究发现，部分红外光源可以产生标准的中远红外线，于是决定研制一种适用于海上平台的火焰探测器报警功能检测装置，精准触发火焰探测器报警，提高检测效率。我们在活动过程中，运用了调查表、控制图、柱状图等QC工具及方法，结合现场实际情况，大家运用头脑风暴法提出了多种设计方案，根据试验结果最终评估优选出该装置的最佳方案。

针对课题目标，我们借鉴装置的红外光源类型，提出了研制火焰探测器报警功能检测装置的三种设计思路，从而制定了总体方案。我们从结构、性能、安全、成本四个方面对三种总体方案进行优选试验对比。经过三种方案试验对比，热辐射红外光源检测安全性能高，产生红外线波长范围广，尺寸较小、便于安装，能耗转换率高达85%，节能显著、成本较低。总体方案确定后，我们根据红外线产生及发射原理，对火焰探测器报警功能检测装置的结构形成初步设计，并进行滤波和频率控制，最终确定分级方案并进行优选，最终确定了最佳方案。

最佳方案，就是我们按照5W1H原则制定了对策。我们按照设计参数定制带通滤光片一只，红外线通过波长3~6微米，中心波长4.2微米，峰值透过率90%，抑制率92%，表面光洁度20~10。通过出厂测试曲线发现带通滤光片过滤的红外线波长与火焰探测器所检测波段（3.5~6.0微米）相吻合。我们根据方案设计出电路板原理图及PCB图，通过软件测试合格后发至工厂定制。经测量板厚1.6毫米、直径4厘米，可安装在火焰探测器报警功能检测装置内部。我们按照目标购买单片机一只，面积2平方厘米，C语言控制方式，静态功耗10毫安·时，频率72赫兹，指令执行速度1000条/秒。根据设计方案编写程序并输入单片机中，将其安装于电路板上。我们按电路板图纸设计要求购买型号规格相同的电阻、电容、二极管、功率电感等贴片元件，组装后使用再流焊进行高温焊接，并对焊点检修达到焊接标准要求。按照目标设计规格购买遥控开关1套，将遥控接收器安装在电路板上，利用示波器进行测试，通过测试确认最大遥控距离6米，反应时间为1秒。

我们通过对策实施制作出了“火焰探测器报警功能检测装置”并进行安全质量论证和性能测试。本装置使用热辐射红外光源进行检测，能耗转换率高达85%，红外线波长范围广，安全性能高。根据平台现场情况和红外检测原理，优选陶瓷钨丝发热片并配套光频模拟器、滤光片和准直器组成红外发射器。采用双面PCB板、单片机、贴片元件和控制开关组成电路部分。使用锂离子电池作为供电设备，配套设计外壳、伸缩杆与箱体进行加工。经过安全质量论证和室内、平台性能测试，成功将火焰探测器检测用时由8分钟/台降至1.3分钟/台，取得海检中心产品检验证书，年节约检测费用46万元。

“火焰探测器报警功能检测装置”成功解决了火焰探测器检测效率低的问题，节省了大量人力资源。使用“火焰探测器报警功能检测装置”后，能够准确发现火焰探测器故障并及时处理，提高了安全报警系统完好率，保障了平台原油生产安全。火焰探测器报警功能检测装置可在油气开采、炼化等行业领域推广应用。

通过QC活动，我们小组成员发扬QC团队精神，研制的“火焰探测器报警功能检测装置”填补了国内该领域的空白。不仅解决了火焰探测器在线检测耗时长、不稳定的难题，还有效提高了火焰探测器功能检测和故障的判断能力，减少了外委检测成本，降低了工作安全风险，减轻了操作人员的劳动强度，创造了良好的经济效益，使我们小组成员的专业技术和创新能力得到进一步提升。

126

小小平台结出创新之果

胜利油田　牛伟亮

从未见识过海上平台的人或许是无法了解，它承受过无数惊涛骇浪，同时也承载了海上石油人的全部喜忧，也见证了他们为油奉献的可贵品质与精神。

众所周知，目前海上平台各类设备、储罐及压力容器数目较大，而且其外表面长期暴露在海洋环境中，尤其是在雨雪及沙尘天气过后会聚结大量的灰尘及污垢，不仅严重影响海上平台的整体三标水平，更甚者会对设备表面造成生锈及腐蚀，导致设备不能正常运行，罐体破损等问题，影响平台的安全稳定生产。

在中心三号平台上，像撇油器、分离器各种大大小小的“瓶瓶罐罐”就有二十多个，每次倒班前或者遇有大型检查时工艺现场员工就要对所有罐类设备进行全面清理，其中罐体清洁工作最为繁重，需要用杆子绑上拖布一点一点擦拭，体积小的还好说，体积较大的不仅清理起来费时费力，因为很多罐体很高，在擦拭时需要站在台子上才能够到，所以还存在一定的安全隐患，因此清理各类容器外表三标成了海上平台员工一项烦琐且效率低下工作。

记得一次换班前几天，连续的雾霾天加上小雨下个不停，现场三标差得一塌糊涂，雨停后，我立即组织现场人员整改三标卫生。经过了一天马不停蹄的工作，甲板设备的清理工作已经完成了，离交接班仅有短短的两天时间，可看到生产顶层脏兮兮的撇油器、气浮设备，我也犯了愁，这么大的工作量交班前肯定干不完。

8米多高的撇油器我们只能用杆子绑上拖把沾着水一点一点对罐体进行清理，

一天的时间，我们三个人才清理出来一个罐。交班时，我们只能如实将情况交给对班同事，对班同事也表示理解。可我心里还是不好受，毕竟是自己分内的工作没有完成，我心想如果有一种能够快速高效地清理罐类设备的工具，这种类似的情况发生的频率会不会下降很多又或者不会再发生了。

为了能够彻底解决这项难题，下了平台后我便根据现场实际情况构思起解决方法，设计一个工具，首先重量不能太大，一定要便于携带和使用，其次长度必须要可以调节以满足不同高度设备的清理需求……

一条条的想法在我脑中浮现出来，最终觉得所设想的设备非常具有可行性，于是我带着想法和思路找到管理区主任技师赵汝强师傅，向他详细说明了现场遇到的实际难题以及解决这项问题的想法思路，这得到了他的高度认可和支持，于是便与我共同完善清洗装置的设计方案和相关细节。最终在“海油创客工作室”程强大师的大力支持下，经过两个多月的设计及研究第一台“多功能设备清洗装置”成功问世！

首先“多功能设备清洗装置”的组成部分有电源控制箱、手持杆、各类刷头（可拆卸）、清洁棉。该装置操作便捷，针对不同清洁面选用合适的清洁头，通过控制箱为清洁杆提供电源驱动，带动清洁头匀速旋转配合水源喷头出水，手持杆可调节长度，满足不同高度设备的要求，以此达到清洁设备外表面的目的。清洗装置还具备可以在清灰的同时进行冲洗的优点，用以往的清洁工具时需要先将物体用水打湿，然后再用刷子进行清理，不仅过程非常烦琐，而且清洗效果也不好，在使用“多功能设备清洗装置”后，此项问题已经完美解决。

为实现可以在清灰的同时进行冲洗的目的，清洗装置包括手持杆，手持杆的顶端通过旋转连接件固定连接有腔体，腔体的左侧面固定连接有安装板，安装板的左侧面固定连接有电机，电机的电源端连接有供水供电开关控制盒，电机的输出轴贯穿安装板并延伸至腔体的内部，腔体的正面连通有进水连接件，电机的输出轴且位于腔体的内部处固定连接有轴套，腔体的内部且位于轴套的左右两侧均设置有水封，轴套的右端螺纹连接有清洗刷头。

该旋喷清洗装置，通过电机带动清洗刷头对物体进行扫灰，进水连接件与水管连通，水通过进水连接件进入腔体中，由于压强的原因水穿过进水孔进入轴套，进而进入空腔中，空腔中的水穿出出水孔可以配合毛刷对物体进行清洗，可以在清灰的同时进行冲洗，提供了更为简洁的带水刷洗功能实现方案，清洗效果更好，不仅可以更加有效地将灰尘去除，也防止灰尘扬起损害人体，结构简单，使用起来更加方便。

理论很完美，可实际效果又如何呢？怀揣着忐忑的心情，我将设备带上平台进行实验，装上刷头、接好连接杆、通水、打开开关，随着水流从刷头喷出，我和同事相互配合仅用了一个多小时一台撇油器的三标卫生已经完成了清理，而且相较从前不仅清理得更干净，效率还提升了好几倍。

“多功能设备清洗装置”研发完成后，现场使用效果良好，有效对平台各类压力容器、设备表面进行清洗及表面保养，特别是一些较高的罐类设备，通过可伸缩的手持杆，不同的清洁头，再配合不同的清洗剂来完成清理，一些储罐类的不锈钢保温层，因海上环境因素造成的轻微锈蚀痕迹，也可使用该装置配备专用的除锈水来进行清理。在使用“多功能设备清洗装置”后，现场工作人员的工作效率大大提升了，同事们都说是个不错的好东西，省力又省时。得到同事们的认可我心里也非常的高兴，我想工作中还有很多值得我们去改进和改造的地方，一个小的创意可能会带来意想不到的效果。

从发现平台上出现的问题，到提出解决方案，再到设备的研发成功与使用，不仅体现着海油人“没有条件，创造条件也要干”的魄力，更体现了海油人刻苦钻研，守正创新的毅力。有了这两种力量的新时代的海油人将会在建设全面领先一流海上油田的事业中，再立新功再创佳绩。

127

在创新路上成长

江汉油田　陈　飞

从山东清河采油厂到重庆涪陵页岩气公司，从学徒工到湖北省首席技师，我辗转多地，在一线工作了27年。对于创新，我的理解是创新的原动力就是解决生产难题。说起我的创新之路，那还要从山东清河会战讲起。

2002年，清河的夏天骄阳似火。我和同事在注水泵房更换柱塞泵皮带，当时，泵房里温度高达40摄氏度。在狭小的空间内，我们费力地挪动1.3吨重的电机，两名同事检查“四点一线”，汗流浃背的我按照调整方向，奋力地抡起大铜棒砸向电机底座和导轨。三人轮番上阵，连续奋战2个多小时才调整到位。泵修好了，我们仨也累得筋疲力尽，靠在注水站院墙边歇息。同事秦杰说：“飞哥，每次换皮带累死我了，就没有什么好办法吗？”我心里盘算着，制作一个注水泵房使用的电机调整顶丝，用顶丝推力来代替大锤锤击。

说易行难。几天下来，我尝试了几种设计，却遇到了各种问题，一张小小的图纸迟迟没有完成。一天，同事孙存波关切地问道：“大飞，最近怎么了？我看你老是皱着眉头，心事重重的样子，是不是遇到了什么不开心的事？”一句话，打开了我的话匣子，我将心事向他娓娓道来。

“能不能，参考抽油机电机的顶丝原理呢？”孙存波说。

“哎呀，存波。真是一语惊醒梦中人，谢谢你的提醒啊。”我高兴地说。

就这样，多日来的困扰迎刃而解。那段时间，白天，只要有时间，我就在抽油机电机周围观察，去维修班找来抽油机的电机顶丝仔细研究；晚上，就在家里翻阅各种

资料，详细了解顶丝的结构及原理。就这样，历时50多个日日夜夜，我总算绘制出了轴向和径向双向顶丝的加工图纸。

担心加工师傅看不懂自己的手绘图，我就跑到机修部跟黄师傅沟通。他耐心地听我介绍设计，拿过图纸端详片刻，指着一处说道："你这个顶丝需要计算强度，否则在调整过程中，极易造成顶丝折断。"

这么简单的问题，我却没能考虑周全，眼看设计即将夭折，带着几分懊悔、几分不甘，我软磨硬泡让黄师傅帮忙想想办法。黄师傅拿出机械设计方面的书籍逐一查阅后说："把这个顶丝直径增加到22毫米，顶板增加到20毫米，再增加斜拉劲，这样强度差不多能够。"我立刻修改了图纸上的数据，几天后，我拿到了我的第一个创新成果——电机双向顶丝。

新发明很快就有了用武之地。没过几天，注水泵房的柱塞泵皮带断了。我收到消息后，匆匆拿上电机双向顶丝，和秦杰一道赶到现场。用我发明的电机双向顶丝调整皮带"四点一线"，仅用1个小时就完成了操作。我跟秦杰对视一眼，激动不已。

经过这件事情，我第一次感受到创新带来的快乐。后来，电机双向顶丝被评为当年度清河采油厂十大"五小成果"。我乘胜追击，用这个成果申报了自己的第一项专利，正式开启了我的创新之路。

2010年，我与胜利油田技能大师代旭升结成师徒。结对时，师傅抛给我一个问题："企业给你那么多荣誉，你要怎么做，才能帮助企业创造更大价值？"我决定用实际行动回答。

以后的日子里，我除了喜欢收集各类书籍，还特别喜欢收"破烂"。每每见到生产现场不用的废旧零件，我都捡回来，做好分类，能回收利用的就清洗、修复。媳妇调侃我是收破烂的，我便告诉她这些可都是我的宝贝。看着自己平时收集的"破烂"零配件被用在成果中，再度焕发青春，我更加坚定了"走创新之路"的信念。

2017年，我转岗来到涪陵页岩气田从事采气工作，当时我已经是油田小有名气的采油技师。采气与采油虽然只有一字之差，但在技术特点、生产流程等方面却相隔万里。从"采油能手"到"采气小白"，要说没落差，那是假话，但我不服输的劲头又上来了。那段日子，白天我泡在站上熟悉流程、研究采气原理；晚上在铁皮房里挑灯夜读，恶补采气专业知识。随着我对采气现场工艺和技术更加深入地了解，我开始尝试将创新之路延伸到采气领域。

有一次上井，我遇到了6#集气站班长李传国。他对着我唠起了辛苦经：“大飞，过滤式除砂器拆卸清洗滤网，操作时需要4人，而且很难拆卸，尤其是遇到滤网变形或砂埋滤网时，还要依靠倒链提出，平均拆装一次要3个多小时。能不能解决一下？”

我爽快地回答他：“你放心，我尽快想办法解决。”此后的两个多月里，我几乎每天都要跟张义铁和王宏图两位大师一起讨论方案，设计组合工具。

我带着加工好的“过滤式除砂器组合工具”，来到李传国面前。边动手边讲解：“这个新工具是个组合工具，由一个丝杆、一个顶盘、四种转换接头和两个千斤顶组成，可适用于目前涪陵气田所有的过滤式除砂器。”

我熟练地操作着，将顶盘拧到丝杆上，根据除砂器的规格挑选了一个转换接头安装在丝杆底端，再把转换接头与滤网上部内螺纹连接，两个千斤顶分别架在顶盘和法兰平面两侧，依靠千斤顶，丝杆上升时带动滤网，很轻松就拔了出来。

李传国不禁喊道：“厉害呀，大飞！以前拆滤网，操作时至少4人，用时3个多小时。现在，咱两个人就能完成工作，我看了一下，用时还不到1个小时呢。”

我笑了笑，给他算了一笔账：平均每次清理滤网可保产约0.5万方气，一年要清洗3到4次。现在气田共有160余台过滤式除砂器，一个3口之家1天最多用0.5方气，凭借这项发明省下来的气，就可以保障近1万户家庭足足1年的用气需求。

看着他喜悦的笑容，我不禁回想起，刚上班时我的班长对我说的话：“想当一个最好的工人，就要像打钢丝结一样，得天天咬牙坚持学本领长知识，一时一刻也不能懈怠。千磨万难地挺过来，就一定会取得成功。”更何况我们身边还有许多像我师傅一样的大师前辈，鼓励着，支持着，照亮我们前行的路。

128

巧用中和省大钱

胜利油田　牛　军

老河口油田主要生产区位于渤海海域滩海地带，含油面积约38平方千米，地质储量十分丰厚，共有25个开发单元，油藏的深度为1330米~1450米，其主力油层为河流相沉积，油层发育好，但厚度薄，分布零散，属于高孔、高渗、常温、常压系统。随着开发的不断深入，开发的难度也逐级递增，针对老河口区块的地质构造特点，油井酸化的工作量也在逐渐增加，随之而来的就是酸洗残液的处理问题。

油井酸洗后排出残液pH值前三天一般都小于5，呈酸性，易造成污染原油、腐蚀管线储罐、造成脱水困难、原油处理费高等问题，所以酸洗后排出残液不能直接进油井生产管线，主要采用进池法：在井口接排液流程，将井口产出残液放入排液池，通过罐车拉至废液处理站处理。

以往的酸液处理方式，存在以下三方面的问题：第一是工艺复杂，费时费力。工艺操作顺序依次是垫土基、铺塑料布、围土堰、清池子、吊装池、连接管线、开井放喷、监视池内液面、协调自吸罐车、运输废液落地、确定处理点、排酸完后现场清理等12个节点。第二是安全环保隐患。存在可燃有毒气体（硫化氢）、高空吊装操作、酸液腐蚀、井喷等四个安全隐患点；存在油水落地、池内溢油、池漏、风暴潮油水扩散等四个环保隐患点。第三是生产成本高。原油外运处理造成油井减产、拆排液流程二次停井易导致地层出砂减产。2020年，这个厂排酸井94井次，排酸323天，排酸液19410立方米，发生费用289.6万元，仅车辆运输费就达98.1万元。

此外，以上所有操作都需要岗位员

工现场施工、现场监护，人工成本高，如何最大限度地降低酸液处理费和减轻员工劳动强度，成为桩西采油厂技师协会迫切想要解决的问题。

2020年5月，我带领“桩西新联盟创新工作室”，针对酸洗残液处理的问题开展了第一次讨论，将问题难点进行了梳理，为下步工作做好计划。经过现场实地勘查，提出了油井酸洗残液改性密闭集输装置的想法。设计一套油井酸洗返出液密闭处理装置，需要实现油井酸洗返出液在井口通过酸液中和装置处理合格后，直接密闭进入井生产管线，避免排酸液外运处理及环境污染，实现降本增效、安全清洁生产；返出液pH值、压力、温度的指标传输上网，实时监测，确保中和质量，还要实现无人值守，节约人工成本，做到一举三得。

孟子在《生于忧患，死于安乐》中写道：“故天将降大任于是人也，必先苦其心志，劳其筋骨，饿其体肤，空乏其身，行拂乱其所为，所以动心忍性，曾益其所不能。”同理，一项实验的成功背后，是无数次的失败，和无数次的重整旗鼓再重来。

2020年7月25日，在LHH106-NP9井实验时，pH值检测仪因为承压不够发生连接丝扣开裂。我和工作室成员多方寻找，也未找到耐压等级达标pH值检测仪。为了解决这个问题，我向中国石化集团公司技能大师毕新忠、油田采油工首席技师杜国栋多次求教，终于找到了给pH值检测仪加装防护罩，提高耐压等级的妙招，成功解决了这个问题。

然而这只是漫长实验中一个小问题，还有更大的问题接踵而至。

改性密闭装置是由pH值检测部分、碱液注入部分、酸液中和反应部分等三部分组成。油井排出液经内管流经pH值自动检测仪，当pH值小于6时，自动启动碱液加药泵，将碱液注入酸液中和反应器内与油井排出液发生中和反应，反应后液体经过出口pH值检测仪，根据pH值大小，调整碱液注入量，最后液体通过双管接头外管，进入单井外输管线，继而进入接转站。2020年9月15日，接转站发现酸液进入系统，造成了系统交油大幅度波动。这明显是酸碱中和处置不达标就排进了系统。

听到消息，我立即赶到实验井场，对排出液进行pH值检测，结果不出所料，处理过的酸液并未达到标准。为了查出故障原因，我连续几天吃住在实验井场，经过几天的观察摸排，终于找到了原因。pH测试触头因长时间浸泡在油水酸混合液中，触头被油污覆盖污染，导致测试值出现误差。通过多次讨论、实验后，在pH值检测仪前后分别增加调节阀、截止阀，增加pH值检测仪旁通流程，这样可以调节闸门开度，通过液体脉冲清理检测仪上的油污；油污严重时倒旁通流程，拆卸检测仪进行清洗；同时检测仪将触头位置下放30毫米，减少油层接触。

又经过了一段时间的跟踪观察检测，该调整见到实效。但是，酸液进入系统影响交油的事故，还是引起了相关业务部室领导的担忧与质疑。我便带着实验数据与取得的效果，详细向领导们讲思路、列办法、请求技术支持，成功打消了领导们的顾虑，并取得厂领导的大力支持。

实验过程中还出现过许多其他的小问题。比如，生产厂家工作人员对设备监控不到位，调节不及时，导致数据采集不准确，我就亲自守在现场采集数据，无论酷暑与寒冬，保证收集到第一手准确资料。设备不能实现智能操控，不能自动调节，我就让自己学编程的儿子编制了一套自动化程序，实现了设备自动采集pH值、自动调节酸碱中和量，数据远传，实现无人值守。设备顺利投入使用，当年在采油厂11口作业酸化工序井上使用，节约运输费11.6万元。

“芳林新叶催陈叶，流水前波让后波。”我想，只要守初心、担使命，一刻不放松地解决发现的问题，一刻不停歇地推进技术创新，我们就一定能凝聚起坚不可摧的奋进力量，在革故鼎新中不断开辟未来。

129

做一颗能创新的“螺丝钉”

胜利油田　蔚贝贝

2011年，我大学毕业来到埕东油区工作。刚到站上时，我信心满满，心想：“我一个大学生，这点采油工的活对我来说小菜一碟。”但是现实却深深地给我上了一课。

有一次，我管理的一口油井井口盘根刺漏，我手忙脚乱地换了半小时还没换好，只能找邻近小站的同事帮忙，结果人家只用了20分钟就完美地解决了问题。这件事深深触动了我，即使在大学学了四年的理论知识，但是一点现场经验也没有的我只是一名采油“小白”。就这样，我调整了心态，扑下身子，跟着经验丰富的老师傅开始学习操作技术。

知识是靠不断学习积累的，技能是靠千锤百炼提高的。随着时间的推移，我的技能水平逐渐提升。我学习能力强、爱钻研的特长也开始逐步显现。在工作之余，我开始搞些小发明。一个拖把规定夹，一个取样桶固定箱，从我的手里一个一个地冒了出来。渐渐地，这些小发明已经不能满足我的“发明欲望”，我开始盯上了身边的难点问题。

有一次常规巡检，还没有走到埕71-平28井，我就听到抽油机在吱吱作响。抬眼一看，发现光杆上行的时候抽油机跟着向上走，光杆下行的时候抽油机又坐回水泥基础上，看上去“摇摇欲坠”。“压杠螺栓断了！”我迅速作出了判断。这已经不是第一回了，之前也有几口井出现过压杠螺栓断脱的情况，不仅影响了正常生产，还存在着很大的安全隐患。

“能不能整个不断的压杠螺栓？”我一边处理着问题，一边和身边同事提出了想法。

"贝贝，你就别捣鼓了，这些年不都是这么一根一根换的吗？"

面对着同事的不以为意，我没有气馁，只是暗暗下定决心，尽最大努力做成这件事。

我开始研究压杠螺栓的结构特点，分析它的易损原因。压杠螺栓共分为上下两部分，上部分是螺纹连接抽油杆，下面是一个扶正块。两头螺纹连接不牢固，长期工作后容易松动；螺栓整体抗拉强度和韧性不够，承重能力差，扶正块的受力面积小，承受的压力集中导致疲劳断裂。经过调研，我发现，容易发生断脱的都是在现场服役20年以上的抽油机，抽油机本体和底部基础等局部构造发生变形，导致压杠螺栓歪斜、偏拉。

"优化压杠螺栓的结构，也许就能避免断脱，提高抽油机的稳定性。"我得出了结论，并沿着这个思路展开了攻关。

冰冻三尺非一日之寒，一个困扰了大家很久的生产难题也一定不是靠一时的激情就能解决。底部连接如何优化？材料强度如何提高？随着攻关工作的展开，一个又一个问题跳了出来，成了我前行路上的阻碍。

翻阅大量书籍，向具有创新经验的隋爱妮创新工作室的老师们求助，我调动了自己所有的热情。我坚信，问题就是系在绳子上的疙瘩，一个一个破解，最终一定能让绳子变得笔直。使用球面接头底部连接优化问题；用高强度合金钢材，进行兰化处理，提高材料的整体抗拉强度……在创新工作室的指点与帮助下，我一步一个脚印地进行着压杠螺栓的改进。

经过反复试验，一种新压杠螺栓终于成型了。底部球柱联轴实现自校准功能，解决偏斜问题；高强度合金材料和兰化处理大大提升了抗拉性能，整体结构增强，有效防止螺纹松动。通过6个月的现场试验，效果显著，没有出现任何断裂现象。

后来，新压杠螺栓在全区范围内进行了推广。经过一年多的使用观察，所有换装了新压杠螺栓的油井都运行稳定，压杠螺栓的断脱问题得到彻底解决。我算了一笔经济账：以前每口油井每年要更换压杠螺栓3~5次，光更换成本就高达3万元。现在换成新型压杠螺栓，使用寿命可达2~3年，每个螺栓成本只有100元左右，直接为采油厂每年节约了近30万元的维修成本。看似不起眼的小改进，却创造了显著的经济效益。

"贝贝啊，你这个螺栓改得确实好，节省了我们好多的工作量，不枉你花这么大劲儿，以后再有什么新改进，一定要记得给我们站啊。”听着前线师傅们的反馈，我从心眼里感到高兴。

新型压杠螺栓只是抽油设备中一个非常小的组件，但它的优化却提高了设备稳定性，减少了事故隐患，保证了高效生产。点滴努力，小小改进，就可以为身边的同事创造福利，为单位创造效益。

这件事增强了我的信心，也为我指明了创新创效的新路径。关注工作中的每一个细节，用心思考，用双手创新，做一颗有创新意识的“螺丝钉”，展现一个普通工人持之以恒的创新精神，以匠心致初心。

130

创新就是不断啃“硬骨头”

中原油田　冯玉民

企业要发展，就必须要创新。作为一名在油气集输输气计量一线工作三十多年的主任技师，我始终不敢懈怠，努力学习技能、刻苦钻研业务，逐步成长为本行业的企业领军人。

回首创新路，并非一帆风顺，坎坷过后，是若干成绩和荣誉。在不断创新中我和我的团队遇到过很多难啃的骨头。

原油交接是油田原油产量的具体体现，根据规范要求含水测定需要用到加热器、蒸馏烧瓶、接受器、直冷凝管以及冷却水循环塔等蒸馏仪器。化验过程中将以上仪器通过组装、固定，使试样在各仪器的共同作用下实现油、水分离，达到原油水含量测定目的。2012年以前，各采油厂前线各计量站使用不锈钢制作的冷凝管固定支架。由于用于含水蒸馏的电加热设备规格型号较多，不同厂家生产的产品尺寸上也都存在一定差异，因此化验室每次购进的电加热设备在尺寸上无法保证一致，而老式的固定支架是一个整体结构，调节起来较为困难，无法满足国家标准《GB/T 8929-2006原油水含量测定法》（蒸馏法）中相关规定执行。

为了解决这个问题，我和团队成员反复做试验，进行了很多创新和改进：固定支架各横杆、竖杆都设计为圆柱形，在使用和拆卸过程中都能实现顺畅滑动，容易调节；伸缩横杆、伸缩竖杆都是实心铁质圆杆，增强了伸缩杆的强度，能满足多组试验时的支撑需求；新支架竖杆分段设计，增强了支架在纵向上的移动调节功能，连接处用螺钉紧固，增强了支架的稳定性，达到最佳固定效果；横向伸缩杆上的凹槽与小管径套扣上的凸起部

分相配合，避免套扣上下滑动，进一步提高了套扣的稳定性。经过一系列创新和改进，这套装置从2012年开始在油气储运中心8个化验室使用。目前，已在新疆西北油田、中原油田4个采油厂80余家化验室使用。累计创效100多万元。2012年，该成果获国家实用新型专利授权。

油气集输管道穿孔是造成原油外泄导致环境污染的一个重要原因。为实现“清洁生产，绿色发展”，我带领同事们采用现场规划和电脑模拟技术，研制设计了“文一计量站泄压排污流程”。这套流程具有一厂管线泄压、四厂来油泄压、汇管泄压、利用一厂原油给四厂来油增压、流量计过滤器排污等七种功能，可以在很短的时间使管道压力变为负压，达到外泄原油回流的效果，极大地减少了原油泄漏造成的环境污染，彻底解决了计量站管道泄压问题。该流程设计在各计量站得到推广使用，被大家称为输油和联合站泄压排污的经典设计。

作为中石化兼职教师，在多年培训过程中，我通过调查和探讨，本着“干什么、学什么；缺什么、补什么；学什么，精什么”的原则，总结出了“五位一体”培训方法。通过视频观看设备结构；用PPT对员工进行设备讲解；用文字材料补充详细知识点；现场实际操作讲解；对该设备发生的故障用案例方式进行培训。这样一来，将声、像、文融为一体，有利于提高学员的注意力，以及对知识的理解和掌握。

这套培训方法获得中原油田创新成果二等奖，并在油田多家基层单位推广应用。多名徒弟在中原油田职业技能竞赛中拿下金、银、铜奖，获得中原油田技术能手、中原油田“劳动模范”、三八红旗手等荣誉称号。15人通过了高级技师鉴定、17人通过技师鉴定。

创新的最大意义就是在奔跑中不断跨越障碍，多啃下几个“硬骨头”，自我价值才会得到更大体现。

131

创新在路上

胜利油田　耿曙光

我扎根在边远的乐安油田，从一名高中生成长为采油厂首席技师，是技能改变了我的命运。作为草13注采站的一名高级技师，通过技术创新解决现场疑难问题，提高工作效率、降低职工劳动强度，是我义不容辞的责任。

2012年7月的一天，草13-202站的班长毛祖辉到办公室找我，他一脸愁容。

"这是咋了？啥事愁成这样？"我问他。

"近期有几口井可愁死我了，悬绳器不水平，安全检查不合格。我把两侧的毛辫绳松了松劲，基本水平了，可是悬绳器也不正了。这不，昨天因为油稠光杆缓下，毛辫子又恢复原状了，悬绳器歪得厉害，拽得光杆都歪了。上次就是这种情况，结果毛辫绳断了一边，还把光杆拉弯了，只能更换光杆！"听他这么一说，我来了兴趣。

不光草13-202站，在整个队上这种情况也屡见不鲜。两侧毛辫绳不一样长，悬绳器歪，光杆也歪。毛辫绳单侧受力时间长了，拉弯了光杆，造成油井停井影响产量。可是一到现场落实，双根毛辫子确实是同型号的。为了保持正常生产，班组职工只能加大巡检力度和调整毛辫绳两侧铅锤处的松、紧股来维持。这项长期重复的低效操作耗费了班组职工大量的时间和精力，频繁更换毛辫绳也同样造成材料浪费和不必要的工作量，使得大家在这个问题上身心俱疲，深感无奈。

到底是什么原因导致的呢？是因为稠油还是出砂结蜡？设备的维护保养是否到位？我满怀疑惑来到现场，分析所有问题油井的地质和工程工况资料、翻看井史，和班组巡检的师傅们交流，终于找到了原因。

原来，目前现场应用的毛辫绳规格虽然说是同规格的，但在加工的过程中，铅坠灌铅处理时容易产生一个相对误差，此外因为抽油机安装产生抽油机歪斜、悬绳器铅锤加工质量等因素，都会造成毛辫绳两侧不等长。而且单根毛辫子在使用一段时间后，也会出现两侧不等长的现象。使用时，就会发生两根毛辫子发生受力不均的情况，某一根的受力长期大于另外一根，久之就会使承受负荷较大的一根，发生毛辫绳断脱，光杆拉弯、断脱事故。

找到问题后，我和班长进行了沟通，咱们在悬绳器上下片之间加铁板，在悬绳器下部与铅锤之间加开口圆垫，通过垫平悬绳器来保持水平不就可以了吗？

心动不如行动。我们立刻赶往维修班，制作了不同厚度的垫片，找了几个悬绳器不水平的井，完成现场的应用安装，悬绳器也终于恢复了水平。

可是没过几天，班长又来找我说，垫片不知道什么时候掉出来了，悬绳器一侧的毛辫绳直接断了，光杆又拉弯了。这个垫片虽然可以临时使悬绳器水平，可是稳定性太差，容易掉出来。得！问题又回来了，还是没能解决。

垫片稳定的新问题又来了，怎么办呢？

一次偶然的机会，我在绘制图纸的时候突然想起了丝杠千斤顶，它的原理就是用丝扣来顶起重物。利用这个原理不就可以通过丝扣来调整悬绳器铅锤处的高度，完成举升悬绳器载荷，解决悬绳器水平和毛辫绳单侧受力问题了吗？可是怎样变小套在毛辫绳的铅锤处呢？只要有了思路，就不怕问题多。经过无数次试验改进，我设计了一对开口的丝扣圆柱套在铅锤处，旋转丝扣顶平悬绳器，毛辫绳就算是不一样长也会受力均匀了。而且，丝扣一旋转，上下套开口不在一个位置，不会出现调节装置掉出来的情况，稳定性问题解决了。

“你看，就是这个毛辫绳调节装置。它的原理比较简单，结构是内套上外螺纹，调节螺母内螺纹。利用螺纹的自锁性，使用时两个配件配合使用，一起套在铅锤处，调整调节螺母使悬绳器呈水平状态。”我耐心地和班长毛祖辉进行了讲解。

毛班长高兴地说：“这个装置确实比较简单实用，咱们赶紧安装到井上试试。”

那是一个秋日的午后，刚吃完午饭，我和毛祖辉就来到了油井现场。停抽、刹车、摘负荷，安装毛辫绳调节装置……我们动作娴熟地操作着。虽然已经是初秋时节，但是正午的阳光依然炙热，不一会儿我们的额头布满了细细密密的汗珠，但是我们全然不顾，我们的内心充斥着期望。

“老耿，我觉得这次肯定能成！”毛班长一边紧着螺丝，一边高兴地和我说。

随着抽油机一声欢快地吟唱，装置安装完成。我一边收拾工具一边说：“时间是最好的证明，让我们拭目以待吧。”

时间在我们希冀的目光中慢慢地行走。一周，两周，一个月，两个月……经过一段时间的现场试验，悬绳器歪斜的情况再也没有发生。

后来，这个装置在我们管理区所有存在这个问题的油井上进行了推广，一共50余井次。应用效果良好，结构简单，成本低安装方便，提高工作效率，轻松调节毛辫绳等长使悬绳器水平，延长了光杆和毛辫绳使用寿命，提高了油井采油时率。

没有逆袭的天才，惟有奋斗的青春。现场实验成功的那一刻，所有苦与累都是值得的。平凡岗位也能成就不平凡的人生，学技能也一样有前途，创新永远在路上。

132

小舞台发挥大能量

胜利油田　于治军

阿基米德说给我一个支点，我就能撬起地球。我说给我一个舞台，我还你一个大世界。

2020年是海洋采油厂实现年产350万吨的关键之年，而四季度更是稳运行收好尾的关键节点。近期，几十年来少有的寒冬让室外温度突破了零下20℃。在这样的极寒天气下，海上油区日常管理工作难度更大了，为了保证油田的正常生产，班组员工坚守岗位，以高度的责任心安全快速处理各种生产故障，辛勤忙碌在生产现场，确保冬季生产平稳运行。

那是2020年12月28日晚上，我正在温暖的被窝里熟睡，突然急促的拍门声伴随着站长焦急的喊声："快起来，快起来，CB11NB-12油回持平了。"在迷迷糊糊中我回想着这口井的信息，CB11NB-12井前天刚作业完，供液肯定没有问题，地面流程管线是新敷设的，管线还没来得及保温，但也用伴热带和保温材料临时包裹了，怎么会油回持平呢？不会是伴热带故障了吧，我一个激灵，立马清醒了过来，穿上工服就向井场跑去。

果不其然，回压管线冰凉冰凉的，伴热带不知道什么时候不热了。唉，这恢复起来又是个大工程。在零下20℃的户外干活是非常考验人的耐力和毅力的，不一会儿几位师傅的安全帽、脸上都凝出了白色的霜花，慢慢地，手也不听使唤了，大家纷纷取下手套，使劲搓搓手和脸，又继续投入"战斗"。

经过近3个小时的奋力抢修，CB11NB-12井的回压管线终于解冻了，我们再次将敷设好的新伴热带送上电，随着管线温度慢慢地升了起来，油井的各项数据也正常了。此时，天已经蒙蒙亮了，为了不耽误时间，我们顾不上回宿舍取暖，抓紧巡检其他生产设施，在手电的微光下，我们的身影忽隐忽现，而我们清澈的笑声却响彻整个海上平台。

下班后，我躺在温暖的床上不禁想，这伴热带故障怎么就不能提前发现呢，如果能提前预警管线就不会被冻住，那油井就不会停井，也不用花这么长时间排除故障。怎样才能实现电伴热带的监控呢？这之后几个晚上，我都难以入睡，从网上找了大量的资料，想尽了各种办法，我坚信只要认真、用心去做，就会想出解决办法，但理想很丰满，现实很残酷，经过了一个多月的努力我依旧不知道从哪里入手。

俗话说，众人拾柴火焰高，众人划桨撑大船。个人的力量虽然渺小，但人多力量大，团队一起做一件事情，才会事半功倍，感到豁然开朗的我火急火燎地赶往创客工作室，和程强大师交流了这次工作中遇到的难题，我详细讲述了自己的一些创新想法，及难以实现的目标。大师认真听着我的描述，立马重视起来，在协会交流群里发布了信息。

创客工作室的团队成员们，立马来了兴趣，围绕着这个问题积极献计献策。

海电中心的韩工说：“咱们应该以电压、电流变化及衰减情况作为故障判断主要因素。”

电泵完井的姜工说：“光靠电压、电流还不全面，还要将受热体及伴热带本体温度作为辅助判断因素。”

张龙首席说：“监控软件要与海上自动化安全监控预警系统相融合。”就这样大家你一言我一语，渐渐地一个解决方案就慢慢地浮出水面。

有了解决方案，我们迫不及待地想验证自己的想法是否正确，在程强大师的联系下，海洋电气配合我们立刻开始了智能电伴热带监测装置的制作。

很快，第一代样品就做了出来，我们又马不停蹄地跑现场、做试验、监测数据……经过不断的优化和测试，智能电伴热监测装置的功能越来越完善，也越来越稳定。

智能电伴热带监测仪，不仅能够实现电伴热带的无人值守、自动控制、远程集中管理等功能，其最大的亮点就是实现企业节能降耗的目的。

通过电伴热带自启停控制功能，当管线、仪表温度达到设定值后电伴热系统停止加热，管线仪表温度低于设定值时系统启动加热。2020年10月25日，我们将2台电伴热带监测装置，安装在了CB11NB平台油井流程管线和开排泵外输管线上。

自从监测装置开始运行的那天开始，每天一早我就跑中控室，观察监测电伴热带的各项参数，有无故障报警；再就是去现场看设备本体有无异常，记录数据和其他电伴热对比耗电量，就像照顾自己的孩子一样，细心地照顾着这两台监测装置，毕竟它们是我们一天天看着制作出来的嘛。

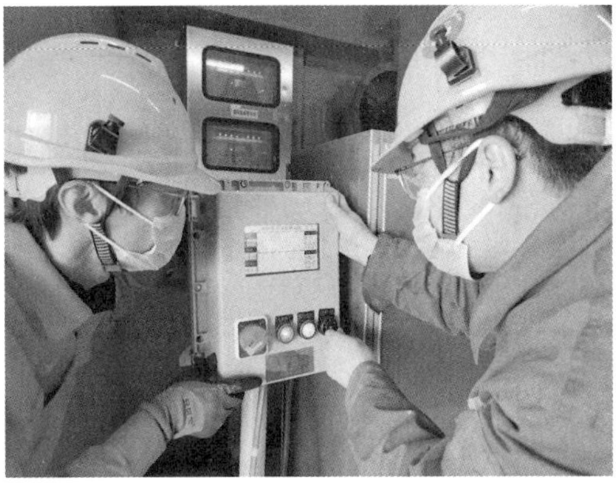

转眼第一场大雪就来临了，气温也临近零下10℃，我知道真正考验的时刻到了。那一晚我紧张得不能入睡，每过一会儿都会起来去看上一看，生怕监测装置出了故障。等待既漫长又折磨人，等待就像春天的蚕宝宝，看着时间一分一秒地流逝，它又给你无限的希望。1个小时过去了，2个小时过去了……我紧张地看着那纹丝不动的数据。每次外出检查设备，那“嗖嗖”的寒风就一下子扑灭我心中的火焰，设备依旧运行正常。就这样，我等啊等啊，等着大海深处，水天相接的地方，出现了一抹鱼肚白，我知道黎明已经到了，设备运行正常，实验成功了。

智能电伴热带监测装置的成功，实现了电伴热带的智能化管理功能，不仅消除了安全隐患，而且保证了电伴热带的稳定运行，提高了故障处理响应速度，以及整体设备设施监控水平。不仅如此，我们对比其他电伴热带，安装监测装置的设备每月还能节省电量1000多度，大大降低了企业能源的消耗，具有很大的推广价值。

通过“智能电伴热带监测装置”的发明创新，我悟出了一个道理，一个人可以走得很快，但一群人可以走得更好。工作中想要有所成就，只有个人能力是不够的，团队协作至关重要。团队协作可以带来更多的创造性和创新性。

在今后的工作中，我会围绕工作中的热点、难点，更主动地和“创客工作室”的团队成员交流协作，将难题变为课题。在“工匠精神”的引领下，让越来越多的一线职工，在工作室这个小舞台上，发挥令人刮目相看的大能量。

133

从“食堂蒸车”开始……

胜利油田　薛　婷

“化茧成蝶”是自然界的一种成长蜕变，美好向往。人的一生也要经历梦想、磨砺、成长、成熟。梦想，是春天的第一朵鲜花、夏天的第一束灼阳、秋天的第一颗果实、冬天的第一片雪花。但要达成，则需日积月累地坚持和勤勉不懈地努力。

参加工作后通过各种比赛的锤炼，使我迅速成长为一名高技能人员，大赛的洗礼让我树立了正确的价值观，也让我坚定了自己要在技能这条路上走下去。但自从结束了自己的比赛生涯后，我对自己的未来发展陷入了沉思：如何把自己的所学运用到工作中，如何减轻身边职工的劳动强度，如何提高现场的生产效率，创新从哪里开始，这一切的一切让我感到迷茫。就在我迷茫，不知如何是好的时候，师傅隋爱妮的一句话点醒了我：什么是创新？比方说创新就是源于生活，学会用你的眼睛去观察、用你的双手去感受，用你的大脑去思考。去发现在你工作中影响和制约生产管理的瓶颈问题，只要能解决问题就是创新。听了师傅的教导，平日里我开始留意身边的每一项工作。

我负责管理区油井单井原油含水测定的工作，化验原油含水的目的是计算纯油量，原油含水化验的结果也直接关系到油井生产以及油田的动态变化。面对化验工作的烦琐以及异常艰苦的工作环境，我的心中曾有过无奈与不忍——自动化程度落后，更多的是人手工去清洗化验容器。看着身边每天忙碌的姐妹们，累得瘫坐在地上，久久不愿站起来……我当更知其中百味！因为这，我下定决心一定要改变现状，减轻身边这些吃苦受

累的姐妹的劳动负担。于是我找到了师傅隋爱妮，并把我的想法告诉了她。在她的鼓励下我开始了我的第一次“创新”。

目前，离心机是管理区化验室进行原油含水测定的主要设备。利用离心法化验一次性操作批量大、节能环保、安全系数高，大大提高了工作效率，也因此造成离心管清洗量大的问题。离心管是离心机内用来盛装油样的容器。不要小瞧这根小小的试管，它的造价可不菲，成本加上校检费用一根就要171元。以我们管理区为例，每天通过离心机进行化验的油样数量在90个，化验人员每天就要相应地清洗试管90根。对试管的清洗要么是人用热水手工清洗，要么是利用样桶清洗机清洗。用机器清洗虽然减轻了人员的劳动强度，但清洗过程中试管由于碰撞导致破损现象严重，破损率高达5%，既造成了安全隐患又增加了材料成本，同时用样桶清洗机清洗试管还存在尖部清洗不彻底的现象。为了保证化验数据的精准程度，化验人员要对清洗不彻底的试管进行人工二次清洗，无形中增加了化验人员的工作量。

如何降低离心管的破损率，如何一次性清洁离心管并使其达到使用标准呢？我们先在清洗介质上展开了讨论：溶剂油、洗洁精、热蒸汽，经过反复实验和论证，最后我们决定利用蒸汽。蒸汽两大优点：一是威力大，温度能达到二三百度，任何顽固的油污都可以瞬间蒸发清理；二是节能环保，不会产生废水没有二次污染。

但成功从来都不是一蹴而就的，所有的成功都是在经历了多次失败之后达成的。话说第一次实验是从食堂的蒸车开始。因为当时只有大体思路从未实践过，于是我们选用了食堂蒸车对其进行了改装，外部加装了漏电保护开关、电源显示、调温旋钮、自动加水口和手动加水口。内部结构设有控制水位浮球，蓄水槽，不锈钢发热管，自动进水口以及底部排水口，中间设有清洗盘。我们将试管口朝下套在热水喷嘴上，清洗下来的油污流到清洗盘内，排油口与底部排水口相连，蒸出的污油流入回收桶中进行回收。但因蒸车空间有限，在后期的布管上出现了问题。于是我们又着手研发了第二代化验容器清洗装置，但因清洗盘设计的喷头过多过密，在现场实践中发现无法达到预设的喷嘴压力和清洗效果，也是无疾而终。每一次失败都是为成功做准备，于是我们收集了现场实践出现的问题，汲取了前两次的经验教训，又经过反复多次的实验论证，终于“多功能化验室容器清洗装置”2021年6月6日成功问世。

“多功能化验室容器清洗装置”包括外部调控箱体，以及内部清洗装置。具体工作程序是：将需要清洗的试管口朝下放入清洗盘试管孔后，按启动键即可清洗，待清洗完成，按暂停键即可。上下移动控制系统根据试管高度升降清洗盘，使得套在蒸汽喷嘴上的试管在一定间距内进行上下运移，利用蒸汽喷嘴，对试管内壁的污油进行彻底清洗，特别是试管的尖部可借助清水将杂质彻底冲洗干净。旋转定位控制系统是将蒸汽喷嘴四根一组按照“十字”均匀地分布在清洗盘上，其中一组同时具有清水喷淋功能。整个清洗过程采用水为介质，仅蒸汽清洗便可达到97%的清洁度，再用少量热水喷淋即可完成冲洗。当一组清洗完成后，清洗盘通过旋转将下一组试管转至热水喷淋处进行依次冲洗。如此反复，可达到彻底清洁目的。清洗后选择通风功能即可实现离心管的烘干。

该装置发明后，在化验室安全稳定运行，离心管的破损率由之前的5%降到0。我们因此算了一笔账，按照一根离心管的成本171元计算，全年清洗试管数量32850根，按照破损率5%计算，节省试管费用28.1万元。目前该装置已在全厂推广12台，应用于8个化验室。

这就是我的第一个创新小发明，它的成功为我的创新之路增添了莫大的信心和鼓舞。有梦才有希望，有拼搏才会成功，今后我将以“工匠精神”为引领，立志争做“工匠式”的石油女工，为油田发展贡献自己的智慧和力量。

134

技改“金点子”，增效“金钥匙”

胜利油田　高树峰

我们胜利油田自20世纪勘探开发以来，已走过了从创业到创新的辉煌六十载，然而长期以来，在利益驱使下，许多不法分子极尽各种手段盗取天然气，不但造成了油气资源流失，也严重扰乱了油区正常安全和生产秩序。

众所周知，由于不法分子实施违法犯罪不择手段，会对各种潜在的安全隐患熟视无睹，为了实施盗窃不惜铤而走险，致使油田私接盗气现象愈演愈烈，偷气、用气产生的中毒、火灾、爆炸事件也时有发生，除了给油井的日常维护管理增加了不少工作量，给油田企业带来一定的经济损失，也给油田的安全生产造成了负面影响，成为困扰油区治安稳定的症结。

维护油区安全是我们义不容辞的责任，作为张前保大师攻坚创新团队的一员，我于2020年初对这个难题发起攻关挑战。致力解决生产难题，服务生产一线是我们技师团队的宗旨，勇于探索，使命担当，也是我心中坚定的选择。

有没有一套既能避免破坏、又能在拆装过程中省时省力的防盗装置。围绕这个思路，我发现防盗气现场常用的有安装防盗卡箍的方法，虽然防盗效果可以，但是在泵车热洗、加药等工作时需要更换新的卡箍头，安装、拆卸卡箍头操作耗时20~30分钟，且容易被不法分子破坏。如果将防盗丝堵焊接在采油树上，当有加药、热洗等工作时，又需要切割焊接部位，不但浪费材料，而且存在动火安全风险，有时因为焊接和切割的专业人员和设备不能及时到位，也会延误工作，造成经济损失。另外一

种现场常用的扁钢防盗锁，因为暴露在外，也非常容易被不法分子砸坏，加大了重复治理工作量。

套管气防盗的攻关工作，进展缓慢，不但浪费了人力财力，效果也不理想。于是我想：能不能在井上安装隐形密码锁？这个设想让我兴奋不已，也得到了张前保大师的大力支持，经过团队成员的献计献策和联合改进，这款防盗气装置第一代于2020年2月份研制成功，是抽屉式锁孔防盗丝堵，但由于锁眼外露，安装应用后也存在被不法分子堵塞锁孔和恶意破坏锁孔的现象，这一情况导致现场各项工作更加不好开展，同时考虑到不法分子私自安装的引气设施非常不规范，如果在运行状态下，一旦出现意外，后果将是不堪设想的，周围一些村庄，百姓的生命财产安全将受到极大的危害。

防盗气丝堵的研制工作停滞不前，攻关课题彻底陷入瓶颈，使我感到了深深的挫败，“光说不练假把式，又说又练真功夫”，我心想既然接受了攻关挑战来啃这块硬骨头，就决不能半途而废，决不能让“技术创新，服务生产”成为一句空口号，不服输的劲头使我夜不能寐、食不知味，苦苦思索如何才能改进方案解决问题，最后甚至在家里的桌子、凳子、台灯、门框处都贴上标签。我把攻关项目中所有存在的问题列出清单，逐一琢磨，套管气防盗这一重点问题怎么解决？怎样才能在更换防盗卡箍时减少操作时间？不更换卡箍的话怎样去设计改进才更合理？同时配套工具怎样才能轻巧便携？逐一标明其中存在什么矛盾，需要改进什么缺陷，其中可以运用到什么创新原理，再一个节点一个节点地分析完善。

“山重水复疑无路，柳暗花明又一村。”灵感来自保险柜密码锁，一旦有了思路，顿时便觉得心中豁然开朗。怀着满心的喜悦，我马不停蹄地现场测量、手工草图、电脑建模、联系加工样品。经过团队人员反复多次试验改进，第二代防盗气密码锁装置终于在2020年7月份投入生产现场，安装在P2-57、P58-X10、P14-5、P12-X52 等油井上试应用，受到了广大干部员工的一致好评。

第二代密码锁的优点是克服了第一代的技术缺陷，改进为沉孔式全封闭密码锁，内有下沉六棱螺杆 ，防盗丝堵与盖板为全封闭式平面结构，不法分子无从破坏；4级密码开锁，不法分子无法破解，在进行加药、热洗、冲管等工作时，操作人员只需打开盖板，用专用套筒扳手即可方便快捷地拆卸丝堵，操作耗时3~5分钟即可完成，大大提高了工人工作效率，降低了安全操作风险。该装置制造成本低，结构简单容易操作，经由临盘采油厂推荐申请了发明专利。

经过现场应用与推广，共制作了80余套安装在村边周围经常盗油盗气的油井上。这款防盗气装置取得了良好的效果，杜绝了不法分子盗气现象的发生，排除了因不法盗气分子盗气引起的安全隐患，降低了因反复治理盗气现象带来的工作量及经济损失，维护了油田生产秩序，保障了油田物资，减少了套管气资源浪费及环境污染。

便携式井口防盗丝堵应用后，原来20~30分钟的工作量，现在只需要3~5分钟即可完成，提高了泵车热洗、加药等工作效率，也进一步改善了油区大气环境，推广应用后取得了良好的经济效益和社会效益，在精细管理、推进节能减排方面有重要意义。此项革新成果的推广应用，不但有效解决了难题，还收获了同事们的由衷褒扬，“破解难题、攻坚创效”的创效理念也在我内心深处生根发芽。

“勇敢向前，努力付出，不轻言放弃。”我坚信，只有坚忍的意志和执着于心中的信念，才能攀上更高的山峰，看到最美的风景。一滴水只有放进大海里才不会干涸，一个人也只有和集体事业融合在一起的时候才能最有力量。我们的工作就是在实践中检验、在实践中改进，把创新思维与创新实践结合起来，才能把工作推向一个新层次、新水平。同时，也为守护油区安全，把守一方祥和发挥了重要作用。

135

四两拨千斤

胜利油田　吴　斌

“吴师傅发明的这个水表提取器，真是一把利器，简单实用，又四两拨千斤，用它，我现在一个人就可以更换水表了，省时又省力。”

4月6日上午，在滨南采油厂管理四区注采二站657块井组生产现场，刚刚更换完高压流量自控仪的班长李志强，拿着举升式表芯提取器，在同事面前忍不住夸赞，我听了非常开心。

事情要从今年春季说起。春天，正是一切都欣欣然张开眼，充满希望的季节，我也刚竞聘上采油厂主任技师，正铆足了劲准备在岗位上干出个样子的时候，就遇到了注水井高压流量自控仪维修繁杂并容易损坏水表芯的“老大难”问题。

那天，我突然接到中控室调度的电话，“BNB59X13注水量下降，请落实一下井口情况。”

接到指令，我迅速开车赶到水井现场。查看了水井现场设备运转情况：来水压力正常23.0兆帕，油压16.2兆帕，手动调大了旋转开关，管线来水压力不变，油压降至8.1兆帕；瞬时流量减少。经现场初步判断，应该是水表芯堵了。

随后我将现场情况及初步判断结果回复中控室调度。

要知道，水表芯堵了，就要更换表芯，但在更换表芯过程中，表芯牢牢地嵌在表座当中，使用了多种方法都无法取出。高压流量自控仪单套成本价格高达6500元，而这已经是当月坏的第9块水表了。九套自控仪对管理区来说真是个不小的损失。像这种突发情况，不及时清除焊渣及垢片，又会导致水井欠注，完不成当日注水工作计划。

任务计划里还有十几口水井需要清洗通堵，而又无法取出表芯。对此，我非常着急，嘴上也起了燎泡，不禁陷入了沉思……

工作中经常会遇到注水井表芯损坏的情况，而取出水表芯是采油工人的一项常规性工作。虽然是常规，但工作却并不好干，没有合适的取表芯工具，就会影响检修时间，而用撬杠和榔头拆卸水表，很容易损坏表芯丝扣。

我苦苦地思索着。

思虑千次不如行动一次，经过几天的思索，我终于开始了实际操作。经过丈量尺寸，下料等一系列动作，7天时间工具做好了，我心里很得意。马上带着注采站2名职工来到了生产现场进行取表芯工作，安装好后我却傻眼了，由于没有考虑到配水间流程与流程间距问题，第一次试验失败了。

第二次我拓展了空间，安装后上面高度又达不到，使不上力，又一次失败。难道真的没有办法了吗?

偶然一次，我在工作现场使用千斤顶往前移动高原机时，看着千斤顶，我灵机一动，内心又有了一个新点子：可以利用千斤顶液压顶加压，同时空心顶承压，双管齐下的原理制作一个取水表芯的工具。

干完活回去，我立即查阅了一些有关千斤顶的资料，并邀请孙建勇大师做我们的创新顾问。从这天开始我们研究空心顶，设计、画图，与厂里专家沟通，最后根据设计要求画出图纸，图纸画出来了，怎么加工呢？加工没有资金，我就把自己的1200元零花钱，充当了加工费。

新工具很快加工好，我抑制不住自己的兴奋，立马来到BNB5X23水井生产现场进行试验。

首先是检查水井流程生产情况，根据压力数据显示，该井需要清理表芯，关来水流程和生产闸门，放空、卸下表头，开始安装新工具，拉杆连接接头、悬空承力座、空心顶、拉杆压帽、液压手压泵管线等操作，随着水表芯缓缓从水表里拔出，新工具终于研制成功。

我看了一下手机，全过程用时3分10秒。我的脸上露出了胜利的微笑，在场的同事们也欢呼起来，纷纷向我竖起大拇指。

虽然工具做好，也解决了现场的实际问题，但还需要进一步完善，孙建勇大师对此提出一个很好的方案，他针对全厂的取表芯工具来一次全面整合，同时邀请采油厂专家来到现场，取长补短，将人工使用“大锤敲击”或用丝杆顶，变为液压空心顶的上下运动，由原来的“点动力敲卸”改变方式为“液压上提”，增强了现场操作抗拉强度，提高了取出表芯的质量，使高压自控仪表芯更加容易从表座中取出。避免了因传统大锤敲击导致表芯变形取不出来或损坏表芯等问题。这样一套新型的取芯工具终于诞生了。

说心里话，在我内心深处，这仅仅是我创新的开始。我看到的是四化技术革新改造如火如荼，设备升级，极大地减轻了一线工人的劳动强度，但同时也滋生了一些新的问题。给我未来前进的路上带来新的挑战。

我们团队打造的这款新型工具，在受限距离内，1人仅用3分钟就可完成水表芯的取出工作，不但减少了人力，又能在不损坏水表的同时轻松取出水表芯。使水井维修工作效率实现质的飞跃。

“一个小工具，年可创效百万元。”这个小工具，不仅节省大量资金，同时也助力了采油厂生产任务的完成。

目前，“新型表芯提取器”已经在采油厂多个管理区推广使用，因为实用性强，易操作，深受一线员工喜爱。该成果也因此获得管理局为民创新三等奖、山东省设备成果创新二等奖，并获得国家实用新型专利。

136

能超越你的永远是自己

胜利油田　韩义同

1996年，我技校毕业分到海洋采油厂，从事电气维修和安装工作。

海上平台使用海缆供电，海缆一旦损坏，国内没有人会维修，只能请国外专家。维修一次价格昂贵不说还影响海上原油生产。为了节约成本提高效率，也为了把维修技术牢牢掌握在我们自己手里，采油厂支持我们维修队学习修海缆的本领。

1997年初，队长带我全程参与了一次国外专家修复海缆的工作。整个修复过程的保密工作无懈可击。我们只要站在旁边，专家们立刻就停止工作，直到确认我们离开才又重新开始。实在没办法，我们只能以服务人员的身份等在操作间外面。当时想，这怎么学呀？过程都看不到。

维修工作一结束外国专家就走了。我在临时搭建的帐篷里看见了队长，他正在翻施工现场留下的垃圾。队长扭头看了我一眼问道："学到什么了？说说看。""学啥呀，人家连看都不让看。"我沮丧地说。队长嘿嘿一笑说道："不让看就学不成？"他边说边在工作服上记着什么。见我盯着他的工作服不放，他就脱掉衣服递到我手上。"天哪，这，这……"我吃惊得说不出话来。原来，队长的工服上密密麻麻记着各种符号。没等我看清这些符合代表什么意思，队长一把把工作服拽过去。"我得赶紧回去整理制作步骤，时间一长我也看不懂了。"说完便向办公室方向一路小跑。

后来我才知道，队长记在工服上的都是在垃圾箱里翻找出来的国外专家使用材料的外包装。根据外包装的说明，再通过各种材料的性能反推可能的修复方法。那一

刻，我对队长肃然起敬。

“做事要善于动脑，能超越你的永远都是你自己。”队长的话从此就深深地刻在我的脑海里，无论身处顺境还是逆境我都会时时想起它。

之后，我和队长一头扎进他的笔记里不能自拔。我们经常围绕笔记内容进行探讨和试验，了解海缆的构成、各部分的作用，结合各种胶布的功能。一周后，我们完成了海缆中间头绝缘恢复步骤的研究。正当我们信心满怀准备大干一场，一盆冷水兜头浇下来，防水试验和拉力试验均告失败。为了研究这两项头疼的问题，我们经常在生产车间做各种试验，直到听见夜晚蛐蛐的叫声才想起来没吃晚饭。但我们没有气馁，不断向经验丰富的老师傅请教，并认真研究。最终，我们彻底掌握了维修海缆的全套技术。

2005年，大队建立一座海上采油自动化仿真系统，虽说硬件方面没有问题，但软件部分大家都不懂，且总出问题，系统自建立一直没有投入使用，用这套系统进行培训学习的计划也因此停滞。

队长知道我沉迷于创新，就不断鼓励我：“你不是一直想搞创新吗？把软件部分弄懂怎么样？”可我认为，创新是要研究出新的东西，弄明白软件算什么创新。队长摇摇头笑着说：“你对创新还是有偏见，创新的范围很广，利用已有的技术、工具、设备解决难题，这也是创新的一部分。”

“解决难题就是创新。”队长的话让我对创新有了全新的认识，我毫不犹豫接下了这项艰巨的任务。

为了弥补理论知识的不足，我买了很多专业书籍，学习通信、传感器、编程，以及整个系统的搭建，在各大论坛查找难题的答案，甚至在论坛跟别人讨论。那段时间，我每天学习到凌晨两点，困得实在睁不开眼才休息。这样学了几个月的理论知识后我进入实践阶段。先在网上下载PLC系统的编程软件，但怎么也连接不上硬件设备。

队长一直给我打气，他语重心长地对我说：“还记得我给你说过的那句话吗？你再品一下！”我忽然意识到，眼前的困难只是暂时的，只要我找准方向，就一定能战胜自己，超越自己。

很快，我和几位喜欢学习和钻研的同事组成了自动化小组，把这套采油自动化仿真系统定为我们攻关的目标。众人拾柴火焰高，大家集思广益，很快解决了通信问题，之后顺利完成了程序编写、调试，使得这套装置能正常运行。

我们将下一目标锁定在上位机程序，模仿中控室的操作，解决现场硬件、编程、通信，甚至整个系统的培训问题。由于前期工作准备充分，解决上位机的问题就成了水到渠成的事。

这套装置从开始研究到投入使用用时3年。通过这套培训系统，广大职工能全面掌握海上采油自动化系统的操作和维修方式。尝到科技创新甜头的我们又建立了海上电网运行系统，参与了海上电力自动化的建设。

如今很多年过去了，每当我的创新之路走得不顺畅的时候，一想起那句话，“能超越你的永远都是你自己，”就会重拾信心，坚定不移地走下去。

137

雪夜开启创新路

胜利油田　孙文波

2020年的冬天格外寒冷，大雪覆盖的渤海湾一片苍茫，波涛汹涌的海面上屹立着上百座威严的钢铁城堡，这就是我们的海上采油平台。

2020年12月28日，一艘作业船打破了夜的寂静，急速行驶在广阔的海面上。凌晨2点钟，我正在中心平台上值守，突然接到中控室发来指令：“CB326平台GX18井油压落零，请立即现场落实！”我立即行动，带着徒弟张岩连夜乘船赶往CB326平台。

登上平台后，我立即落实CX18井的生产情况，发现该井的各项参数与中控室监控的完全一样，油压表确实指向了零位，但是现场却没有发现任何异常，油井处于正常生产状态。这是什么原因？我又详细地进行了检查，通过分析油井工况，判断是压力变送器出现了故障。

顶着凛冽的寒风，在零下18℃的深夜，我带着徒弟小心翼翼地爬上采油树，对油压的压力变送器进行检修。我们费力地拆下压力变送器，查找出了故障原因：压力变送器和采油树方拷克之间的短节发生了冻堵，造成压力变送器无法传压。

我们用最短的时间，疏通了冻堵的短节，重新安装好压力变送器，仪表传压恢复了正常。为了防止再次出现这种情况，又对短节进行了保温，确保不会再次冻堵。我们艰难地爬下采油树，手和脚几乎冻僵了，脸冻得连话也说不出来，行动迟缓，最后在船员们的帮助下，费了九牛二虎之力才爬上交通船舶，安全返航。

风，不知什么时候停了。夜间的海面被雪光映得透亮，天边的星子散发出点点星光，星光和雪光交相呼应，大海变得平静而祥和。我坐在船舱里，脑子里回放的是刚刚紧急抢修的画面，思考着怎样改善这种情况，让我们的工人不用在恶劣的天气里，频繁坐船去平台现场解决冻堵问题。宁静的海面下，一颗凝聚着殷切期望的种子在悄然萌发。

在我们这个以海上作业为主的采油厂，都是利用压力变送器来实现对海上采油平台上的压力远程监控。因为压力变送器底部安装的短节保温不佳，在冬季经常发生冻堵，造成数值失真现象。当发生这种问题时，不仅人员去平台现场处理，耗费人力物力，还存在着生产系统异常联锁关断，导致工艺流程憋压刺漏的重大安全环保风险。因此，压力变送短节的防冻保温是保证冬季平稳生产的关键。

以往，压力变送短节的保温方式，是用橡塑保温棉保温后，再用锡箔纸进行包裹。由于保温棉与短节不能充分密封，保温效果不理想，在恶劣复杂的气象环境和保温效果差的双重因素影响下，短节冻堵现象频繁发生。

为了寻找一个好的保温方法，我带着徒弟，研究了海洋采油厂环境预报站近年来埕岛海域气温和水文观测全部数据。埕岛油田所处海域，气象水文条件复杂，冬季受海洋寒流和西伯利亚冷空气侵袭，全年6级以上大风达137天，寒潮和风暴潮频发。为取得反映渤海埕岛海域冬季温度变化规律准确数据，我们根据历史数据，采用定时平均法对2000年至2020年埕岛海域冬季平均气温变化情况进行了分析。发现埕岛海域冬季，最低气温为零下18.1℃，平均气温为零下4.3℃，平均低温极值为零下7.8℃，平均高温极值为零下2.1℃。我们根据统计情况绘制出了平均气温曲线。之后，又对2021年1月份海三采油管理区，冬季压力变送器冻堵情况进行详细统计和分析，摸索出一套真实并有指导意义的数据曲线，并以此为依据，设计了压力变送器防冻配套设备。

从设备雏形的产生，到研制成功，到推广应用，经历了一个漫长而艰辛的过程。在这个过程中，我们废寝忘食、辗转反侧，通过不断地调整技术参数，不断地改进工艺结构，设备终于成功问世。

起初，新的防冻配套设备虽然能够实现防冻，但需要对压力变送器本体进行改造，并且需要外接电源进行伴热。由于平台环境的限制，这种方式在实际中难度很大。我夜以继日地查阅资料，无数次在寒风中登船入海，向前线的同事们请教，经历过无数次艰苦实验，送走了无数个披星戴月的日子，激情燃烧、忘我奋斗。最终，借鉴了化工企业隔离传压的原理，采用耐低温的隔离液，成功设计出了一种井液不与压力变送器接触的采油树用仪表防冻连接装置，此时已是寒来暑往。

采油树用仪表防冻连接装置，有效解决了冬季采油树上压力变送器短节冻堵的难题，降低了因处理仪表冻堵而产生的船舶费用和员工的劳动强度。同时，它也能有效保证生产数据的全程监控，为油井生产提供真实数据分析，大幅度提升了生产管理水平。

一个雪夜开启了我创新的生涯，如今，每次出海工作，看到采油树上安装着我设计的仪表防冻连接装置，我都会油然升起一丝自豪感。

在平凡的岗位上追逐梦想，把一腔热情化作点点星辉洒向这一片湛蓝的大海。海油这个宽广的平台成就了我，我也珍惜每一个为海油工作的平凡而幸福的日子。

138

“吐槽会”后的小革新

胜利油田　皇甫自愿

自2021年11月21日起，每天晨会前，我都会提前15分钟到单位，检查智能掺水控制装置的运行情况，同时深入分析相关数据。这项任务逐渐成为我每天工作的重要一环。

每当提及智能掺水控制装置时，我总会回想起2021年初那场令人难忘的“吐槽会”。当年，我通过东辛采油厂的高技能岗位竞聘，成为厂采油工首席技师。同年2月19日，我们永安采油管理区召开了一线生产难题征集会，这次会议后来被大家戏称为“吐槽会”。

“首席，我们有没有什么好办法来调节掺水井的掺水量呢？人工调节费时费力，一旦油井回压发生变化，监控就会立即打电话给我，我就必须立即去调整水量。尤其是在天气不好的时候，调整水量就需要四五十分钟，就像跑了一趟马拉松。”李石常率先提出了他的问题。

“前天凌晨3点，监控打电话给我要求调整水量”，“上个班为调整掺水量来回跑了6趟……”这个问题的提出引起了与会人员的共鸣，大家纷纷开始吐槽。面对职工对掺水问题的吐槽，我意识到解决这一问题的紧迫性和重要性，职工的吐槽点就是我革新的方向。

油井生产情况的复杂多变，使得手动调节掺水量与油井回压之间的匹配一直存在不足之处。这不仅增加了职工的劳动强度、降低了掺水调节的效率，还导致了部分掺水量的浪费。因此，如何更好地解决这些问题，成为我当时最为重要的关注点。

有一天我在永3-62配水间更换高压流量自控仪时，突然一个思路出现在脑海：

"高压流量自控仪采用定流量模式控制注水，那能不能改成以油井回压数据为基准，利用逻辑模型将掺水量与油井回压进行联动，在一定范围内进行调节掺水量呢？"我立即与自控仪厂家的技术人员取得联系，询问该方案是否具有可行性。"只要能够给自控仪下达相应的调节指令，电动调节阀就可以执行动作。"得到厂家肯定的答复，我心里的一块石头也终于放了下来。

通过不断完善思路，最终形成了以逻辑模型运算、联动执行调节、图形直观展示、数据统计管理等为关键点的智能掺水控制装置。该方案应用可编程逻辑控制器和电子调节阀，通过逻辑模型实现油井回压与掺水量的联动调节，从而在1至2秒内自动完成对掺水量的调节。这样不仅可以大大提高调节的时效性，减少人工调节的工作量和时间消耗，还能保证掺水调节的准确性和有效性。同时，通过在电脑终端安装的组态控制图，可以直观地了解监控整个掺水装置的运行情况以及数据的统计管理，及时发现问题并进行调整和优化。

通过这个方案，可以实现智能化的掺水调节，从而提高生产效率和稳定性。这为解决问题提供了有效的途径，并为未来的工作带来了更多的便利和效益。该方案在东辛采油厂2021年度一线生产难题揭榜挂帅创新创意方案发布会上，被评为最佳创意方案，得到了指导专家对创新工作的技术支持。

2021年11月15日，我与四化运维技师李永铭在永42X31井进行了智能掺水控制装置的安装工作。根据设计方案，我们将压力变送器、可编程控制器、高压流量自控仪等逐步安装到指定位置，每个细节我都仔细检查和确认，确保装置的安装质量和可靠性。

然而，在装置运行初期，我遇到了逻辑模型中频繁出现的逻辑运算错误问题。这导致整个装置陷入了死循环，油井回压与掺水量失去了联动调节功能。尝试了各种方法来解决这个问题，但始终无法找到问题的症结所在。反复推演和修改逻辑模型，却没有任何进展，这让我感到十分沮丧和无助。

面对困境，我寻求了指导专家成植刚的帮助。他的专业知识和丰富经验为我们带来了新的思路。经过仔细研究逻辑模型的代码和运算过程，并进行系统的排查和分析，最终发现症结出在一个逻辑运算的条件判断上，导致了错误的循环触发。成植刚专家提出了相应的修复方案，并帮助我们进行了代码的修改和优化。

20日，新编写好的逻辑写入了PLC中，智能掺水控制装置恢复了正常的运行状态。经过多次调试和优化，成功解决了逻辑运算错误的问题，并重新恢复了油井回压与掺水量的联动调节功能。经过一段时间的测试和调整，我们验证了装置在各种工况下的可靠性和准确性，智能掺水控制装置终于达到了预期的效果。

智能掺水控制装置的成功应用带来了良好的经济效益。平均每口掺水井节约污水处理费用、劳务车辆费用30余万元，为油田节约了大量资源。这进一步验证了我在革新过程中的思路是正确的，并为今后的工作提供了宝贵的经验。

“再也不用为了调节掺水而跑个‘迷你马拉松’了！掺水量减少50%，而油井回压一直保持稳定。”2022年底成果发布会上，难题提出人李石常笑逐颜开地向大家介绍着“智能掺水控制装置”给他带来的工作上的改变。

在这次经历中，我深刻领悟到了创新的力量，以及面对困难时所展现出的勇气和决心的重要性。创新与突破是成功的关键要素，只有勇于尝试新的方法和思路，才能找到更加出色的解决方案，并推动技术的发展。正是这种勇气与决心，让我能够一次又一次地突破自我，最终实现了项目的成功。

回顾整个项目过程，从最初的“吐槽会”到最后的“智能掺水控制装置”成功研发与应用，不仅解决了职工所面临的生产难题，更推动了油井生产的智能化发展。我相信这只是一个起点，我要继续坚持开拓创新、勇于突破，一定能继续为油田的发展做出更大的贡献。

139

一次电缆损坏引发的创新

胜利油田　康超勇

我所在的油区是胜利油田现河采油厂的稠油区块，乐安采油管理区。原油黏度在10000~168892兆帕·秒，流动性差，夏天温度高的时候都像浆糊，更别说寒冷的冬季了，所以我们的开采方式主要是稠油热采。

在采油队，管理稠油井比管理稀油井要复杂得多。井口就比普通油井多一条掺水流程，主要是为了增加采出液的流动性，降低集油干线回压；在计量间安装混输泵，用来降低计量间的干线压力；利用加热炉给掺水升温，保证掺水温度使采出的稠油能够顺利流动；黏度特别高的，还要在井筒内下电加热电缆，给井筒内的稠油进行升温降黏，保证稠油能够顺利采出地面。通过这些林林总总的措施，才能把我们地下的稠油开采出来。就像“三高”病人的药方，通过各种手段，把各种指标控制在合理范围内。

我们采油工人就像是油井的医生，在采油班组管理着这些“三高”患者，从掺水，到加热炉，到混输泵，到电加热，再到抽油机的维护保养。通过这些日常管理让油井能够平稳、合理、高效地运行。

这些年在稠油井的管理中，我印象最深的就是，通过创新解决了稠油井电加热电缆在光杆末端没有保护的问题。

2012年冬天，管理区新区块草33块进行开发，我负责管理着这个区块的15口稠油热采井，全部都是蒸汽吞吐、电加热电缆辅助生产工艺开采。有一天，我接到了

巡井职工的电话，他急促地说："班长，118井光杆缓下把电加热电缆砸断了，井停了，你快来看看吧。"

我立即赶到现场一看，电缆在光杆上方20厘米处被高原机复合皮带的悬挂器给砸断了。这是一口刚投产不久的新井，一天10吨的产油量。停井就意味着产量的损失，我迅速组织班组职工进行电缆修复工作。系好安全带、拿上电工工具和接线铜管，我们开始了电缆修复工作，三个人忙活了大半天才把电缆接上，接着又开始调整电加热电流进行升温降黏……油井终于恢复了运行。擦了擦头上的汗水，我们回到站上。因为稠油恢复生产后不能一下子调到正常参数，只能低参数生产，为此我又嘱咐班组巡护人员，待油井升温正常后及时恢复油井参数，减小原油损失。就这样，我们忙活了半天才让"三高"患者的"血压"降了下来。

下班的路上我就想，一处电加热电缆损坏，我们三个人就干了半天，停井时间长，影响了油井产量。因为处理这个问题需要登高作业，还存在很大的安全风险。我们管理区这么多电加热井，肯定都存在着这种隐患，该影响多少产量啊。怎么才能解决电缆被砸坏的问题呢？

说来也巧，刚吃完晚饭，我又接到了电话。站上112井也出现了油稠光杆缓下把电加热电缆砸断的情况。我穿上工衣，第一时间赶到了现场，顶着茫茫夜色，紧急进行电缆修复工作。冬季的夜里，寒风刺骨，因为视线不好，工作难度加大，停井时间更长了。一直到深夜才处理完毕，第二天白天该井才恢复了原来的运行参数。

我仔细观察了电缆的损坏位置，发现大多数都是在光杆末端上方20厘米左右的地方。这个地方恰好是电缆引入光杆的地方，能不能加一个保护装置对电缆进行保护呢？我一边想，一边跟身边的同事交流看法。

我说："李明，我发现这电缆砸坏基本都在一个位置，光杆出现缓下的时间咱们不能控制，但是咱们对电缆进行一下保护，会不会减少这个问题呢？"

李明说："班长，你快想想办法，你是技师你点子多。有一次，110井电缆断在光杆最末端位置，没法接电缆，只能请作业队上架子，提光杆，才把电缆接上。"

就这样，我下定了决心，围绕着电加热电缆的保护问题开始了创新和研发。

一个新生命的诞生，必定要经历分娩的阵痛，同样，一个疑难问题的解决也一定会伴随着辗转反侧、寤寐思服，伴随着排除万难和百折不挠。

不知道度过了多少个不眠之夜，多少次顶着凛冽的寒风在井场上试验，从最初的电缆捆扎法，再到使用焊接弯头法，我采取了多种方法，进行了一些小革新。虽然解决了电加热电缆的火线在光杆缓下被砸坏的问题，但是又出现了电缆的零线挂断的现象，同样影响油井生产，而且操作上也比较烦琐。怎样改进保护装置使电加热电缆的火线和零线都能保护起来，这个问题困扰了我很长一段时间。

后来，我想到了“向明工作室”的领头人，采油厂技能人才的旗帜孟向明大师。于是，我向大师进行了求助。孟大师详细了解情况后，给了我一个解决问题的方向及思路：把保护装置制成可拆卸式的，对电加热电缆的保护部位进行进一步的固定等。

大师的点拨让我豁然开朗，我随之对保护装置进行了改进。最终研制成功了“稠油井电加热电缆保护装置”。该装置在我们管理区80多口电加热井应用，迄今为止，最长使用时间已超过十年，取得了非常好的效果，节约成本近百万元。

一次电缆损坏引发的革新活动，让我深深领悟到孟大师说的话：“我们要依托技师工作室，发动所有技师的能量去解决问题，一个人好了不是好，大家一起进步才是我们的初心。发挥高技能人才生力军作用，为油田全面高质量发展做出自己应有的贡献。”

140

我的创新之路

胜利油田　苟磊磊

小时候的我，聪明又淘气，对任何未知事物都充满了好奇。那时候家里也没什么玩具，爸爸的工具箱就成了我探索这个世界最好的伙伴。风筝、渔网、洋火枪、带电池驱动的泡沫船在我一遍一遍地瞎鼓捣中诞生。家里的闹钟、小家电也都惨遭毒手，一遍遍地被拆解组装。因为拆了爸妈结婚时候的双卡录音机还挨了一顿胖揍，却仍然乐此不疲。或许就是这种好奇心，驱使我走上创新之路。

长大后没有实现小时候的梦想，成为一名科学家，却成了一名头戴铝盔走天涯的石油工人。唯独没有改变的，是我对未知事物永远存在的好奇心。一次偶然的机会，让我迈进了岗位创新的大门，和创新结下了不解之缘。

那是油田技能大师程强讲授的一堂关于创新的公开课。听着程大师分享的创新故事，我产生了浓厚的兴趣。任何工作岗位都能发挥创造力，用“小窍门”“金点子”解决身边的实际问题，每一个人都能成为岗位上的“科学家”。

在采油厂“创客工作室”的帮助下，我逐渐摸索到了创新的途径，跨进了创新的门槛。工友们悉心钻研，查资料、翻文献，努力解决一个个生产难题；师傅们集思广益，废寝忘食，制作出各种小装置、小机关，他们这种“工匠”精神感染了我。我会刻意留意工作中的难题，反复地琢磨解决办法，慢慢地，演变成了一种工作习惯。遇事总是喜欢多问几个为什么，每一次提出的合理化建议被采用，都会使我创新的信心更加坚定。

我在海洋采油厂生产巡护中心工作，厂里的陆地原油外输管道全长近百千米。途经四个区镇和黄河三角洲自然保护区，战线长、跨度大，周边地形地貌多样，环境复杂，打卡盗油案件时有发生。加之管道周边道路四通八达，虾池鱼塘、沟渠、盐场、苇场、林区众多，给日常巡护管控带来极大困难。

为了解决这个问题，乘着智能化油田建设高速推进的东风，我们单位引进了无人机，进行陆地输油管道的日常巡检。对我们来说，这是一个从未接触过的领域。选用什么机型，如何设计航线，能不能达到预期效果，都成了摆在面前的难题。恰逢油田培训无人机驾驶员，我便主动请缨去参加了学习。通过一个月如饥似渴地学习，我掌握了无人机的相关知识，取得了无人机驾驶员执照。

回到单位，我就开始思考，如何根据生产实际，改进无人机巡护工作。在领导的支持下，先后改进了机型、云台和红外夜视，取得了良好的效果。接着，我又和无人机公司进行了多次探讨，通过一次次调试和试飞实验，解决了4G无线网络传输、夜视云台、监控中心联动等好几个棘手问题。配备搭载可见光和红外双光吊舱，具备了昼夜监控能力，实现了在指定目标上空盘旋详查，锁定、跟踪地面目标探查细节，高效地完成了大范围的常规巡检。

对我来说，创新不只是从无到有地创造发明，不只是用在新工艺新技术的推广和落地上，更是推陈出新、解决生产难题的利器。

在海上油田，生产区域内航道畅通，让工作船舶能安全停靠平台，是保障海上生产的基本要素。但是由于平台周边渔民违规下网和一些客观因素的影响，生产海域往往存在大量的废弃拖网，在遇到大风天气时随风浪漂移，在平台桩上形成缠绕，清理难度大，给生产船舶停靠带来非常大的安全隐患。渔网、缆绳缠绕后，因为它们的韧性很强，用普通的剪切工具够不着、剪不断、拽不动，工人们只能用竹竿绑上镰刀来处理，清理效率非常低。

看着同事因为清理杂物而累得筋疲力尽，我就想："我们平台职工主要是负责采油工作的，不能把时间荒废到清理杂物这样的小事上。"于是，我决心设计一种工具来解决这个问题。

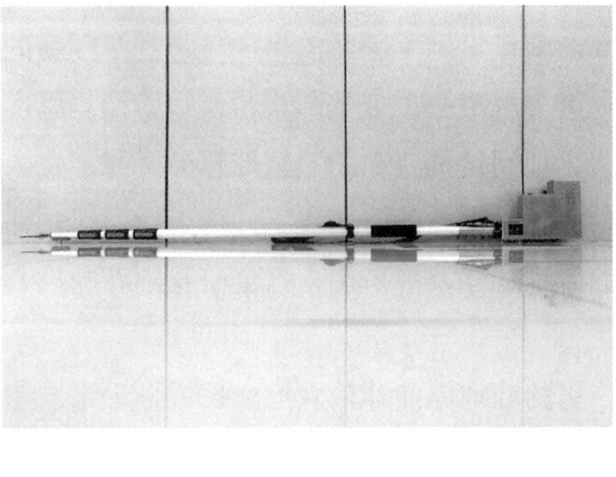

可是，想起容易做起来难。因为渔网、绳索在不受拉力的情况下，利用刀具很难进行切割。我选取了各种工具做试验，效果都不太理想。

我来到了"创客工作室"寻求帮助。通过与程大师的一番交流，开拓了思路，找到了突破口。直接动手设计一款剪式刀具，这个工具必须具有长度可伸缩、重量轻、绞合力度大、刀头耐腐蚀、操作简单省力等多项特点，通过锂电进行控制。

工具终于制作了出来，在多次试验改进后，又出现了动力扭矩的问题。我想了很多办法，都没有很好地解决扭力传动问题，创新工作陷入了僵局。

一次偶然的机会，事情迎来了转机。一个朋友听我说起这个烦心事，他恰好认识一个机械设计的师傅，介绍给了我。我虚心向师傅请教，把心中的难点和盘托出。很快，他就给出了一个解决方案：采用一种曲柄滑块机构来保证扭力输出，这样就保证了剪刀口的动力。

经过反复的调试、加工和现场试验，我的创新工具——电控合金剪刀闪亮登场了。一经投用，受到同事们的热烈欢迎，大伙儿纷纷表示，再也不用费劲和缠绕杂物作斗争了，解放了人力物力。看着大家的笑容，我是打心眼里觉得高兴。只要勤于思考，肯动脑，爱钻研，就没有什么困难能打败我们。

在我的心里，创新不仅是一种精神，更是解决实际问题的勇气。新时代的石油工人，就要以“工匠精神”“创新精神”为指引，一路向前。

141

择一事，奋斗一生

胜利油田　刘卫东

父亲是一位老石油，他经常把“干一行、爱一行、专一行、精一行，行行都能出状元”的话挂在嘴边。后来，我也成为一名石油工人，从一个学徒工到注水技师，从一个门外汉到技术能手，我用满腔的热忱在岗位上精益求精、追求极致、创新创效，我才真正明白了这句话的深刻含义。

我1992年参加工作，从干净整洁的教室到尘土飞扬的井场，从舒适的校园生活到偏远荒凉的野外，白天跟着师傅巡井，了解设备运转情况，学习油水井管理方法；晚上学习技术书籍、查资料、整理笔记。高强度的工作学习，让我迅速成长起来。工作30多年，我碰到过各种各样的生产难题，每一次解题都是一次加深理解、提升技能的征程，给我以信心，以鼓舞。

2021年5月的一个清晨，在采油厂晨会上，QHSE管理部通报了注水泵站因盘根刺漏造成机油变质的事故，对三级单位进行了批评和处罚。

作为一名在基层工作的注水技师，我很理解其中的困难。在注水泵站，盘根是个易损部件，刺漏是生产中不可避免的问题。一旦盘根刺漏，不能及时发现，喷出的水雾就会导致注水泵变频器及电路的损坏。随着时间的延长，机油也会变质，严重时会造成机械事故。当时，注水泵站主要是依靠人工巡检或者视频监控，缺乏远程诊断、智能报警等手段。加之管理区生产指挥中心监控点比较多，盘根刺漏后不能及时发现和处理的事情时有发生，对注水泵的开泵时率和设备使用寿命造成了很大影响。

生产中的难题就是我创新的课题，我暗下决心，一定要攻克这个难题。多年的创新沉淀，我和身边喜欢创新的人组成了一支创新团队——大芦湖创新团队。一群志同道合的人团结在一起，聚众创新，聚智解难，几年中解决了无数的生产难题，赢得了领导的支持和群众的赞扬。

因为这个难题，我们团队又一次聚到一起。了解各注水站运行参数和达标干压、注水量、开泵台数；掌握盘根刺漏频率、组合阀及柱塞总成等液力端配件更换频次……那段时间，满脑子被注水泵盘根刺水问题填满了，就连做梦都是注水泵盘根刺水。

如何快速准确地检测到盘根刺漏？经过一番碰撞，我们考虑在刺漏报警上做文章。是采取柱塞箱液位报警，还是通过柱塞箱漏水口水滴监测，抑或是利用刺出的水滴、水雾短路报警？大家开了好几次头脑风暴会，在这个问题解决的关键点，也是技术创新的难点和核心部分上，众说纷纭，据理力争，一时间举棋不定。

凭着多年的工作经验，我认为盘根的刺漏方向是决定性因素。正常情况下盘根允许漏失量为30滴/分钟，向下漏水时只要不是刺得太大，危害性并不大；向上刺水时，挡水板、油封失去作用，液体会被接杆通过往复运动带入机油箱体内，致使机油变质。我把自己的想法耐心地和团队成员们进行了交流，得到了大家的认可。最终我们确定使用漏水绳监测报警，当有水接触时，电流发生变化，两根感应线便会短接，控制器快速反应，实现报警。

方案基本定下了，如何应用在油田四化平台上，实现远程报警呢？我们马不停蹄地登门拜访，向技术检测中心求助，和四化运维人员结合，在大家的共同努力下，添加了盘根刺漏预警装置的点表，让SCADA组态图产生远程报警，在注水泵站值班室安装警铃，同时向生产指挥中心监控人员及注水站值班人员报警。

经过近3个月的不懈努力，“注水站盘根刺漏监测预警系统”研制试验成功，水浸式传感器连接漏水绳接入PLC，形成了线式漏水监测。通过多次现场试验，盘根刺漏预警装置报警成功率100%。

兄弟单位知道后，纷纷打电话了解该装置的使用情况，并在各自负责的注水泵站上安装使用。又经过近半年时间的应用，实践证明，减少了巡检工作量，降低了劳动强度，延长了设备的免修期。目前，该项成果已经在采油厂6座注水泵站上进行推广应用。实现了注水泵盘根刺漏远程监测、智能报警，真正做到设备本质安全化，绿色清洁生产，消除了设备隐患，年创经济效益约25万元。

“干一行、爱一行、专一行、精一行，行行都能出状元。”我想，这就是我的父亲用实际行动对工匠精神的最朴实的诠释。择一事，奋斗一生，因信仰而执着，因热爱而坚守，我将和我的团队传承石油精神，在“为美好生活加油”道路上继续前行，把能源的饭碗端牢在自己的手中。

142

青春芳华在荒原绽放

胜利油田　刘晓明

我叫刘晓明，2009年踏入工作岗位，经过九年的努力，我在2018年获得了采油工高级技师的认证。如今，我在石油开发中心胜海采油管理区担任主任技师一职。十四年来，我从中心技术能手一步步走来，成为油田技术能手；从管理区技能竞赛的获奖者，晋升为油田技能竞赛铜奖得主；从十佳女职工到油田劳动模范，我的每一个脚印都充满了奋斗的力量。

我坚信，奋斗中的女性是最美丽的。她们以不懈的努力撑起了“半边天”。作为新时代的女工，我们不仅要具备学本领、有技能的能力，还要敢于创新、创效，并且要有所担当、有所作为。这是我们的使命和责任。

在新滩油田从事采油工作是我的选择。面对荒芜的滩涂和大学专业与实际工作的巨大差异，我曾一度迷茫，但我从未后悔。我认为只要有实力，就会有出路，无论做什么，都要尽力做到最好。于是，我开启了自我提升的学习模式。为了系统地掌握专业知识，我随身携带了一个工作记录本，记下工作中遇到的问题，并虚心向技术人员和老工人请教。我仔细观察每一口井的生产参数和运行状况，沿着管线走流程、跑现场，积累了大量的第一手资料，不断提升自己的技能水平。

我们的站上有几十台抽油机，每当需要进行换盘根、调平衡、换电机等操作时，我总是主动请缨，像男职工一样投入实践锻炼。尽管长时间的拉刹车、抡大锤让我的手磨出了血泡，甚至磨破了皮，但我却感到充实又满足。随着技能水平的不断提升，我更加坚定了坚持学习的决心和力量。

在领导和同事们的认可与鼓励下，我开始参加更多的比赛，并且取得了许多荣誉。2011年和2016年，我在管理局职业技能竞赛中均获得了铜奖，还荣获了胜利油田“三八”红旗手、青年岗位能手等荣誉称号。通过不懈地努力，我也幸运地从劳务派遣工转为正式工。

这些经历让我深刻理解到，只有不断努力、不断提升自己，才能获得成长和成功。无论面临何种困难和挑战，我都将坚定信念，勇往直前。

作为一名新时代的女工，我认为不仅要学好本领、有技能，还要敢于创新、创效。有一段时间，我被许多人视为只会比赛的选手，这让我压力倍增。我决定用实际行动打破这种偏见。我组建了一支创新团队，专门研究解决现场生产难题，收集并汇总生产管理瓶颈和技术难点，共同解决疑难问题，提出好的方法归类汇总，让各项创新成果能在油井现场得到应用。

立足岗位创造价值，我主动学习新技术，掌握新技能，从破解生产难题入手，攻坚克难解决现场技术难题。我们研制了多功能油嘴扳手、皮带机减速箱输出轴二次密封回流装置、载荷传感器防旋转装置、憋压曲线测绘仪、螺杆泵接油盒及密封装置、温压一体变送器辅助测温装置、防滴漏取样闸门等21个创新项目，提高了职工的劳动效率，降低了职工的劳动强度，消除了现场安全隐患，实现了降本增效，促进了安全环保和绿色清洁生产。这些创新成果在管理区和其他三级单位得到了广泛应用，创造了35万元的经济效益。

在我的职业生涯中，我取得了职务型国家发明专利授权1项，职务型国家实用新型专利授权6项。参与的16项创新成果获得了局级及以上荣誉，撰写了11篇论文。我还带徒21人，其中3人在油田技能竞赛中获铜奖，11人晋升为技师或高级技师。

随着油田改革的深入，职工培训工作的重要性日益凸显。作为管理区主任技师，我探索新的培训模式，建立了“管理区技能充电站”，录制技师授课微讲堂，将标准化操作、培训课件、题库等集于一体，将培训课堂从现场转向网络，方便职工随时随地学习。针对岗位工作内容，我设计了运算公式12个，将涵盖500余项数据的统计时间由原来的7小时缩短为3小时，将职工个人半小时的工作量缩短为十分钟，极大地提升了资料管理效率和资料数据的准确率。

根据油田四化建设的实际需求，我提出了分享式动态管理的理念，制作了油井设备二维码，使一线职工可

以实时查询设备信息、维修保养记录、油井生产数据、作业简史、管柱图等重要数据，真正实现了数据共享。我还探索实施了新的岗位练兵模式，推出了“考试宝”技能练兵平台和微信扫码答题考试端，创新了培训方式，提高了培训效果，累计培训230余人次。此外，我还教学SolidWorks建模设计工具，构建了20余件创新工具及零件模型，并进行了分析和仿真，为创新工具的使用提供了有力的技术支撑。

一路走来，我一直把学习、创新作为自己的职责和使命，撑起了一片天空，成就了多彩梦想。未来，我将继续学习不止、创新不息，带动团队、带动身边的广大员工，发挥好“晓明创新工作室”的作用，让每一口油水井的潜力得到最大发挥，以技能报国，为保障国家能源安全贡献力量，汇聚力量。

143

创新的故事：7年磨一剑

江苏油田　陆登峰

江苏油田，估计是中石化最小的油田之一了，但是却有着最美的油田美誉。而这个小而全的油田中，每天都发生着精彩的故事。创新，也有着从步履蹒跚到为我所用，点滴的改变，汇聚成蝶变的新生，正朝着高质量的征程阔步前进。作为一名普通的采油技师，也在创新的路上悄悄改变了自己。

记得那是2016年的一个深秋，外面的气温有点低，我像往常一样巡视着我管辖的油井，走到沙7-40井场的时候，看到技术员郭永飞、刘成瑞正围着一台设备捣弄着，周围有几根管线与油井连通着，我好奇地走上前去，询问着这是在做什么。（这是我一直以来养成的工作习惯，只要是井上的施工，我都会去了解一下施工的原因、步骤，因此只要我看到什么设备出现在井上，我就知道接下来的工序，因此，班组人都笑称我是“油田通”。）这时技术员郭永飞告诉我这是一种新的洗井方式，用自己油井产出的液经过加热以后再往油套环空循环，达到加热清蜡的目的，又称为自循环洗井。我诧异地看着这台突兀的装置，大概知道了它的结构、原理等，我也就没有再理会它了。

第二天，我又照常来到了这口井巡视，发现技术员刘成瑞懒洋洋地从井场上停着的值班车里下来，身上披着一件泛黄的军大衣，惺忪着眼睛向我打着招呼，我询问着这台装置的运行情况，这是一宿没合眼啊？又是秋季，夜晚气温低，在井上待了一个晚上？他疲惫地点点头，我向他表示了问候，一会儿就有另一个技术员来替换他了。我突然想了起来，这要是以后交给班组来管理，那岂不是比上夜班还辛苦。尽管

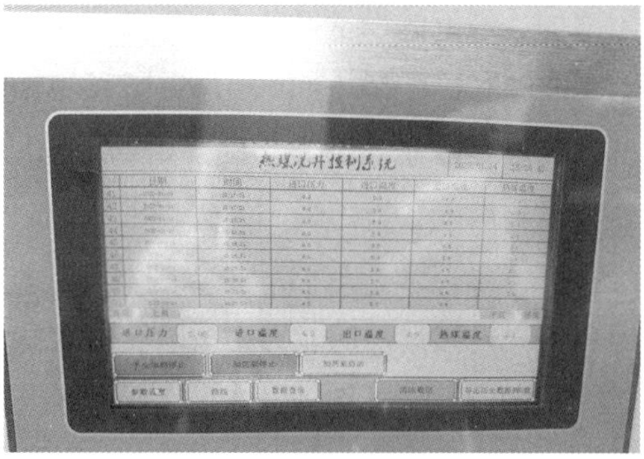

想到之后的辛苦，但是转念一想，这不是在试验吗？还不知道以后的好坏，管它呢？

抱着这种侥幸的思想，这一晃又是大半年过去了。其间也相安无事，也逐渐把这件事淡忘了。突然有一天，郭技术员给我打电话，说去年试验的自循环洗井装置已试验完成了，马上优先给我们班组使用一台，我一听脑子立马嗡嗡的，想起了那天刘技术员疲惫的样子，心想，真要这设备到我们班组，还不得累坏了啊？郭技术员看出了我的困惑，说道，现在这台设备不用24小时看着了，只要巡井人员定时去看看，然后电话告知现场情况，再确定下步方案。既然设备已经来了，那就抱着试试看的心理接受了。

在使用的过程中，小班人员不间断地反馈数据调节时间长、油井电流变化大、操作复杂、存在一定程度的安全隐患等问题。我一下意识到改变势在必行。2017年初，随着国际油价的断崖式下跌，岗位人员不断减少，如何生存？如何提高人均劳效？如何创新创效？一道道难题摆在我们面前。在年初的技师工作室讨论会上，我提出了困扰自循环洗井的一些问题，大家纷纷提出了自己的想法，这让我眼前一亮，原来有这么多人关注过，这件事看上去做起来也不怎么复杂，我和技师们热烈地讨论，大家都提出了很多的建议和意见，这一下打定了我要改变现状的主意。

万事开头难，从哪个地方开始下手？这时候技师团队发挥着主心骨的作用，也给了我信心和力量。我从最简单的数据传输开始了。之前的数据只能在现场显示，如果能把数据采集回来，在手机或电脑上看，不就能减少上井的次数，再如果能远程调整某些参数，这就完备了。我制定了分两步走的目标。我立即行动了起来，在网络上开始搜索，记笔记、打电话与商家沟通，各种参数是否符合要求、价格是否合适……一连串的问题，不管三七二十一，只有先试了，才知道合不合适。于是采购了部分仪表，又邀请了厂里负责生产信息化的专家一起开始了攻关。很快二次仪表更换完毕，试验后一次成功，所有数据都能在网络上读取，但是由于网络的限制，数据只能10分钟更新一次。虽然有缺陷，但已经是很大的一个进步了，让员工的工作强度减少了很大一部分了。

一个问题解决了，那就再解决下个问题。第一次的成功给了我很大的信心。这之间，设备已经在不断地使用。俗话说：实践是检验好用与否的唯一方法。在使用过程中，班组也提出了能否再进一步改进，实现数据的远程控制。这不就是我之前的两步走的第二步目标吗？于是我又开始了漫长的研究过程。说实话，这一次是比较纠结、困惑的。网上的设备五花八门，差异很大，价格也不尽相同。我选择了一款操作简单的4路PT100采集记录仪，并由厂家的软件和技术支持，想着这下能彻底实现自循环洗井的远程控制。于是立刻开始了现场的试验，试验也很顺利。很快，我又安装了3台自循环洗井装置，得到了更多的应用。在使用的过程中，由于我们都是在野外，信号不能完全覆盖，数据的远程控制有延时情况，并伴随着软件的操作不方便等情况。但是这又是我目前的能力无法改变的现状。

2020年，一场突如其来的疫情打破了工作的平静。人员的持续优化，工作强度的增加，信息化的不断完善，疫情的不稳定都给自循环洗井工作带来了冲击。一次偶然的机会，有一个厂家来我们站安装信息化设备，我们在聊天的过程中偶然知道了目前主流的远程控制技术正在发生改变，大数据、5G、智能云等技术正在大力兴起。我想这能在我们的工作中实现吗？很快我得到了肯定的答案。于是我立即找到了一家软件设计公司，提出了我的想法和要求，我们很快共同设计出了利用依托华为云、使用PLC实现远程控制的整套系统，我又与设备生产厂家改进了部分硬件设施。很快一套新的自动化洗井装置得到应用，效率得到大大提高。不久，由于设备安全好用，在多个采油厂得到应用。目前已累计应用洗井1000多井次，实现了真正的高质量发展。

虽然经历了漫长的7年岁月，但些许改变总有收获可期，创新的道路没有终点，我们永远在路上！不管在任何岗位上，当有创新之心；不管在任何时候，当有创效之情；技师团队的互相协作，当有薪火相传；在油田高质量发展的征程上，必将以满腔的热情，坚定的信心，不负韶华的毅力，开创属于我们的荣耀！七年磨一事，得愿磨一人。

144

“小偏方”巧解“大难题”

胜利油田　刘化光

我的工作单位在海三联合站。海上采出来的原油和天然气，到达海三联合站，经过处理，再输送到下游站库，承担着海洋采油厂80%以上的生产处理任务。

有一次，单位召集生产骨干开会，指导员对我说道：“老刘你这个‘赤脚医生’是不是给咱们的离心泵开个药方，治一治机油室漏油的毛病？”

我特别喜欢创新工作，经常用一些小办法对设备进行改进，用一些巧劲解决在工作中遇到的难题，所以大家亲切地称呼我为“赤脚医生”。

指导员说的离心泵问题是一个困扰大家的难题。由于生产任务繁重，设备都是在高负荷情况下进行运转。其中站上在用的14台离心泵，承担着原油外输、采出水外输以及站内流体的循环工作。工作中，最让员工头疼不已的是轴承室加油口向外逸散润滑油的问题。润滑油逸散的量虽然不大，但如果不及时擦拭，很容易在设备上形成油渍。

针对这个问题，站内上到领导，下到职工，都是颇为伤神。大家集思广益，想尽了一切办法：有提出在加油口端盖上缠绕丝扣带的，有提出将端盖散热孔堵死的……虽然办法很多，但是都没有见到明显的效果。

指导员的话，引发了我的思索。这个问题看似很难解决，主要是因为大家没有摸索到解决问题的途径。很多时候，就是一层窗户纸的问题，人们被这层纸蒙住了双眼，苦思不得其解。其实一旦找到了捅破这层纸的关键，事情就会迎刃而解。

捅破这层窗户纸的契机很快到来了。有一次干完活，大家坐下来休息，一位同事正在用茶杯泡水。他的茶杯是一个上下两层的杯子，下层放茶叶，上层是水，中间有个滤网，利用螺纹连接，放茶叶时将上下两层用手拧开。我看着他将茶杯上下分开，放进茶叶，再将杯子连接在一起，然后倒水盖盖……我终于想到了解决离心泵润滑室漏油的办法。

把尼龙棒用车床车成一个带底座的丝杠，丝杠从加油口穿过，底座用于在润滑室内部固定，丝杠中间打孔，用于加注润滑油。然后，我又在丝杠上部打了两个透气孔，用于润滑室的散热和排气。在丝杠顶部加装一个密封盖，丝杠高出润滑室5厘米，是为了防止润滑油向外逸散。

一个新的润滑室加油口密封盖就这样产生了，并且很快加工出来，通过现场试用，非常成功。这个“小偏方”终于解决了困扰大家已久的难题。

无独有偶，在我的创新生涯中还有很多这样的“小偏方”，让身边的领导和同事们津津乐道，也让我在寻找“小偏方”解决大问题的创新路上越走越远。

海三联合站位于渤海岸边，风大潮气重。由于空气中的湿度大，含盐量较高，对设备有一定的腐蚀性，特别是阀门丝杠锈蚀更为严重。为了解决阀门丝杠锈蚀问题，我们联合站采取利用黄油保养，在外面包一层锡箔纸的办法。此办法，虽然解决了阀门丝杠锈蚀问题，但是留下了难以清理的困惑。

黄油时间久了，黏附到丝杠上，如果沾上尘土，会造成阀门难以关闭的问题。每年，我站都会定期组织员工对丝杠进行保养。保养丝杠看似是一项轻松的活，其实不然，由于丝杠上黏附了黄油和尘土，一个人一天也保养不了几个，全站光此项工作，就要花费大量的劳动力。

我看到大家在保养丝杠时，办法五花八门，心里产生了一个想法，怎么才能轻松解决这个问题呢？

我一旦认准的事，绝对不会轻易放弃。这件事，我经过不断思考，借鉴一些生活小常识，最终研制出了一种电动丝杠打磨器。

电动丝杠打磨器是由主体支架和钢丝刷组成。将钢丝刷通过安装机构固定在主体支架的前部，主体支架的后部焊接电钻接头。本装置可快速实现阀门丝杠的除锈、除杂物操作，将打磨阀门丝杠的操作工人从手工打磨的工作方式中解放出来。采用碗形形状，更换方便，价格低廉，节约了成本。实验证明，这个装置具有较好的使用效果，申请了国家实用新型专利。

用“小偏方”解决生产及设备问题，让我养成了遇事多思考的良好习惯。工作中，每次在动手之前，总是先进行分析，从中找到一些快速完成工作的“捷径”。同事在工作中遇到了难题，也会找我想办法，我的“土办法”和“小偏方”，让我在单位获得了“赤脚医生”的“美称”，赢得了同事们的认可和信任。

我也在“小偏方”中感悟到，创新其实就是从工作生活的点点滴滴中而来，就是一种以小博大的巧劲。每次看到用“小偏方”解决生产难题，看到同事们喜悦的笑容，我心里也如释重负。“小偏方”让我走向了创新，“小偏方”让我获得价值感，在今后工作中，我将会继续前行，为石油事业倾尽所能。

145

追光者之路

华东油气分公司　马　斌

1983年，伴随着响彻云霄的阵阵轰鸣，亚洲最大的CO_2气田在江苏下扬子区块黄桥地区被勘探发现，踏着年轮有力的步伐，如今我们已发展壮大为能够年产50万吨液态CO_2，并一举成为国内最大的CO_2供应商。与此同时，我们还多元并举，积极参与CO_2捕集，先后在南化公司建成多套CO_2捕集装置，并于2022年成立了国内首个CCUS调峰中心，为将来CCUS工程打下坚实基础。

回首往昔，曾经在2012年，各油田为有效控制原油递减率，提升原油产量，逐渐用CO_2驱代替注水驱，我们也在当年成立了首支CO_2驱油专业队伍。我们公司负责各油田大部分CO_2的供应，由最初每年几千吨到现在的几十万吨。针对CO_2驱油井产出气排放的问题，我向公司领导提出，油田注入CO_2后，在放喷排采过程中，原油伴生气中主要成分还是CO_2，就这么排放大气既是污染，又是浪费，能不能考虑将伴生气回收再利用呢。

公司领导听后，对我的想法给予了肯定，但同时也提出：这里面存在很多技术瓶颈，现有CO_2注入工艺都是液相注入，若将伴生气回收利用，还得上一套提纯液化装置，考虑伴生气的量不大，回收成本较高；如果直接气相注入，要考虑CO_2的特性和压注装置的可行性。

带着这样的疑问我陷入思索，但如同有一道光在指引着你去追寻。我迅速着手进行实验和论证，经过多方了解和查阅大量关于CO_2气相压注方面的知识和信息，并请教相关专家和压缩机厂家后，根据将CO_2增压至7.5兆帕以上后，CO_2处于超临界密相状态的特性，基本确

定了CO_2气相压注的可行性。作为第一个吃螃蟹的人，如果定制成套CO_2气相压注装置需要几百万元，如果失败，失败的成本也太大了，针对这种情况，我向公司领导提出了购买廉价二手压缩机，利用公司一些闲置设备，然后自己改造一套CO_2气相压注装置，公司领导也给予了极大支持。

2020年9月，一次偶然的机会，了解到陕西宝鸡多个CNG气站停运，有多台闲置CNG压缩机需要出售，请示公司领导后，我立即前往现场进行实地考察，查看压缩机的技术参数和运行情况，通过考察发现，这些CNG压缩机基本上都处于成新的状态，技术参数也符合CO_2增压要求，通过改造后，完全能够胜任CO_2气相压注作业。我向公司领导汇报了相关情况后，公司领导立即安排相关人员购买了两台CNG压缩机，作为将来进行CO_2气相压注试验。两台压缩机买回来之后，由于大部分的油井产出气气量较低，找不到与压缩机相匹配气量的油井做试验，该项目暂时搁置了，但实现CO_2气相压注的梦一直积压在我的心里。

2022年11月，苏北沙垛1井进行页岩油大型CO_2压驱作业，油井预计CO_2封存两个月后进行放喷排采。到了沙垛1井放喷排采不足一个月的时候，局领导担心放喷量较大，将会造成较大的环境污染以及资源浪费，提出想办法将油井产出气回收利用。公司领导第一时间向我下达了实施CO_2气相压注装置改造任务，让我务必在沙垛1井放喷前，做好装置调试试运行工作。我得知这个消息后，兴奋得差点跳起来，立马组织相关人员对一台CNG压缩机进行突击改造，仅用一周的时间，就完成压缩机的主体改造，并将其他配套装置一起搬运至帅5-13井，进行操控系统的改造，最终用了20天的时间完成了CO_2气相压注装置的整体改造、安装和调试试运行工作，就等着沙垛1井放喷时，一显身手。

2023年1月，听着输气管道里面沙沙的气流声，看着输气管道不断升高的压力，等着达到启机条件，“进气压力达到0.2兆帕了”有人喊道，我按捺不住激动的心情，按下了“启动”按钮，随即压缩机正常地运转了起来。“进气压力0.26兆帕，流量700标立方米/小时，排气压力9.5兆帕，其他参数正常”，随着现场操作人员报出的运行参数，我的担心一扫而空，转而是一种成功的喜悦，装置运行成功，充分说明CO_2气相压注技术完全可行。装置稳定运行了一个星期，排气压力已达到油井压力上限20兆帕，需要停机倒流程至另一个油井，停机后压缩机排污管发生冻堵，排查后发现是由于各级排污管连至一个排污总管，存在高压窜低压的现象，CO_2高压处于密相超临界状态，一旦串压，就会造成排污管冻堵，查到问题原因后，立即对压缩机排污管线进行分级排污改造，避免各级排污之间高压窜低压造成管线冻堵的现象。

由于第一套气驱油井产出气气相压注装置的成功投运，泰州采油厂请我们为他们再做一套装置用于草舍158联合站油井产出气回注作业。我接到任务后，立即组织人员对第二套装置进行改造。

第二套装置在改造过程中，充分吸取了第一套装置运行过程中出现的问题，如通过对排污管路进行改造、工频改变频、增加高效气液分离器等方式解决了压缩机排污管易冻堵、压缩机能耗高、CO_2含水量较大等问题。另外在第二套装置上增加了自动补油装置、快插式接线盒、撬装控制房等，方便了装置拆卸、安装和搬迁，实现了远程监控、现场无人化值守，进一步提升了装置的便捷性、稳定性和安全性。今年4月份，第二套装置在草舍158联合站调试运行成功，运行至今，该装置未发生一起故障性停机。

截至2024年，两套气驱油井产出气气相压注装置已累计回收回注$CO_2$500万标立方米，减少CO_2排放500万标立方米，节约CO_2运输成本100万元，累计创效400万元，两套装置改造成本共100万元。

随着气驱增产工艺的不断普及和发展，气驱油井产出气回收回注需求将不断增大，从踏上这条探索之路时，我就始终坚信：坚持以科技为导向，只要敢想、敢拼，向光而行，就会抵达心中梦想的彼岸。

146

我的“小改小革”

胜利油田　毛光明

管理学大师德鲁克说过：“行之有效的创新在一开始可能并不起眼。”对于创新我一直坚持一个理念，那就是“不以事小而不为”。生产中的细节，工作中的摸索更能解决生产中的实际问题。

在基层工作了29年，我带领引导团队，把创新的理念融入日常工作，向“小改小革”要效益，形成全员创新创效的局面。其中有三个创新小故事，最让我难以忘怀。

时间追溯到2021年春天，在胜利西部鲁明公司济北采油管理区曲104-207生产现场，我和西部创新工作室成员仅用15分钟，用我们的革新成果“加盘根助力器”将盘根更换完成，迎来了在场观摩的员工们热烈的掌声。

这个“加盘根助力器”耗费了我们三个月的时间，光方案就想了三套，成品做出两个，经历了几十次的实验，终于取得了成功。

最初让我动念改进加盘根的方法，源于一次加盘根工作。我的同事们用传统的方法加注盘根，从停井关胶皮闸门，卸盘根盒压帽取盘根，加盘根，到开井，耗时 30 分钟左右。那时候，油田正面临着低油价的寒冬期，原油上产是工作的重中之重。这样加盘根，严重地影响了抽油机井的开井时率，导致了产量的损失。另外，为确保安全，在加盘根的过程中是不允许戴手套的，其他季节还好说，到了寒冷的冬季，工作难度明显加大，员工们的手上布满了冻裂的伤痕。

想个什么办法解决这个问题呢？我细细思忖着。利用一次加盘根的机会，我一边工作，一边观察分析。我发现加盘根耗时长的主要原因是盘根

盒口径小。要想将盘根严丝合缝地契合在盘根盒与光杆之间，就需要用起子顶住盘根，用榔头敲击起子进行压实，用力小了，达不到要求，用力过大，又容易损坏盘根，加上人工敲击很难做到用力均匀，导致盘根的使用周期大幅度缩短。

在最开始的设想里，我打算用丝杠的原理进行改造。通过旋转的作用给盘根一个向下的力，从而起到压紧盘根的作用。经过一段时间努力，成品虽然出来了，实验效果也有，但耗时长，用的时候太麻烦，根本没有达到省时省力省事的效果，我很是不满意。

在一次汽车保养的过程中，我看到维修员使用机轮扒车轮，厚重的车轮在机轮的辅助下轻松就扒了下来，这个发现打开了我的思路。回来后，我从网上查了很多资料，对自己的革新方案进行改进。买了一个48元的机轮，在这个机轮的顶部和底部各加了一个座，在机轮连接轴加上一个手柄，一个加盘根助力器便完成了。虽然简单，但用起来特别方便，只要将它卡在盘根和光杆卡子之间，利用这个手柄上下按压，几分钟就完成了盘根的加装过程。

经过多次实践后，我的这项小革新被用在了生产中，能节约近一半的时间，方便快捷。在惊喜之余，也更加坚定了我“小创新也能起到大作用”的认知。

瞄准基层员工关心关注的难题，围绕工作中的热点、难点、关键问题开展技术创新，提高工作效率，是我致力于创新，并为之奋斗终身的不竭动力。

2023年2月，油水井上作业的过程中，我发现在洗井、冲砂等作业环节，循环池内的液体容易超出额定液位线，甚至溢出池子，造成环境污染。针对这个情况，我研制出了一种能够反复使用的“便携式防爆液位报警仪”。根据生产现场防火防爆的要求，利用浮球原理，当液位达到感应装置时，警示灯就会亮起并鸣笛，提示工作人员对循环池内液体流量及流速进行控制，避免液体外溢污染地面。施工人员喜笑颜开，笑着对我说：“小成果起大作用了，今后再也不怕冒罐了。”

2021年9月15日，曲104-4计量站班组组长于涛发现曲104-斜321井注水量减少，经仔细排查，判断该水井水表里有杂物，造成堵塞。为了保证第一手资料的准确性，他拿好工具用具，带领班组人员，来到配水间迅速投入清洗水表工作中，他熟练地关闭上下流闸门、放空，待压力落零，拆卸水表盖板螺丝，提出水表，检查、清理污物、冲洗、保养，清洗水表污垢，紧接着装入水表、对角上紧螺丝，每道工序都严格按照操作规程有条不紊地进行，经过52分钟的紧张忙碌，水表清洗完毕。

我看着他们疲惫的身躯，在敬佩之余也陷入了深思：水表芯子在水表总成座外露的面积较小，难以撬取，此外因为锈蚀的原因，让这项工作更加费力。用起子硬撬，虽然能够取出，但容易损坏水表，还容易将操作人员的手臂碰伤。

工作的难点就是我创新的起点，我决定攻克这项难题。

接下来的2个月，我时常出现在配水间水表总承那狭小的空间内。我和工作室的成员一起，摸措施、想办法，一遍遍地拆装组合，分析原因，查阅资料，模拟试验……终于我和我的团队根据丝杠顶撑装置将流量计导流笼向上部凹槽的结构特点，制作出一种多用途起重和支撑工具，解决了调节阀阀芯和水表芯子取出费时费力的难题，因为其结构轻巧坚固、灵活可靠等优点被广泛应用于油水井维修领域。

不积跬步无以至千里，看着同事们如释重负的笑脸，听着单位领导充满鼓励的赞扬，我尝到了小改小革的甜头，向着传承工匠精神，岗位创新的目标大踏步迈进。

147

扎根一线解难题

江汉油田　李军强

1996年技校毕业后，我被分配到江汉采油厂采油九队参加工作，在这个人少、井少、产量少、地处偏远的采油队上，完成了我人生的第一次跨越。

刚到采油班站，因为爱学习、眼里有活，跟班两天我就单独顶岗，锻炼一年开始带班工作，并作为采油厂“青年岗位能手”参加了油田青年技术竞赛。那次比赛，是我在技能操作竞技的第一场比赛，至今我记忆犹新。

当时，心理素质不好，操作不娴熟，首战不利就惨遭淘汰。在场外，我观摩着其他选手娴熟规范的操作，心里羡慕不已，下定决心，苦练技术来年再战。就这样，凭着一股不服输的劲头，找课本学理论、找师傅学技术，一遍遍地模拟训练，让我脑子里积累了经验，手上练就了技巧，心里慢慢有了自信，在采油厂“职业技能竞赛采油组”、油田“青工油藏分析大赛”中屡屡获奖，2009年获江汉油田采油工职业技能竞赛第三名的好成绩。

在采油一线工作了25年，通过刻苦学习，努力奋斗，我从一名普通采油工逐渐成长为采油高级技师，被评为“江汉工匠”。“扎根一线，创新创效”是我对自己的定位和要求。

2015年11月，沙26-P1井电路故障导致电机短路。接到汇报后，队长带领我和维修班的员工立即赶往现场。该井当时刚压裂不久，每天液量有15方，油量将近8方，是队上的高产井。更换电机，传统的方法有两个，第一是使用吊车，方便、安全，但是成本高，换一台电机就需要2000多元的费用。第二，就是在三脚架上面安装倒链自行更换。虽然节省了成本，但是却需要最少5

个人。

因为时间紧迫，安排吊车是来不及了，我们开始用三脚架进行更换。其中，要把450多公斤电机从车上移动到电机底座上，因为太重，移动过程中三脚架不停摇晃，非常危险。我们6个人，硬是换了4个多小时才把电机安装上去。

回来后，队长就要求我们技师工作室对今天换电机的过程进行论证，看能否找到一个好办法。大家伙儿你一言我一语地讨论着，进行着思想碰撞。我全神贯注地倾听，认真地思考，突然，我的脑海里闪过一个情景。我想起，作业队起下油管用四轮小车在油管上来回滑动移动油管的情景。“能不能借鉴作业队移动油管的方式呢？”我把思路一说，得到了大家的高度认可，研发方向确定了下来。

2016年1月，经过两个焊工4天的焊接，新的电机更换装置出炉了。新装置把原来的三脚架换成了T字形支架，支架上安装两个可拆卸式油管作为滑道，油管上再安放一个带倒链和四个轮子的活动式支架；为提高稳定性，用两寸半的法兰片作支撑脚；为适应井场基础高低不同，做成可调节式；为了组装方便、省力，采用可拆卸式。

经过现场试验，效果非常好。3个人1个小时就能把电机安装到位，省时、省力。推广应用后，换普通电机再也不需要上报吊车计划了，既节省了成本，又保障了安全。

2019年，我担任综合班长的工作。在工作中，我发现采油站点和作业施工现场的废液回收存在着很多问题。首先，废液一般是井内的污油和污水，回收的时候需要用泵打入罐车。在回收的过程中，一般是把“水龙带”用绳子或铁丝绑在回收车的罐口，当泵的压力过大时，污油、污水甩出，污染了罐车和工作场地。其次，在污油回收时，因为污油池里的污油含杂质过多，不仅会造成外交油质量不达标，影响外交油质量，而且排放到站点的时候，容易造成提升泵进口堵。最后，在回收过程中，污水罐车的液位主要靠人工监测，操作人员不停地在罐车上爬上爬下，不仅费时费力，当遇到污油硫化氢超标或异常天气时，还容易造成安全事故。

针对以上问题，我组织技师团队骨干，进行集智攻关，很快就拿出了解决方案：设计一个特殊装置。整个装置由罐口卡腿、罐口卡板、手轮、出口接头、弯头、液位探针、液位报警器、过滤装置、收污油污水进口接口组成。利用罐口卡腿和罐口卡板安装在收污水罐车罐口，通过手轮锁紧固定，避免了罐车动火。过滤器装置与进口接头连接，利用内部过滤网起到过滤作用。另外，通过安装在罐口卡板上的 2 只液位探针，探测罐内液位高度，到达设定高度后触发报警器报警。

该装置有效解决了回收过程中出口管线不易固定，污油、污水回收杂质多，以及在观察液位过程中承受安全风险的问题，降低了工作劳动强度，提高了收油工作效率。通过这件事，让我认识到了技术创新的魅力无限，团队创新的潜力无限，也深刻体会到“世上无难事，只怕有心人”这句话的意义。

2021年到2023年，我连续3年参加了江汉油田工会组织的“工匠杯”创新创效大赛并获得一等奖。这些年的创新活动，让我受益良多，不仅学会了解决问题的方法，更学会了如何去思考、去发现问题。

当前，生产信息化推广应用，改变了原有的一线生产运行模式，如何将生产信息化与现场管理相结合，提高工作效率，这是摆在我们工作室面前新的课题。作为创新工作室带头人，我将持续激发团队成员积极性和创新性，充分发挥集体聪明才智，拓展工作新思路，围绕制约生产的瓶颈问题和痛点难点，用小革新解决大难题、用小发明创造大效益，为建设好信息化条件下的改革示范区贡献智慧力量。

148

钢丝绳的“牵累”

胜利油田 邵 勇

要知道钢丝绳的“牵累”多在什么地方，首先要认识曳引式抽油机！

随着城区的不断开发建设，越来越多的油井被包围在城区中间，安全环保重要性不断提升，油井生产过程中产生的噪声成为一个急需改善的重点。曳引式抽油机是机电一体化的新型抽油机设备，电机装在整机最上方，开机后声音小，又称“静音机”。曳引式抽油机整机高11.84米，抽油机牵引系统是由8根直径为12毫米的钢丝绳组成，通过钢丝绳与滑轮组摩擦传递动力。钢丝绳长期处于一个承受负荷的运动磨损状态，风吹日晒也易造成钢丝绳生锈腐蚀、断股，给油井的生产带来了安全隐患。

营二管理区注采2站地处繁华地段，被称为“城中采油站”，共开抽油机井71口，其中曳引机式抽油31口，占抽油机井比例的43.6%。我们统计了注采2站所有曳引式抽油机钢丝绳的使用情况，在查阅了注采2站近一年的值班记录本和综治台账等资料后，发现于2016.1.1~12.31对因钢丝绳长期磨损腐蚀断股5口曳引式抽油机进行了更换。一口井更换时间为3个小时，共造成产量损失2.04吨；更换钢丝绳的费用1口井为2万元，5口共计10万元。钢丝绳保养是否及时到位直接影响钢丝绳的使用寿命。

钢丝绳的“牵累”就在这里——使用寿命短，更换时间长，更换费用高，造成原油产量损失等！

为了延长曳引式抽油机钢丝绳的使用寿命，需要进行定期保养维护。目前曳引式抽油机钢丝绳没有专用保养装置，保养时先停机刹车断电，由

取得登高证的操作人员佩戴好安全带，携带装满润滑油脂的刺枪登上11.84米高的顶部操作台将润滑油脂刺向钢丝绳槽，润滑油脂下滑保养钢丝绳。现有钢丝绳的日常保养存在以下缺点：一是操作人员需要专业资格证书（登高证），保养人员受限；二是高空作业危险系数高（操作平台11.84米）；三是停机状态钢丝绳静止不动保养不够全面，效果较差；四是停机保养时间长，一口停井时间60分钟左右，造成不必要的损失产量。1口井每月停机保养钢丝绳1次平均用时1小时，31口井一个季度累计停井93小时，约损失产量19.3吨。

曳引式抽油机是新型抽油机，经上网查阅国内外资料并向厂家进行技术咨询，均未找到有效钢丝绳保养装置。针对曳引式抽油机的工作原理及牵引系统的传动方式的分析，我们决定自行研制一种不需要停井和登高作业就可以保质保量地完成曳引式抽油机钢丝绳的保养的装置。

保养装置设计工作原理：用进油管线分别连接进油孔和手动润滑泵，通过在曳引式抽油机本体下部安装的手动润滑泵内装入润滑液，摇动手柄，润滑液通过进油管线进入曳引机电机罩上方安装的储油罐内，当储油罐内的润滑液液面达到一定高度时润滑液就会流入L型润滑管，润滑液通过润滑管底部的孔眼滴出对往复转动的钢丝绳进行润滑保养。

保养装置共由四部分组成：储油罐、L型润滑管、手摇泵、进油管线。储油罐是用直径为D100毫米长约30厘米的PVC管两头封上盲堵，在一头盲堵的下部开孔，通过安装活动油壬，利用两个三通连接L型D25毫米润滑管。在储油罐正上方两头分别打两个孔眼，一个当进油孔，一个当排气孔，为了防止雨水的进入，排气孔的孔眼朝下安装。润滑管是用 D25毫米热熔管制作，长约144厘米，一侧封上盲堵。根据皮带槽的方位确定D25润滑管打孔眼的位置，2017年3月12日对润滑孔眼滴速进行实验确定孔眼直径1毫米时滴速润滑效果最佳，在润滑管正下方对准两侧皮带轮槽的位置各打4个1毫米的润滑孔眼。手摇泵的选择是利用游梁式抽油机润滑泵作为动力源，将手摇泵安装固定在曳引式抽油机本体下部，将润滑油脂泵入储油罐中，润滑油脂通过L型润滑管利用重力下落保养钢丝绳。进油管线为直径8毫米，承压为2兆帕的胶管制作。

现场经过测量比对分别在电机罩的左右两侧中间从上往下18~23毫米之间开D30

毫米孔眼，将D25毫米润滑管分别插入左右两侧孔眼固定后，再将储油罐通过钢带固定在与电机罩上方连接的三角铁上，根据皮带槽的方位确定D25润滑管打眼的位置，在润滑管正下方对准两侧皮带轮槽的位置各打4个1毫米的孔眼。

曳引式抽油机钢丝绳保养装置安装使用后，实现了曳引机井不用停机、不用登高就可以完成润滑保养钢丝绳，润滑效果也得到了较大的提升，操作人员也不受限制要求。保养装置同时具有较高的安全性和较长的使用周期，大大降低了职工的劳动强度和危险系数；钢丝绳也得到妥善保养，能有效延长其使用寿命，可以避免因频繁更换钢丝绳而带来的大额费用。

曳引式抽油机钢丝绳保养装置，去除了钢丝绳的“牵累”，这使我们看到了自主创新的效应，也增加了我们不断创新的信心和勇气！

149

匠人匠心书写不凡

中原油田　宋成波

当你凝望浩瀚璀璨夜空，会发现繁星点点中，有的明亮一些，有的暗淡一些，可每颗星星都在努力发着光、散着热，用这光和热，努力点燃着自己的生命。人生何尝不是这样，短短几十年，一定要过得有意义一些，在自己的工作领域努力钻研、拼搏进取，方才不虚度此生，或可在平凡的人生中，书写属于自己的不凡……

说来我从事采油行业几十年，打交道最多的就是抽油机，我喜欢它的深沉与厚重，虽是钢铁之躯，却似有血有肉一般，在烈日下在寒风中，在一个个春来秋往的轮回里，源源不断地汲取地下能量，造福于人类。游梁式抽油机是中原油田采掘地下油气的重要设备，放眼百里油区，处处是它们的身影。有时像兄弟一般，敬业奉献不知疲倦；又有时，就像个调皮的孩子，时不时给你惹出一些麻烦。抽油机不平衡，就是让人头疼的麻烦。游梁式抽油机在不平衡状态下运行时，易发生减速器损坏、减短皮带使用寿命、抽油杆断裂、电机用电量增大，电机使用寿命减短、抽油机水平率不达标，抽油机工字钢裂、压钢螺丝断等一系列问题，给抽油机安全生产造成潜在的威胁，为油气上产抛下绊脚石。目前文留采油厂共有1000多口抽油机，每一口抽油机都有它的任务和使命。如何保证抽油机正常运转，减少设备故障率，尽可能地减少停井时间，一直是我思考的问题。

“石油工人有力量”，作为一名采油高级技师，作为一名“中原工匠”，我明白，只有坚持以解决现场技术难题、创新创效为导向，刻苦钻研业务，发挥示范、引领、指导和辐射作用，

压实工作责任，提升个人素养，有技术才能更有力量，善创新才能更有作为。

说起调整游梁式抽油机平衡，有一件事情一直记在我的心里。那是2009年9月的一天，我所管辖的文133-28井需要调平衡，设备维护班进行施工。当时的调平衡没有机械设备配合，现场也没有抽油机操作平台，移动平衡块是用撬杠进行的，现场操作十分费力。虽然已经进入秋季，可“秋老虎”发起威来也是不容小觑。我们大汗淋漓地移动好平衡块开机后，通过测电流发现抽油机竟然仍不平衡！于是大家又进行了二次调整，从早上9时一直忙碌到中午13时！和设备维护班经过深入探讨后，我了解到现场移动平衡块距离是靠经验来定的、准确率只有60%！作为一名主管技师，当时我就暗下决心，一定要改变调平衡现场操作存在的难题。

之前调平衡的操作，首先就是进行测量游梁式抽油机的平衡率，看平衡率是否合格，如果不合格就要进行调整。调整方法是：用电流表监测电机在抽油机上、下冲程的电流峰值，步骤分为两次计算，两次调整。根据最新标准要求，计算平衡率时应用实测下行电流除以实测上行电流（I下 / I上），平衡率为80%~110%为合格，此标准主要是考虑节能，调整距离，等等。根据公式计算调整距离后，将平衡块停在合适的位置，卸松相关螺丝用摇把进行调整，第一组调整完后、开机测量电流，第一次调整完毕。用同样的方法将平衡块停在合适的位置，卸松相关螺丝用摇把进行二次调整，最后将平衡率调整在合适的范围内，整个操作程序完毕，相当于调整两次平衡，预计用时4个多小时。

通过多次实验，我们发现原公式只是在理想状态下计算的，而实际情况是平衡在调整前肯定存在偏重或偏轻的情况。它的标准值在80%~110%波动。也就是最大平衡率和最小平衡率之间波动，由于目前调平衡都要分为两次计算，两次调整平衡块，再加上现场没有操作台，调平衡费时又费力。目前在现场实施调平衡时，各厂也都没有按照上面公式进行操作，而是依据经验进行一次性计算调整，准确率也只有50%左右，经常出现返工现象、延误开井时间。

通过多年现场调平衡实际工作经验和实践，我发现，游梁式抽油机平衡块的重量范围在1~2吨之间。也就是平衡块的大小之间相差1000千克，根据现在使用的平衡块重量范围，按中间相差系数，最终成功研制出调平衡新公式。

新调平衡公式第一次现场实验时，大概是2013年5月，厂里非常重视这一创新成果，当时装备科科长和副科长都亲临了现场，当天选择了两口平衡率不合格的油井，我当时感觉很自豪同时也有一些担心，担心公式计算环节出纰漏，在我区设备组的统一协调下，我的新调平衡公式在现场文79-95、文79-305两口平衡率不达标的井进行实验后，平衡率均达标了，一次成功率为100%，同时该公式也获得了国家发明专利奖，获得局创新成果一等奖。

通过对原有调平衡公式改进，厂里在两年现场一百多井次调平衡推广应用中，一次性调整成功率均为100%，有效解决了原公式计算不准，需进行两次甚至多次调平衡修正的问题，极大减轻了现场员工作业强度，提高了劳动效率，具有计算速度快、准确率高、一次调整到位的特点，深受一线员工的欢迎。

通过理论技术创新，对我厂机采运行设备维护工作起到了非常好的促进作用，将调平衡这项烦琐重体力工作带进了一个新起点，让日渐老龄化的一线员工感受到了知识的魅力，同时通过该技术有效应用，每年为我厂节约维保费用160万元以上，也为文留采油厂增产创效完成油气生产任务保驾护航。

在集团公司、中原油田众多的“工匠”“大师”中，我不是最耀眼的那颗“星星”，但我永怀追求突破、追求革新的匠心品质，努力用技术驱寒、用创新破冰，发扬工匠精神，锻造匠心品质，用知识、用技能为企业创造更多效益、做出更大贡献，全力在平凡的岗位上谱写不平凡的人生。

150

研发小装置，实现大作为

西北油田　吴登亮

2023年6月16日，我们工作室研发的“抽油机井光杆断脱防喷装置”在中国石化技能人才创新成果发布会上一亮相，就引来了各方关注和各路好评。那一刻，我感到所有努力和坚持都值得。

采油二厂采油管理一区的448口井，就像我们的448个孩子。我们只要严格执行和落实各项管理油井的标准和要求，它们就会少闹脾气、少出问题、少出故障。否则，就会处处与我们作对。

“TK627、TK671这两口井最近老是光杆断脱，造成大量原油污染，要不是巡检人员发现得早，后果不堪设想。咱们管理区的注汽、注水井越来越多，油井泵越下越深，杆柱载荷越来越大，后续排查的压力很大呀！”晨会上，设备管理员王林忧心忡忡地说。

“排查要快、要准确，短时间内把有问题的抽油机光杆找出来，创新工作室的同志要想尽一切办法解决光杆断脱现象。”经理杜林辉边说边看着我。我是创新团队带头人，这个任务自然落在我的肩上。

创新专项资金有限，多项工作在同时开展。想临时“加塞”做个试验用品，只能从厂里的废料堆里找材料，再去车间里加工。

“我说，你都来扒拉几回了？真是不到黄河心不死呀。”仓库保管员王波一见我又来，笑着说道。

那段时间，我白天跑现场进行工艺分析、了解油井生产动态异常排查比对，晚上在办公室查阅资料、画图纸、研究选材料、加工零部件、不断推进试验再改进。在大漠戈壁上班，实行人员倒休轮换制。工作室成员不能天天一起上下班，我们就线上技术探讨、线下头脑风暴。

经过40多天研究和实践，我们似乎进入了死胡同，没有方向，也找不到出口。无奈之下，只好搬救兵。我拨通了恩师胜利油田冯新永的电话。电话里，我们交流探讨了近一个半小时，我心里豁然开朗。

经过团队的不懈努力，抽油机井口防喷装置做成了。满怀喜悦将防喷装置安装在刚刚注完汽放喷转抽的TK686井上，结果却事与愿违。“抽油机井光杆断脱防喷装置1.0”研发失败，这个残酷的现实让所有人都低下了头，变得无精打采。

恩师知道结果后，打电话鼓励我要理性对待失败和挫折，并学会从失败中爬起来。

当天晚上，我们围着桌子分析失利的原因。从封堵组件、闭合组件、密封组件，逐个零件比对试验。得出的结论是：我们使用的金属球在运行过程中，对光杆产生磨损，光杆形成槽痕，造成光杆密封盒在运行过程中漏失。

“也许我们可以把封堵球的材质换一换，换成树脂球”“闭合组件时间还是有点长，要是能缩短一些”……大伙儿各抒己见，纷纷献计献策。综合大家的建议，我们又研制出“抽油机井光杆断脱防喷装置2.0”。遗憾的是，装置2.0依然没有达到预期效果。

接二连三的挫折，反而使团队越挫越勇，挫出了斗志。

经过反复推理和拆解，我们发现原来是树脂球磨损变形、失圆才导致光杆断脱后密封面失封。于是，我们在2.0的基础上增加了支撑杆，让树脂球储藏在横向直推腔内，避免树脂球与光杆直接摩擦，同时将直推腔由原来的夹角60° 改成运行状态更佳的90°，并提升了树脂密封球的指标，确保耐温、抗酸、抗碱性，极大提升了装置的可靠性，这样就能在抽油井光杆断脱后，树脂球在弹簧的推动作用下，推入密封面，在第一时间完成止漏。

我们把“抽油机井光杆断脱防喷装置3.0”装在刚刚注汽放喷结束转抽的TK691井上试验，试运行30天效果良好。我们又选中其他类似的油井进行试验，同样效果良好。

11月的一天凌晨，TK696光杆断脱，在“抽油机井光杆断脱防喷装置3.0”的帮助下快速封闭，井控风险得到有效控制，井口“零”污染。

“幸亏你们团队发明了这个好东西，让我们巡井班的兄弟们少跑不少路。”巡井班班长黄华辉深有感慨地说。

这项成果目前在采油二厂转化应用65套，减少污染治理费用80余万元，先后荣获西北油田分公司科技创新成果一等奖、新疆维吾尔自治区优秀创新成果奖和集团公司QC成果一等奖，并取得国家发明专利授权。

151

盘泵“神器”

胜利油田　隋红臣

夏日的正午，天气燥热难耐，我正在午休。一阵急促的电话铃声将我惊醒。

“隋哥，大中午打扰你了。”电话中传来义一注水站的班长高红霞的声音。

“没关系，有事你说就行。”

“是这样，隋哥。今天上午我给一号注水泵换盘根，刚干完，饭还没吃，立马给您打电话求教。”高红霞的声音显得有几分焦急。

“换盘根从上午干到现在？”我很吃惊。

原来，现场上因为安全的需要，在泵体上安装了防护网。虽然安全系数高了，但是也给很多操作带来了极大的不便。例如换盘根这项工作吧，其中一个步骤是盘泵。因为防护网的遮挡，盘泵的时候只能用大撬杠插进防护网，拨动大皮带轮，进行盘泵。一个柱塞加6个盘根，加一个，顶一下，盘一下泵。加6个盘根，就要拿着这个重达20多斤的大撬杠，一下一下地拨动大皮带轮，费时不说，等加完盘根，工人也累得不轻。

“我们实在受不了，这大热天，我们两个都快中暑了。你看哪天有空，到我们站看看，帮我们支个招，解决这个问题呗。”高红霞说。

第二天，开完生产会，我叫上睿智创新工作室成员李君伟立即赶往义一注水站，高红霞和女工王延燕看见我们到来，立即放下手中活，带我们来到注水泵前，我一看，确实如此，因为安全的需要，整个泵体被各种防护措施层层保护了起来，这真是老虎吃天，无处下口。

我和李君伟围着泵转了好几圈，寻

找突破点。经过仔细观察，我发现电机皮带轮的护罩处有一圆形盖板，上下还各有一个固定螺丝。这个地方可以打开，我卸下两个固定螺丝，取下圆形盖板，整个电机皮带轮露了出来。

我仔细观察了一下这个皮带轮，在它的本体上有三个均匀分布、大小一致的孔眼。这个地方能不能当作一个突破点，进行攻关破解难题？我一边思索一边和他们商量："咱们以这里作为突破口，集思广益，想个招，破解这一难题，怎么样？""好啊，三个臭皮匠顶个诸葛亮，咱们三个高级技师难道还不如三个臭皮匠？"李君伟笑着说。说着，他拿出了游标卡尺，把皮带轮和三个孔眼的深度、直径全都仔细量了一遍，记在本上。

回到办公室，我又给义东注、义西站打电话，咨询了它们两站的情况，果然都是一个情况。只不过，这两个站都是男同志，力气比较大，用大撬杠来回拨动大皮带轮，相对轻松些。但是因为工作时间长，人也累得够呛。这个问题必须解决，不光加盘根需要盘泵，换柱塞、总成、倒泵等都需要盘泵。这个问题严重影响了油田的注水效率，增加了职工的劳动强度。

中午回家，我看到楼下对水泥墙面进行施工的民工，正准备收工，去拔大风机的插头。大风机插头是个三项大插头，跟插座吻合得非常紧，那个民工抓着大插头，用手来回慢慢晃动，才将插头拔出。看到这一幕，我一下想起皮带轮上的三个孔眼，如果把皮带轮上的三个孔眼当作插座，外面做一个大插头，找个铁棍插上，来回盘动，不就行了吗？

我立即将这个思路和小组成员进行了交流，大家都认为可行。于是开始进行设计、制图、加工，经过10多次反复研讨攻关和大胆创新，我们设计了这个注水泵盘泵小助手。主体是一个圆铁板，前端焊接三个跟电机皮带轮上孔眼直径、深度一样的固定短棍，如同一个三项插座，插进三个孔眼。圆铁板外面焊接一个长度15厘米、直径7.3厘米的油管短节，中间打孔，插上一个可以来回伸缩的加力棒。

工具制作成功后，我们选了一个女工进行操作实验。只见她，拿起工具对准孔眼，三个固定短棍直接插入孔眼，插上加力短棒，用手上下来回盘动加力棒，完成了盘泵工作。

效果不错，大家露出了欣慰的笑容。这时，操作女工王延燕提出了两条意见：一是工具有点重，二是工具整体大、形状不美观。我仔细一想，对呀，工具是用整体油管短节加加厚钢板、钢棍组成，重达4.8公斤，女工操作起来确实不方便。

回到办公室，我们创新工作室成员召开了碰头会，进行头脑风暴。根据大家的建议，重新进行了改进。设计一个三叶花瓣式本体，前端连接一个空心圆柱体，圆柱体顶端扯出一个27毫米六棱帽头。单独制作一个带收缩功能的快速棘轮工具，两头适合口径是27毫米与30毫米，套在六棱帽头上可以上下自如的盘泵，当需要增加力度时，也可以拉出伸缩筒当加力杆使用。平时快速棘轮工具也可紧固、拆卸27毫米与30毫米的螺丝，一种工具可以多方面使用。

改进后的工具，本体重量只有2.1公斤，一个女工即可轻松操作。这项成果成为采油厂2020年工会推广项目；加工生产26套，在全厂泵站推广使用，缩短了维修泵的工作时间，提高了注水效率，降低了职工劳动强度。

想别人不敢想的事，干别人不敢干的事，成为我的创新座右铭。

152

“智取”凡尔座

胜利油田　隋红臣

2021年的一个清晨，一上班，我打开电脑，采油厂工会的一条通知引起了我的注意，“采油厂一线生产难题揭榜挂帅开始了，希望大家踊跃参加挑战难题”。我仔细看了一下，发现其中光一线生产难题就十几道，都是工作中经常遇到却无法解决的问题，难度系数很高。

刚看完，义一注水站的班长高红霞就打来了电话，说第8个难题注水泵如何快速取凡尔座，是她们站提出的，在平时修泵工作中，让她们吃尽了苦头。她这一说，我想起来，平时在一起探讨工作时，几个注水泵站的班长，也都说起过这个问题。

目前注水泵在更换凡尔座时，需要用老式提子伸入，对扣后，用撞筒来回撞击，利用撞击的力量将凡尔座取出。在使用撞击筒时，凡尔瞬间喷出的污水会直接喷在职工身上，让人防不胜防。撞击的时候声音大，会产生噪声，尤其是夏季，泵房里本身就高温酷暑，职工心烦气躁，再加上刺耳的噪声，更是让人头疼欲裂。更别说，撞击筒还经常会撞到操作者的手，对职工的身体、心理造成了伤害。

“劲大了伤手，劲小了取不出，好似张飞抓鸡蛋——不好拿捏！”高红霞无奈地说。别看高红霞是一名女同志，干起活来比起男同志一点也不逊色，不怕苦不怕累，脏活累活抢着干。每逢更换凡尔座，她都是第一个冲上去，经常被污水喷一身，弄得浑身上下臭烘烘的。她说最尴尬的是坐班车时，身上的污水味在封闭的班车里特别刺鼻，大伙儿都用异样的眼光看着她。

为了解决这个问题，我组织睿智创新小组人员一起开了个诸葛亮会，研究如何破解难题。

“要解决污水外喷这一问题，就必须像打雨伞一样，在人的前面装一个防护装置，在护手前装一个挡板，可以阻挡污水飞溅这一现象。”王远方首先发言。

“我认为，首先要解决噪声问题，可以考虑取消撞击筒。”李君伟说。

“说到这儿，我想起一个事。有一次，我去保养汽车，看见旁边一个修车的拿工具顶柱塞棒，不但没声音，而且很快。”高红霞若有所思地说。

“是用推进螺母顶的，再加上快速棘轮扳手组合，确实又快又省力。”李君伟接过话题。

大家伙儿你一言我一语展开了热烈讨论。经过讨论，我们初步确定，按照无噪声、防水保护、防撞手层层推进的原则开展攻关研究工作。

经过反复的研究改进，一个由对扣杆、防护板、推进螺母、快速伸缩棘轮扳手组成的新工具设计了出来。取缔撞击筒，杜绝了噪声的来源，减轻了重量，缩短了操作杆的长度；制作防护板、推进螺母，配备快速伸缩棘轮扳手，既可以护手，也可以阻挡污水喷向身上。工具使用的时候，将对扣杆穿在防护板中间，装上推进螺母，扳手套上螺母，通过层层推进，可以快速将凡尔座挤出。

高红霞拿着新做的工具看了看，直嘀咕：“隋哥，我感觉这个工具也不小啊，尤其这个护板又大又重。咱们先试试，有不合适的地方再改。好吧！”

果不其然，第一次实验失败了，大护板成功阻挡了污水飞溅，可是这个护板又大又沉，一个女同志搬上去对眼对中，确实很费劲，稍不留神，万一掉下来，还能砸到脚。

把护板减小减重，我确定了改进方案，按照凡尔座开口的口径大小，重新设计了护板的尺寸。这样既能保证推进螺母的推进力度，又能阻止污水向身上飞溅。

又过了几天，义东注班长陈登彬打来电话：“隋哥，那个推进螺母用了几次，有点变形了。”

继续改进。我制作了加厚螺母，多次大力度使用后也保证不会变形。

就这样，不断地实践，不断地改进。经过一周的反复现场实验和改良，一款安全性能好又便捷的推进式取凡尔座工具问世了。

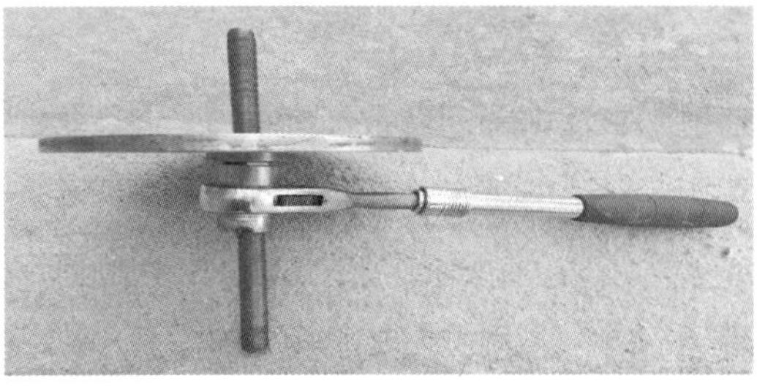

高红霞又是第一个拿到站上，在柱塞泵上亲自试用。这一次，不仅解决了长期困扰的噪声问题，阻挡了污水飞溅，更杜绝了撞击筒伤手的问题，深受职工好评。

拿着现场操作视频，当天晚上，

李君伟就在创新工作微信群里开始了产品推介。

“同志们，咱们以后换凡尔座再也听不到讨厌、刺耳的噪声了，也不会被水喷成落汤鸡了，有了这个工具大家可以放心工作了，更不会伤到手。”

“李大哥，这个推进式取凡尔座工具，省时、省力，很有应用前景。”

“我也是注水站的，能给我们一套试试吗？”

“李大哥，给发一套吧，让我们试试。”各单位的创新能手都对这套工具产生了浓厚兴趣，纷纷抢购起来。

目前，推进式取凡尔座工具，在河口采油厂多个注水站使用，有效解决了更换凡尔座难、噪声大、污水随意喷洒、容易碰伤手指的问题，加快了修泵时间，降低了职工的劳动强度，提高了注水效率。2021年度，该成果获得了胜利油田工会创新成果三等奖。

时隔几个月，当我再一次走进义一注水站，高红霞他们正在泵房工作。透过玻璃窗看着他们边干边说边笑的样子，我觉得所有的挑灯夜战、所有的抓耳挠腮、所有的绞尽脑汁都在这一刻获得了更高的价值。

让创新把工作变得更美好，这就是我的动力源泉，是我迈上创新之路的初心。

153

“三代除草机”诞生记

胜利油田　孙文海

我工作的单位在胜利油田，是中华人民共和国最年轻的土地。万里黄河在这里汇入大海，这里有葳蕤的“红地毯”，有成群结队的候鸟闲庭漫步，有成片成片的芦花迎着璀璨的阳光吟唱，蒹葭苍苍白露为霜。

然而，对于我们油田工人来说，最爱的是芦花，最怕的也是芦花。它们生长在湿地是风景，要是生长在井场就是无休止的工作量了。在油田，为了安全起见，油水井井场一直推行标准化管理，其中最基本的一点就是井场内无杂草。因为油井生产的是原油和天然气，一旦井场内杂草长得过多，一个火种就会造成一场火灾事故，轻则损坏设备，重则会让几百万元的油井报废。因此清理杂草，保障油井安全，成为我们采油工一项重要的工作。

一个油井的井场面积是2500平方米，中间是高出地面的油井井台，周围则是平平整整的土质地面，因为地处野外荒原，很容易滋生杂草。因为井场面积大，多人配合耗时几个小时，才能完成一个井场的除草任务，特别是夏秋两季，杂草清除后没多久，很快又会生长出来新的杂草。而作为中央企业，随着油公司改革的推进，人力资源不断优化，操作人员不断减少，重复性清理井场杂草就成了困扰职工的一大难题。

2019年6月，我在河口采油厂管理六区注采605站的29号站担任班长。当时，正是杂草长势最旺盛的时期。早上五点来钟，我带领班站的两名职工趁着早上没有那么炙热，去清理井场上的杂草。到了井场，我们二话不说，挥舞着镰刀、铁锹和锄头开始除草。井场内杂草密集，草根深深地扎入地下，清理起来十分费力。大家一口气干了一小时，发现清理的杂草还不到整个井场的五分之一。

抹了一把脸上的汗水，我招呼大家歇会儿再干。坐在井场边小憩的时候，同事长长地叹了口气："班长，这效率也太低了吧，一会儿天气更热了，照这样干下去，啥时候才是个头啊。""对啊班长，赶紧琢磨琢磨，看看有啥好法子没有？"他俩你一言我一语，让我萌生了解决问题的念头。

之后不久，采油厂组织了"技术在岗位，服务一线行"活动，我跟随团队来到了基层前线，这次活动中，我发现"井场杂草清理难度大"是职工们提出的频率最高的问题。作为一名采油主任技师，我解决这个问题的信念更加坚定。

怎么才能省时省力清理杂草，提高除草效率，减轻职工的劳动强度呢？带着满腹疑问，我在网上查找了大量资料，初步将思路定在利用机器来进行除草。当时，机器除草以电镰为主。因为电镰噪声大，会对使用者的听力造成伤害；再就是电镰在除草时会击打起草丛中的硬物，造成人身伤害，所以，虽然它除草效率比较高，但是职工们也不愿意使用。

取其长而避其短，能不能借鉴电镰快速除草的原理，再经过改进，消除目前存在的问题呢？

经过反复的摸索，我准备用直流电源作为除草机的动力源，然后将除草设备安装在两轮手推车上，设备前端安装牛筋条作为打草绳。除草时，推着除草小车到达有草区域，开启除草电机，推车前端的打草绳在电机的带动下高速旋转，沿着地面将杂草切断，达到除草的效果。

就这样，经过两个月的改进实验，第一代手推式除草机诞生了。和电镰汽油机除草相比，减少了噪声，在安全环保上也有了质的提升。除草效率相比人工除草提高了5~6倍，同时除草机的总重量仅仅20公斤，女同志操作起来也非常轻松。

机器改进完成后，我们在不同环境的井场进行了应用实验，手推式电动除草机由于质量轻，操作方便，不仅适合土质场地而且也能在建筑物料铺设的场地上应用，适用场地范围广，除草效率高，受到了广大职工的认可。

2020年，油田开展"一线难题揭榜挂帅"活动，我展示了手推式除草机的除草效果，视频一播放就吸引了评委的眼球，最终我们成功揭榜这一难题。油田拨付研发资金，让我们对手提式除草机进行改进提升。

揭榜回来，采油厂给予了我们团队大力支持，不仅拨付专项加工资金还成立了攻关小组。为了在最短的时间内完成这项任务，我们分兵两路开展工作：一路人员去现场调研第一代除草机的应用效果，咨询应用中的问题，了解哪些方面还需要改进；另一路人员负责查询机械除草的相关资料，结合先进的技术对我们的机器进行技术提升。

通过现场调研，我们了解到职工在使用推车式除草机时虽然戴着护目镜，穿着防护用具，但是由于操作者与机器之间距离近，机器击打起来的杂草及小的硬物不可避免地会击打到操作者身上，存在一定的安全隐患。

能不能让职工遥控除草机进行自动除草？将除草机的控制键与遥控器的操控组件进行连锁，通过发射信号和接收信号两个部分建立信号连接就可以做到除草机的遥控操作。

但是，如何将除草机的发射信号与遥控器的接收信号进行匹配，又成了困扰我们的一个难题。

经过反复的思考及查询资料，我产生了一个想法：用航吊的遥控器作为除草机遥控部分，将除草机的各个电信号通过接收器与之匹配，利用2.4G信号发射器通过不同的信号道与接收器进行匹配从而实现远距离操控。

经过大量的试验，新式四轮除草机的遥控器与发射器终于匹配成功，实现了操作人员在二十米范围内遥控操作机器启停、转向及除草，这样就大大提高了安全性。

第二代除草机研发完成后，采油厂工会批复专项资金，加工了11台发放到基层班站，解决了部分班站的井场杂草清理的难题。

2023年，随着油田改革的持续推进，成本再次进行压缩，人力资源持续优化，一线职工人数越来越少。一代和二代除草机已经不能满足当下的工作需求。

于是，我又开始了新的技术改进。从除草效率与除草操控方面持续改进，驱动机构由四个48V 350W的永磁直流电机组成，四轮驱动、行进和转向操控灵活；除草机构选用大功率割草调速电机，带动锰钢材质的除草刀头进行割草，刀头损伤小；选用高度调节机构，实现除草高度的遥控调节，机器爬坡或是上运输车时升高底盘可以自行上下，避免了人员搬运；选用航模遥控模块，开通7个信号通道，实现机器的快慢档位、前进、后退、左右转向、除草电机的开启及速度控制。遥控距离200米，除草更安全。

改进后的除草机效率相比二代除草机提高了5~6倍，一天能够清除6个井场的杂草。

自动除草机历经三代技术更迭和现场应用实验，操控更安全，适用多种复杂环境，极大降低劳动强度，达到提高生产效率的目的。在我们采油厂和石油开发中心等多个单位，进行了推广，反响强烈，实现了提质增效的目标。

从此，我们的员工不再害怕芦荻葳蕤，秋风起时，穿过芦花掩映的小路，来到平整辽阔的井场，心旷神怡。

154

把创新融入血液
——我的创新三部曲

胜利油田　孙志刚

三十年弹指一挥间，已经在注聚岗摸爬滚打30年的我，早已将创新意识融入自己的血液。

1994年初，东部石油会议在胜利油田孤东采油厂的小井距试验站召开。在这次会议的前半个月，我从采油二矿车队的维修工转岗到小井距，紧随注聚的步伐，开启了与注聚的不解情缘。

踏入注聚行业的初期，为了提高对注聚泵故障的判断能力，我把泵发生故障时的不同声音进行了录制，闲暇时反复地听，增加判断的准确性。为了加深记忆，我曾用过大夫的听诊器进行强化训练。多年的刻苦磨炼，让我的技术有了质的飞跃。三采中心成立后，注聚蓬勃发展的时期到了。我日益感觉到，掌握过硬的技术本领，需要了解最新的理论知识，并运用到实践之中，我开始了大量的系统性学习。凭着一贯的好学精神，在出色完成各项工作的同时，我达到了技能工人的最高等级。创新的意识在工作的点滴中逐渐积累形成，一发不可收。

2017年，7#注聚站小泵房的3#、5#注聚泵泵头密封效果差，漏失严重，多次更换密封圈和填料盒都无济于事，我加宽填料盒的密封槽，运用双密封圈，使得漏失难题迎刃而解，节约2个泵头，价值一万六千余元。

采用逆向思维法拆卸注聚泵大皮带轮，一般卸注聚泵的大皮带轮，都是固定皮带轮，旋转顶丝，而我的做法正好相反，先固定顶丝，再转动皮带轮，这样既省力又安全。

安装介杆油封，稍有不慎，介杆头就

会挤伤油封的唇口，我在介杆头部缠上几圈塑料布，将油封套在塑料布上，边推油封边抽塑料布，油封很快就能装上……

在积累了一定的工作经验后，我进入了创新的第二阶段，开始对设备局部进行结构上的改进。少停泵或不停泵就是创效，遵循这一理念，我针对注聚泵经常出现的问题进行了攻关，研制了盘车调节式填料盒和填料式介杆密封装置等基层创新成果，解决了介杆油封漏油和柱塞浪费严重的现象，其中介杆密封装置推广应用60余套，取得了良好效果，盘车调节式填料盒将柱塞的使用寿命延长1年以上。

2019年初，我来到11#–1注聚站，发现该站三分之一的注聚泵，介杆油封漏失严重，职工反映加油频繁，劳动强度大。润滑油就像血液对人体一样重要，在仔细分析漏油原因后，我决定采用填料密封的方法，解决介杆漏油的难题。填料盒由调节螺帽、压盖、盒体组成，调节螺帽与端盖通过丝扣连接，盒体的底部设有回流孔，油封盒里的润滑油通过回流孔回流到曲轴箱，达到“堵”“疏”结合的目的。密封填料装在盒底，调节螺帽调节压盖挤压填料，达到密封效果。

同年4月，加工15套“填料式介杆密封装置”在11#–1注聚站投入试验应用，截至2019年10月，有效地解决了注聚泵运行过程中介杆油封漏油、润滑油变质现象，大大减少了注聚泵在运行过程中的故障发生率，降低了职工的劳动强度，保证了聚合物溶液的正常注入。

通过对盘根发热、柱塞偏磨的原因进行分析研究，研制了盘车调节式填料装置来解决这一难题，将盘根压盖反向延长至调节螺帽外，通过辅助压盖，盘车调节漏失量，避免了“撬”“砸”等方式紧固盘根，提高了安全系数，将柱塞的使用寿命了延长了6个月以上。

习近平总书记说：“技能是立业之本，人不管天赋如何，只要勤勤恳恳，踏踏实实，都可以有创造价值的机会。”而技能的获得，就是通过不断地学习和锻炼积累的。因此，我进入了创新的第三阶段，学习、提升阶段。

采油厂要持续发展，信息化生产，降本增效是必由之路。随着改革的不断深入，主辅分离、油公司模式运行、新型管理区建设、外闯市场、大工种建设等各项改革措施不断推进，对每一名员工观念，甚至是岗位都是冲击。为了适应形势，迎接挑战，我多次参加了技能大师讲坛，从高凤林、代旭升、冯新永等大师的身上，学习了他们劳动创业，知识创新的精神。

我积极参与技术交流和科技创新活动。分批参观了张春荣、马广俊、吕书栋、隋爱妮创新工作室，通过参观学习，让我明白了新时代大国工匠精神的真正内涵就是爱岗敬业，既热爱自己的岗位，不仅把自己的工作当成一份职业，更重要的是当成一份事业。而吴吉林用自己的生命对这种精神做了最好的诠释。

2015年5月15日，我参加了油田组织的创新方法培训班，宿舍里来了一个瘦瘦的大个子，一脸疲惫不堪的模样，但深邃的目光给我留下了难以磨灭的印象，培训结束后，我才从媒体上了解到他的事迹，面对绝症绝不屈服，将有限的生命融入石油事业，完成创新成果83项，在感动“石化”的同时也深深触动着我。

我加强新工艺的试验与应用，2021年10月，配合大庆油田的牧月科技公司，在13#注聚站完成了母液快速混配项目的试验。

“习之不如好之，好之不如乐之”，我热爱自己的行业、专业和岗位，并将全身心投入工作，干出真成绩。作为一名技术工人，在不断创新的过程中，我将全身心凝聚到注聚事业上，干一行，爱一行，在自己的岗位上大展才智，释放出自己的最大潜能，努力成为无愧时代的“大匠”。

155

小建议催生金点子

胜利油田　王海军

整整三十二年一线工作经历，我的感悟可以浓缩成一句话：困难是弹簧，你硬它就软，你弱它就强。凭借着对困难无所畏惧的态度，我从一个懵懂的毛头小伙逐渐成长为孤岛采油厂采油工首席技师。

在一线工作最大的优势是，能够及时了解和掌握生产现场迫切需要解决的问题，以及工人师傅们渴望解决的问题。这些问题有的算不上“高大上”，但如果解决了，就会节省大量人力、物力、成本，提高工作现场的安全系数，从而产生更大效益。

自2008年开始，我进入唐守忠大师领航的孤岛厂高技能创新团队学习。有一天，唐大师问我：“游梁式抽油机毛辫绳如果发生断股，能不能快速、准确地实现油井自动停机？”乍一听，我愣了一下，没有立刻给出答案。

游梁式抽油机中的毛辫绳分为单根、双根两种模式。单根模式下毛辫绳发生断裂，容易产生致命伤害，同时造成抽油机无效运转；双根模式下毛辫绳发生单侧断裂，容易造成油井采出液泄漏，不仅损失产量，还污染环境。当时常规的应对措施是增加职工的巡井次数，争取早发现、早处理，但效果不是很理想。

但是，大师的问题给了我一个很好的思路，有没有什么办法能在毛辫绳刚开始少量断股变形的时候就实现自动停机并报警呢？这个问题仿佛在我脑海里生根一样，无论吃饭还是走路我都在想它。我没事就找大师探讨，希望能得到一些启发。

一次不经意间，我受到无线遥控车的启发，确定了油井电控柜控制线路的革新方向。可是怎么实现呢？大师从

物理学上给我分析了毛辫绳从少量断股到大量断股时的形变过程，并分析了毛辫绳断股形变所引发的位移距离以及如何利用这个距离实现我们的研发目的的思路。

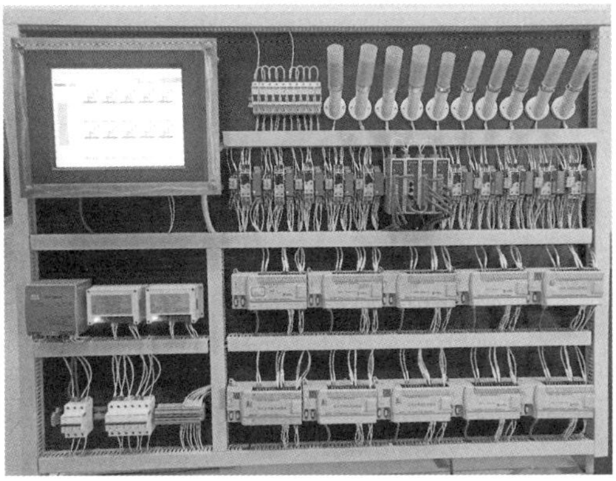

大师的分析让我豁然开朗。我午饭都没吃，立刻跑去市场买了两个微动磁吸开关，配合无线遥控器的电池控制电路，遥控安装在控制柜内的无线接收装置。这样一来，毛辫绳断股变形产生位移→触发无线遥控器启动电路→接收器断开油井控制电路实现自动停机并发出声光报警的过程就完整了。

后来，这个小装置被安装在多口稠油井上，应用效果很好。

这是我职业生涯中的第一次创新，获得了领导和同事们的高度赞扬。捧着获奖证书，我心想，创新其实没有我以为的那么难，创新就是不能满足于现状，不断追求更高更好。

在孤岛厂高技能创新团队里学习的十五年间，我每年都有一些小建议、小革新、小点子在采油厂甚至油田获奖，我从一名普通职工成长为孤岛厂采油工首席技师，并且有了自己的创新工作室。

2021年，我发现当油区因电气原因发生大面积停井的时候，指挥中心PCS平台上，油井停井标志红色一片，分不出来哪些是正常停井，哪些是单井故障停井。同时，大面积停井恢复正常后，指挥中心值班人员需要落实清楚异常停井的井号，并确认油井周围环境安全后方可执行远程开井操作，工作效率不高。

针对这个问题，我向油田提出了“关于SCADA、PCS系统中增加‘异常停井’状态功能的建议”。这个建议首先要确定什么是“异常停机”。利用油井启停机的特点，油井运行电流由大到小突变时，没有相关停机操作痕迹，这就是“异常停机”。随后，升级SCADA系统，推送“异常停机”实时报表（只体现异常停机，正常启停机不体现），这样一来，指挥中心值班人员就能准确掌握异常停机的数量以及提高恢复开井的操作速度，指挥效率自然就提高了。

这条建议被评为2021年度胜利油田群众性合理化建议“金点子”，并被油田采纳、执行。

一条好建议就会生出一个金点子，假如我们每一名在岗职工每年都贡献一条好建议，那产生的点子岂不是要堆成一座“大金山”了。

156

顶丝、皮带和油井

胜利油田　王进峰

多年前的一个下午，师傅带我到郑408-更20油井巡检时，发现皮带需要更换，于是我们相互配合，按照操作规程，用半小时换完了皮带。当时，我的脑海里就冒出一个问号，能否制作一种新型的顶丝，解决更换皮带既烦琐又耗时的问题？

接下来的日子里，我疯狂查阅各种资料和机械设计书籍，试图寻求一个妥善的方案。

首先需要解决的是顶丝固定问题。皮带机原有的顶丝，是一种偏心设计的顶丝，固定螺丝和顶丝螺纹不在一条轴线上，这样设计的好处是可以避开电机固定螺丝的位置，顶电机支座时不会顶到固定螺栓，缺点是因为固定螺丝和顶丝丝杆不在一条直线上，移动支座时顶丝容易顶偏，不容易控制，而且固定困难，容易打滑。

怎样才能避免丝杆顶偏、固定螺丝打滑呢？如果将丝杆垂直于工字钢就可以防止丝杆顶偏，可是，丝杆垂直时底座的固定螺丝会形成障碍，也正因此皮带机顶丝才会选择偏心顶丝。那么，如何调和顶丝和固定螺丝之间的矛盾呢？正当我陷入左右两难的困境时，师傅的一句话点醒了我："进峰啊，这条路不通，咱就换条路走，换个思路，兴许就有解决办法了。"

我心想，也是啊，一直以来，我总是将目光放在顶丝上，为什么就不能换个思路，将目光放在固定螺丝上呢？既然固定螺丝碍事，那我设计一个东西，让顶丝顶不到固定螺丝不就行了。

说干就干，我一边测量固定螺丝与工字钢的间隙，一边观察固定螺丝的位置，突然灵光一闪，如果用一段L型垫铁穿过固定螺丝顶到工字钢上，就可以避免顶丝丝杆直接顶到固定螺丝的弊端。办法果然奏效了，我给顶丝找到了合适的位置，再也不用担心顶丝和固定螺丝相互干扰了。

接下来，顶丝的固定又难住了我。原来的顶丝直接用一颗螺丝固定在滑轨的槽钢上，有时螺丝拧不紧就会造成顶丝打滑。这可如何是好，我苦思冥想几天，没有想出什么好辙。

工作单位离驻地有一个半小时车程，每次上班坐在车上是我一天里最佳的思考时段，不仅可以梳理当天需要完成的工作，而且可以冥想那些难以解决的问题。有一天上班途中，我再次想起顶丝固定的难题，不知不觉，思绪飘到了管钳的结构原理。管钳为什么能够迅速咬住管材，就是因为管钳上有两排特殊的牙，能不能把这种结构用在顶丝的固定上呢？

心里燃起了希望，我感到十分振奋，到了单位，我找来工具，根据管钳的结构制作了新的顶丝，然后我找到一口长停井进行实验，结果不出所料，顶丝牢牢地固定在槽钢上，缺点是顶丝也在槽钢上留下了密密麻麻的牙印，本来光滑的滑轨变得坑坑洼洼，电机移动起来很费力。

满心的欢喜，再次被一盆冷水浇灭。我心里嘀咕，难道这样真的不行吗？

经过几天的冷静，我开始重新审视这个方案，师傅的那句"进峰啊……换个思路，兴许就有解决办法了"再次萦绕在我的耳中。对，换思路，问题出在工字钢表面的牙印，可以想办法确保它不被咬伤呀！我反复观察和分析电机底座，有了一个主意，工字钢的上表面不能留牙印，那工字钢的下表面呢，如果把牙印压在工字钢的下表面，电机移动费力的问题也就迎刃而解了。

嗯，就这么着，我立刻按照脑子里的想法，着手绘制草图，用SolidWorks软件进行建模分析，几经修改，几易其稿，一款新型顶丝的制作方案终于得以完善。新型顶丝制作完成后，我迫不及待地赶往现场试验。顶丝固定非常牢靠，没有出现滑动的现象，但是用一条顶丝两边轮流顶电机仍然非常麻烦，于是我就使用了两条顶丝轮流移动，效果不错。

然而，新的问题又出现了，更换完皮带后，要想将电机移回原位置，还得将顶丝拆卸下来，从反方向顶电机，过程依然很烦琐。于是，我又产生了一个大胆的想法，能不能不拆卸顶丝，使顶丝既能向前顶电机，又能向后拉电机？

有了前期的攻关基础，经过认真思考后，我认为只要稍加改进，将顶丝和L型垫铁连接到一起，完全可以实现这个功能。我将L型垫铁扣去一个U型槽，并在顶丝丝杆头部增加环形凸起，使之嵌入槽口，顶丝果真变得既能前推又能后拉了。顶丝之前使用小撬棍转动，后期我又增加了棘轮扳手转动，并将它应用于游梁机电机的调整，这样工人们更换皮带时可以彻底抛弃撬杠，大大节省了更换皮带的人力成本和时间成本。

与顶丝和皮带较劲的这段经历，令我感触颇深，知识需要不停地积累，创新需要不停地实践，只有这样，我们才能在问题中找思路，在思路中去找出路。俗话说，“行百里者半九十”，创新之路注定道阻且长，今后，我会以持之以恒的毅力和闯关夺隘的勇气，为油田的技能创新书写新的璀璨篇章。

157

创新从杠杆开始

胜利油田　王晓燕

2005年大学毕业后，我踏上了工作岗位，回到了熟悉又陌生的胜利油田。说它熟悉，是因为它是生养我滋润我成长的家乡。说它陌生，是因为我要以一种新的身份——胜利石油人，重新认识我的家乡。

我在广袤的荒原井场，深深地扎下了根基。随着技能水平的提升和现场经验的积累，从一个采油的门外汉成长为一个行家里手，我开始慢慢地发现，生产中还有许多不方便的地方。

师傅鼓励我说：发现不便就是解决问题的开始，解决问题的过程就是创新。于是我的创新历程，就从一个杠杆的故事拉开了帷幕。

2007年，我在现河采油厂采油一矿采油29队工作。这个队属于典型的三低一长高压低渗区块。管线长，原油乳化挂壁，造成压力升高的现象时有发生。队上12个前线班组，8个班组需要加破乳剂，13口油井需要加缓蚀剂，加药剂成为工作常态。当时基层队的药剂统一存放，统一管理。班组需要加药剂时，就要用拖拉机到管理点进行拉运。装满药剂的桶有400来斤沉，因为拖拉机后斗的空间有限，师傅们搬运药剂完全靠人拉肩扛。

有一次我和几名师傅去搬运药剂，药剂抬到拖拉机上后，管理药剂的沈师傅捶着腰笑着说：“老腰受不了喽，再这样搬几次腰就要废了。晓燕，你脑子活，又经常参加技术比赛，看看有没有啥好法子，不用这么费劲呀。”

师傅们的信任让我鼓足了干劲，这个事就这样牢牢地烙印在我的脑海里。设计个

什么样的小工具来解决这个问题呢？我想了很多的小点子，比如：利用小推车推动重物，利用杠杆做一个起重架，利用滑轮做一个绞盘叉车……带着这些思路，我向我的师傅请教。师傅耐心地听我说完，认真地和我探讨这几个思路，循循善诱地引导我说："这几个点子都可行。你要好好琢磨琢磨，怎样从中选出最符合前线班组需求的。"

对啊，所有的创新都是立足于实际需要，否则就是无源之水。恍然大悟的我来到生产班组，和负责加药剂的师傅们拉呱儿，倾听他们的建议，和维修班的师傅们咨询这几种方式的加工难度和加工时间长短。综合考虑之后，我决定制作一个杠杆式抬升工具。

图纸很快绘制了出来，我拿到维修班，请高师傅帮我加工。在使用什么材料上，我纠结了半天。当时维修班可用的材料有4寸管、抽油机废旧压杠和油管。4寸管子，整体结构太轻，承受不住太大重量；油管吧，重量又太重，而且浪费；废旧压杠倒是可以用一用，可是数量不足。正在为难之际，我看到了办公室门口摆放的暖气管线。当时，队上正在进行暖气更新，更换下不少废旧管线。我立即上前去查看，一看管线的尺寸、重量都非常符合要求，正好可以变废为宝，材料的问题解决了。

联系了维修班的师傅，我们立即动手干了起来，锯割、焊接、打孔、打磨……一顿操作下来，一个药剂桶提升工具诞生了。这个工具主要由支座、加力杆、封堵角铁、支撑杆、扶手、固定杆等六部分组成。加力杆上打眼穿入固定轴来实现加力杆的上下运动，当加力杆抬起后，将药剂桶滚动到加力杆前段，将可活动的角铁移动方向，使其向上支撑，防止药剂桶滑落，然后把药剂桶举升至拖拉机装卸需要的位置。卸载时，将活动角铁取出，推动药剂桶，可以实现轻松装载到车内。

制作完成后，我立即将工具送到了沈师傅的手中。沈师傅将药剂桶放至提升工具上，抬起了药剂桶。

"怎么样？"我问沈师傅。

"还可以把加力杆再加长一点，咱们空间足够大，加长一点更省劲。"

“没问题。”我们立即进行了整改。第二天，改进后的工具就交到了沈师傅手里，利用这个工具，他轻松地将药剂桶抬了起来，笑呵呵地说：“晓燕，这个工具可帮了大忙了。”

一个简单的杠杆原理，帮助前线班组的师傅们解决了问题，把他们从繁重的体力劳动中解脱出来，提高了生产效率。也让我明白创新的门槛并不像我们想象的那么高不可攀，留心之处皆学问。

从2007年到现在，16年的时间，我先后研发了套管气回收装置、防冻防盗压力表接头、智能螺栓松动远程报警预警防翻机装置、平衡块快速位移装置……我研制及参与研制的各种各样创新成果应用于现场，创造了很高的经济效益。但我始终不能忘怀的还是那一个杠杆，“勿以事小而不为”的创新理念，就在那个时候深深扎根在我的心田，生根发芽，直至成长为参天大树。“以一线需求为出发点，解难题提效益”成为我不变的初心。

158

小技改破解大难题

河南油田　翟晓东

我在河南油田采油一线工作了二十几年，遇到的疑难问题可谓千奇百怪、五花八门。作为一名首席技师，我最大的乐趣就是攻克一个又一个生产难题，打破瓶颈、改进技术。我把每一口油井都看成自己的孩子，细心呵护，用欣慰的目光注视着她们茁壮成长。

2022年2月的一个上午，王集采油站的采油工小刘接到生产指挥中心指令："王C35-1井出液温度38℃，载荷比正常上升2kN，立即到现场落实情况。""王C35-1井！"小刘一听心里就咯噔了一下。这口井每月都会发生几次状况，不是蜡卡就是毛辫子损坏，为了解决这个问题，一个月前刚刚安装了单空心杆地面掺水流程，在井筒油管内掺水助力生产，最近一直正常生产，怎么又出现问题了呢?

带着满腹的疑虑，小刘来到了油井现场，发现掺水掺不进去，流量计也落零了。通过排查，是单空心抽油杆掺水通道淤堵所致，只能吹扫单空心杆，经过几个小时的处理，油井终于恢复了正常。半个多月后，同样的问题再次发生，这让小刘和站上的员工对空心杆掺水工艺产生了怀疑。

小刘是我亲手培养起来的采油技师，也是我们创新工作室的成员。他特别喜欢钻研创新，经常和我交流工作中遇到的难题。这天，他又来到了我的工作室，跟我大吐苦水。

听着他的讲述，我习惯性地打开了微机上的油井数据库。王C35-1井，生产油层H3IV51层，凝固点41℃，含蜡量23.21%，低液量低含水，油井负荷重，因为每月都需要热洗，所以配套安装了单空心杆掺水工艺。

“师傅，我看啊，这个单空心杆地面掺水流程不太靠谱，没办法解决这口‘老大难’，能不能换一种工艺？”小刘用满怀希冀的眼光看着我。

单空心抽油杆掺水工艺，由计量仪表、软管连接、万向转动角阀、空心光杆组成。是在原单空心抽油杆热洗清蜡工艺的基础上，将油井掺水引入单空心杆，经空心光杆至空心杆下端洗井单流阀，在泵上一定位置进入油管内，与地层产出液在油管内混合，随产出液一起开采到地面。以此来提高油管内液体含水，降低油流流动阻力，可实现24小时连续掺水。经过其他区块上的推广应用，证明可以替代热洗清蜡。

“小刘，别灰心。你想想，这个工艺技术已经很成熟了，为什么在别的区块试验成功，到这里就失败了？目前这口井，已经投入了很多的单空心杆和油井维护作业的成本，咱们不能有点问题就打退堂鼓啊。”

一番话，调动起了小刘的积极性。于是我们师徒俩开始了难题攻关。

查阅油井施工方案和井下单流阀设计图纸，现场落实地面流程……都没有发现问题。我们调出当时的集油站报表时，一个细微之处吸引了我的视线：在这口井掺水流量计落零之前，掺水压力发生了波动，而且两次都是同样的情况。

问题找到了。该井的集输、掺水流程是和这个站的其他22口井串连在一起的，其中一口井掺水开得大，都会使系统的掺水压力发生波动。单流阀的开启压力0.4兆帕，单井的生产回压在0.6兆帕左右，该井又位于末端，因此掺水压力低是导致掺不进水的主要原因。

提高掺水压力，一切问题都可迎刃而解，思路明确了。

我立即召集工作室成员开始研制，经过十多天的努力，一台既能增压又可加热的循环加热装置研制成功。经过现场试验，压力可达1.9兆帕以上。而且当掺水温度低的时候，还能对掺水进行加热，让油井混合液出口温度始终保持在凝固点以上运行，一旦出现结蜡现象，调整掺水加热温度，就能实现清蜡。

就这样，装置正式投入使用，随之而来的，是对最佳生产运行参数的摸索。为确保油井在正常运行基础上做到最大限度地节能降耗，从投运那天开始，我连续一周驻守班站，反复调整掺水量，设定掺水加热温度上下限、混合液出口温度上下限，对比电流值、上下行载荷的变化情况，计算各种工况运行下的耗电量差值……在我和工作室成员的共同努力下，油井生产平稳，掺水量和能耗都控制在最佳状态。

调试成功了。但我依然不敢掉以轻心，每天到采油站的第一件事就是对王C35-1

井进行一遍“体检”，查看生产数据和各项指标是否正常，检查各设备的运行状态。10天，15天，30天……60天过去了，王C35-1井没有发生过一次非正常停井和清蜡洗井情况，我悬着的心终于放了下来。

“技改+创新”不仅降低了成本，提高了生产时率，还大大减轻了员工的劳动强度，一举多得。我与我的团队再一次凭着精湛的技术解决了一个生产难题，我们认真、勤奋和钻研的精神感染着、鼓舞着身边的员工，越来越多的青年愿意加入团队，谋划金点子，集智聚力解难题，“创新、奉献、实干”的种子，萌根发芽。

159

小革新解决大问题

西南油气分公司　肖　健

在四川盆地的川西平原上，分布着天然气开采井400余口，采油树2000余个。作为一名采气工人，我每天的工作就是维护好采气站场的各类设施设备，保证能源从地底顺利采出，输送到千家万户。

在工作中，经常会遇到一些让采气工人头疼的问题，比如：安全阀的拆装校验、各类阀门的检维修、自动疏水阀的解堵维修等，都是工作量比较大，并且费时费力的工作。其中比较典型的要算拆装安全阀这项工作了。由于使用时间较长，管线、焊口变形这些原因，导致安全阀拆装难度很大，好几个人一起干上一到两个小时的时间才能完成。拆装时，需要使用撬棍等工具辅助用力，时常造成操作人员击打、划伤，存在着安全隐患。

为了保证安全阀的精准，每年都要进行一次大规模的拆装校验。如何顺利完成这项工作，成为对我们的一个很大的考验。哪怕是费了九牛二虎之力，累得精疲力尽，一天下来也拆不了几个安全阀。于是，我就动了一个念头:能不能改进一下，让安全阀拆装工作轻松快捷安全。

一个人的创新是单打独斗，一群人的创新才能汇聚蓬勃的力量。2020年，依托西南油气分公司采气一厂良好的技能创造环境，我和一些富有热情及创新精神的同事组织建立了一个创新小组——“智剑QC小组”。我带领小组成员，盯紧制约生产的难题，立足岗位革新创造，获得了很大的效益。这次，在我的召集下，一群志同道合的人又一次凝聚到了一起，我们交换了想法，大家对这个命题表现了很大的热情，于是我们开始投入解题的战斗之中。

我们首先对采气一厂1300余只安全阀展开调研，详细了解2020年什邡采气管理区250只安全阀全年的拆装情况。调查中发现：在安全阀的拆装过程中，主要难点集中在安全阀垂直法兰盘和放空管法兰盘间，存在着间距过小、间距过大、径向错位和轴向角度错位四种情况。

据统计，250只安全阀中就有166只需要进行间距或角度矫正；全年332次拆装过程中有225次需要进行间距或角度矫正。随后，我们对250处安全阀的拆装时长进行统计，平均计算，单次拆装安全阀施工时长居然高达80.5分钟。

经过总结，我们得出结论，要想解决安全阀拆装难的问题必须解决三个重点问题：一是安全阀拆装施工需准备的工具多，没有专门用于错位矫正的工具；二是安全阀拆装过程中需2人配合，且使用撬棍频繁，影响拆装效率；三是安全阀法兰盘与放空管法兰盘间距误差和角度错位，加大拆装时长。

问题的症结找到了，我们开始思索解决办法。

俗话说他山之石可以攻玉，能不能借鉴一下成熟的技术呢？我们开始查阅资料和论文，和自己同行业的同事和朋友进行交流，都没有找到一个良好的解决办法。

没有现成的经验借鉴，那只能摸着石头过河，自己研制一个安全阀拆装工具，一个能解决4种错位情况的工具。为了研制出这个工具，我们无数次苦思冥想，无数次头脑风暴，但是总是因为这样那样的原因而失败，研发似乎走进了一个死胡同。

契机的来临总是猝不及防。一次偶然的机会，我们使用崩损收紧器工作，不经意中发现正反螺杆可以向外伸展，也可以向内收缩。我的思路豁然开朗，利用正反螺杆的原理，就可以解决间距过大或间距过小的问题！

遏制不住激动的心情，我立即绘制了草图。小组内负责机械加工的成员根据这个图纸，成功制作出了间距调节装置。加工好后拿去现场试用，效果非常不错，间距问题解决了。

下一个方向就是怎么解决径向错位和轴向角度错位。我把小组成员召集起来，进行了一场头脑风暴，根据大家提出的设想进行总结分类，最终提炼出两个方案。

带着两个方案，我们敲开了技能大师邓远平办公室的门，登门拜访。在邓大师的指导下，我们最终敲定了利用卡箍和顶丝设计，制作可调节径向错位和轴向角度错位的角度调节装置的方案。通过现场试验，角度矫正装置的现场运用效果也非常明显。

就这样，一个由间距调节装置和角度矫正装置集合而成的提升安全阀拆装效率装置诞生了。通过在64个安全阀上进行应用试验，拆装安全阀从传统的80.5分钟缩短为47.9分钟，而且拆装过程更省力，更安全。

事后，我们算了一笔经济账：什邡采气管理区每年拆装需矫正错位的安全阀225只，平均每只安全阀节约拆装时间32.6分钟，年节约拆装时间5.09天，使用“提升安全阀拆装效率装置”可减少一名操作人员，仅什邡采气管理区每年就可节约成本51.9802万元。二是提升安全阀拆装效率装置大大降低了施工安全风险。经专业机构校验，新装置强度符合安全要求，且设计了更为安全的矫正螺杆用于矫正角度错位，施工过程中避免了撬棍的使用。2021年使用提升安全阀拆装效率装置后，撬棍滑脱由2020年的90余次降低为0次，同时配合卡箍和安全带的固定，大大降低了作业安全风险。

针对“提升安全阀拆装效率装置”，我们制定了《安全阀拆装装置操作步骤》，加强现场操作人员的培训，进一步加大新装置在采气厂的推广应用。目前该装置已获得专利授权2项。

我始终相信，踏实肯干，勇于创新，平凡的岗位上也一定能焕发夺目的光芒！

160

让采气插上智慧的翅膀

胜利油田　谢立成

今晚又将是一个不眠之夜，繁星点点的幽蓝夜空显得静谧而美好。在这样一个安宁之夜，不为人知的是，在黄河入海口的单家寺区块单气1-5井试验现场，自动化智能采气撬装已经连续运行30天了，设备仪表运行一切稳定。我听着天然气通过节流减压装置时亲切而熟悉的气流声，以及在夜晚显得格外醒目的计量装置不断跳动的参数，内心颇为感慨，脑海中不断闪现出我在创新之路上的点点滴滴。

记得在2007年成为一名采气工之前，我在海洋船舶公司海上工作了10个年头，对于采气行业，我可谓是名副其实的“门外汉”。想来当初来到采气岗位时，我还是信心满满的，甚至有些心高气傲，觉着自己见过大风大浪，认为没什么难的，也没什么可怕的。直到2008年单家寺区块第一口气井单古8作业，我被从井口呼啸而出，如不受控的猛兽般的高压气流所震撼到，心想，原来气井有这么大的能量，生产中若遇到压力突增、失控，又不能及时发现并迅速控制住它，后果不可想象。

这之后，我便常常陷入沉思，作为一名合格、称职的采气工，不单单是尽到日常职责，还应掌握每口井的脾气秉性，并能够控制驾驭好那些桀骜不驯的“脱缰野马”，让它们驯服。

在此后一年多的时间里，我全身心投入学习采气基础理论和安全知识，一有机会就向现场施工人员请教，逐渐熟知了采气原理、气体性质等相关知识和现场操作技术，不再是采气专业的“外行”。这也为后来我能够准确发现硫化氢重大安全隐患打下了基础。

2011年初，单气1-11井管线焊接投产吹扫时，我发现该井可能含有硫化氢气体，当时现场有十几名施工人员，身为普通巡线工的我，没有过多考虑，出于安全的敏感性，立即叫停了现场施工，并关闭井口、组织撤离现场人员。同时立即向管区领导汇报，要求检测气样，由于当时正处于赶工期和要产量的阶段，停工意味着投产大大延期，大家当初都有些不太理解，纷纷提出了许多反对意见，面对众人质疑的眼光，凭借我所掌握的专业知识耐心地给予解释，最终得到了管区领导的同意。

经停工检测，该井硫化氢含量高达500ppm，属于高含硫化氢井，存在极大的安全隐患，由于发现及时、措施果断，有效避免了重大人身伤害事件的发生。通过流程改造，安装脱硫装置，气井很快重新安全投产。但这件事，让我内心再次产生了深刻的触动，万一在采气时，发生有毒有害气体泄漏，能不能及时发现并实现提前报警，从源头上截断气源呢？

这两件事经常在我脑海中浮现，挥之不去，平时就会时不时和大家聊起，但听到的都是不同的声音，“操那些闲心，都这么多年了，一直都是这样的模式，也没人提”。

“大家在现场干活时，小心点就是了，多一事不如少一事。”

“早应该有这些设施了，谁来弄呢，不好弄……”当时的我听了大家的各自看法后并没有心灰意懒，并默默下定决心，我现在虽没有能力说服大家，但时间会证明一切，只要坚持学习、储备和实践积累，找到实实在在解决的方案，终会得到大家的信服和认同。

之后10年里，随着新井投产、气井连续生产，气井也陆续发起了“脾气”，各种稳产措施不断应用，我白天带头实施气井稳产措施，晚上蹲守观察，比对措施效果，一守就是一个晚上。一次、两次……记不清度过了多少个这样的不眠之夜。经过几十次甚至上百次的现场操作，我逐渐摸透了不同气井的“脾气性格”，先后总结出控制无阻放喷有效时间、气水同产井固化投棒、投棒管柱解卡操作法，优化低温气井冻堵解堵操作等多项经验做法，指导完成高含硫脱硫设备维护、清理更换脱硫剂重点要害设施工艺作业，解决水套加热炉燃烧器易灭火、燃烧不充分等难题，规范了工作标准，降低了职工劳动强度。但是，所辖区块点多、面广，生产气井分散，生产工艺流程老化，依靠人工进行巡检、点炉子、调炉火、放底水、录取资料等工作，占用大量人力资源，生

产效率低始终存在，恶劣天气无法正常巡井、录取现场数据，达不到全天候实时监控；同时井控紧急自动切断、燃气泄漏报警、烟气检测等安全设施依然空白。

这期间经过岁月风霜的历练，踏寻千山万水的执着，我也从一名采气工陆续取得了技师、高级技师资格，成为一名采气主任技师，这也更加坚定了我敢于创新的信心和责任感。

2021年1月，多年的学习和实践坚守迎来了机遇，得益于油田数字化技术成熟应用和大数据平台搭建支持，我大胆提出了《关于解决传统采气工艺流程落后、职工劳动强度大安全风险高难题》一线生产难题，《自动化智能采气撬块装置研制》的创新创意方案成功揭榜。为尽快完成工作任务，我开始了与时间的赛跑，从流程方案设计，到设备选型、预算报价、设备组装、完成探伤，在一个多月的时间里，我驱车穿梭于孤岛–东营–济北–滨州四个地方，行程近一万千米，一边承担公司集输信息化、采气工培训任务，一边带领、组织协调相关技术人员，圆满完成了智能采气撬块装置研制工作。该装置实现数据自动采集传输、自动联锁切断、自动恒温换热、气液分离过滤、远程开关气井、自动调节气量功能。颠覆传统的工艺流程，装置实现集成化自动化；采气设备的质量优化，井控本质安全化；取代传统天然气水套加热炉；气体泄漏检测报警联锁关断气源；填补了油田陆上智能采气装置的空白。

夜已深，源源不断的气流声依然清晰入耳，可以真诚地说，这是我倾尽青春与热血并从骨子里无限挚爱的事业。在今夜，我也更听懂了它的心声，也如同我们所有石油人不断汇聚自身能量，蓄势待发的心声。

161

技术创新解难题

胜利油田　闫德刚

我叫闫德刚，是鲁明公司临邑采油管理区的一名采油工技师，主要负责生产现场的设备维护和油水井管理工作。

2020年的一天，我吃完午饭从食堂出来，正好碰到站上的采油工老王在洗衣服，一边洗还一边自言自语，我好奇地走过去问道："老王，嘟囔啥呢？"

"嗨，别提了，LNXI32-710的盘根又漏油了。换了个盘根，擦了个井口，弄了一身油。可惜了我这刚穿了两天的新工衣。"老王无奈地说。

"LNXI32-710 ？我记得那口井井口有点偏，导致光杆和井口不对中，所以盘根磨损得比较厉害。要想从根本上解决盘根漏油问题，还是需要先调偏啊。"我一边思索LNXI32-710井的情况，一边建议说。

"是啊，但是现在调偏不好调啊，特别是12型机，根本调不动。你们这些技师能不能想想办法，解决一下这个难题？"老王说。

听了老王的话我觉得脸上一阵"发烧"，心想："这不就是摆在面前的生产难题吗？这不就是我们技师该解决的吗？这不就是我们技师的创新方向吗？"想到这儿，我对老王说："你放心，我一定想办法解决这个难题。"

盘根渗漏被采油工称为治不好的"牛皮癣"，哪怕仅仅刺漏几分钟，造成的工作量也很大，几个人一上午也清理不干净，更严重的是污染了环境。渗漏的原因，主要是光杆不正、光杆偏磨，影响了盘根使用寿命。解决光杆不正的手段就是调偏。传统的抽油机调偏，是用液压千斤顶斜顶抽油机底座工字钢使抽油机移动，让光杆对中。

操作过程中，因为千斤顶底座与抽油机水泥基础接触面小，咬不住水泥基础，极易打滑，导致了调偏工作难度大，不安全。

我想，设计个斜面的底座，垫在千斤顶下面，让千斤顶不再打滑，不就可以了吗？事不宜迟，我立刻来到创新工作室，找到一台液压千斤顶，量取底座尺寸、绘制加工图纸，马不停蹄地联系加工厂进行加工。两天后，底座加工出来了，我兴冲冲地找到老王："老王，我设计了个调偏专用底座，咱们去试试，看看能不能解决这个问题。"

"这么快，你小子行啊！走，试试去。"老王高兴地说。

我俩来到练兵场的训练机进行实验，一开始还算顺利，千斤顶底座没有打滑，可是随着抽油机的移动，到了一定距离，千斤顶开始倾斜，越来越厉害，导致千斤顶失效，同时还出现了液压油渗漏的现象，实验失败了。看着我失望的表情，老王拍拍我的肩膀："小闫，别灰心。干啥事也不能一下子就成功，坚持下去一定能成功，我们等着你想出好法子。"

望着老王憨厚的笑容，我的心里涌过一阵暖流。是啊，一次失败算得了什么，为了我身边这些信任我的好同事，我也必须把这个工具研制出来。

回到工作室，我不停地琢磨，围着千斤顶打转，脑子里是抽油机调偏的过程，满脑子都是"抽油机、千斤顶……"那段时间，不管干什么事，我都会不自觉地往调偏工具上联系。

这种状态持续了很久，直到有一天，研发工作彻底打开了局面。那天，我去井场进行一个工作，在我工作的井场旁边，一台吊车正在进行吊装作业。我发现，吊车吊臂举升到任何位置，它的液压缸都能正常工作。这个发现让我思路大开，我赶紧回到工作室查阅相关资料。我发现，我们油井上使用的千斤顶的液压泵是整合在其内部的，液压油也在其内部，角度倾斜过大后会造成液压泵失效。而吊车是分体液压缸，缸体、液压泵、液压油箱是分离的，不论液压缸怎样倾斜都不会影响到液压泵工作。

"分体式液压缸再加上防滑底座，组合成一套液压调偏装置。"我确定了新的研制方向。

为了寻求技术上的支持，我拜访了临邑、德州等七八个加工厂，向加工厂液压设计人员咨询请教。根据抽油机调偏需要液压缸倾斜使用的特殊性，设计了转轴结构，使液压缸的受力角度随着抽油机的移动发生改变。

加工完毕后，我们在LNXI32-710井进行了调偏实验。根据抽油机调整方向，我们确定了可转式调偏装置的安放位置，调整好液压缸与底座角度，使其顶住工字钢内侧直角处，然后操作人员到工字钢外的安全位置操作液压泵，使抽油机移动。

“调整完毕，可以开抽！”随着一声洪亮的吆喝，抽油机发出一声低鸣，欢快地在蔚蓝的天空下起起伏伏。“成功了！”现场爆发出雷鸣般的掌声。

分体式液压调偏装置诞生了。10型机可用一台千斤顶，12型机需同时由2台调偏装置顶配合使用。抽油机调偏停井时间由以前的3小时缩短至现在的30分钟，提高了采油时率，解决了因为光杆不正导致的盘根渗漏现象，降低了工人的劳动强度。

2021年，该装置被鲁明公司确定为重点孵化推广项目，在各管理区作为抽油机调偏专用工具推广应用100余套。获得第五届胜利油田“为民技术创新奖”，取得国家实用新型专利授权，累计创效200余万元。

这次创新活动，解决了困扰一线生产的疑难问题，也为我今后的创新工作积累了经验。

162

在解决问题中创新

西南油气田　刘永炬

广阔的四川盆地，是祖国天然气生产的重要区域。在这里，分布着川西常规气田、川东高含硫气田、川南页岩气田，繁星般的气井散落在山林沟壑之间，数万名劳动者从祖国各地聚集到这片热土，勤勤恳恳、无私奉献。

我是西南油气田的一名采气高级技师，20多年如一日坚守在生产一线，发现问题、解决问题，在创新的道路上奋斗不息。

时间追溯到2020年，新井投产正在如火如荼地进行。因为页岩气井储层埋藏深度大，打的气井绝大部分储层垂深超过3500米，地层压力高、施工压力高，井口均采用规格尺寸比常规气井更大的105兆帕采气树，井口方井尺寸也随之增大。川渝地区多雨，平均年降雨量1200毫米，山区土壤含水量高，雨水和渗水共同进入方井，造成了页岩气方井的严重积液。能否顺利、高效排出方井积水，将直接影响气井日常的生产管理。

我了解到，当时方井排水采用的方式是防爆型潜水泵接软管进行抽排水。这种排水方式虽然能缓解井口积液严重的情况，但是也存在着很多缺点。一是积水频繁发生、单井次积水量大，平均每井每月积水4~5次，每口井每次积水量达到6立方米。

二是排水过程中人工劳动强度大，防爆型潜水泵重达75公斤，需要两名男员工合作才可搬运。三是排水时间长，平均单井单次排水时间1.5小时。四是排水不彻底。常规排水泵头需要沉没度，排水后剩余积水液面深度为0.2米，无法彻底排净。

通过对现场情况的深入调研，我心

中有了成算：设计一种行之有效的方井积液排水系统。当时威荣气田、永川气田、丁山区块的页岩气开发工作都处于起步阶段，地面场站建设尚未完成，对排水系统的改进可以从设计源头就开始介入，具有良好的改进基础条件和设备装备能力。

思路有了，但是从哪里开始着手，我却一点头绪都没有。为了尽快打开局面，我把井站当成了自己的家，吃、住都在站上，每天天不亮就在站上转悠，一丝不苟地观察着设备，和同事们一起讨论一起实验。我们将方井排水问题分解成“抽”和“排”两个部分来进行讨论和探索，解决的思路一个个提出、一个个讨论，又一次次否决。

一天，我无意中看到绿化带上正在进行喷洒浇灌，一个思路在脑海里成形。绿化喷洒是从源头抽水，然后布置多排喷淋装置进行浇灌，而我们只要反其道而行之，多排抽汲、统一排出，就可以解决问题。想法一提出，就得到了大家的响应。思路一旦打开，问题就迎刃而解，经过充分的讨论，意见统一起来，我们最终确定了用自吸式离心泵一机多井远程控制的方案。

方案有了，实施起来却不容易。天气恶劣是我们面临的最大困难。有一次，一连几天的雷雨天气，由于抽水泵长时间工作，方井中存在淤泥、青苔等杂质，排水过程中出现了堵塞、排水量变小、排水管连接处漏水等问题，严重影响了我们小组的实验进度。天刚蒙蒙亮，我就带领井站员工，把几十米长的电线和抽水泵从井里提上来修理。因为水底淤泥较多，泵头上满是黑泥和青苔，我用毛巾一点点擦洗出来。检查线路管路、更换排量更大的自吸泵、重新焊接好排水管接头、安装金属防淤底阀……我们顶风冒雨奋战了四个多小时，终于解决了问题，恢复了实验。

接着就是对现场使用的防爆型潜水泵进行改造。通过埋管架线，优化操作，解决重复安装准备、清理时间长的问题；针对雨天井场内大功率用电存在安全隐患、无法进行排水问题，优选离心泵，远程控制排水；针对潜水泵无法将大方井积水排除干净的问题，在方井中设置小方井、放置底阀，提高排水率。

新的排水系统很快生产出来，我们在威页1井站和永页1井站进行了现场试验，安全、快捷、方便地排出了方井池内的积水，排水时间缩短至0.4小时，排水率达到99%，取得了良好的效果。

“新的排水系统操作简单，一个人就可以操作，减轻了我们井站员工，特别是我们女员工的工作量，真的太好了。”永页1平台员工梁永红兴奋地说。

实验成功以后，我带领川南采气管理区技师团队开始推广这种排水系统，目前已经在两个平台和六个单井站安装。通过对在不同井站中的使用情况进行对比，总结出排水系统在不同高度、距离上的使用规律，建立了不同方井积水量和系统使用参数优化方案。

新排水系统和传统的排水方式相比，节约了人工成本和防腐支出，创造经济效益30多万元。《提高方井排水效率》的项目获西南油气分公司QC成果一等奖和西南油气分公司技能人才创新成果二等奖；并且成功申报了国家实用新型专利。推广使用后，在井站得到了热烈的反响，那段时间我的电话都快被打爆了，井站的同事们纷纷致电催促我们尽快给他们安装使用。

这一次的排水系统改造，是我20多年工作中的一次平凡经历。一个毫不华丽的设计、几个简单设备和材料组合，却能解决生产中的大问题。项目的成功不仅是解决了一个生产难题，更重要的是在这个过程中锻炼了队伍，开阔了我们解决问题的思路和方法。更让我坚定了在生产第一线，了解现场、发现问题、解决问题，在解决问题的过程中进行创新，在创新的过程中传承技艺的信念。

163

小创新，把“眼睛”擦亮

胜利油田　赵　彬

在渤海南部近千平方千米的浅水域上，星罗棋布着胜利油田海洋采油厂122座海上采油平台，平台上的采油工们兢兢业业地工作着，源源不断地输送着宝贵的石油资源。

作为海洋采油厂的一名主任技师，我聚焦生产疑难问题，把提升工作效率和安全系数当作自己最大的责任。

2022年初的一天，我出海来到采油平台，正遇上员工对平台上的摄像头进行清理。当时，摄像头安装位置比较高，位于平台顶端。只见几位员工，一人穿戴着安全防护用具在高处清理摄像头，另外两人为他扶着梯子，清理工作艰难地进行着，尤其是当清理到远处的时候，更显得惊险万分。

经过询问，我了解到，当时采油厂共有102座平台为无人值守平台，主要是依靠视频监控系统实时监控平台状况、及时发现问题，来保证工艺流程的正常运行。而球形摄像头因为稳定性、操控性好，成像器较大，照度更低，清晰度好，防爆防水等特点，在海上平台应用广泛，共安装了575部。

但是由于海上气候恶劣，摄像头被脏物覆盖，监控画面不清晰、监控视线受阻的情况经常发生，尤其在冬季，受雨雪、低温影响，摄像头表面覆盖冰、雪，人工清洁起来更加困难。

看着员工们艰难地清理着摄像头，我的脑海里萌生了一个想法：研发一个摄像头清理装置，用来代替人工清理，这样，既可以减轻同事们的工作负担，还能够提高视频监控质量，减少安全风险。

俗话说，万事开头难。我从事的工作都和石油相关，对于摄像头这类机械电子设备了解得比较少。因此，我首先在网上进行了查询，咨询了摄像头厂家，厂家的回复是还没有球形摄像头的自动清洁装置，我只能带着问题在网上搜寻相关知识进行学习。每天忙完了手里的工作，我就带领着几个喜欢创新的同事查资料，咨询其他型号的清洁类装置厂家，了解海上球形摄像头的相关参数，研究市面上其他设备设施的清洁装置，寻找灵感和创新思路。

通过多次讨论，我们形成了三套方案，分别是：底部驱动式、环形轨道驱动式和两端驱动式。通过对清洁效果、施工难易程度和成本进行对比，最终我们决定采用环形轨道驱动式方案，可以将支架位置停留在摄像头后端，遮挡面积最小，清洁无死角，且运转稳定，易于检修。

方案确定了，我和同事们又对装置部件的选用展开了热烈的讨论，成本、性能、维护、使用效果都是我们关注的地方。那几天，大家一下班，就聚集到我的办公室，我们一起进行分析对比，一起进行效果论证，经常为了一个问题争得面红耳赤……经过数十日的不懈努力，最后，优选出了最佳制作方案。

方案成形了，我们开始紧锣密鼓地加工。为了节省成本，我们采购了相应的原材料，利用业余时间开始制作，测量、裁剪、调整、安装、试验……失败了一次又一次，改进了一回又一回，2个月后，我们成功地制作出了球形摄像头清洁装置的样机。

样机在室内运转正常，开始进行室外试验。一周之后，看着摄像头上的划痕，我们有点泄气。

“赵师傅，是不是刷毛太硬了？不合适啊？”

“师傅，要不换成汽车用的雨刮器试试？”

大家你一言我一语地讨论起来。有人说：在保证清洁效果的同时，又不能损坏球机玻璃罩，因此清洁刷需和玻璃罩之间紧密贴合，且有一定限度的预紧力；有人提出：冬季雨雪造成摄像头外部结冰，怎样才能够既加热除冰又不跟摄像头内部电路产生供电冲突……

会后，我们按照提出的建议，一一进行了整改。通过和采油厂专业维修电工进行研究讨论，确定摄像头内部加热方式，加热温度的控制范围。此外，我们又把刷子换成了雨刮器，在网上购买了更轻便的驱动轴承，降低摄像头本体承重力，安装方式更加适合现场。装置改装完成后，我们又迫不及待地进行了模拟试验。

2022年9月，我们在CB30A平台开始现场试验，试验效果获得了预期。摄像头清理及时，监控画面保持清晰，下雨时，雨刮器也能够正常工作。2022年四季度，我们在管理区5座平台进行了加装试验，之后在采油厂进行全面推广。

平台员工告诉我，他们现在再也不用爬到平台楼顶或者搭个梯子，辛苦地去擦拭摄像头的污渍，工作难度减轻了不少，中控室对平台各部位的监控也更加有效率，再也不怕遇到雨雪天摄像头被遮挡的问题。听到他们的反馈和赞扬，我感到非常高兴和自豪。

一次小创新，把平台的“眼睛”擦亮。通过这次创新，我对自己的岗位更加热爱，我深深领悟到，海上生产存在着很多问题和风险，很多困难都存在着特殊性，这时候，就需要有担当、有责任的采油人站出来，提出自己的思路，奉献自己的想法，去解决生产中遇到的难题。

164

师傅和盘根的故事

胜利油田　张洪军

当前世界油田的采油设备还是以抽油机为主，虽然机型有许多变形，无外乎游梁式和无游梁式，都是机杆泵采油系统。其中井口密封光杆的盘根盒从来都是日常工作的重点，经常需要维护换盘根。

我是1992年2月在当时的东辛采油厂采油一矿采油14队参加工作的。从上班之初就经常跟随师傅加盘根、打卡子。那时的小井场排得横平竖直，光亮照人，井口也擦得一尘不染，丝杠保养不留死角。当时的油井还少有斜井，光杆有不居中的，但比较少。产出液的腐蚀性较小，光杆少有腐蚀。只要认真加好盘根，可以几个月不用维护，我负责的一口井曾经一年没换盘根。

后来随着工艺技术的发展，斜井越来越多，水平井也出现了，井液的腐蚀性越来越强，井口盘根盒的渗漏越来越严重，一线员工的工作量和劳动强度也随之加大。于是，各级领导和基层员工们都开始关注这个问题。

经过多年摸索，大家找到了问题症结，各种有关盘根盒的小创新和小发明如雨后春笋般蓬勃而出。又过了几年，一大批盘根盒陆续被淘汰，留存下来的盘根盒基本能适应绝大多数油井生产。不过，留存的这些盘根盒对接近100%含水、黏度偏大、腐蚀性较强的油井无效。对于这种井，基层员工感觉无能为力，一些高技能人才却始终紧盯盘根盒技术的发展，我的师傅张守秀就是他们之中贡献较大的一名能工巧匠。

2018年，时任东辛采油厂首席技师的张守秀，针对旧盘根盒的缺点，提出了一种全新的盘根盒设

计原理。以往盘根盒需要经常紧固，紧固时间间隔短，且刚性较强，盘根磨损到一定程度必须紧固，否则就会渗漏。张守秀提出的新原理是预应力加载，就是在传统盘根盒的上部加装一副弹簧。首先紧固盘根盒压帽到井口不渗漏，再用扭矩扳手旋紧预应力弹簧，扭矩的大小是经过现场无数次试验测算出来的，弹簧向下作用在盘根盒内压盖上。随着盘根磨损，弹簧上蓄积的力逐渐释放出来，能有效延长盘根盒的使用寿命。这种原理与当前风行的胶囊盘根盒同出一辙。

我厂的DXX161X27油井，油液黏度偏大，无论冬夏井口都有油污，尤其是冬天，光杆拔出的油丝随着北风飘得满井场都是，张守秀就把新研制的“预应力盘根盒”率先安装到这口井上。安装前，这口井每天要紧三次盘根盒，不到一周盘根就需要更换。安装后，每天紧固两次，盘根更换周期延长到三个月，节能创效成果可谓显著。为此，厂里还给师傅申请了中石化职务发明奖项。但是这种“预应力盘根盒”依然存在不足，比如每过一段时间就要重新紧固一次弹簧，而且井口密封不漏靠的是盘根与光杆之间强大的压实力，这也就造成盘根磨损严重，电机功耗增大。对于黏度更大、含水更高的油井，单纯靠盘根压实力是不能解决问题的。2019年，张守秀决定，带领团队再次攻关，对“预应力盘根盒”进行升级改造，力争研制出一种防腐蚀的盘根盒，延长盘根和光杆的使用周期。

经过两年多的不懈努力，数百个日夜的研发调试，2021年，一种新型井口盘根盒得以问世。听闻这个消息，油田领导非常高兴，将《防溢流侧进式长效井口密封器的研制》作为科技立项，责成张守秀带领团队持续增强和改进其各项功效。与以往盘根盒相比，新盘根盒具备三点优势：（1）盘根从侧面加入，第一次停井加入，后续不需停井盘根可直接吸入盘根盒；（2）盘根盒底部带调偏功能，以往也有盘根盒有调偏功能，一般是球头调偏，一旦光杆侧偏严重，顶在球头内侧，光杆在盘根盒内腔就会偏置，不但加盘根困难，日常盘根盒也会渗漏严重。新盘根盒的调偏则采用条状通槽结构法兰连接。光杆在盘根盒内腔的活动空间达到极限，保证了光杆的居中。（3）盘根采用特别调制的成分，对接近100%高含水和高黏油的井，有非常好的密封效果，同时对井液含硫化氢或腐蚀性物质的油井效果也必须同样好。

在后续的实际操作中，新盘根盒的效果不负众望，得到了很好的验证。其中，无维护使用期最长的一口井DXX37NX43已安全使用一年半。以往冬天井口挂满油丝，离井口七八米远的地面上都是油污。使用这种新式盘根盒后，油井只在最初使用一个月时紧了一次盘根，之后再没有动过，井口也不再油丝飘飞、油污遍地。另外，对于高含水井，新盘根盒效果最好的一次实战是大修井DXX11C22井，开井后2个月含水始终不降，一直都是100%。盘根盒每天紧一次，直到报长停，井口始终没有渗漏。

新盘根盒，即“防溢流侧进式长效井口密封器”，几乎是一种完美的产品，它的出现不是一个偶然，而是高技能人员长期研究和实践的结果。从使用盘根密封圈到使用电机三角带，为防水使用牛油盘根，为防光杆带油在井口绑棉纱勒住光杆，一线员工为保证油井正常生产，无所不用其极，体现的是主人翁精神。而以我的师傅张守秀为代表的高技能人才队伍累年不懈，持续创新，展现的则是他们宝贵的价值和杰出的工匠精神，更反映出企业对高技能人才的培养和认可，对创新创效的支持。胜利油田各个领域的科技创新和工匠精神在传承中一步步走到现在，我们也必将从胜利走向新的胜利，从辉煌走向新的辉煌!

165

一辈子干好一件事

胜利油田　张金利

卡耐基曾说过，人性之中最可悲的一件事就是，我们所有人都拖延着不去生活，老是梦想着天边有一座美妙的玫瑰园，却偏偏不去欣赏今天就开放在我们窗口的玫瑰。

1996年，是我人生最关键的一年。这一年，我从工作了7年的物探公司调到孤东采油厂一号联合站，能在这座当时亚洲最大的联合站工作，我感到很自豪。我抓住每一个学习的机会，很快便掌握了集输工艺流程和设备设施的结构、工作原理、操作规程，每当站上有流程改造、设备检维修工作，更是我特别珍惜的学习机会。我先后在计量工、脱水泵工、加热炉工、注水泵工、维修工等岗位工作过，从一名“门外汉”成长为一名优秀的“多面手”。多次获得采油厂技术标兵、技术能手和技术状元称号，2008年在管理局第十五届技能竞赛中获银奖，2009年被聘为主任技师，2018年被聘为采油厂首席技师。

多年来，我一直奋战在生产一线，潜心钻研，大胆革新，攻克“卡脖子”难题，在做好本职工作的基础上，发挥了职工素质提升和技术创新带头人的作用。

自聘为主任技师以来，我本着“学以致用”的理念，充分发挥“传、帮、带”作用。每一次培训任务，我都根据职工的实际情况，选定教材内容，设计课程类型，制定培训方法，认真备课，不但备教材而且备教法。在承担油田就业中心第七届技能竞赛的培训过程中，我在课堂上特别注重调动职工的积极性，加强交流，让参赛职工不仅要学会操作，更要从根本上明白为什么要这样操作，对每一个操作都要做到“精、细、专”。不断总结改进是做好培训工作的有效措施，通过模拟考试，我对竞赛各个项目中存在的问题进行分析总结、分类汇总，进行透彻评讲，坚持做到有的放矢，力求每一次练习都能获得最大的效果。在这个过程中，我的水平也不断提高，实现了共同学习、共同提高的双赢局面。

2019年，我积极参与管理局大职业大工种集输工信息化教材及题库的编撰与纠错工作。按照管理局统一安排，集输工、注水泵工、注聚工、油田采出水处理工等六个工种合并为集输工（信息化），需要更新培训教材及题库。为提高教材质量，我查阅了大量相关书籍和资料，结合自身工作经验，编撰了集输系统设备、工艺等方面的原理解析、故障分析判断等通俗易懂的内容，为今后培训工作中学员及选手尽快熟练掌握奠定了基础。

针对联合站职工大部分上小班的特点，我在实践中创新思路，实施“滚动式”培训方式，解决职工培训中的工学矛盾。

2020年以来，我率先打破单位界限，采用优劣组合、以老带新、以点带面的方式，探索开发适合各个层次职工的培训方法，以满足大多数职工的学习需求。通过在基本功轮训、员工对抗赛赛前培训及派遣工赛前培训中应用，取得良好效果。在2023年技能鉴定考前培训中，根据初、中、高三个级别的考核项目，进行解剖式讲解和指导，集输工（信息化）技能鉴定通过率首次达到100%。

2022年4月，我负责采油厂师带徒工作。通过调研、讨论及借鉴其他采油厂的经验，重新修订师带徒管理办法，编制师带徒协议文本，增加师带徒写实簿，进一步规范了采油厂师带徒工作。我先后与25名徒弟签订“导师带徒”合同，根据每名徒弟的特点，为他们制定学习计划，传授参赛经验，所带的徒弟中有5人先后在管理局职业技能竞赛中获得金奖、银奖和铜奖的好成绩。

坚守初心使命，匠心筑梦未来。20多年来，我始终坚持“一辈子干好一件事”的信念，把握好每一个提升自我的机会，在集输行业转型攻坚的挑战中，带领创新团队，攻克技术难题，在创新之路上耕耘不辍，结出累累硕果，交出了一份科技创新答卷。

《一种用于复杂采出液分离的紧凑装置》等8项国家实用新型专利授权，其中1项发明专利授权，7项实用新型专利授权；《联合站原油损耗原因分析与防范对策》等3篇独著论文先后在《智富时代》《中国化工贸易》《科教导刊2020年11期》刊物发表，其中2篇为国家级，1篇为省部级；《职工技能操作训练系统》《联合站门禁安全信息登记平台》获国家版权局计算机软件著作权；《提高联合站污水水质处理效果的措施探讨》等9篇技术论文发表；《计量站就地预分水装置的研制》等6个创新成果获奖。

166

换油嘴放空的“好帮手”

胜利油田　刘志华

我是海洋采油厂的一名员工，工作阵地主要是海上平台。在普通人的眼里，在海上工作是浪漫的。清晨，一轮旭日从海平面升起，瞬间霞光万道。白色的浪花起起伏伏，黑色的鸥鸟在蔚蓝的海面上飞翔，让人心旷神怡。然而，只有深处其中，才会知道海上的工作有多么危险，多么枯燥。在陆上很平常的一项工作，到了海上处理起来要多花费好几倍的人力物力。

光说换油嘴这项工作吧，十分平常却又经常发生。这些年来，总会有职工抱怨，换油嘴放空时产生的污油和垃圾太多了，为了保护海洋环境必须拉回陆地处理，工作量巨大。

在平台更换油嘴，首先就是放空。放出来的污液用垃圾袋分量盛放，和棉纱等污染物一起，通过船舶和车辆带回陆地进行集中处理。所有废物垃圾从平台运到船上再从船上搬到陆地，没有什么便捷的办法，只能依靠人抬肩扛。上下平台登船非常不方便，在运输过程中垃圾袋很容易破损产生环境污染。而且，井口平台的采油树较高，需要搭设工作台进行辅助。由于空间限制，有的平台无法搭设工作台，在换油嘴放空时，只能沿着梯子进行登高作业，存在着很大的安全隐患。

作为一名平台上的高技能人员，我决定通过创新来改变这种状态。于是，很长一段时间，只要出海，有空我就蹲在井口琢磨，想过很多办法，但很快就被自己否定了。

有一天，员工呼阳和李滨对一口重点井进行油嘴更换和取样计量。呼阳是个大嗓门，老远就听到他朝李滨喊："老李，再拿俩垃圾袋！"

"没有了，今天带的垃圾袋都用完了，这儿有个空的油漆桶，先拿去用吧。"李滨翻找半天后也没找到多余的垃圾袋，只得顺手拿了个空油漆桶递给呼阳。

接过桶，呼阳一边接污油一边笑着跟李滨说："你别说这桶比垃圾袋好使多了，污油溅不出来，而且不会挂漏，提起来方便。"

听到他俩的对话，我便凑了过来，确实如呼阳所说，油漆桶要比垃圾袋好用得多。

"刘师傅，赶紧想想办法，让兄弟们也都省省劲。"换完油嘴，呼阳他们一边清理现场剩下的棉纱和污油桶，一边笑着跟我说道。

我低头一看，油漆桶里接的污油挺多，要是提回去一是比较沉，二是看着这些污油里面含油比例还是非常高的，就这么直接拉回去处理实在有点浪费。能不能给每个平台配备几个空桶，把放空的污油收集起来，然后注入集油干线里。这样不仅减少了原油损失，还不用再大费周章地带回陆地处理。回到办公室，我便开始查找相关资料，根据往年数据粗略统计，海上每口油井年均需要放空约48次，每年从海上带回的油污液可达30余吨，如果这个思路能够实现，将会节省大量的资源。

满怀着希冀，我开始投入这项工作中。往管线流程里回注，首先要克服流程内的压力，那就必须有加压装置、防回流和压力监控仪器。本着就地取材、节约成本的原则，我从以前淘汰掉的器材和零件中挑选了一些"宝贝"，设计了一个由高压打气筒、进出口压力表、快速接头及进出口球阀、单流阀组成的污油回收回注器。

装置有了雏形，我便迫不及待地拿到了平台，找来呼阳和李滨一块验证。为了降低注入难度，提高注入速度，我们找到一口套管压力低于1兆帕的井进行实验，将回收到油漆桶里的污液倒入回注装置储液罐内，利用手动无电源气体打压装置，通过井口套气流程单流阀前端放空拷克打入原油外输流程。经过计算，注入量可以达到5L/分钟，完全满足一般污油污水回注需求，达到了海上零散油污就地处理的目标。

呼阳和李滨一看，高兴地连连说好。不过还存在一个问题，那就是使用过的含油棉纱是无法回注的，撤回陆地，处理起来也是个麻烦事。于是我把这些棉纱都带回了办公室做实验，几乎忙了一整夜，试验了多种过滤方法，终于想到了在油液收集罐顶端设立一个漏斗式含油棉纱挤压滤油装置，利用手动挤压即可对含油棉纱进行脱油处理。

第二天，我带着改进后的装置再次来到平台。经验证，效果完全达到预期。为了观察装置的可持续使用性，接下来的日子，我又连续在多个平台，不同油井上进行了实验，均获得了非常满意的效果。

我把这种回收方法命名为《海洋平台零散油污闭环处理模式》，向管理区做了汇报，得到了领导的大力支持。随后，在海二采油管理区海上12座井组平台进行了推广。实现了井组平台零散油污就地处理，降低了员工在搬运垃圾袋装油时的劳动强度，降低了环境污染风险，节约了材料费用，年创直接经济效益6万元，并在采油厂生产经营合理化建议发布会上获得一等奖。

167

创新是一次新的成长

胜利油田　赵爱华

时光荏苒，岁月如梭。在现代科技发展的大潮中，我们似乎总是被各种新奇的事物所包围。而对于我们来说，创新不仅是一种选择，更是一种必然。每一次创新，都意味着一次新的尝试，一次新的探索，一次新的成长。

回想起我曾经在油田上的一段工作经历。那是一个寒冷的冬季，我们的团队正面临着一个令人头疼的问题，即间歇出油井在冬季生产过程中的回压偏高。这个问题一直困扰着我们，常用的降低回压方法都无法解决。尤其是对于管理区滨169块的PFB169-6和PFB169X9这两口井来说，由于地质条件特殊，储层薄，含油饱和度低，原油性质油稠、乳化、结蜡严重，回压过高导致生产率低下，频繁躺井，还存在一定的安全风险和环境污染隐患。面对这种情况，我们团队决定进行革新创新，改变这种局面。

在经过反复观察和试验之后，我们提出了“设计加热装置，提高油温，达到降低单井回压的目的”的解决思路。经过团队的集思广益和深思熟虑之后，我们选定了油管线加装伴热装置降压方案，经过实验和评估，认为它具有成本低、维护费用少的优势，且能从根本上解决问题。

在开始伴热装置的工作之前，我们充分了解了问题的性质和影响，制定了详细的工作计划。首先，我们对伴热装置进行了结构图纸及尺寸的绘制，确保装置能够完美地适应现有的管线系统。绘制图纸时，我们考虑到了装置的安装和维护的便捷性，尽量减少了操作的复杂性。

在图纸绘制完成后，我们对管线进行了精准的测量和切割。准确的测量对于后续的工作至关重要，我们采用了先进的测量工具和技术，确保管线的精度和稳定性。切割过程中，我们严格按照图纸要求进行操作，确保切割的准确度和平整度。

接下来，我们购买了合适的管道泵和阀门，并进行了调试和安装。在选择管道泵和阀门时，我们充分考虑了其适应性和耐用性，确保其能够顺利地工作并满足项目需求。在调试和安装过程中，我们进行了多次试验和调整，不断优化装置的性能和效果。

可以说，每一个步骤我们都经过了深思熟虑和精益求精，但同时我们也大胆创新，大胆实验，以寻找最佳的解决方案。经过团队成员的通力配合，整个项目终于顺利地完成了。

这次创新工作的成果是显著的，也是喜人的，两口井的采油时率从65.2%提高到了95.6%，不仅解决了回压高的问题，还降低了井的故障率。根据统计，这次创新为我们单位带来了91.55万元的综合效益。

这个创新成果的意义，远不只表面的经济效益，还为我们营造了更加安全的工作环境，提高了团队的凝聚力和士气。创新不仅让我们实现了目标，还增强了团队的凝聚力和信心，让我们相信，在解决身边问题的同时，除了创新，团队合作也是取得成功的重要因素之一。每一个步骤都需要团队成员的密切配合和协作，才能够顺利完成。我们懂得团队合作的重要性，每一个成员都尽心尽力，我们以团队的成功为目标而不是以个人的功利为目的。同时，这个成果的可复制性也有着更大的推广价值，可以为其他兄弟单位提供借鉴和改进的方向。它不仅是一个解决方案，更是一种创新的文化和精神，有了这次创新，我们继续创新的胆子就大了起来。

采油管理三区目前在用柱塞泵14台，为全区98口井提供注水。柱塞泵在长时间运行时，易出现打压不起现象，主要是由于一体阀刺伤或密封垫圈损伤造成的。通过统计去年更换一体阀时间，平均用时150分钟，更换用时长，严重影响注水时率。我们团队便决定共同研制柱塞泵取阀器，该装置将撞击力改为均匀液压力，受力连杆加长，并增大一体阀受力面积。该装置由液压装置、拉阀底杆、支撑架三部分组成，使用时，首先将拉阀底杆装入一体阀，然后装入支撑架放置在分水器本体上，上部安装液压油饼，上好螺栓，连接高压管线和分离式千斤顶，通过径向加压将一体阀取出。通过应用一体阀取出时间由以前的150分钟缩短至目前的51分钟，减少了一体阀的损坏和维修，缩短了修泵时间，延长了设备使用寿命，保证了柱塞泵的正常生产，提高了注水时率以及油井的稳产、增产，综合创效54万元，该项成果也获得局QC成果三等奖。

在这些创新中，我们每个人都发挥了自己的特长和优势，为团队作出了贡献。团队内部的培养和激励，激发了团队成员的创新精神和活力。这种创新的文化和氛围，也为团队的可持续发展奠定了基础。团队的合作和创新，是我们成长的基石，也是我们成功的基石。

我个人这些年也在创新中成长，在成长中创新，现被聘为滨南采油厂首席技师，我擅长采油设备管理、油水井工况分析与处理，攻克了间歇出油井冬季生产回压偏高，维护困难等技术难题。主持或独立完成创新成果20余项，其中油井套压自动释放装置、油水井用防盗丝堵等18项获国家实用新型专利授权，提各类合理化建议52条，推广应用后累计增油200余吨，其中“定期调整防冲距，延长油井免修期操作法”使15口油井检泵周期平均延长373天。我也先后多次被授予油田和采油厂“技术能手”、“岗位能手”、三八红旗手等荣誉称号。

168

“小发明”创出大效益

胜利油田　赵署生

一根普通的高压软管，一个小小的装置，利用自身能量，就让同台油井完成“自助”加药工作。

我是滨南采油厂的一名普通员工，在30多年的一线工作中，我遇到过各式各样的疑难问题，但面对这些问题，我不退缩不躲避，总是以积极的心态分析问题，解决问题。

我所工作的滨南采油管理八区管辖着利津油田，这里有近300口油井，在油井的生产过程中，由于含蜡、乳化等的影响，有时会造成负荷增加，产量下降，管线内油流阻力增加导致回压上升，导致油井不能正常生产。为此，我们就需要根据每口井的乳化、结蜡速度，定期、定量向油井内人工加入破乳剂、清防蜡剂来缓解这一现象，以保障油井的正常生产。

随着油田的不断高质量发展，我们牢记习近平总书记视察油田时重要指示精神，严格落实绿色安全环保发展理念，废除传统外排套管气人工加药措施工作程序，采用加药机带压加药技术。

我们都知道，同台井具有占地面积小、井位集中、便于管理等优点，近几年，为减少土地使用面积，提升油藏开发能力，采油管理八区不断加快新建产能，同台井数量也与日俱增。

2019年10月，我们的新建产能利567块1号平台顺利建成投产，该平台共有6口油井生产，同时配备一台加药机。刚开始，我还为新井台的顺利投产欣喜若狂，但好景不长，慢慢地我发现该井台配备的这台加药机总是出现故障，几乎是五天一小修，七天一大修的状态。为了让这6口油井安全、高效地生产，我们只能不断增加热洗频次对油井进行清蜡。

看着频繁地修理设备、油井热洗，我心里默默地算起账来，除去加药机的维修费高、难度大这些问题，就光给油井热洗这项工作，不仅增加了经营成本，同时还增加了油井的排水期，员工的劳动量也在无形中剧增，看着这一笔笔不平等的账目，我的心里就像堵着一块大石头似的。

怎么才能从根本上解决这个问题呢，既能让它节能高效、功能齐全，又安装方便，成本还低。这之后几个晚上，我都难以入睡，脑子里全是如何才能解决问题。起初我想利用重力的作用，焊接一带丝堵L型密封装置，通过卡箍与套管连接，使装置内加满药剂后上紧丝堵打开套管阀门，利用药剂自身重力落入井内。但经过多次的实验，我发现这个方法对于套压较高的井速度慢，有时还会出现加不进的情况，效果很不理想。

在那之后的很长一段时间，我和管理区的技能团队一直被这个问题困扰着，可以说是夜不能寐、食不甘味。后来，我到处请教学习，问遍了身边的技能大师，也尝试了一些别的方式方法，但结果都不尽如人意。

转机出现在2020年7月，那时管理区开展实施计量分离器封堵、拆除工作，这一动作立马给了我灵感。我想到计量分离器是利用连通器平衡的原理，只要打开气平衡阀门，保证分离器进出口压力平衡就能使计量准确，那如果给气平衡阀门处加压的话，是不是就能将分离器内液体顶出分离器呢？我当时十分兴奋，立马召集管理区技能团队进行研究攻关。

在攻关过程中，我们发现同台油井为了环保都安装了油套连通装置，并且它们还有一个特点就是使用一套集输流程，也就是说每口井的套压基本相同。很快，同台油井自压式加药装置雏形就做出来了，我们又马不停蹄地跑现场、做试验、监测数据……经过数十次的反复修改验证，2020年11月，我们将首个同台井自压式加药装置在利567块1号平台安装使用。

这套装置不需要任何机械、电力，只是利用油井自身能量进行密闭加药，关闭一口井的套管阀门，使其套压增加，加药装置一端连接高套压井，一端连接加药井，打开两口井的套管阀门，高套压井套管气就将加药装置内的药剂加入加药井内，完成加药，重复操作即可完成同台所有油井的加药工作。

自同台油井自压式加药装置开始投入使用，该装置的运行情况和油井的生产情况，就成了我最牵挂的事情，每天天一亮，我就向利567块1号平台的管理人员仔细询问设备运行情况和油井的生产情况。

10天稳定生产，20天稳定生产，30天无须热洗……6口油井不仅正常稳定生产，加药设备也没有再出现以前时常维修的状况。看到这台设备如此亮眼的表现，堵在我心里的那块大石头，此刻终于掉了下来，整个技能团队成员也都兴奋不已。

同台油井自压式加药装置实验成功后，我粗算了一笔账，现在，仅利567块1号平台的6口油井，一年可减少热洗9井次，节约费用3.9万元，检泵周期大幅延长，相当于节约了一大笔作业费，同时，还降低了员工劳动强度，具有很好的推广价值。

169

创新让天空更加蔚蓝

华东油气分公司　程　旭

“程站，三甘醇再生撬尾气又开始排放了，这么大的味道让大家伙儿怨声载道，赶紧帮帮忙，看看有什么好法子？”东胜脱水站班长王峰愁眉苦脸地找到我。

三甘醇脱水工艺是一个新工艺，2019年1月开始在东胜脱水站投入使用。在运行过程中发现有很大的气味，非常的刺鼻，让周边的巡检工人深受其扰。王峰联系专业人员进行了检测，发现异味来源是再生撬重沸器中经精馏柱直接排放的水蒸气，而且水蒸气冷凝水中味道更加严重。

据专业人员解释，造成这种现象的原因是，三甘醇再生系统中的再生撬温度在150~160℃时，井下杂质经高温产生异味，随水蒸气排放到大气之中。时间久了，不仅会损害站内工人的身体健康，降低工作效率，还会造成环境污染，影响到周边百姓的生活品质。

大气污染的环保问题以及员工工作环境的安全问题不可小觑。我给王班长打了包票：“你放心，咱们技师工作室就是为了帮助大家解决现场问题的，你把装置生产数据整理一下发给我，咱们尽快想办法解决。”

接着我立即来到现场，详细了解了三甘醇脱水装置的结构原理和生产运行情况。

回到办公室，我投入紧张的工作状态。查阅装置运行和生产资料，在网上搜索相关文献……掩卷沉思，我想：含有杂质的尾气不能直接排空，必须回收进行处理。直接焚烧呢还是采用吸附的方法更好呢？既然冷凝水味道最大，那么就让水蒸气冷凝。想到这里，我再次来到现场。经过一番查勘，一个思路在我脑海中成形：将两套再生撬精馏柱装置中的水蒸气通过管线收集到火炬凝液罐中，将尾气进入火炬凝液罐的入口端做成一个方形，下部排水进火炬罐底部，上部走气进火炬罐放空，形成一个简易分离器。

简易分离器很快就加工出来，并在现场进行了安装试验。几天后，王班长再次找到了我："程站，这个简易分离器效果不错，经过冷凝处理后异味小了许多，但是没有彻底清除，而且我取了冷凝后的气样检查，发现里面还有相当多的甲烷，直接放空真是太可惜了。"

听了现场的反馈，再结合环保和节约资源的要求，发现排放方式确实造成了能源浪费，空气中仍然存在异味的环保问题也亟须解决。生产现场就是这样，既要求安全高效，也需要经济环保，处处都有可以改进的地方。怎么能实现能源回收和保护环境的双重目的呢？我辗转难眠，反复地思考，能不能在现场搞一个主动强制冷却装置，把尾气集中到再生撬加热器焚烧或者利用，这样既能够利用能源，也能够避免直接排放造成环境污染。

单丝不成线，独木难成林。创新到了这个时刻，光靠个人的力量是远远不够的。为此，我召集了工作室团队的成员成立了项目小组，开始团队创新。在平时的创新工作中，我经常同工作室的同事交流。每个人都有独特的思维方式和解决问题的方法，我喜欢在众多方法中寻找最优解，因为最优的解决办法往往蕴含着最高效和最经济的方案。

就这样，我带领创新小组投入紧张的工作状态。现场勘察、调研，收集资料，头脑风暴……不知道经历过多少个夜晚的挑灯夜战，研制初具眉目。我们计划在尾气处理装置上增设主动强制冷却装置，将尾气冷却后分离出的液相通过污水泵泵入污水罐统一处理，气相则作为燃料气供现有装置燃烧器使用。此外，在这个基础上优化工艺，在撬块上安装一套PLC控制系统，实现尾气处理撬的放空压力控制、液位控制、温度检测和压力检测，并且留一个通信接口引入站内监控系统，确保装置平稳运行。

这个想法得到了页岩气公司的大力支持，安全环保室、地面工程等在技术上和人员上也给我们提供了巨大帮助。

我们和生产厂家进行了沟通，改进尾气回收结构，加上安全系统。为了防止误操作，在组态界面设置操作人员和技术人员进入界面，加强操作人员的操作培训。在出口加上爆破片，保证超压保护，并且使用防爆电气设备等；要求装置能够实现自动排水、自动调压等，不会增加现场工作量；同时要求排水和冷却留有冗余，便于日后维护操作和24小时不间断运行。在组态界面设置报警值高爆和高高报警，出现异常时组态报警，提醒现场人员装置出现异常，以便及时处理，保证了安全平稳运行。

很快一个全新的现场撬块投产运行了。冷凝水通过自动打水进入场站采出水系统，尾气在压力调节阀控制下进再生撬燃烧器稳定燃烧，每小时回收气量约5立方米，接入PCS实现自动化生产。

2020年10月投入生产，迄今为止已经整整过去了3年，设备一直处于平稳运行状态。现场无异味，改善了工作环境，不产生额外排污，同时能回收少量烃类气体作为燃料气，在保护环境的同时节约了能源，彻底解决了现场异味及能源回收问题，实现了自动化的应用。页岩气采气班站的员工们又一次享受到了创新带来的红利。

170

“我”与密封器的故事

胜利油田　丛　峰

1992年，我技校毕业后来到胜利采油厂采油二矿成为一名普通的采油工。时光荏苒，从事采油工作已有31个年头。长期工作在生产一线，通过学习和实践，逐步提升了自身业务技能，积累了岗位工作经验。从开始重复做好各项日常生产维护工作，到目前注重现场生产的安全时效性，哪些工作劳动强度大、安全操作系数低，哪些问题处理起来难度大，哪些工序费时费力，都成为我创新攻关的重点。

“真麻烦，刚清理完没几天油污又漏了一地。”

“我管的高原机也有几口是这样的，减速箱输入轴光漏油，现在环保要求这么严，实在是不好管理。”

“唉！没有办法，只能勤快点，多清理吧。”

“光清理不能从根上解决问题，重复工作量太大，不用干别的了。”

……

听着管井同事无奈且充满牢骚的对话，深深触动了我内心深处“创新”这根神经。面对生产现场人员少、任务重的实际现状，我暗下决心，坚决拿下“高原机减速箱输入轴渗漏难题”这个高地，为减轻管井员工劳动强度，提高工作效率，为保障抽油机设备清洁高效运转做一件有意义的事。

下定决心，踏实做事。针对这个难题，我积极行动起来，利用现场检查的契机，对管理区在用的高原机进行了全面落实，重点排查减速箱的渗漏现象，初步了解渗漏的主要部位。我们采油管理区共有高原机110台，减速箱输入轴有渗漏的26台，占比23.6%，由于渗漏给管井员工带来不小的维护工作量，重复操作，劳动强度大，员工怨言多。

2021年5月，我在采油厂一线难题揭榜挂帅活动中成功摘得“皮带式抽油机链条箱大门、减速箱渗漏治理生产难题”进行攻关。为了保障生产难题能够真正得到解决，采油厂专门为每位揭榜挂帅人选配了专业领域技术专家作为指导老师，从课题攻关方案的选择建立、具体涉及业务技术服务的内容、攻关过程中出现问题的协调和解决等方面，全过程、全方位地进行技术支持，并给予建议与意见，及时纠正创新的方向，使我能够始终沿着正确的思路进行攻关，不仅得到了技术上的帮扶，而且少走了很多弯路。例如在装置内部填料材质的选择上，从其使用的广泛性、便宜性、经济性等方面考虑，指导老师建议我选用芳纶四氟混编材质的填料。由于这种材质的填料已长期在增压柱塞泵现场使用，其抗磨性能稳定，密封性好且领用十分便利，为装置的后期推广提供了优越的应用条件。同时成功揭榜又使我得到了创新资金上的支持，进一步助推了创新攻关活动的顺利开展。

攻关的过程是艰辛的，有时为了解决创新上的一个关键“点”，我会随时随地围绕着问题持续进行思考，走路、吃饭、工作之余的时间都被我充分利用。时常是确定了的方案，经过推导比较再次被推翻，然后再进行下一个方案的推演，直到选到理论上的最佳解决方案。针对高原机减速箱输入轴经常漏油这个“疑难杂症”，我一方面在原有油封密封的基础上，增加一道盘根密封，即采用油封和盘根组合密封方式，通过压盘固定螺丝及带扣压帽双重作用将油封和盘根压实，使其轴向不发生移动变形，防止形成渗漏通道。另一方面根据密封情况变化适时带紧盘根压帽，调整松紧度，达到延长有效密封的目的，且盘根磨损后可以随时更换，保证了密封的持续性。

如何做到理论和实际相结合，使创新方案最终实施结出“果实”，对此我根据现场高原机输入轴渗漏的情况，积极向抽油机维修部门请教并到减速箱维修车间实地学习。了解清楚高原机减速箱的结构及运转原理、输入轴目前选用的密封方式等内容，将所选出的最佳理论堵漏解决方案与维修技术人员进行充分的交流，找到方案中的不适用内容，进一步完善方案技术措施，使其与现场相符相合。确定出堵漏装置的三个创新点：一是不改变减速箱原有轴端压盘尺寸，在其外端直接安装；二是通过油封和盘根配合使用，最大限度保证转轴轴向“动”密封效果；三是在轴端转接压盘上加工密封槽安装密封胶圈，实现转轴径向“静”密封。

目标确定，现场验证。根据已制定的方案，我与加工厂商密切协作，细致交流，在短时间内完成了堵漏装置的初加工产品，并在ST2-2XN91井上进行了试用。看着减速箱输入轴上装好的密封器，既有些兴奋又有点担忧。兴奋的是设想终于变成了现实，担忧的是不知是否能够达到堵漏的目的。为了掌握密封器的使用情况，初期我基本是每天都要去一趟试验井现场，仔细观察渗漏部位的细微变化，认真落实堵漏效果。从严重漏油到渗漏变轻，直至不渗不漏，堵漏效果逐步显现。经过改进完善以及管井人员的及时维护，从2021年6月到2022年3月，连续10个月未见再次渗漏且效果持续有效。试用效果达到了预期，验证了我选择的方案是对症的，也进一步坚定了我创新解决生产现场难题的信心。在采油厂一线难题验收评审会上，密封器良好的堵漏效果得到了与会专家和评委的一致好评，并获得了采油厂群众性优秀技术创新成果一等奖。

推广应用，创造价值。密封器在生产现场的使用效果，不仅得到了专家的良好评价，同时也得到了采油管理区的认可。在2022年采油厂“一线生产难题揭榜挂帅”成果展示推介会上，七个管理区共认购皮带式抽油机减速箱轴端密封器150套。为了使这些密封器能够及早地应用到现场解决生产难题，见到良好的经济效益，根据各管理区的需求，我带领安装服务小组，深入抽油机堵漏现场开展技术服务。手把手地教，一遍遍地演示，认真讲解安装中应注意的事项，直到跟学人员完全掌握为止。看着抽油机减速箱原来的“渗漏”被一一堵住，现场又恢复了干净整洁，我内心充满了由衷的自豪感。

工作31年以来，我始终立足生产现场实际问题，积极进行技术创新和革新，研制出油井套管防盗油气丝堵、环保油井大样取出装置、双螺纹皮带抽油机电机紧固顶丝、抽油机操作辅助平台、皮带式抽油机减速箱轴端密封器等12项装置，获得国家实用新型专利授权12项；取得省部级以上成果6项，局级以上成果51项，厂级成果63项；撰写论文20篇。研制的《皮带式抽油机减速箱轴端密封器》等55项创新成果得到了转化应用，转化率100%，累计创经济效益1200多万元，同时取得显著的社会效益。先后获得胜利油田技术能手、青年岗位能手、三等功、创新增效工作能手、胜利油田文明建设先进个人，胜利采油厂优秀共产党员、十大蓝领专家、创新工作先进个人、一线生产难题创新创意达人等荣誉。

生产现场还有许多的问题需要解决，在今后的工作中，我将立足岗位、坚定信心，在创新的道路上不断前行。

171

实干创效中展现使命担当

胜利油田　姜松竹

1999年，从油田井下作业技校毕业后，我来到海洋采油厂成为一名电焊工。“电焊”这个词，最初对我是那样的陌生，这与我所学的专业相去甚远，当初对我可谓是一种前所未有的挑战。

也是从那时，我就下定决心并相信，天道酬勤，自己一定要干出一番成就。别人焊一米，我就焊两米，别人偷闲休息，我就逼着自己顶着烈日、冒着严寒加练。

几乎无人不知，“电焊工真是个苦差事”，焊接时一蹲就是几个小时不能动弹不说，有时一千多摄氏度的焊渣和铁水溅落到身上，烫透厚厚的工服，撕心裂肺的痛。但我从未放弃，很快我就成了队上的大拿，班里的技术骨干。

随着个人技术不断增强，我积极参加各项竞赛，先后获得“中石化技术能手”、“胜利油田技术能手”、油田劳模等荣誉，并荣立个人二等功两次、三等功一次，且提前七年晋级高级技师。

要说我的第一次创新，也是与电焊工作密切相关，即“辅助焊接的卡盘装置”的发明。接触过电焊的人都知道，焊接过程中有时管路弯头几十斤重，传统的焊接方法需要两三个人配合焊工进行焊接，需要仰、立、平三种焊接方法才能完成这道焊口，费时费力不安全。当时我想“能不能发明一套装置，一方面解决仰焊的技术难题，另一方面确保焊接时不仅轻轻松松，而且安安全全”，然而点子虽好，在行业中却没有可以借鉴的经验，这让我常常陷入迷茫。一次晚饭后，我在家看电视，节目里正介绍着减速机的

工作原理，这下引起了我的注意，当时我就想，如果把废旧的锚杆机头与钻床回收下来的卡盘连接起来，卡盘带动管路弯头360° 旋转，这不就是我想要的吗？

说做就做，可当我满怀信心之时，却不想遭遇当头一棒：在实际操作中，锚杆转动的速度高，旋转停留的位置很难掌握。但我始终坚信“被克服的困难就是胜利的契机”，经过一番摸索，我利用齿轮传动降速原理，通过增加大小齿轮形成三级传动，用小齿轮带动大齿轮就能达到减速的目的，在经历十几次失败后，终于达到了理想的速度，卡盘上的工件就自动旋转、得心应手，有不少同事这样评价：“原来3个人配合焊接一个管路弯头的时间，现在1个人可焊接3个。”

2018年底，随着单位转型创效的浪潮掀起，原本所学忽然变得无用武之地。一切又都从零开始。我又开始踏上新的征程，没日没夜苦学电泵完井专业知识，面对满是英文的专业书籍，我就一字一句查字典翻译，并且十分珍惜每一次外出学习机会，光是笔记堆起来足足就有一米多厚。就是凭着这股子不服输的劲头，我不但很快适应了新的岗位，更是成为采油厂电泵完井作业方面的排头兵。

“如何改进电泵完井作业过程中的操作工艺，进一步提升电泵电缆使用寿命，多为采油厂创效”成为我一直在深入思考的问题。

在海上油井电泵完井作业过程中，以往潜油电泵电缆接头的连接工艺是由铜套连接在一起，铜套和铜芯以表面接触为主，两根铜芯在铜套内有一定的空隙，存在接触面积小，影响载流量的问题。长时间井下使用过程中，会因为电缆接头空隙内存在气体造成电缆接头氧化、腐蚀等问题，影响电泵电缆的使用周期。

“传承铁军精神，打造过硬真功。”这是在海电中心完井服务站听到最多的一句话，这句话既是口号也是行动指南。

抱着把每一口完井都当作第一口来干的决心，我带领技术攻关团队，结合转型前焊接的老本行，在历经上百次的试验失败后，终于攻克新型电泵电缆铜芯线焊接工艺，研制了电泵电缆热熔锡装置，该装置由加热护罩、夹持手柄、数显热风枪和焊接风嘴四部分组成；该装置在操作过程中，首先是将截取好的Φ3毫米锡焊丝10毫米放入铜套（50毫米）中间位置，用加热护罩将铜套罩住中间位置30毫米，用热风枪加装焊接风嘴伸到加热护罩内对铜套进行加热，由于锡焊丝的熔点是183℃，将热风枪温度调至200℃使用，待锡焊丝熔化后正好填满铜套与铜芯之间的空隙，将两根电缆铜芯插到铜套内再用压接钳按规范压接铜套。

该成果研制完成后，用直流电阻测试仪在海上电力（电泵）服务中心对电泵电缆进行了直流电阻试验，电缆接头熔锡后比熔锡前直流电阻减少了0.43Ω。我又根据海上常用电泵井功率进行改装，使用后产生热量减少10.755万焦耳，并有效减少了电泵电缆头运行中的发热，延长了电泵电缆的使用寿命。

截至2023年年底，该装置已在海洋采油厂56口潜油电泵井中应用，展示了该建议成果的广泛应用性，可满足潜油电泵电缆连接的中间接头。该装置减少油井作业频次，降低海上作业费用，提升了电泵电缆接头质量，延长了电泵井电泵周期，具有很好的使用效果。

“该项创新工艺的运用，不仅解决了肉眼无法发现的电缆虚接问题，更是实现延长电缆使用寿命的目的。”参与改进创新工艺的完井作业人员李卫俊一脸自豪地说道。

成功背后离不开汗水的浇灌，上百次的试验需要上百天的埋头苦干，攻关团队成员手上的老茧也跟着换了一次又一次。“差不多、就这样吧……”这样的词语从未出现在我们的口中和心里，就是靠着这股吃苦耐劳、严细认真的劲，让电泵完井作业质量不断提升，为采油厂原油上产贡献着海电力量。

172

我与柱塞泵的不解之缘

胜利油田　王跃辉

2014年10月，正是芦花飞雪的季节。洁白的芦花沐着清晨和煦阳光，随风起舞，给秋季的井场平添了几许轻灵。

沿着芦花掩映的小路，一大早我来到了22XNB20井的井场上。这是一口安装了增压泵的注水井，从井口到增压泵，我仔仔细细地巡检了一遍，露出了欣慰的微笑。自从安装了新型无污水外排的油润滑增压泵，22XNB20井已连续平稳生产了128天。没有了污水外排的困扰，没有了更换填料柱塞的施工，没有了每周拖拉机来回收取污水的喧闹，井场显得更为寂静而悠远。然而，就在半年前，这口井还是个老大难，填料一个月就要换3次，每周都要进行收取污水，繁重的工作量让管井工苦不堪言。

胜利采油厂共有200多台这样的柱塞泵。柱塞泵进出口高压运行，工作的时候振动大，同时因为输送介质是高压水，极易造成填料的磨损。新填料使用周期仅仅两周，填料每天还得紧两遍，每周需要进行污水回收，使得增压泵管理难度极大。多年在一线工作，我碰到过各种各样的疑难问题，唯有这个问题最为棘手。

作为一名现场管理人员，我一直把改进生产，降低劳动强度，当成义不容辞的责任。而正是这种责任，让我下定决心要解决这个问题，消除这种状况。于是，拉开了我攻关创新的帷幕，也使我与柱塞泵结下了不解之缘。

知己知彼，方能百战不殆。我仔细分析了柱塞泵的现状，目前的填料是芳纶和碳纤维。这种填料工作中必须用水来进行降温，导致填料寿命短。怎样才能从根本上解决这个问题？我常常夜不能寐，脑子里充满了问号。

最初，我的设想是在工艺流程改造上做文章。为此，我组织了一个创新项目组，专门针对这个项目进行攻关。工欲善其事必先利其器，我和团队成员一起对柱塞泵的结构和原理进行了深入的学习。为了熟悉它的内部构造，我们拆开了一台又一台旧设备，仔细观察内部构造，详细检查每个零件，不断提升自己的理论水平，锻炼动手能力，还修复更新了好几台设备。同时为了寻求技术支持，我上网查阅了大量资料，并与相关机构和组织进行了沟通，辗转咨询了国内许多柱塞泵厂家，却依然没有丝毫突破。

转机出现在2016年3月，我来到井下压裂大队进行创新交流。当时他们正在进行压裂泵的填料柱塞更换，我观摩了整个装配过程，一丝不苟地和他们一起组装。突然我的脑海里灵光一闪：压裂泵柱塞和填料要承受100兆帕以上的压力，不仅注水，还注砂粒，这样恶劣的工况条件下，还能保持柱塞和填料的长寿命，现场运行也没有污水外排的问题。这不正是我所需要的吗？他山之石，可以攻玉，“按照压裂泵的结构来改进柱塞泵！”我意识到，或许这就是我们解题的“金钥匙”。

我兴冲冲地回到单位，迫不及待地召集团队成员开了一个碰头会，开始了柱塞泵新柱塞和填料的研制改进。我们围绕着设计一套润滑油系统用在柱塞泵、怎样在柱塞泵有限的空间内加一套润滑系统，展开了头脑风暴。茶水续了一壶又一壶，我们时而激烈争论，时而陷入沉思……时间一分一秒地流逝，万家灯火次第亮起，经过几个小时的修改，新型柱塞泵的设计图纸成功绘制了出来。走出办公室，已是繁星满天，初春的夜晚依然寒冷，但是我们每个人的心头热烈得仿佛揣了一把火。

样品很快做了出来，我们开始马不停蹄地跑现场、做试验、监测数据……经过半年的反复论证和测试，2017年6月6日，我们将第一台新型柱塞泵安装在了频繁发生填料刺漏的一口高压井22XNB20上。

从新型柱塞泵安装好的那一天起，这口井的生产情况成了我最牵挂的事。每天上班前，我做的第一件事就是跑到现场，仔细观察增压泵的生产参数，看现场是否有异常现象，填料有没有刺漏，机油有没有乳化，每天详细记录着各种数据，及时发现问题，及时整改。20天，50天，100天，150天……生产依旧稳定。看到油润滑柱塞泵的表现，我那颗揪着的心终于放了下来。

实验成功后，我粗算了一笔账：油润滑柱塞泵使用后，现场维护工作量大大减少，填料寿命延长到2个月，柱塞寿命达到半年，彻底解决了现场回收污水的难题，提高了工作效率，一台泵就年节约成本2万元左右。同时，成功地解决了困扰已久的污水外排问题，实现了绿色环保生产。这项成果获得了胜利石油管理局第一届揭榜挂帅一等奖，并在油田内部大力推广，现河采油厂、东辛采油厂的兄弟单位也都按照这个设计对注水井增压泵进行了改进，效果非常理想。

经过这次创新活动，我和柱塞泵结下了不解之缘，我们团队成员最喜欢的事就是在工作室开展头脑风暴，针对生产的难点、堵点，我们又提出了很多的合理化建议，研制了许多小工具，解决了不少现场问题。这些实实在在的创新为提质增效注入了动力，更激励我在创新的道路上坚定前行。

173

在创新中超越

胜利油田　李洪鑫

华为的主要创始人任正非曾经说过：“世界上的一切资源都有可能枯竭，只有一种资源可以生生不息，那就是创新。”我是注聚站一名负责生产运行的副站长，也是注聚专业的工程师。对于创新，我的理解就是超越，超越现有的工艺技术，挑战极限超越自我。

2016年7月的一天，胜利采油厂管理四区4号配注站泵房内，我带领工人正在检修一台液力端出现问题的注聚泵。泵房内热气腾腾，不一会儿我们的脸上就布满了汗水，身上的工衣全部被汗水湿透了，吸附在身上黏黏的，很不舒服。但是，没有一个人放下手里的工具，离开泵房出去透透气，而是争分夺秒地检修着……这项工作最为麻烦的就是吸入阀的拆装了。吸入阀是注聚泵重要的部件之一，由于设计结构等，拆装起来非常复杂，耗时长，严重影响了设备的运行时率。

看着同事们汗津津的脸庞，我暗下决心，一定要对吸入阀进行技术改造，打破目前维修保养难的现状。

我先是对吸入阀进行了详细的分析。我发现，现有的吸入阀设计重点是运行时的稳定性，但安装位置与结构存在缺陷，操作空间小，拆装时比较困难，费时费力。接着我将吸入阀彻底拆开，分析其内部结构原理，希望在不改变注聚泵现有运行参数的情况下解决问题。

我立即联系设备生产厂家和配件供应商，和他们进行探讨，希望找到解决方案，却始终没有找到理想的方案。

为此，我专程来到了行业专家张春来大师的工作室，虚心请教。在现场，我对设备运行状态进行了分析和推演，获得了张大师的首肯，同时他也给我提出了建设性建议。在大师的启发下，我的思路开阔了起来：不能局限于小改小革，不破不立。于是，我把视线投向了设计一种新结构的吸入阀这个方向。

那段时间，我几乎天天住在了办公室。反复地拆装组合，仔细揣摩，设计图纸画了一张又一张，办公室的灯光经常亮到深夜。经过一段时间的反复推敲和实验，我终于设计出了一种全新的组合式吸入阀。

这种组合阀改变了原有的连接方式，增加了连接结构与拆装点，与现有的吸入阀结合为组合式结构，将压套、阀芯导向套、阀座组合为一体，利用螺纹连接，可以将吸入阀所有部件一次取出。这种结构大大优于原有的分体式吸入阀，拆装时间可以控制在30分钟以内，能有效地缩短设备检修时间。

组合式吸入阀加工完成了，我兴冲冲地把它安装到了现场，正式开启现场应用和现场试验。经过一段时间的观察跟踪，我发现，停泵时间大幅减少，各站每月的检阀工作时长也从120~150小时下降到了40~60小时。而且这种吸入阀的适用范围广泛，能够在各种压力和工况下正常运行，简洁的设计和易于更换的部件大大降低了维修成本。

但是随着时间的推移，也暴露出一个问题，那就是密封性不是很理想。吸入阀采用组合式连接后，原先分体式阀座底部的密封圈不够用了，导致新增加部分的密封性差，运行久了就会发生液体泄漏，影响泵的排量。

创新就是在不断发现问题，整改问题中日臻完善。发现问题后，我又以更加严谨细致的态度，全身心地投入改进工作中。通过计算尺寸和测量安装位置，我决定在组合阀上半部接近阀芯运行的部位，再增加一个密封圈，这样既不影响整套阀组在泵头内的位置，也强化了密封效果。

改进后的组合阀再次到现场进行了安装试用，通过长时间的运转和跟踪记录，改进后的组合阀在保有原先设计指标的前提下，瞬时排量完全没有受到影响，密封效果达到设计要求。后在各站进行了推广使用，安装了40余台泵200余套，提高了设备运行时率和注聚井的连续注入时效，提高了受效油井的产量，降低了劳动强度。2017

年，获得了胜利油田设备管理成果二等奖，2018年获得了胜利采油厂职工技术创新二等奖。

“李站，您这个改装可是给我们帮了大忙了，现在维修注聚泵再也不用那么费劲了，我们维修人员精减了一个人，干起工作来都游刃有余呢。”维修班组的兄弟们高兴地说。

管理区的领导也给予了高度评价，认为这个小革新不仅缩短了维修时间，降低了劳动强度，提高了设备运行时率，更间接降低了长期以来现场工作强度大、一线人员缺少的困扰，为降本增效工作推开了一扇窗。

惟改革者进，惟创新者强，惟改革创新者胜。只有不断学习、积累经验，才能在关键时刻派上用场。只有不断探索、勇于创新，才能找到问题的最佳解决方案。只有勇敢地面对挑战，不断超越，才能在创新的道路上一步一个脚印，不断前行。

174

一次新领域的创新

江汉油田　刘建华

2015年，对于江汉油田来说，是一个至关重要的年头，就是这一年，油气生产信息化建设全面展开。第二年3月，我调入厂科技信息管理中心，从事信息化建设和维护工作，从一名电气管理的“老兵”转变为信息化“新兵”。

随着改革的不断推进，油气生产逐步向信息化、自动化转变，一些传统的工作逐步被信息化取代，生产管理更加精细，劳动强度大幅降低，人力资源得到进一步优化。

因为信息化是一个新领域，一些问题也接踵而来。因为各个油田的工艺流程和建设存在着差异，数据采集这项工作在中石化信息化建设标准中没有技术标准。我们油田的注水流量计都是装在注水井井口，附近无网、无电，全靠员工每天6次巡检、抄录数据后，录入数据报表，既耗时又浪费了大量的人力。

“要是这流量计能像井口压变、电表一样，自动采集数据、自动生成报表就好了，我们就不用每天跑来抄数据了。”巡井的员工感叹道。

说者无心，听者有意。一直致力于创新工作的我，向厂里申报了科研项目，很快就得到了批复。“进行自动数据采集，首先就要解决现场无网无电问题，其次就是数据存储问题。”我细细思忖着。

我联系了我们强大的软件工程师队伍，就数据存储问题寻求支援。接下来就是数据传输和现场供电问题了，这让我使出了浑身解数。

水井附近没有可以利用的无线网络，数据怎么传回去？带着疑问，我开始上互联网学习相关网络知识。经过深入学习，我了解到一个4G路由器就可以解决问题。我们在路由器中插入一张物联卡，设置好对应的IP地址，就可以完成数据传输。

我又开始把目光转向供电问题。经过现场调研，我了解到：注水井附近的油田供电电源都在100米以外，架设电缆供电，难度大、成本高。于是，我开始考虑使用风光互补供电技术。我算了一笔账：一台电磁流量计通过一块内置电池就可以工作2年多，说明仪表本身耗电是极低的。实现采集、传输数据，需要RTU和DTU设备，工作电压DC24V，两台设备的总功率在20W左右，工作电流约1A。这样的耗电量，如果安装一个DC24V 100安·时的铅酸电瓶，在完全无光无风的情况，可工作约5天。要达到设备长期稳定运行，就要选择DC24V 100W光伏发电板和200W风力发电机，阳光充足时，光伏发电板充电电流4A左右，风力发电机也有5A左右充电电流，也就是说在电瓶完全无电时，12个小时就可以将电瓶充满电，满足供电需求。

很快，一套风光互补供电装置加工了出来。我们选择了广9-3井做实验，不一会儿电话铃响了，管理区中控室的工作人员兴奋地告诉我们数据实时传送到了，PCS自动生成注水报表。我们把这个结果向上级进行了汇报，领导对我们的研发非常重视，但是也提出了一个问题，那就是成本。一套风光互补供电装置7000元，加上井场上的控制箱、线缆等配套设施和施工费，没有1万多元拿不下来。问题解决了，但成本上去了，无法实现大面积推广，我陷入了沉思。

很快到了2019年1月，设备已经运行了4个月。管理区中控室找到我说，广9-3井的数据很不稳定，白天时有时无，晚上就完全没有，管理区的维护人员去看了，说是DC24电压低所致。

听到这个消息，我立即来到现场落实情况，刚好碰到一位巡检员工。

“刘工，你是来检查设备的吧。你弄的这东西挺好的，我们都几个月不跑这口井了，可现在出问题了，我们又要跑井，都有点不习惯了。”他笑着说。

“是啊，我来看看出什么问题了。”

“杆上那风力发电机，我很少见它转，就是转感觉也不太连续呢。”员工随口说道。

这个现象引起了我的重视，我暗暗记在心里。经过现场检查，我发现电池没有电了，但是充电系统显示一切正常。

“成本高的问题没有解决，可靠性问题又出现了，总不能隔几个月去给电瓶充电吧。”我心里嘀咕着，仔细梳理着出现的问题：现场充电没有问题，电池电量不够，结合员工的发现应该是以下几个原因。一是风力发电机没有起到作用，二是太阳能供电在冬天光照不足，三是冬季铅酸电池性能下降大。如果按老思路去处理问题，就要增加太阳能板、增加电池容量，那就需要更多的费用。不行，必须换个思路。

流量计本身电池可以用2年多，证明仪表本身的耗电是非常低的。而通过RTU、DTU采集和传输数据，工作电流1A，明显太大了，要是工作电流能控制在毫安级，不传输数据时，能自动停止工作，传输数据时能自动唤醒就好了。

“郑工，我有个技术问题你能不能帮我解决一下？”我拨通了仪表厂家的技术专家的电话，“我想用NB-IoT（窄带物联网模块）传输你们厂流量计的工作参数，我需要你帮助我将模块镶入你们的仪表里，供电电压DC5V……”

仪表厂家帮我将NB-IoT模块接入仪表和有效通信，接下来就是要解决仪表因为耗电增加的供电问题。经过一番思索，我根据流量计外形结构，选择太阳能板，镶嵌在流量计反面进行发电，选择锂电池组解决电量储存问题。

一个新型的传输模块诞生了，试用半年后完全正常。该装置自身独立供电，传输数据稳定；数据一天24次自动采集；单台费用较原来减少1万余元。装置在采油厂80余台边远流量计上得到应用，该项目也获得了2019年度厂群众性创新创效成果一等奖。

这次新领域的创新活动，让我深深懂得，一个人的力量是渺小的，只有持续地学习，熟悉身边的资源，充分优化整合资源，才能把创新这件事做到极致。

175

小改革改善了大环境

华东油气分公司　祁连军

这个故事就发生在我们草舍，很多人可能还是第一次听说这个名字，我们草舍现场巡检班位于江苏省东台市溱东镇草舍村，是华东石油局泰州采油厂的一个站点。该站点积极开展创新创效工作，全力打造CO_2驱油示范基地，形成包含捕集、输送、压注、采油、回收的全系列CO_2零排放循环利用工艺技术，实现驱油与碳封存一体化，这不仅提高了油井的产量和经济效益，还减少了对周边环境的影响。随着油田开发技术的不断进步，大多数油田已经进入二次或三次开发阶段。在这一阶段，油田开采的难度逐渐加大，为了提高油井的产量和经济效益，油田纷纷采用注水或注CO_2技术进行驱油。其中因注CO_2受效采油井管理难度最大，液态CO_2通过注气井注入地层中，然后通过地层中的裂缝和孔隙扩散到受效区域，CO_2的溶解度随温度升高而增加，因此在高温下，CO_2更容易溶解在原油中，采出液中含有大量的水和CO_2、二氧化硫等气体，导致液体呈酸性。当酸性液体经过法兰钢圈槽、钢圈以及套管时，会与金属表面发生化学反应，产生腐蚀现象。这种腐蚀会导致光杆断脱，进而造成泄漏和停产的危害。CO_2受效采油井井筒压

力堵在5兆帕以上，采油井的井控安全问题更加突出。在现有技术中，光杆防喷器是一种常用的井控安全装置。现有光杆防喷器只能和光杆配合才能完成封井，光杆断脱落井后，原有光杆防喷器由于没有光杆，无法完成封井，易发生井喷失控，由于井筒压力高，只能等到压力小点时卸下放喷盒，拿着光杆短节打好方卡子插入光杆防喷器当中用钢丝绳固定好光杆，关闭光杆防喷器才能控制井喷。

井喷得不到控制，会有大量原油、污水、CO_2、有毒有害气体等外泄，农田受到污染后，农作物可能会减产甚至死亡，给农民带来巨大损失；水体受到污染后，会影响水质，危害水生生物的生存；大气受到污染后，会导致空气质量下降，影响人们的呼吸健康。此外，环境污染还会对社会产生负面影响，为了应对井喷带来的危害，油井需要进行停产处理，或者进行封井处理。这期间会产生大量的劳务、材料和车辆等费用。例如，停产期间需要支付工人的工资、设备维护费用等；封井处理则需要购买封井设备、材料和运输车辆等。这些费用对于油田企业和相关政府部门来说都是一笔不小的开支。

在一次与老师傅杨成亮的偶然交谈中，我们讨论了光杆防喷器和防喷盒的连接方式。突然灵光一现，我有了一个大胆的想法：我们可以在这两个部件之间安装一个高压旋塞阀样式的闸门，以取代传统的双公短接连接。这种高压旋塞阀能够承受高达25兆帕的压力，因此将它改装成井口防喷器是一种可行的解决方案。

我立即回去查找高压旋塞阀的图纸资料，并根据这些资料设计出了两种封井装置。第一种是将高压旋塞阀制作成$2\frac{7}{8}$英寸平式双公短节，内径36毫米（根据光杆直径确定旋塞阀的通径），长度不超过200毫米。这种装置可以直接与光杆密封盒和光杆防喷器组合安装在采油井的井口。当光杆落井后，只需关闭旋塞封井器，就能实现对井喷失控的有效控制。第二种是将高压旋塞阀制作成两端内螺纹，一端制作成牙底$M68\times3$三角内螺纹快速接头。当光杆断脱落井发生油井井喷时，只需卸下防喷盒压帽，打开旋塞封井器，然后在不憋压的情况下迅速将旋塞封井器安装在光杆防喷盒上，关闭旋塞封井器，安装针形阀和压力表，打开旋塞封井器就可以录取油压，完成对井喷的封堵。

经过与高压旋塞阀厂家的多次沟通，我们在进行改造时一直遵循相关的安全标准和规范。历经三个月的努力，我们终于制作出了封井器的成品。我们将第一种封井装置安装在台4井进行严格的测试和验证。这种改进后的高压旋塞阀不仅能够满足使用要求，而且能确保其安全性。在这段时间里，我们还对其进行了定期的维护和保养，以确保其长期稳定运行。在广1-9光杆断脱后，我们成功地在井口安装了第二种封井装置，这种装置的设计巧妙地利用了两端内螺纹的旋塞阀和一端的牙底 $M68 \times 3$ 三角内螺纹快速接头，能够在不影响防喷盒正常工作的情况下，迅速完成对井喷的封堵。这一成功应用进一步证明了我们的改造方案的有效性和可行性。

在这两次成功的应用之后，我和杨成亮都感到特别欣慰，也更有了信心。在当前大环境的影响下我们深知，保护生态环境和维护社会稳定的重要性。在以后我们遇到类似的情况，我们就能立刻采取行动，迅速封井，以减少井喷失控时原油、污水、CO_2、有毒有害气体等大量外泄，避免对农田、水体或大气等环境造成污染。同时，我们的改造方案还能有效地节约费用。当发生井喷失控无法封井时，需要投入大量的人力、物力和财力进行应对，而通过安装我们的旋塞阀，可以有效地防止这种情况的发生，从而节省这些费用。这对于降低油田开发成本，提高经济效益具有重要的意义。

鸟语花香春光美，万水千山总是情。总的来说，我们的改造方案不仅能够有效地防止井喷失控，还能够保护周边环境，造福一方，更是功在当代，造福子孙之事。同时，也相对提高了企业经济效益。我深知这是我们的责任和使命，也是对自己工作的热爱和执着。在未来的工作中，我将继续努力，不断优化和完善我们的改造方案，为保护环境和社会稳定做出更大的贡献。

176

丹心淬火凝匠艺

胜利油田　沙志文

2005年10月，我来到孤岛槐林深处的渤3接转站，成为石油行业的一名“新兵”，我感觉自己仿佛是那槐林里的一棵槐树，开启了我在这片土地上的征程。老槐树的根扎在深深的土壤里，我们从土地的更深处寻找和采炼石油，我们石油工人的根也扎在土地深处，因此，我就像一棵树那样，热爱着脚下这片既平凡又神奇的土地。

从最初的采油工、集输工，到后来的注水工、维修岗，我始终铭记着石油前辈们“干一行、学一行、钻一行”的教诲，努力学习，从不懈怠，先后取得了采油和集输两个工种双高级的等级认证，由于对各岗位和工种的勤学苦练，我逐步成为管理区注、采、输和设备维修样样精通的“全能型”职工。随着专业知识的丰富，业务技能的提升，我报效祖国、回馈组织的信心和力量也变得越来越强大。

我对“工匠精神”的理解是术业有专攻，简言之就是对自己所从事行当的业务既做到精益求精，能够把工作一次干对、一次干好，并且长期持续地确保这种水准。正是对工作的这种韧劲，让我在技能创新这条路上得到了成长，我主导和参与了一系列技能创新项目，并于2020年被授予石油开发中心第二届“能工巧匠”称号。

柱塞泵是我们常用的注水主力设备，其工作原理是电机高速运转通过曲轴、连杆带动柱塞做往复运动，逐级加压，实现高压注水。柱塞泵曲轴的运转需要润滑油来润滑，但现场润滑油使用时由于水汽渗入曲轴箱，经常发生乳化，更换较为频繁。通过统计分析，我们发现现场的柱塞泵最短运行不到500小时就发生了乳化，而发生乳化

的主要原因就是曲轴高速运转产生较高温度，其内部空间受柱塞箱水雾渗入及空气水分凝结影响，在曲轴箱顶部凝结成水滴，由于重力作用滴落在润滑油中，积少成多，润滑油慢慢就发生了乳化。

针对柱塞泵机油频繁乳化的问题，我们起初制定了三种解决方案：一是研制一种曲轴箱水蒸气收集罩，工作原理为水蒸气向上运动，凝结在过滤装置的斜板上，由于重力作用，顺着斜板流入收水槽内，员工定期检查收水槽内的水，收集一定液位后进行倾倒，从而实现机油水蒸气的过滤目的；二是研制一种柱塞泵润滑油过滤装置，过滤装置采用循环过滤系统，外加动力系统将过滤器和曲轴箱相连，形成曲轴箱内的润滑油过滤管路，延长润滑油的使用时间，减少更换次数，缺点是设备造价和运行成本偏高；三是研制一种过滤吸水装置，在装置的上端固定一块吸水能力较强的过滤棉，机泵运行2~3天将盖板打开，将过滤棉取下来，把收集的乳化水挤出来，试验发现，过滤棉吸收水饱和后，如果清理不及时，水滴就会滴落在润滑油中，仍然导致乳化。

经过对三种方案的反复论证和现场模拟实验，最终决定研制“柱塞泵曲轴箱水汽收集装置”，终于解决了困扰我们很久的润滑油乳化问题。水汽收集装置安装后，经过一段时间的运行，对装置的使用效果跟踪记录和分析，装置一个月收集水量为312毫升，水汽收集效果显著。继续运行半年后结果显示，安装了水汽收集装置的柱塞泵6个月内未发生乳化现象，效果达到预期水平。该装置在2019年中心QC成果发布会上获得二等奖，在油田优秀质量管理QC成果评选中获得了三等奖，它的研发和应用每年为单位节约油料成本2.52万元。

此外，我的多项革新成果，都为管理区带来了效益，也激发职工的创新思路和赶超劲头。我始终把中心倡导的“难动敢动，迎难而动”融入工作日常，提升自己的岗位专注力，尽心尽责地解决各种工作难题。同时，我不忘言传身教，十年如一日地“传帮带”和“师带徒”，尽可能给予职工在技能水平及个人成长方面的支持和帮助。如今他们纷纷收获进步和成长——有的成为油田文明建设先进职工、中心优秀共产党员、优秀青年岗位能手、优秀员工，有的提拔到三室一中心独当一面，有的竞聘为基层班站长……他们是一道独特的风景线，默默地为管理区的发展撑起一片多姿多彩的天空。2021年，我被评为石油开发中心第三届“十大杰出青年”，但最让我欣慰的不是我个人取得的成就，而是工匠精神薪火相传，是一代又一代的青出于蓝而胜于蓝。

177

萤火之光增辉日月

胜利油田　李　娜

2022年，中国石化“齐鲁石化-胜利油田百万吨级CCUS项目”正式注气运行，标志着我国CCUS产业开始进入技术示范中后段——成熟的商业化运营。该项目是我国首个百万吨级CCUS项目，每年可减排$CO_2$100万吨，相当于植树近900万棵，对搭建“人工碳循环”模式具有重要意义。

CCUS，即CO_2捕集、利用与封存，顾名思义就是通过从工业排放源中捕集CO_2并加以利用或注入地质构造封存，以实现CO_2减排的过程。

我所在的单位——胜利油田注汽技术服务中心，承担起了为大规模开展CCUS项目建设提供更丰富的工程实践经验和技术数据的重任，目前已顺利完成新建15座注气站及72条总长约85千米注气管线的建设任务，利用滨博管理区闲置房屋打造了一座信息枢纽，实现了高青区域所有站库无人值守、设备一键启停、事故报警、数据采集分析远传等功能的伟大目标。

2021年8月，基建处项目启动。基建部门隶属于经营管理部，在基建管理人员严重缺乏的实际情况下，作为专业化单位，我们临危受命接下了这项重任。虽然面临着巨大的困难，但是我们秉承务必完成任务的信念，立即开展紧密部署。当时上级委派了一名有建设经验的负责人，建立了项目专项小组，分配任务分工、制定岗位职责，因为人员有限，每人都身兼多职，身上都压着重重的担子。

收到设计图纸的时候，已经是深秋季节。不知道经过了多少次审核和优化，终于形成了蓝图，摆满了整整一间会议室。蓝图里记载着密密麻麻的设备清单和物资明细，需要我一项项地梳理，大到一套计量撬，小到一个螺母，几百种品类、几千项物资。数不清多少个夜以继日，不知道核对了多少张明细表，我终于梳理完毕，为这场“盛宴”备好了硬件物资，迈出了建设的第一步。

我在项目中还负责合同签订。按照招标情况，整个项目分成了五个标段，分别是场站、管线、电力、指挥中心、信息化。每一项合同金额都数目巨大，一个小数点都牵扯到中心的利益，合同的一字一句都必须依法合规。当时，只负责过普通维修合同的我四处咨询，不停查询相关法律法规，终于将所有约定条款都整理规范。一份合同就是一份保障，保障着建设质量，保障着几百名施工人员的人身安全，保障着这项伟大的项目能按时进行，完成历史性的重任。10月，总部的开工报告批示下来了，这意味着我们要开始大干一场。

建设的过程总是艰辛，哪一个细节出了问题都不能就位，这就需要和设计、监理、施工、设备等各部分不停地对接处理，让我印象最深刻的是一项实验。

因为CCUS建设在全国甚至是国际上都是新类型，没有可以借鉴的地方，购置的泵和撬都是基于流程走向、技术标准、基础参数、介质性质、性能需求等因素在理论上完成构思的，没有成型的产品，没有生产产品的厂家，没有可以借鉴的经验和理论。考虑到要配合齐鲁石化按时投产，设备实验势在必行，我负责泵撬实验场地的搭建任务。我选择了一座已经建设好的场站，按照上级指示搭建好了临时流程，尝试性地选择了六个不同的泵厂家，统筹实验计划，按不同厂家、不同流量、不同功率分批实验记录数据。

当时已经进入冬天，寒风凛冽。因为液相CO_2的性质特殊，从储罐车中卸出时，若稍有跑冒滴漏就会迎来漫天的“白雾”笼罩全身。我们的技术人员克服着严寒，克服着未知的领域带来的各种困惑，奋力工作着。一台泵在不同工况下，运行很多次，直到平稳才能记录数据，我们最终从众多数据中提炼出结论，选择了较为合格的厂家，为我们以后的设备平稳运行，达到标准日注目标，奠定了有利的基础。

现在，15座站稳步投产，齐鲁石化管输项目替代了罐车拉液的输送方式，信息电缆也同管沟敷设至各个场站，使得信息化畅通无阻。

随着一期、二期工程结束，三期工程接踵而至。2022年10月底，因为生产中产生的伴生气需要回注到地下，我们接到了按照新的批复建设正南回注站和15号站新站的迁建任务。

当时，正是新冠疫情的最高峰，人员都在进行AB班轮流办公。因为建设任务十分紧迫繁重，项目需要在2023年4月前完成建设，配合管输投产。于是，我主动放弃倒班，隔离在单位进行工作。没有热乎的饭菜、没有正常的起居，甚至没有办法洗澡，度过了一段昏天黑地的时光。腊月二十九，终于完成了所有相关合同的招标，顺利地签订合同、办理开工。

在工程建设中，材料都是监造物资，来不了。我只能去现场找有没有工程余料，一项项地寻找，一项项地借，最后凑齐能满足近期建设任务的物资，15号新站也终于并到了系统中，履行了它的使命。如今正南回注站建设进度已经到了80%，两座大型压缩机赫然伫立在里面，这是全国首台套压缩机。看着16座站平地而起，从空旷的场地，到征地，到踏勘，到建设，如同一个孩子被我们慢慢培养了起来，创造了可观的经济效益，实现了环境保护目标，完成了习近平总书记“端牢能源饭碗”的殷殷嘱托，那种自豪感、荣誉感油然而生。

我是一名在基建行业中摸爬滚打的女性，将来会面对更多的困难和挑战，我想成为一束光，为我们的胜利油田再创新高，再创辉煌，汇入微弱但是耀眼的光芒。

178

“CCUS”，元芳你怎么看

胜利油田　毛怀军

在胜利油田，CCUS是一个新生事物，它的全名是“碳捕集、利用与封存”，是一项针对温室气体的减排技术，涵盖CO_2的捕集、运输、利用和封存四个环节（图1）。2021年8月，我工作的东辛采油厂广利采油管理区，准备在L113-X2、L113-X5两口井上进行CO_2试注。

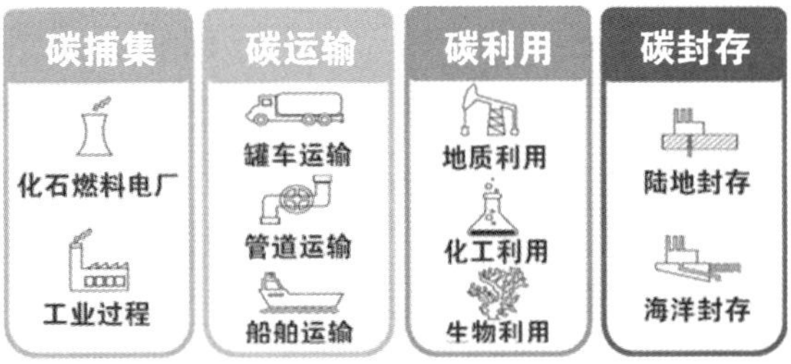

图1　CCUS的全过程

一天晨会后，领导把我叫到了办公室，给我安排了一项任务：普及CCUS知识，让员工高效、安全地掌握新工艺、新技术。

接到任务，我压力有点大，讲解CCUS知识并不难，难的是怎么让全体员工入耳入心。呆板的说教形式，只会消减员工的学习兴趣，尤其是对于年龄偏大的员工。经过反复思量，我决定编写一个话剧小剧本，深入浅出地讲述CCUS和油田的关系，小剧本的名字就叫《元芳话说CCUS》。

狄仁杰：唉，最近这天气一天比一天热了，估计又是全球变暖惹的祸。元芳，对于全球气候变暖问题你怎么看？

元芳：全球气候变暖是由于人们焚烧化石燃料（石油、煤炭等），或焚烧树木时，产生大量的CO_2，即温室气体，这些温室气体会导致地球温度上升，即温室效应。而当温室效应不断积累，就会导致全球气候变暖。全球气候变暖会使全球降水量重新分配、冰川冻土消融、海平面上升等，不仅危害自然生态系统的平衡，还威胁人类的生存。

狄仁杰：问题严重，得想辙啊！

元芳：想了。2015年12月，联合国“巴黎应对气候变化协议”为国际社会寻求解决气候变化问题注入了新活力。2016年4月，中国政府签署巴黎应对气候变化协议，并同时制定了一系列积极政策，开始了卓有成效的行动。

狄仁杰：既然温室气体主要指的就是“CO_2”，那我们还等什么？抓住它，找个不碍事儿的地方搁那儿。

元芳：对，这就是传说中的“碳捕集与封存”（Carbon Capture and Storage，CCS）技术。

该技术，将工业生产过程中产生的CO_2，捕集并安全地存储于特定地质结构中，减少温室气体在大气层中的聚集，从而减缓全球气候变化。目前，在全球范围内运行有多个CCS项目，各项目的侧重点不同，有的侧重捕获，有的侧重封存。

狄仁杰：嗯。不过，据我所知CCS好是好，但投入、成本也不少，短期内，在发展中国家开展还是相当有难度的。另外，事物都有两面性，CO_2虽然整热了地球被我们嫌弃，但听说人家在其他很多方面还是能发挥作用的。

元芳：是的。因此，“CCUS”碳捕集、利用与封存技术来了！

碳捕集、利用与封存技术，是把生产过程中排放的CO_2进行提纯，然后投入新的生产过程中，可以循环再利用，而不是简单地封存。与CCS相比，可以将CO_2资源化，应用于传统的驱油、驱煤层气等化工利用，新兴的生物利用，矿化利用和强化地热开采等方面，既能产生经济效益，更具有现实操作性。

CO_2驱油就是其中的一种。将CO_2注入油藏，减少CO_2大气排放，实现社会效益的同时，又提高原油采收率，收获了可观的经济效益，相当“nice”。

将CO_2注入油藏，也为CO_2地质封存提供了工程经验。目前，我国新发现的石油储量大部分来自低渗透率油藏，CO_2驱油是这类油藏的重要开采方式。按35亿吨储量，10%的采收率计算，能开采出近3.5亿吨油量，相当于一个大油田。

狄仁杰：还能利用CO_2驱油？请细细道来……

元芳：大人，为了整明白这个问题，我现在就带您到胜利油田东辛采油厂广利采油管理区莱113CCUS区块去看看。

狄仁杰：好，让我也开开眼界。

元芳：大人，到了。这里是高压区域，请戴好安全帽，切勿靠近设备设施，可远观而不可近瞧焉。

莱113块位于莱州湾，构造位于济阳坳陷东营凹陷广利断裂鼻状构造带南部，主要含油层系是沙四纯上亚段5–6砂组，埋藏深度2750~2950米。

狄仁杰：元芳，我们用一日之光阴，乘高铁、坐飞机就到了这黄河之滨，要是当年玄奘师傅有这等便利，何苦经历九九八十一难啊。

言归正传，这些“大水罐”有何作用？

元芳：大人又在发感慨了。这不是大水罐，这里面储存的是CO_2（气体），通过增压泵加压，经过注入井注入地下油层，实现驱油和永久封存的目的。

狄仁杰：那几个站着的“大家伙”又是什么？

元芳：大人，这就是CO_2（气体）注入井。注入设备高压施工，为了安全，一般使用700型井口。注入井在使用前要进行井筒完整性监测，监测内容包括SBT固井质量、电磁探伤、40臂井径测井。同时还要进行压力和吸气能力测试。

旁边这几口是油井，一般使用350型井口。需要加强油井井筒完整性监测，开展产出气CO_2含量和日常压力监测。

狄仁杰：用这个“CCUS”采油有什么好处呢？

元芳：好处就是把CO_2注入油层，把油驱出来，然后将CO_2永久封在地下“变废为宝”；增加原油流动性，大幅提高原油采收率；同时油气集输系统全部采用密闭管输，进一步提高了CO_2的封存率。

狄仁杰：说得好。用这个CCUS采油，又有什么坏处呢？

元芳：大人，这个问题问得很好。凡事有利就有弊，利用CCUS采油与传统采油方式在管理难度上还是有所增加的。注入CO_2以后，油井、注气井都要采取相应的防腐措施，定期检测油套管腐蚀情况；严格控制井口注入压力，避免注入井井底流压超过油层破裂压力；定期分析周围油井的气窜情况，结合注水开发高含水油井与注水井注采对应关系，分析气窜风险井（层）及气窜方向。

同时，要实现CO_2提高采收率，也是个系统工程，涉及多项关键技术。比如：CO_2选址和评估技术，CO_2、原油的相态评估和控制技术，钻井技术，CO_2注入技术，CO_2运移控制技术，监测技术以及海上CO_2驱油技术等。

在传统的CO_2驱油及驱替油层气以及化工利用外，CO_2还可以用于诸多方面：生物利用、矿化利用、强化地热开采……

狄仁杰：今日听元芳话说CCUS，胜读十年书。此法甚好，利国利民，值得推广。

以上就是这个小话剧的全部内容。通过这个小话剧，调动了员工们的学习热情，用通俗易懂的方式给一直致力于传统采油事业的采油工们指点了迷津。看完这个话剧，很多员工都说：总觉得自己的岗位很普通，原来是“只缘身在此山中”。我们的工作和实现“双碳”目标、保障国家能源安全、贡献“碳”力量是紧密相连的。

时间追溯到2021年10月，习近平总书记来到胜利油田莱113区块视察CCUS建设，在现场作了重要指示：加快石油清洁高效开发利用，提升能源供给质量、利用效率和减碳水平。

我满怀着激动的心情，在心里立下宏伟誓愿：牢记总书记嘱托，勇做绿色低碳发展探路者，奋力书写端牢能源饭碗的“新答卷”。

179

在页岩油开采中的技术创新

胜利油田　王雪松

诞生于盐家管理区的页岩油产业令我们感到既新颖又好奇，如同一株未知的植物，我们无从预知它将绽放何等璀璨的花朵，也无法估算其能结出多么丰硕的果实。

为了迎接它的到来，我们特别设计了一套标准化井口装置。鉴于页岩油对火源的敏感性，出于安全考量，井口周边严格禁止任何动火作业，因此，井口管线采用了便于拆装的标准组件拼接而成，即使遭遇问题也能迅速更换，无须动火。当一切准备就绪，油流开始在管线中涌动，原本冷硬的管线也逐渐被赋予了温度。面对那座鲜艳巍峨的井口，我曾以为那就是它成熟的形态，然而事实并非如此。随着油嘴的扩张与放喷温度的提升，井口亦随之缓缓增高，然而地面管线却犹如一把枷锁，限制住了它的“生长”，存在断裂的风险。为此，我们为其安装了一对井口补偿器，使其能在有限空间内得以顺利扩展。

新生的页岩油产出时会携带压裂液、砂等杂质，所以我们首先将其引入高架罐这个“育婴房”，各类大小运输车辆皆悉心呵护。以丰页1HF为例，其初期放喷产生的压裂返排液峰值一度高达每天360吨，管理区全天候不间断地调度了23车次进行处理。而页岩油5号平台逐渐进入产油、气阶段，准备独立“行走”于管输系统之中，此时它变得更为“娇气”，需要更多细致的关注。因此，油气分离器、干燥器、加热炉、混输泵等一系列设备始终围绕在其身边，我们组织人员深入学习这些设备的操作方式、维护保养知识，确保设备高效稳定运行，助力页岩油的“健康成长”。

页岩油的凝固点在35℃上下，在寒冷冬季，为了防止其“受凉”，我们特意为其穿上了水性陶瓷“外套”，包裹上棉管夹，避免管线暴露在低温环境中。即便如此，有时它仍可能因低温受到影响，例如水套炉供气管线可能出现冻结堵塞现象，导致低氮燃烧器供气不足而无法正常燃烧，进而使外输温度骤降。尽管供气管线已采取保温措施，但由于从干燥器流出的气体在冬季已降至零摄氏度以下，其中微量水分仍可能结冰堵塞阀门和管线。这让我们认识到，气管线不仅要保温，还需进一步加热。于是，我们在关键部位增设了伴热带，确保供气管线畅通无阻。

随着页岩油的成长壮大，我们需帮助它克服长途输送的挑战。页岩油5号平台至注采一站河东阀组之间相距6千米，考虑到其35℃凝固点的特点，我们调用了永12-15这口资深电泵进行管线预热，经过一天的暖管工作，新管线畅通且温度显著提升，我们才安心让它踏上远程输送之旅。为了防止途中出现意外状况，我们还安排电泵陪伴其一同前行，在确保达到启输液量的同时，预防因冬季低温导致页岩油"闹情绪"，在路上停滞并引发管线冻结。

为了全面追踪其成长轨迹，监控设备24小时不间断地收集并传送其温度、压力、液量、气量等相关数据至生产指挥中心，以便我们实时掌握其动态，对于任何微小的异常波动，我们都将在现场进行实地诊断与分析，以保障其健康的发育进程。

在新技术新设备的应用过程中，我们面临诸多全新挑战。页岩油生产现场宛如一座微型集输站库，配备了一系列用于现场分离、加热、干燥等工艺流程的设施设备。为了提升页岩油现场的自动化管理水平，减轻员工劳动强度，并提高工作效率，我们安装了自动化仪器仪表，实现了依据生产工况自动调节排液量的功能。2023年底，我们遭遇了罕见的极寒天气，户外温度低至零下17℃，自动排液装置因液位计测量不准确而被迫停用，员工只能凭借生产经验手动调整排液阀门开度，难度极高。由于无法准确判断分离器液位，如同人在黑暗中摸索，无法清晰洞察实际液位，也就无法对生产情况进行准确判断、预测和分析，这对安全生产构成了极大威胁。

鉴于页岩油开发尚属新兴产业，面对此类问题缺乏现成的解决经验，采油厂和管理区领导高度重视。此时，我找到了我的导师——中国石化集团公司技能大师李志明，共同寻求解决方案。在师傅的带领下，我们深入现场进行调查研究，通过对数据的统计分析，梳理了自动化设备间的逻辑关联，最终发现问题是页岩油结蜡堵塞了液位计连接管，导致液位无法正常显示。正如俗话所说，找到问题的根源就意味着打开了解决问题的大门。在确定了页岩油的析蜡点温度后，师傅提出了将液位计连通管温度设定高于页岩油析蜡点的解决方案。接着，我们团队展开头脑风暴，提出了一系列提高温度的思路，包括利用水套炉液体伴热、内置电伴热、外部采用新型保温材料、真空导热方案等。

在提出方案之后，我们又从经济性、安全性、有效性和时效性等多个角度进行了严谨论证。经论证，团队成员一致同意选择真空导热方案。这一方案是在液位计连通管及液位计外部增设一层"发热装甲"，内部铺设盘管，底部配置电加热棒和循环水泵，通过加热棒将防冻液加热，再由循环水泵驱动加热后的液体在盘管内循环，盘管将热量辐射至外部"装甲"包围的空间，从而实现加热升温的目标。这一创新之举成功破解了页岩油在极端严寒条件下自动排液装置无法正常运行的难题，成为油田页岩油开发的标准配置，有力推动了油田页岩油的高效开发。

千淘万漉虽辛苦，吹尽狂沙始到金。随着页岩油井的稳定运行，我们从最初的陌生与疑惑，逐渐熟识并深入了解了它，而在这个过程中，我们也伴随着它的成长而不断进步。展望未来，丰页油1号、2号平台的成功投产，以及2024年将有更多的“兄弟姐妹”相继加入，看着那一股股原油在管道中滚滚流淌，日益攀升的原油产量便是它结出的最美花朵。

180

难题激发的新装置

胜利油田　张国新

在人生漫漫征途中，我们每个人都扮演着探索者的角色，孜孜以求通往自我价值实现的独特路径。于我而言，这条道路的核心即在于持续创新。创新不仅是一种深度思考的方式，一种拥抱生活的姿态，更是一种勇闯未知领域、挑战自我的不懈追求。它犹如点燃我生命的引擎，持续驱动我破浪前行，勇攀高峰。

作为一名胜利油田天然气销售有限公司深耕一线的工作人员，我亲历了日常工作中的一项繁复难题。徒弟袁杰在完成了当天第五个燃气管道过滤器滤芯的清理工作后，略带疲倦地向我倾诉："师傅，您知道吗，每次清理这些过滤器滤芯，都得反复拆装这么多螺栓，真是让人头疼。这一系列操作下来往往要花费将近一个小时，瞧瞧我这双手，都已经酸痛不已。要是能有什么办法让我们轻松完成这项工作就好了。"袁杰脱口而出的这番感慨，深深地触动了我的内心，引起了我的共鸣与思索，让我意识到这不仅仅是一个牢骚，更是亟待解决的生产痛点。

公司作为天然气输配与销售的重要载体，承担着重大的运营职责，麾下拥有一系列分布广泛的配气场站。然而，在过滤器滤芯这一至关重要的清洗和更换环节，现行的传统操作手法显得尤为低效，耗费时间冗长。通常情况下，每进行一次这样的操作，至少需要2至3名员工密切配合，有时甚至还涉及高空作业，无形中加剧了潜在的安全风险。此外，这种繁复的工作流程也显著加大了员工们的体力负荷，直接削弱了天然气输送与调配的整体效能。

具体到型号为GQ（C）-150的钢制桶型过滤器，其维护保养工作尤其具有代表性。该过滤器采用的12条螺栓紧固结构极为复杂，单就一台设备进行常规保养，全过程大概就需要花费50分钟的时间，其中仅拆卸螺栓这一环节，往往就要占据超过40分钟，足见其操作之不便与耗时之久。

面对这一挑战，我决定探寻解决方案。通过网络查询得知市场上已有成熟的产品——快开式过滤装置可以简化操作流程，但高昂的替换成本使我不得不另辟蹊径。这时，上夜班的老师傅的一句点拨启发了我："为何非要买新的呢？咱们能不能在原有的基础上改造？"受到启发后，我们团队开启了头脑风暴，结合现场实际条件与过往工作经验，以及查阅的新技术资料，构思出"牙嵌型"和"锁环型"两种快开机构方案，并从研发时间、成本和实用性等方面进行综合评估，最终确定选用开发周期短、成本低且能满足现场需求的"牙嵌型"快开机构方案。

然而，在实际执行改造的过程中，我们面临着多重技术挑战。首要任务是如何设计出既能多角度自由活动，又能轻松提起的盲板结构，其次是如何确保压盖锁紧机构兼具高强度的稳固锁定性能与快速便捷的解锁功能。面对这些棘手难题，我们的团队勇往直前，决定对钢制桶型过滤器顶部的封头盲板进行突破性的革新设计。

经过深入研究与创新构思，我们将其改造成一款活动式的盲板结构，这一改良的关键在于，只需借助特制的启闭扳手，就能够迅速而有效地实现解锁和旋转操作。此举极大地削减了过滤器滤芯清洁和更换所需的工序耗时，标志着我们在攻克技术难关、提升工作效率的道路上取得了重大突破。

在创新的过程中，团队成员各展所长，分工合作，针对盲板材质、密封圈材质、防尘护罩材质、锁紧机构螺杆类型、转臂机构固定位置以及锁止楔块材质等六大方面进行了深入探讨与实践验证，最终形成了完善的分级实施方案，将整个装置划分为装置本体和开闭机构两大部分，每个部件均精细打磨，确保功能齐全、操作便捷。

随后，我们制定了翔实的实施对策，并对各个制作环节进行任务分解和责任落实。在一系列严格的测试中，新装置表现优异，无论是水压试验还是气密性试验，均未发现泄漏现象，单次开启和关闭操作时间大幅缩减至3分钟以内。

进入实地应用测试阶段，新装置的性能表现超乎预期，将开启压盖和更换过滤芯的操作时间从原来的50分钟大幅缩短至2.49分钟，表现出显著的效率提升。这一创新成果在多个维度产生了积极影响：一方面，显著提高了过滤器滤芯维护保养的效率，确保了天然气品质的稳定性，减少了因设备故障带来的损耗，节约了人力资源和物质成本；另一方面，大幅度降低了劳动时间及成本投入，提高了整体工作效能，进而提升了下游用户的满意度。

更重要的是，这一创新举措有力地推动了绿色油田的可持续建设与发展，同时也进一步塑造和巩固了"胜利燃气"这一优质服务品牌的形象，使其更好地融入地方经济发展，助力企业自身的长远发展，并在行业内树立起创新引领的典范。

回首这次创新历程，我深刻体会到，创新并不只是实验室里的灵光乍现，而是要紧密联系一线实际需求，将每一个细微的抱怨转化为研究课题，解决问题的过程本身就是创新，也是自我锤炼与成长的过程。此次经历再次证明，每一次调侃背后或许隐藏着巨大的创新机遇，只要用心捕捉，勇于实践，便能点亮创新之光，照亮企业前行之路。

后 记

最后一笔落下，我们深感欣慰。《大师创新的故事》的编纂过程，犹如一次穿越时空的旅行，与诸多创新创造的大师们并肩而行，悉心聆听他们感人故事本身便是一大幸事。

以上故事都是大师们日常工作中的创新缩影，他们为中国工业的发展提供了动力。在本书编纂过程中，我们深为全国各行各业的“人民工匠”、全国劳模、中华技能大奖获得者等百余位劳动模范、技能大师的创新精神所打动。他们不畏艰难，敢于挑战，坚定信念和追求，靠敏锐的洞察力，勇于尝试的判断力，以及不断超越的创造力，推动着技术进步标准提升。他们用“工匠”的实际行动，诠释了什么是真正的创新，什么是对知识的热爱与追求，并在各自的领域取得卓越成就，为经济社会发展留下宝贵财富。

创新书写故事，故事彰显精神。本书终于要出版了，此时此刻非常感恩伟大的时代，感恩所有为这本书付出努力的人们，感谢所有提供资料和素材的专家和大师们的慷慨分享。正是有了大家的帮助，本书才能付梓出版。希望本书的出版，能带动行业创新浪潮，齐心协力为中华民族伟大复兴贡献力量。

本书是对劳模精神、劳动精神、工匠精神的致敬，是对各行各业大师们创新精神的传扬。由于编创人员水平所限，加之认知的局限、文学底蕴的不足，书中难免存在疏漏，恳请读者谅解指正！